Dongyinggang Jianshe yu Shigong Jishu

东营港建设与施工技术

刘　锐　著

人民交通出版社股份有限公司
China Communications Press Co.,Ltd.

内 容 提 要

本书主要介绍东营港扩建工程建设经过和体会，内容包括三部分：第一部分为建设历程，叙述项目建设意义和依据、工程概述、工程建设、工程验收和运行管理，是项目建设纪实。第二部分为技术创新与实践的总结，主要对基桩中大直径混凝土管桩首次应用，钢管桩防腐，墩台及挡冰裙的制作安装，50m 的 T 形梁制安，码头承台底层混凝土模板的制作，大型挡浪板的制安，面层混凝土的质量通病防治进行技术总结。第三部分为论文，主要汇集了本人十年来港口工程建设涉及的地质泥沙、基桩、梁板制安等方面在水运刊物上发表的文章、部分调研报告。

本书可为从事港口建设的工程技术人员提供参考。

图书在版编目(CIP)数据

东营港建设与施工技术. / 刘锐著. — 北京 : 人民交通出版社股份有限公司，2016.9

ISBN 978-7-114-12747-2

Ⅰ.①东… Ⅱ.①刘… Ⅲ.①港口建设—概况—东营市②港口工程—工程施工—技术 Ⅳ.①F552.752.3 ②U655.4

中国版本图书馆 CIP 数据核字(2015)第 319044 号

书　　名：东营港建设与施工技术
著 作 者：刘　锐
责任编辑：崔　建　朱明周
出版发行：人民交通出版社股份有限公司
地　　址：(100011)北京市朝阳区安定门外外馆斜街 3 号
网　　址：http://www.ccpress.com.cn
销售电话：(010)59757973
总 经 销：人民交通出版社股份有限公司发行部
经　　销：各地新华书店
印　　刷：北京市密东印刷有限公司
开　　本：787×1092　1/16
印　　张：17.25
字　　数：372 千
版　　次：2016 年 9 月　第 1 版
印　　次：2016 年 9 月　第 1 次印刷
书　　号：ISBN 978-7-114-12747-2
定　　价：68.00 元

开拓创新

总结提高

促进东营港建设快速发展！

谢世楞

2015.12

中国工程院院士 谢世楞

Xu

序

东营，黄河入海之地，也注定是卓越工程技术的诞生之所。这里有国内第二大油田，如今又矗立着我国港口建设史上新的里程碑——东营港。东营港与其他港口工程的最大不同，是其特殊的地理位置。滔滔黄河，奔流入海，细细黄沙，星落斯域，港口的地形、底质、动力、冲淤及冰冻等问题，无疑浓缩了该港的建设难度。

泊位不多的东营港，经历了十余年的探讨与争论，凝聚了数百位专家的思想与智慧。当年对“单堤推进”与“双堤环抱”平面型式的激烈讨论、浚深建港与自然水深建港的挖槽现场试验、大管桩及挡冰结构的创新应用等，均随着港口的验收而尘埃落定。敢于担当的东营人显示出锐意进取、求贤天下的非凡气度，更拿出了实事求是、实践创新的朴素作风，这是东营港成功投产的根本保证。

本书的出版，是东营港建设历史的记载，也是工程的总结，更是智慧的财富。它从历史与技术两个维度重现了港口的诞生历程：从港口的出生地——东营沿海的环境条件开始，逐步展开各种工程措施的选择与实施，其中不乏对关键技术的讨论与评述。本书内容不仅可以作为港口工程实例解读，亦可为东营港后续的建设提供参考与依据。

本书作者曾是中国海洋大学的工程硕士，早在攻读学位时期，便以东营港为题，有针对性地钻研泥沙冲淤及施工技术，虽身为政府工作人员，但对科学技术的尊重与工程实践探索令人钦佩。本人作为导师，此处谨向刘锐同学致敬！

东营港，中国北方港口的特殊范例。

中国海洋大学工程学院院长　博士　教授
山东省海洋工程重点实验室　常务副主任
2015 年 12 月于青岛

第一部分　旧貌换新颜

原黄河海港

东营港

10年前的引堤

新建5万吨级油品码头

新建3万吨级油品码头

新建2万吨级液体化工码头

新建5 000吨级液体化工码头

新建1万吨级液体化工码头

10前的胜利油卸油码头

新建集装箱码头

新建集装箱码头

新建的候船楼

现通航的客滚船

10年前的客运码头

东营港总体规划专家评审会

《东营港扩建工程初步设计》审查会
东营港液体化工码头工程安全预评价报告评审会

东营港2X5万吨级液体化工品码头扩建工程环境影响报告书技术评估会

东营港油码头工程可行性报告消防设计专家论证会

东营港2×5万吨级液体化工品码头扩建工程海域使用论证评审会
东营港液体化工码头扩建工程海洋环境影响报告书评审会

东营港2×3万吨级散杂码头工程项目档案专项验收会议

东营港扩建工程项目职业病危害竣工验收会

东营港扩建工程大临预制场工程竣工验收
东营港扩建工程技术研讨会

东营港2×3万吨级航道导助航标志设计方案评审会

东营港2X3万吨级散杂货码头工程竣工验收会议

东营港扩建工程试验段工程交工验收会议
东营港扩建工程---引桥工程交工验收会议

东营港防波堤工程可行性研究报告专家评审会

第三部分　工 程 集 锦

码头大管桩打设

2007/04/08

码头管桩沉没

码头一层混凝土浇筑

Mulu

目录

第一篇　建设历程

第二篇　技术总结

第三篇 科技论文

第一篇

建 设 历 程

第一章 工程的意义和依据

第一节　工程建设的意义

一、工程缘由

东营港的前身是黄河海港，1992年更名为东营港。胜利油田于1985年开始建设黄河海港，一期工程建成自堤根向海中延伸2 100m的防波堤，在堤前段建设4个1 000吨级泊位，1988年竣工。1992年开通了东营至旅顺的客货滚装航线，形成了连接东北和中原地区的海上通道。1993年胜利油田利用向陆地挖入的方式建造内港池，在北岸建设6个1 000吨级泊位，来满足海上生产后勤保障工作的需要。1994年，东营市政府依托胜利油田开发建设的港口，在胜利油田内港池南侧建设南港池，并建成1 445m防波挡沙堤，3个3 000吨级杂货泊位，1个1 000吨级滚装泊位，码头前沿底高程－7.5m，设计通过能力95万t。1995年12月，国务院批准东营港为一类开放口岸，1997年12月东营港正式宣布对外开放。至此，东营港进入了一个内外港池共同发展的时期。

东营港扩建工程自2003年起被列为东营市十大建设工程。同年3月，东营市政府委托中交第二航务工程勘察设计院编制工程可行性研究报告并于6月29日通过专家评审。8月13日市长专题会议，对东营港扩建工程的办事机构、资金筹措、手续报批等有关问题进行了研究部署，9月1日成立工程建设指挥部并展开具体工作。2004年3月，委托海军北海工程设计院开展东营港扩建工程的方案设计，于3月19日通过专家评审。2004年3月30日，根据要求，在已通过评审的方案设计基础上进行了工程可行性研究工作，其中采用了二航院工程可行性研究报告的部分内容。工程建设的前期工作逐步推进，12月31日举行了东营港扩建工程奠基仪式。2005年5月16日成立东营港建设管理办公室作为工程的法人单位，由此拉开了扩建工程的序幕。

二、工程建设的意义

东营港位于黄河三角洲的西北端，渤海湾与莱州湾的交界处。本海区由于水动力条件强，且滩面泥沙又为活动性极强的粉砂，因此在此处建港受到港工界的重视。在1985—2005年的二十年间，东营市的港口建设取得一定的进步，但由于多方面的原因进展缓慢，严重制约了地方经济的发展及对外开放。加快东营港扩建工程的建设速度具有重要意义。对于加快东营市的经济发展，加强招商引资的力度，改善投资环境。

(1)东营港的扩建将改善渤海西南岸的港口布局，在参与环渤海经济圈的经济活动中将发挥重要作用。

环渤海经济圈是我国北方经济发展最活跃的地区，它包括以大连港为控制点的东北重工业经济区；以天津港为控制点的京、津、塘经济区和以东营港为控制点的黄河三角洲经济开发区。目前，环渤海湾沿岸已形成三十多座城市和港口群，在渤海西南岸现代黄河三角洲沿海，从莱州湾南岸至漳卫新河，在此范围内无一大中型港口，更无集疏运铁路，致使鲁西北地区经济发展缓慢。为改善这一经济布局的失衡状态，东营港作为鲁西北地区的区域性港口，扩建势在必行，使其成为区域经济发展的重要依托，对提高其在环渤海经济发展中的地位，促使东营市乃至山东省参与环渤海经济圈的经济活动，推动鲁西北产业聚集带的形成具有重大意义。

(2)东营港的扩建可促进黄河三角洲的开放和黄河流域的开发。

黄河流域孕育了伟大的中华民族。新中国成立以来，党和国家非常重视这一地区的经济发展，国务院以黄河三角洲开发作为环渤海经济圈经济发展的战略之一，要把黄河三角洲开发成为我国的粮棉基地，山东省也把黄河三角洲经济开发作为山东省两个跨世纪工程之一。黄河三角洲地区泛指滨州、东营、淄博市，土地面积 2.43 万 km^2，占山东省的 15.5%左右，人口 912 万人，占山东省的 10.5%。这里土地资源、油气资源、海产资源丰富，农、牧、渔业发达，工业以石油、石油化工、盐化工、医药化工、纺织、建材、陶瓷、机电为主，初步形成了比较完整的工业体系。由于这一地区临海却无大中型出海口岸，严重地影响了这一地区外向型经济的发展。黄河三角洲是我国目前待开发的最后一个三角洲，现有 816 万亩[❶]待开垦的土地，其中东营市约 525 万亩，在港区附近和沿海地区都是待开发的荒碱地。东营市是黄河三角洲经济开发区的中心，东营港的扩建将为黄河三角洲的开发提供一个良好的基础设施，黄河三角洲的经济开发所需的其他产品将从这里运销到国内外，为黄河流域的海陆通道及黄河三角洲的开发打开东部出海口，使之成为衔接环渤海经济区与黄河流域经济带的重要枢纽，成为通达我国沿海以及世界各地的海上门户。

(3)东营港的扩建将带动东营市的城市及经济发展。

东营市是黄河三角洲的中心城市，是一座新兴的海滨石油城，具有内引外联的区位优势，本地区资源丰富，发展潜力巨大。东营市全市土地面积 8 053km^2，总人口 200 万人。山东省委、省政府批准在东营建设山东加工制造业基地，将东营市纳入山东半岛城市群，以期发展成为山东省乃至全国的农牧渔业基地、石油化工基地、盐化工基地。因此，必须发挥港口的龙头作用，使港口与城市之间的依托关系更加紧密，使港口成为传统经济向外向型经济转化的纽带和桥梁，使港口变为水、陆运输的综合枢纽。东营港后方有大片可供工业开发和港口建设用地，是发展仓储、包装、运输、保税和三资企业等临海工业的理想地带。东营港的扩建必将促进本地区外向型经济的发展，带动东营市及东营地区的城市及经济发展。

(4)东营港的扩建可为胜利油田海上石油开发提供更为可靠的后方保障基地。

---

❶1 亩=10 000/15m^2=666.6m^2。

胜利油田为全国第二大油田，已探明原油储量38亿t，天然气储量232亿m^3，石油以外输为主。油田勘探开发所需的钢材、木材、砂石料和机械设备等大量生产资料均可通过东营港进行运输。海上石油开采已成为油田生产的重要组成部分，为此成立了海洋石油开发公司，随着港口的扩建，海油勘探和开采将进一步发展。2010年海上石油开采达200多万吨，海上石油开采需要的大量物资及采油平台的制造和修理都需要港口作为依托，东营港是胜利油田理想的海上运输基地，而充足的货运量又保证了港口建设的发展。因此将东营港扩建成为具有相当规模的大、中、小泊位搭配的港口是十分必要的。

(5)东营港的扩建是适应腹地经济发展的需要。

东营港投入运营以来，对胜利油田的开发和东营市的经济发展发挥了积极的作用，使东营市由边缘城市变为交通枢纽城市。但由于港口水深条件相对较差、综合配套设施标准较低，严重制约了吞吐量的发展，其应有的作用远未发挥，不能满足腹地经济发展的需要。根据货运量预测，2005年腹地经济发展对东营港的运输需求约为359万t，而港区现有泊位实际通过能力为95万t左右，缺口约264万t。现有港区因各方面条件较差，吞吐能力提高有限，为缓解能力与需求之间的矛盾，适应腹地经济发展，东营市急需建设较大规模的港口工程。

(6)东营港的扩建是满足运输船型发展的需要。

为降低运输成本，获取规模经济效益，无论是外贸运输还是沿海运输的船型都在不断地向大型化发展。南港区泊位等级低且回淤严重，难以满足大部分货种的运输船型到港需要，制约了东营港的发展。为改善东营港运输条件，前期修建能够停靠万吨级船舶，后期再逐步完善大、中、小、各级泊位配套。

第二节　工程建设依据

东营港扩建工程的依据是：

山东省发展和改革委员会《关于东营港2×3万吨级散杂货泊位工程可行性研究报告的批复》(鲁发改能交〔2005〕768号)。

山东省交通厅、山东省发展和改革委员会《关于东营港扩建工程初步设计的批复》(鲁交规划〔2007〕84号)。

《东营市人民政府关于〈东营港总体布局规划〉的批复》(东政〔2004〕112号)。

交通部《关于东营港一期扩建工程使用岸线的批复》(交规划发〔2006〕706号)。

东营市交通局《关于东营港扩建工程开工备案的批复》(东交2007年7月28日)。

东营市港航管理处《关于东营港扩建工程施工图设计的批复》(东港航发〔2007〕25号)。

中华人民共和国济南海事局《关于设置东营港锚地和航道的批复》(济海通航〔2009〕5号)。

山东省海洋与渔业厅《海域使用权批准通知书》(2005年05029号)。

山东省环境保护厅《东营港2×3吨级散杂货码头环境影响报告的批复》(鲁环审〔2008〕178号)。

东营市公安局消防分局《关于东营港扩建工程消防审查合格的意见》(东公消字〔2009〕第

0017号)。

东营市安监局《关于东营港扩建工程安全预评价的批复》。

东营市卫生局《关于东营港扩建工程职业病危害控制效果评价报告的批复》。

第三节　工程勘察设计

中交第二航务工程勘察设计院开展工程可行性研究并于2003年6月29日通过专家评审。2004年3月,海军北海工程设计院开展东营港扩建工程的方案设计,于3月19日通过专家评审。2004年3月30日,根据要求,在已通过评审的方案设计基础上进行了工程可行性研究工作,2004年12月25日编制出《东营港扩建工程可行性研究报告》,2005年山东省发改委批复,通过山东省工程咨询院的评估。随后,工程的初步设计、施工图审查通过。

后期,中交第二航务工程勘察设计院、中交第三航务工程勘察设计院、山东省中诚国际海洋工程设计公司、中交第一航务工程勘察设计院等进行了东营港5万、1万、5 000吨级液体化工泊位,万吨级客滚泊位、3 000吨级杂货泊位、防波堤工程的设计工作。另外,中交第四航务工程勘察设计院、交通运输部规划研究院、中交水运规划设计院、天津水运工程科学研究院等单位为东营港项目作出了大量工作,本书不做详细介绍。

第二章 工程概述

第一节　工程位置及自然条件

一、地 理 位 置

东营港，地理坐标为东经 118°58′、北纬 38°06′，位于黄河入海口以北约 50km 的渤海湾和莱州湾交界处、东营市的东北部。海上距天津港 90n mail，距旅顺港 132n mile，距龙口港和莱州港 72n mile。

二、气　　象

东营港地处鲁西北黄河三角洲五号桩附近，属北温带大陆性季风气候区，气候特点为：冬季寒冷，夏季炎热，气温年季差较大。冬夏季风向变化具有明显的季风特征，多大风天气。年降水量偏少，降水量季节分布不均，主要集中在夏季。

(一)气温

根据东营海港气象站观测资料，结合东营、孤岛等气象站的历史资料，分析东营港的气象特征。

历年平均气温：11. 7℃

历年极端最高气温：39. 6℃。

历年极端最低气温：－18. 0℃。

各月气温特征值，见表 1-2-1。

全年各月气温(℃)　　　　表 1-2-1

月份	1	2	3	4	5	6	7	8	9	10	11	12	全　年
平均	－3. 5	－2. 2	3. 2	11. 8	18. 9	22. 1	24. 9	25. 9	20. 8	14. 3	5. 3	－1. 7	11. 65
最高	9. 5	14. 1	19. 6	31. 2	36. 3	39. 6	36. 6	35. 3	34. 5	30. 3	21. 8	18. 6	39. 60
最低	－16. 6	－12. 7	－8. 0	－2. 0	5. 0	11. 5	17. 3	16. 4	10. 1	－2. 6	－8. 2	－18. 0	－18. 0

(二)降水

年降水量：542. 4mm。

月最大降水:176.2mm。

月最小降水:2.1mm(2 月)。

年平均降水日数:70.0 天。

月最多降水日数:12.3 天(7 月)。

月最少降水日数:2.3 天(1 月)。

各月降水量分布见,表 1-2-2。

年降水量分布表(mm)　　表 1-2-2

月份	1	2	3	4	5	6	7	8	9	10	11	12	全　年
降水量	2.9	2.1	8.3	26.6	52.2	42.7	176.2	86.5	61.3	28.8	14.8	13.8	516.2
降水日	2.3	2.5	3.8	4.3	8.0	5.7	12.3	11.0	7.3	5.3	3.0	3.3	0.0
日最大	2.7	3.0	13.0	24.3	60.6	37.2	72.4	0.9	45.6	28.6	13.0	16.4	72.4
≥25 日数	0	0	0	0	0.5	0.7	3.3	1.0	0.7	0.3	0	0	6.5

降水多集中在 7、8、9 三个月,降水量合计为 324mm,约占全年降水量的 60%。最少降水量一般为 1、2、3 三个月,降水量合计为 13.3mm,仅占全年降水量的 2.5%。暴雨主要集中在 7 月份。

(三)风

根据海港海洋站(38°04′N,118°56′E)资料统计,该海域常风向为 SSE、E 向,频率均为 10%,次常风向为 ENE、S 向,频率均为 9%;强风向为 NW 向,最大风速 21m/s。各向风要素见表 1-2-3。

东营港风玫瑰图,如图 1-2-1 所示。

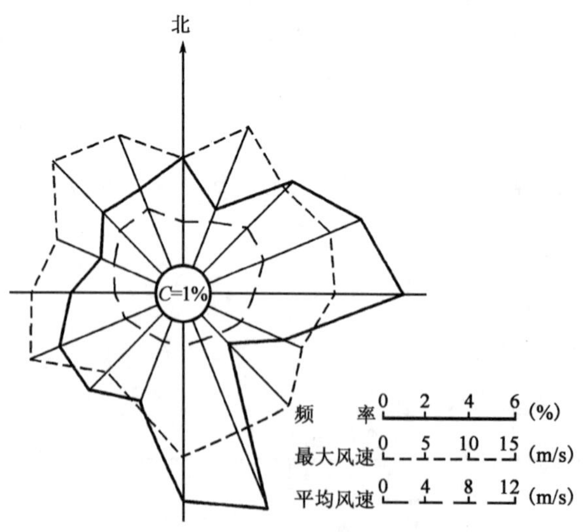

图 1-2-1　东营港风玫瑰图

1998 年 7 月出现 36.9m/s 的历史极大风速,方向 N 向。50 年一遇极大风速 10min 平均 29.9m/s、2min 平均 33.0m/s、1min 平均 34.4m/s。

6 级以上(>13.8m/s)大风日数多年平均 40 日/年,当天只要出现一次以上>6 级大风,当日便称为大风日。

各向风要素 表 1-2-3

项目	N	NNE	NE	ENE	E	ESE	SE	SSE	S	SW	SW	SW	W	NW	NW	NNW
平均风速(m/s)	6.4	7.0	8.4	7.9	6.4	6.0	4.7	4.3	4.5	4.3	4.6	5.6	6.0	6.7	8.0	8.1
最大风速(m/s)	15.0	20.0	16.3	18.0	17.0	14.7	17.0	16.3	17.7	13.0	12.0	18.7	17.0	15.3	21.0	19.0
频率(%)	6	4	7	9	10	5	3	10	9	5	6	6	5	4	5	5

(四)雾

根据青岛海洋大学(现更名为“中国海洋大学”)的研究,用1978—1980年三年的红外与可见光卫星云图资料进行海上雾特征分析,全年雾日平均为35.6天。其中,12月份雾日最多,平均8.5天;11月份及7月份次之,各为4天;年最长连续雾日为6天(1979年12月)。

根据1985—1989年资料统计,能见度≤1km的雾日年平均为10.1天。用黄河海港海洋站1986年资料统计,能见度≤1km的大雾多出现在5月份和6月份,均为1.3天,全年大雾出现了50h,折合为2.1天。

(五)相对湿度

年平均相对湿度67%。

三、水 文

(一)潮汐

工程靠近M2分潮无潮点(38°09′41″N,119°01′00″E),风增减水影响明显,所以潮汐情况较为特殊,潮差变化大、规律性差。实测潮位曲线显示,一个月中约有20天每日出现一次高潮和一次低潮,约有10天每日出现两次、三次甚至四次高潮和低潮。

1.潮汐类型

东营港为典型的正规日潮类型,$K=(H_{K_1}+H_{01})/H_{m2}=12.6$。

2.当地高程基准面之间的关系

当地理论深度基准面在1985年国家高程基准下0.78m,在当地平均海平面下0.93m,如图1-2-2所示。

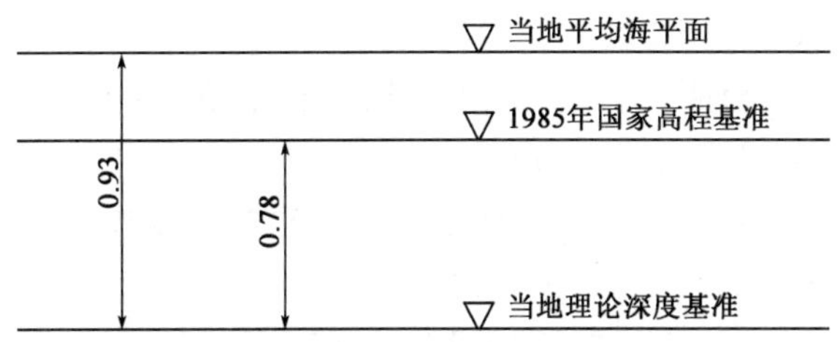

图1-2-2 当地高程基准面之间关系(单位:m)

3.潮位特征值(当地理论深度基准面)

平均海平面:0.933m。

最高、低潮位:2.75m、−1.10m。

平均高、低潮位:1.50m、0.76m。

平均潮差:0.76m。

最大潮差:2.42m。

涨、落潮历时:12h40min、11h09min(回归潮)。

(二)设计水位

设计高水位:1.86m(累积频率10%)。

设计低水位:0.08m(累积频率90%)。

极端高水位:3.46m(50年一遇)。

极端低水位:-1.54m(50年一遇)。

港池和航道充分利用自然水深,不考虑乘潮。

(三)风暴潮

黄河三角洲沿岸在历史上曾多次发生风暴潮灾,近百年来,特大的风暴潮灾出现过6次,每次都给沿岸地区人民的生命财产带来巨大损失。工程所处海域每年都会受到风暴潮的影响。

风暴潮对工程的影响主要表现为风增水引起的水位增高,以及伴随的较大风浪。

风暴潮产生的原因主要是冷锋,其次为台风。前者多发生在2~5月和9~11月,尤其以4~5月和11月最多,近30年来统计显示,该类风暴潮共出现36次之多。后者多出现在7~8月的盛夏季节,也见于初秋,近20年来出现过2次,现港区增水达1m以上。

不同重现期风增水值分别为:2年138cm、10年166cm、50年200cm。

(四)波浪

东营港海区位于半封闭的渤海内部,其海浪主要为渤海海面的风成浪,因此本海区的波浪受风变化规律控制,具有明显的季节性变化特点,大浪主要由寒潮、台风和气旋产生。

根据统计结果,本海区常浪向为NE向,其频率为10.3%;次常浪向为SE向,频率为8%。强浪向为NE向,实测最大波高5.2m。

冬季,海区气温很低,工程附近海域会出现不同程度的固定冰和流冰,无法进行波浪观测,因此,无波浪实测资料。冬季偏北向大风较多,本区波浪主要为偏北向浪。

春季,是季风交替季节,波向混乱,总的趋势多偏东向浪,总频率达62%,其中NE向浪最多,频率16.7%,其次为E和SE向浪、频率15.6%。

夏季,该区ESE向浪占优势,频率为13%,其次为SE向浪,频率11%。

秋季,由于冷空气活动频繁,使偏北向浪频率增加,总频率达68%,其中NE向浪频率最高、达10.1%,其次为NNW和SSW向浪,频率为9.0%。

14m水深处全年各级各向波浪分布,见表1-2-4,码头处设计波要素,见表1-2-5;50年一遇不同水深处波要素,见表1-2-6。

14m水深处全年各级各向波浪分布 表1-2-4

项目	N	NNE	NE	ENE	E	ESE	SE	SSE	S	SSW	SW	WSW	W	WNW	NW	NNW	合计
<0.5m	2.3%	1.8%	2.7%	1.5%	2.4%	3.5%	3.5%	3.5%	3.7%	4.6%	4.3%	3.3%	3.9%	3.1%	5.2%	1.8%	51.1%
0.5~1.4m	2.1%	1.9%	4.0%	2.5%	4.1%	2.3%	3.8%	2.1%	1.4%	1.7%	0.9%	0.9%	1.0%	1.4%	2.5%	3.7%	36.3%
1.5~2.9m	0.4%	1.4%	3.4%	3.0%	1.2%	0.7%	0.8%	0.2%	0.2%	0.1%	0.1%	0.1%				0.2%	11.8%
3.0~5.0m	0.1%		0.2%	0.1%		0.1%											0.5%

续上表

项目	N	NNE	NE	ENE	E	ESE	SE	SSE	S	SSW	SW	WSW	W	WNW	NW	NNW	合计
频率合计	5.0%	5.1%	10.3%	7.2%	7.7%	6.6%	8.1%	5.9%	5.3%	6.4%	5.3%	4.3%	4.9%	4.5%	7.7%	5.6%	100%
最大波高(m)	4.6	3.8	5.2	4.1	3.6	4.7	4.5	3.4	2.1	2.7	2.0	3.4	2.7	2.2	3.0	3.5	

码头处设计波要素　　表 1-2-5

重现期	波向	周期	极端高水位 3.46m			设计高水位 1.86m		
		T_s(s)	L(m)	$H_1\%$(m)	$H_5\%$(m)	L(m)	$H_1\%$(m)	$H_5\%$(m)
50 年	NE、NNE	9.8	91.8	6.98	5.88	88.7	6.92	5.86
	NNW、NW	8.8	78.9	5.76	4.81	76.6	5.73	4.80
	SE、ESE	8.7	77.6	5.64	4.71	74.4	5.59	4.69
重现期	波向	周期	极端高水位 3.46m			设计高水位 1.86m		
		T_s(s)	L(m)	$H_4\%$(m)	$H_{1/3}$	L(m)	$H_4\%$(m)	$H_{1/3}$(m)
2 年	NE、NNE	8.2		4.37	3.60		4.37	3.60
	ENE	7.6		3.78	3.10		3.77	3.10
	NNW、NW	6.9		3.19	2.60		3.18	2.60
	N	6.2		2.53	2.05		2.52	2.05
	SE、ESE	6.5		2.83	2.30		2.82	2.30

50 年一遇不同水深处波要素　　表 1-2-6

方向	等深线(m)	周期	极端高水位 3.46m			设计高水位 1.86m		
		T_s(s)	L(m)	$H_1\%$(m)	$H_5\%$(m)	L(m)	$H_1\%$(m)	$H_5\%$(m)
NE NNE	−10	9.8	85.7	6.53	5.55	81.8	6.39	5.46
	−8	9.8	80.7	6.24	5.34	76.1	5.92*	5.08
	−6	9.8	74.8	5.68*	4.88	69.3	4.72*	4.05
	−4	9.8	67.8	4.48*	3.85	61.1	3.52*	3.02
NNW NW	−10	8.8	74.3	5.43	4.56	71.3	5.29	4.47
	−8	8.8	70.4	5.18	4.38	66.7	5.08	4.33
	−6	8.8	65.7	4.41	3.73	61.1	4.34	3.72
	−4	8.8	59.8	4.48*	3.85	54.1	3.52*	3.02

注：* 表示未破碎前的极限波高。

东营港波玫瑰图，如图 1-2-3 所示。

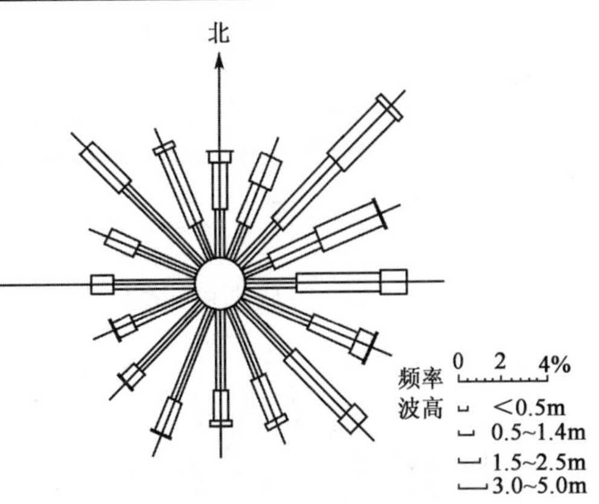

图 1-2-3　东营港波玫瑰图(−14m 水深)

(五)海流

本海区属正规半日潮流，运动形式为往复流，涨潮流方向为 SE 向，落潮流向为 NW 向，主流向与岸平行。码头处以及引桥−10～−15m 等深线范围为强流区，平均大潮流速为 100cm/s，实测最大流速为 134cm/s。从总的趋势来看，落潮平均流速大于涨潮平均流速，涨落潮流历时较为复杂。

本海区余流较强，表层余流流速大于底层余流流速，表层流速在 10cm/s 左右，流向为 NE 向，即离岸流动；底层平均流速 4～5cm/s，流向较为紊乱，但沿引桥轴线上底层余流有向岸运动趋势；等深线－10～－15m 处表层余流最强，流速可达 31cm/s；－5m 水深处底层余流最强，流速可达 10cm/s。

(六)海冰

国家冰级区划图中，该海域被划为第四级第九区，属历史上曾出现过严重冰情的地区。

东营港海域海底平缓、水深较浅，受黄河入海淡水的影响盐度较低，在冬季受气象条件和大陆辐射降温的影响极为明显，因此每年冬季皆有不同程度的结冰现象。国家海洋局每年除对所属海域进行海冰观测外，还与中国海洋石油总公司合作进行渤海及黄海北部海冰调查；1984～1985 年度和 1987～1988 年度，胜利油田先后两次在该海域组织了海冰专项观测。

冰期：该港附近海区初冰日在 12 月上旬，终冰日在 3 月上旬，冰期 3 个月左右，其中 1 月上旬至 2 月中旬为盛冰期。

冰厚：该海域一般年份冰厚多在 5～15cm，最大冰厚 30cm，除沿岸固定冰外多属一次寒潮入侵过程冻结而成的冰，多为冰皮和莲叶冰，有时也有尼罗冰。重冰年的海冰要比常年厚得多，1966 年该海域流冰外缘线距岸 17～18km，冰厚达 35cm，而 1969 年该海域的西北部为厚冰堆积区，一般堆积高度为 2m，东北部为平整厚冰区，冰厚一般为 20～30cm，最厚达 60cm。

海冰分布：一般年份固定冰宽度距岸 2～5km，在黄河入海口及浅滩区，堆积高度一般 2～4m。流冰范围一般距岸 10～15km，最大 20km。冰型多为莲叶冰、尼罗冰和灰冰，间有少量灰白冰。1974～1984 年飞机航测资料统计，流冰外缘线距岸大于 10km 的占 15%，5～10km 的占 25%，2～5km 的占 30%，小于 2km 的占 30%。重冰年固定冰的分布范围要大得多，甚至整个渤海湾完全被海冰覆盖。20 世纪以来渤海曾发生过三次严重的冰封，分别是 1936 年、1947 年和 1969 年；另外，2010 年 1 月莱州湾和渤海湾一带出现 1980 年以来最严重的冰冻。

流冰：流冰的运动方向和速度，主要由海流流向流速以及海面上风向风速决定，是海冰和海上构筑物相互作用的主要参量，本海域的海冰除当地生成的外，大部分来自渤海湾。

该海域岸形复杂，流冰的运动方向也就比较复杂。流冰运动方向主要在 NNW～SSE 之间，其中流向 SSE 和 SE 方向的频率和为 40%，流向 NNW 和 NW 方向的频率各占 20%，也基本与海岸平行。运动速度一般小于 50cm/s，最大可达 100cm/s 以上。

设计参数：冰厚和水深有着密切关系，近岸浅水冰较厚，远岸深水冰变薄。50 年一遇设计平整冰厚见表 1-2-7。

不同水深的平整冰设计厚度　　表 1-2-7

水深(m)	≤2.0	2.0～5.0	5.0～10.0	10.0～15.0	>15.0	重现期
冰厚(cm)	64	44	32	26	22	50 年

冰温：－2.5℃。抗压强度：R_y＝2085kPa。

四、泥 沙 运 动

(一)海区底质

海底表层主要由第四系全新统三角洲相和海相沉积的粉质土组成，11m 等深线以深区域

沉积物粒径集中在 d_{50} =4.5～5.5μm，变化较小，10m 等深线以浅区域沉积物粒径集中在 d_{50} = 7.0～9.2μm，变化稍大，高值区位于引桥轴线 9.0m 水深处，最大 d_{50} =9.19μm，以此为中心向四周逐渐减小。

(二)黄河入海流路的稳定

黄河三角洲是 1955 年黄河自筒瓦厢夺大清河入渤海以来发育形成的以山东宁海为顶点的大扇形体，其西北至套耳河，东南至小清河，1976 年至今由清水沟入莱州湾。东营港处于该扇面的突出点上，是黄河三角洲地区等深线最为密集的水域，南距黄河现入海口 50km，基本不受黄河入海泥沙的影响，以上因素解决了东营市建港中泥沙淤积这个最突出难题。历史上黄河以“善淤、善决、善徙”著称，近代因为人为和自然因素，在黄河三角洲范围内决口、分汊、改道也颇为频繁，尽管现代科学技术空前发达，但人为控制其入海流路的作用还是有限的；从各种因素分析，黄河恢复由渤海湾入海(神仙沟或刁口河流路)是其必然趋势，届时东营港的泥沙淤积问题将是严重的，尤其是神仙沟流路，靠技术和经济手段难以解决，因此清水沟流路的维持时间直接决定着东营港的使用寿命。

黄河是世界上著名的多泥沙河流，1953—1963 年自神仙沟入海期间的年平均入海泥沙为 12.4 亿 t，1964—1976 年自刁口河入海期间年平均入海泥沙量 7.11 亿 t；近 20 年来，由于黄河沿岸耗水量的急剧增加，以及小浪底工程的建成，黄河来水来沙骤减，1988～2000 年期间年平均 4.1 亿 t，2001 年以来年平均不足 1 亿 t，这种小水小沙的形势会维持一段时间，对现行入海口的稳定起到重要作用。

现行黄河口泥沙淤积扩散范围内冲淤平衡量约为 2.5 亿 t，而黄河入海泥沙不足以完全弥补海洋动力带走的泥沙量。1998 年以后，整个海域已由进积转为蚀退，莱州湾是现行黄河口入海泥沙疏散的主要海域，泥沙容量巨大，目前距离达到泥沙容量的饱和还很远，不足以成为黄河入海河道改变的主要因素，有利于现流路的长期稳定。再加之治理费用的增加和治理工程的有效实施，也进一步稳定了现流路。

水利部泥沙研究所的“九五”攻关项目成果表明，黄河现行清水沟入海流路可维持 50 年左右，期间不会有大的改道。

(三)现工程海域的泥沙问题

目前，黄河入海的行水口门“清 8”出口方向为近东向，经过几年的发育逐渐变成东北向，出口的黄河泥沙直接向东北方向扩散，且有一明显的向北转向的浑水舌。大部分泥沙堆积在河口地区，至 1999 年形成指向东北偏北的沙嘴，同时沙嘴根部西侧也不断拓宽，形成了近似等腰三角形的新三角洲堆积体，两侧各宽约 6km。还有一部分泥沙继续向北、向南运移，成为邻近海区的泥沙来源。向北扩散的浑水舌最长 15km，工程区位于黄河口的北部 50km 处，与浑水区距离较远，同时黄河目前本身的泥沙来源也比较少，因此黄河北上的悬浮泥沙对本区直接影响较小。

港区附近海域泥沙运动系北部黄河故道运动体系的延伸和港口附近滩面风浪掀沙作用，其悬沙含量主要受控于风浪因素的季节变化。总的趋势是，浅水冲刷，深水略淤，冬半年强，夏半年弱，总体为冲蚀状态，冲淤转折点逐年由浅水向深水推移，冲淤强度逐年减弱。自 1976 年至 20 世纪 80 年代中期浅水蚀深速率约 20cm/年，以后便为 11～15cm/年，1996—

2000 年期间则减少为 5～6cm/年，冲淤转折点由 20 世纪 80 年代中后期的 3.0～4.0m 等深线，加深至 20 世纪 90 年代中后期的 12.0～13.0m 等深线。因此，工程区域冲淤基本平衡，引桥水域冲刷速率近期小于 5cm/年，远期会更小，码头水域近期处于平衡状态、远期会略微冲刷。

(四)工程建成后的冲淤问题

工程采用完全透空式结构，对原水域水动力条件影响甚小，不会造成大的冲淤变化。

桥墩局部和码头局部会有一定的冲刷，冲深浅水区大于深水区，淤泥质粉质黏土海底底质，局部冲刷深度按 3.0m 计。

五、工 程 地 质

(一)地形地貌及水文地质条件

拟建工程码头区自北港区卸油码头向外海延伸约 7.02km。工程场区位于渤海湾西南岸的黄河三角洲，地貌单元为黄河冲积与滨海相沉积交互区域，属海底平原。海底地形较为平缓，由西南向东北倾斜，局部发育海底沙脊、沙坡，海底地表平均坡度小于 0.15%，水深 4.0～16.0m(锚地水深 16m)。

勘察场地的地下水类型为第四系孔隙潜水，主要赋存于粉土和砂土层中，地下水与海水贯通，水力联系较密切。

(二)地层分布

工程地质分区：根据勘察成果资料，按照地层分布、工程特性等特征将勘察区域分为四个区段：引桥 Q001～Q063 区段；引桥 Q064～Q137 区段；13.0m 等深线位置码头区段(简称 MA 区)；16.0m 等深线外锚地区段(简称 MD 区)。相关数据指标，见表 1-2-8～表 1-2-10。

勘察深度范围内各土层特性及分布：勘察场区范围内地层主要由第四系全新统海相与河流相冲积成因的淤泥质粉质黏土、粉土、粉质黏土、粉细砂、粉质黏土与黏土组成。现根据野外勘察成果资料结合标准贯入试验和室内土工试验，将钻探控制深度范围地层分为 10 个主要土层单元体，现分述如下：

第四系全新统海相与河流冲积相近沉积淤泥质粉质黏土(Q_4^m)灰黑色～深灰色，流塑～软塑，摇振无反应，稍具光泽，韧性低，稍具臭味，混合状结构，底部含贝壳碎片，Q004～Q007 钻孔范围附近该层顶部含有少量粒径为 5.0～10.0cm 的块石，局部地段夹可塑状态的粉质黏土薄层、粉砂透镜体。

该层在整个勘察区域分布广泛，仅在局部地段稍有缺失，在水平方向上随着向远海区域的推进其厚度逐渐变厚，力学性质逐渐变差。该层厚度 0.80～12.00m，层底高程 －7.05～－25.85m。

碎石土(Q_4^{ml})：灰褐色～褐色，饱和，松散，棱角状，坚硬，主要由灰岩、少量花岗岩碎石组成，粒径 5～40cm 不等，混有粉质黏土、粉土。该层由修建卸油码头时人工堆填形成，随着向海域内推进厚度逐渐变薄，主要分布在 Q001～Q003 钻孔附近。该层厚度 1.85～2.00m(由于 Q001 钻孔移至卸油码头上施工，揭露块石层厚度为 8.30m)，层底高程－4.90～－7.68m。

引桥 Q001～Q063 区段物理力学性质指标及设计参数建议值统计表

表 1-2-8

土层	岩土名称	含水率 ω(%)	重度 γ (kN/m³)	孔隙比 e_0	塑性指数 I_p	液性指数 I_L	剪切试验 q		剪切试验 C_q		压缩试验天然		标贯击数 N（击）	容许承载力（kPa）	桩侧极限摩阻力标准值 q_f（kPa）	桩端极限阻力标准值 q_R（kPa）	桩侧地基土水平抗力系数 m（kN/m⁴）
							C（kPa）	φ（°）	C（kPa）	φ（°）	a_{1-2} MPa^{-1}	E_s（MPa）					
1	淤泥质粉质黏土	42.8	17.5	1.240	16.4	1.07	11.1	2.71	18.1	8.80	0.65	3.10	2.0	70	6		3 000
2	粉土	24.8	19.4	0.706	9.2	0.56	14.5	20.0	18.8	25.3	0.29	10.9	6.7	140	43		9 000
2-1	粉质黏土	26.4	19.1	0.770	11.5	0.63	21.9	21.3	33.0	26.7	0.23	7.46	9.1	210	30		
3	淤泥质粉质黏土夹粉质黏土	38.1	18.0	1.069	15.7	1.06	16.2	4.44	20.7	12.7	0.47	3.97	2.2	85	12		4 500
3-1	粉质黏土	31.2	18.7	0.885	14.7	0.64	17.1	16.7	25.0	18.2	0.47	4.07	3.7	110	36		6 750
4	粉质黏土	28.6	19.0	0.812	13.7	0.59	18.3	13.4	22.3	16.0	0.33	5.81	7.6	200	40		7 250
4-1	粉质黏土	32.7	18.5	0.928	15.0	0.71	18.6	9.85	21.6	14.4	0.41	4.60	3.9	120	38		6 250
5	粉土	22.2	19.8	0.653	8.2	0.56	15.7	27.4			0.17	10.4	10.0	170	60		10 000
5-1	黏土	30.27	19.0	0.846	18.4	0.57	26.8	6.55	30.0	17.8	0.42	4.60	11.7	250	40		7 250
6	粉砂夹细砂									35.0	0.064	15.6	26.3	310	90	3 600	8 000
7	粉质黏土	25.6	19.5	0.732	14.1	0.41	30.4	9.86	30.5	16.1	0.21	8.51	14.3	300	80	2 100	8 500
8	细砂									35.0	0.066	15.0	25.9	305	105	4 500	8 000
9	粉质黏土	19.5	20.3	0.562	10.0	0.42	15.9	16.4	15.0	17.1	0.15	8.1	10.7	270	87	2 700	

表 1-2-9

引桥 Q064～Q137 区段物理力学性质指标及设计参数建议值统计表

土层	岩土名称	含水率 ω(%)	重度 γ (kN/m^3)	孔隙比 e_0	塑性指数 I_p	液性指数 I_L	剪切试验 q		剪切试验 C_q		压缩试验天然		标贯击数 N（击）	容许承载力（kPa）	桩侧极限摩阻力标准值 q_f（kPa）	桩端极限阻力标准值 q_R（kPa）	桩侧地基土水平抗力系数 m (kN/m^4)
							C（kPa）	φ（°）	C（kPa）	φ（°）	a_{1-2} MPa^{-1}	E_s（MPa）					
1	淤泥质粉质黏土	38.5	18.0	1.074	16.0	1.03	14.6	4.21	17.9	13.2	0.62	3.24	0.8	50	8		3 000
1-2	粉土	27.0	19.2	0.758	9.90	0.57	7.31	17.9	15.3	22.8	0.24	4.40	4.7	100	35		8 750
3	淤泥质粉质黏土夹粉质黏土	36.3	18.2	1.021	14.5	1.03	16.1	5.31	21.5	14.3	0.52	3.71	1.9	85	13		4 500
4	粉质黏土	28.9	19.1	0.816	14.4	0.61	22.6	9.30	28.2	17.8	0.36	4.90	8.1	210	42		7 000
4-1	粉质黏土	30.3	18.8	0.866	13.7	0.74	20.0	9.31	20.2	14.8	0.41	4.30	4.1	120	38		6 000
4-2	粉土	24.3	19.7	0.671	8.06	0.45	14.9	23.1			0.21	7.78	8.0	150	64		10 000
5	粉土	22.8	19.9	0.634	8.30	0.42	15.1	24.1	17.0	25.0	0.17	7.90	10.0	170	70		10 000
5-1	粉土	30.6	18.8	0.866	17.3	0.48	27.3	5.54	36.0	18.6	0.44	4.30	14.0	250	50		7 500
6	粉砂夹细砂									36.0	0.06	16.5	29.2	330	90	3 600	8 000
7	粉质黏土	29.4	19.1	0.824	16.5	0.48	23.3	10.3	34.3	16.0	0.38	5.05	12.5	250	80	2 100	8 000
7-2	粉土	24.3	19.3	0.705	8.60	0.37	21.0	23.2			0.36	7.00	10.3	170	90	3 300	10 000
8	细砂									36.0	0.06	16.5	28.9	330	105	4 500	8 000
8-1	粉质黏土	27.2		0.755	14.2	0.57	22.0	14.8			0.10	5.69	11.9	300	80	2 200	
9	粉质黏土	25.3	19.7	0.714	16.9	0.38	25.8	6.28	48.0	21.9	0.34	5.40	10.6	250	87	2 700	

码头 MA 区段物理力学性质指标及设计参数建议值统计表

表 1-2-10

土层	岩土名称	含水率 ω(%)	重度 γ (kN/m³)	孔隙比 e_0	塑性指数 I_p	液性指数 I_L	剪切试验 q		剪切试验 C_q		压缩试验天然		标贯击数 N（击）	容许承载力（kPa）	桩侧极限摩阻力标准值 q_f（kPa）	桩端极限阻力标准值 q_R（kPa）	桩侧地基土水平抗力系数 m（kN/m⁴）
							C（kPa）	φ（°）	C（kPa）	φ（°）	a_{1-2} MPa^{-1}	E_s（MPa）					
1	淤泥质粉质黏土	39.0	18.1	1.000	15.1	1.05	14.3	8.66	24.0	13.9	0.79	3.69	0.7	50	8		3 000
3	淤泥质粉质黏土夹粉质黏土	33.1	18.5	0.929	14.0	0.84	16.5	12.1	24.0	18.0	0.50	3.73	2.1	85	12		4 500
4	粉质黏土	30.6	18.9	0.840	15.4	0.58	21.9	12.2	25.0	15.3	0.42	4.60	8.2	210	42		8 000
4-1	粉质黏土	32.5	18.6	0.903	13.0	0.81	18.0	8.85	25.0	14.6	0.49	4.14	4.4	120	30		5 500
5	粉土	23.2	19.8	0.660	8.4	0.57			19.0	24.6	0.16	6.31	13.9	200	60		10 000
6	粉砂夹细砂								27.0	36.0	0.06	16.5	27.9	320	85	3 600	8 000
7	粉质黏土	26.5	19.5	0.729	14.1	0.46	24.0	14.5		19.3	0.32	5.76	12.1	250	70	2 200	8 250
8	细砂									36.0	0.06	16.5	28.0	320	100	4 500	8 000
9	粉质黏土	30.4	19.0	0.787	12.6	0.71	26.0	18.1			0.34	5.26	11.7	280	66	2 400	

粉土(Q_4^{m+al}):灰黄色～黄褐色,稍密～中密,饱和,摇振反应中等,无光泽,韧性、干强度低,混合状构造,含细砂及少量云母片,局部地段相变为粉砂,夹有粉质黏土薄层。该层主要在Q064～Q137和MA码头区段内广泛分布,该层主要位于第1层淤泥质粉质黏土之上,局部以透镜体形式分布于其中,其厚度在水平方向上分布较不均匀。该层厚度0.40～7.10m,层底高程－12.75～－19.75m。

粉土(Q_4^{m+al}):灰黄色～浅灰色～黄褐色,稍密～中密,饱和,摇振反应中等,无光泽,韧性、干强度低,层状构造,局部条纹状结构,含少量云母片、砂砾,靠近现有卸油码头附近含少量砾石。该层仅在Q001～Q063区段广泛分布,在该区段内Q018、Q019、Q046、Q055、Q056、Q062、Q063钻孔附近缺失。该层厚度0.90～12.80m,层底高程－10.10～－18.50m。

粉质黏土(Q_4^{m+al}):灰黄色～灰色～黄褐色,可塑,摇振无反应,切面具光泽反应,韧性、干强度中等,层状构造,含少量贝壳碎片。该层仅在Q001～Q063区段内18个钻孔附近以透镜体的形式分布。该层厚度0.80～3.90m,层底高程－10.48～－15.67m。

淤泥质粉质黏土夹粉质黏土(Q_4^{m+al}):浅灰色～黄褐色,局部灰黑色,软塑～可塑,局部淤泥质粉质粘土呈流塑状态,摇振无反应,切面具光泽反应,韧性、干强度中等,层状构造,局部地段含少量贝壳碎片,局部地段粉质黏土与淤泥质粉质黏土呈互层、交叠状态分布。该层仅在整个场地内均有较为广泛的分布,在Q001～Q063区段、Q064～Q137区段分布最为广泛,厚度在水平方向上逐渐变薄。该层厚度0.90～13.30m,层底高程－14.08～－26.90m。

粉质黏土(Q_4^{m+al}):浅灰色～黄褐色,可塑,摇振无反应,切面具光泽反应,韧性、干强度中等,层状构造,含铁、锰质氧化物结核,夹粉土薄层。该层分布局限,仅在Q001～Q063区段内Q003、Q004、Q005、Q014、Q030、Q0606个钻孔附近分布。该层厚度2.70～7.00m,层底高程－15.30～－18.40m。

粉质黏土(Q_4^{m+al}):黑色～浅灰色～黄褐色,硬塑,摇振无反应,切面光滑、具光泽反应,韧性、干强度高,层状构造,含铁、锰质氧化物结核,局部地段夹粉土薄层,在Q043、Q045、Q063、Q135、MA01、MA13、MA34、MA42、MA52钻孔附近分布稍密状态的粉砂透镜体。该层厚度0.60～17.15m,层底高程－21.80～－35.70m。

粉质黏土(Q_4^{m+al}):灰黄色～黄褐色,可塑,摇振无反应,切面稍光滑、具光泽反应,韧性较低、干强度中等,具层状构造,含铁、锰质氧化物结核,夹粉土薄层。该层在勘察场地范围内广泛分布,仅局部地段缺失。该层厚度1.00～10.80m,层底标高－17.60～－31.40m。

粉土(Q_4^{m+al}):灰黄色～黄褐色,中密,饱和,摇振反应中等,无光泽,韧性、干强度低,层状构造,含细砂及云母片,局部地段夹有粉质黏土薄层。该层分布局限,主要在Q001～Q063区段内Q021、Q039、Q040、Q041、Q042钻孔附近,Q064～Q137区段内Q081、Q082、Q083、Q084、Q086、Q100、Q101、Q113、Q115、Q117、Q118、Q119、Q120钻孔附近,MA区段内MA11、MA14、MA20、MA21、MA22、MA28钻孔附近呈透镜体形式分布于第四层中。该层厚度1.30～5.20m,层底高程－21.90～－30.37m。

粉土(Q_4^{m+al}):灰黄色～黄褐色,中密,局部密实,饱和,摇振反应中等,无光泽,韧性、干强度低，层状构造，含细砂及云母片，局部地段含粉质黏土、黏土团块。该层在Q001～Q063区段内10个钻孔、Q064～Q137区段内15个钻孔、MA码头区段内17个钻孔附近局限分布。该层厚度0.80～9.10m，层底高程－24.30～－34.80m。

黏土(Q_4^{m+al})：灰黑色～浅灰色～黄褐色，硬塑～坚硬，摇振无反应，切面光滑、具光泽反应，韧性、干强度高，层状构造，含铁、锰质氧化物结核，局部地段夹粉土薄层，厚度约40cm。该层分布局限，仅在Q001～Q063区段内的Q003、Q007、Q009、Q036、Q040、Q041钻孔附近，Q064～Q137区段内的Q069、Q080、Q081、Q082、Q083、Q090、Q091、Q092、Q095、Q125、Q134、Q135、Q136、Q137钻孔附近分布。该层厚度1.80～8.30m，层底高程－21.48～－34.35m。

饱和砂土、粉土液化判别：根据《水运工程抗震设计规范》(JTJ 225—1998)，对勘察场地范围的第1-2层、第2层、第4-2层、第5层粉土和第6层粉砂夹细砂进行液化初判和计算判别。

液化初步判别：本次勘察场地抗震设防烈度为7度，对于饱和粉土黏粒含量百分点数不小于10的判别为不液化，小于10的饱和粉土和饱和砂土根据标准贯入试验进一步进行液化计算判别。

初步判别和计算判别结果，见表1-2-11。

土层液化判别计算结果 表1-2-11

指标 地层	判别点数	液化点数	抗液化指数IN平均值	极值 (min～max)
第1-2层粉土	94	37	0.708	0.452～0.686
第2层粉土	161	40	0.710	0.503～0.979
第4-2层粉土	37	8	0.769	0.478～0.992
第5层粉土	226	50	0.780	0.478～0.986
第6层粉细砂	285	2		

根据判别结果，该场地的饱和粉土局部地段出现轻微液化现象，饱和砂土均为不液化土层。

六、地　　震

根据勘察资料分析成果，按《水运工程抗震设计规范》(JTJ 225—1998)和《建筑抗震设计规范(2008年版)》(GB 50011—2001)分析计算，勘察区域内场地土为软弱土，建筑场地类别为Ⅳ类，为对建筑物抗震不利地段。

根据《中国地震烈度区划分图(1990年)》划分成果和《建筑抗震设计规范(2008年版)》(GB 50011—2001)，勘察海域范围抗震设防烈度为7度，设计抗震分组第一组，设计基本地震加速度值为0.15g，特征周期0.65s。

东营港扩建工程钻孔平面布置图。如图1-2-4所示，东营港中轴线海底高程距离，见表1-2-12。

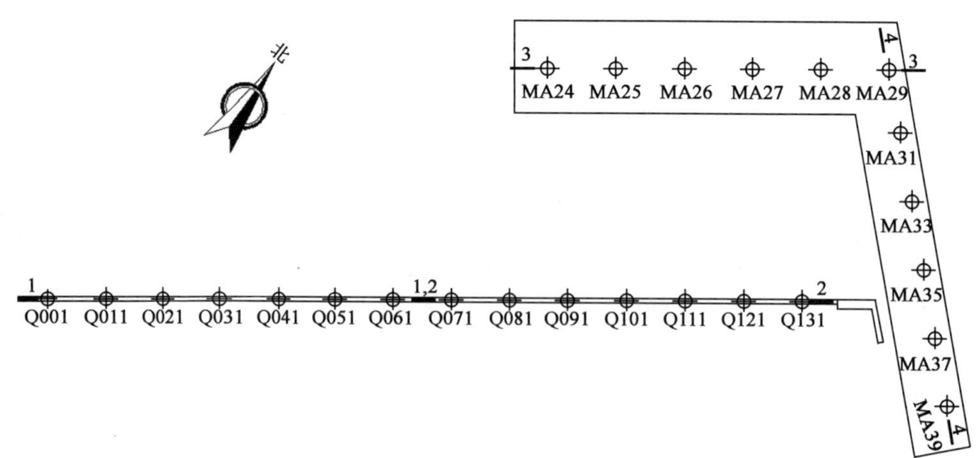

图 1-2-4　东营港扩建工程钻孔平面布置图(引桥 1∶40 000、码头 1∶4 000)

注:图中平面控制为 1980 西安坐标系,高程以东营港理论深度基准面为基准。

东营港中轴线海底高程距离表(2010 年 6 月 4 日)　　表 1-2-12

等深线(m)	离岸距离(km)	等深线(m)	离岸距离(km)
−5	2.1	−16	17.8
−6	2.3	−17	21.8
−7	2.5	−18	24.7
−8	3.2	−19	27.1
−9	5.2	−20	29.6
−10	6.3	−21	33.1
−11	7.6	−22	41.1
−12	7.8	−23	48.7
−13	9.5	−24	56.7
−14	11.3	−25	63.9
−15	14.5	−26	72

第二节　工程设计指标及设计创新

一、设计内容

东营港扩建工程含引桥及码头两个项目。引桥沿胜利油田卸油码头引堤轴线布置,向NE 向延伸至 13.0m 水深处,方位 54°26′45″,水深 4.0～13.0m,全长约 7 020m,引桥端部布置 30 000DWT 泊位。桥宽按双向四车道加一个输送带通道(后改油品管廊带)考虑,总宽 20.0m;桥面系为 50m 预应力简支 T 梁体系,每孔桥布 10 根梁。引桥基础为高桩承台桥墩,基桩采用 ϕ1 200×145 后张预应力混凝土管桩,现浇钢筋混凝土承台即桥墩,为避免基桩直接承受冰荷载,承台下设置钢筋混凝土防冰桩裙。

码头工程包括半开敞式 30 000DWT 通用(散杂货)泊位两个,设计年吞吐量 245 万 t。码头为半开敞式、高桩梁板结构,两个泊位呈 L 形布置、一号泊位与引桥同向,方位 54°26′45″,二号泊位与一号泊位夹角 100°,泊位分别宽 78.05m 和 53.50m,两个泊位长度均为 302m。码头泊位水深－12.5m,港池水深－13.0m、宽度 300m,回旋水域水深－13.0m、回旋直径 300m。码头内侧靠船、外侧利用钢筋混凝土胸墙和遮帘挡浪。码头一号泊位承台和排架基桩为 ϕ1 200后张法预应力混凝土大管桩,二号泊位承台基桩为 ϕ1 200 钢管桩,排架基桩为 ϕ1 200 后张法预应力混凝土大管桩。码头排架间距为 8m。

二、技术创新

在工程设计中,海军北海工程设计院采用了多项技术创新。施工图由中交三航院审查,北海院按审查意见作了相应部分调整。

(一)国内最长的单堤推进半开敞式码头平面布置形式

黄河口地区由于风浪大、淤积重、建港条件恶劣等原因一直没有深水港,在设计中采用新思路、新结构克服这些难题。为协调阻挡波浪掩护内港和阻流引起的泥沙淤积相互矛盾的问题,设计采用了单堤推进半开敞式码头平面布置形式,克服了传统双堤环抱平面布置形式防波堤建设投资巨大、由于改变海岸水动力条件引起严重冲淤的缺陷。

(二)国内首次采用外海无掩护条件下的半透空式防波堤兼码头新结构

东营港码头采用了悬挂挡浪板的桩基承台结构,挡浪板和胸墙有效地阻挡了波浪集中的中上部,在外海恶劣条件下对港内形成了有效掩护,下部的透空结构允许部分海流和泥沙通过,尽量降低对海流泥沙运动的影响。此种结构形式在外海深水半开敞式有掩护码头中为国内首次采用,其中挡浪板波浪力计算现有港口规范尚无计算方法,为此工程前期进行了物理模型试验,在分析实验成果的基础上结合直立堤波浪力相关规范确定了符合工程实际的计算方法,并通过了施工图审查和行业内专家的确认。

(三)首次在北方采用后张预应力混凝土大直径管桩

目前,后张预应力混凝土大直径管桩多应用于南方淤泥质海岸,在北方受冻地区以及粉砂质海岸的沉桩性能、抗冻性能在工程中尚未得到验证。东营港扩建工程中,设计院与有关试验检测单位和科研院所合作,对上述问题进行了多方面的试验研究,并结合研究结果根据不同地质条件采用了预应力大管桩、钢管桩以及预应力大管桩和钢管桩的组合桩,取得了良好效果,仅桩基一项就比单纯采用钢管桩节约投资上亿元。

(四)国内最长的预应力 T 形梁引桥

此工程采用 50m T 形梁结构为国内最长的引桥,设计中充分考虑了荷载要求和外海条件下的耐久性要求,为提高安装效率、缩短工期,采用了水上安装和陆上架桥机两套安装工艺同时进行,配合施工单位做了 T 形梁吊具设计和临时靠船设施设计。

(五)结构耐久设计

本工程处于外海,环境条件比较恶劣,日常维护比较困难,为了保证工程在正常使用期的结构安全，减少日常维护工作量，适当增加结构使用寿命，在结构设计中采取以下措施。

(1)设计严格执行《海港工程混凝土结构防腐蚀技术规范》(JTJ 275—2000)、《水运工程混凝土质量控制标准》(JTJ 269—1996)和《海港工程钢结构防腐蚀技术规定》(JTJ 230—1989)的有关规定。

(2)结构的混凝土强度等级和抗冻等级按外海环境取用。

(3)后张预应力混凝土管桩，经中交三航局科研所、天科院两家单位检测，其混凝土抗氯离子渗透性＜1 100C，接近高性能混凝土≤1 000C 标准，抗冻等级＞F350；为防止桩出现冻胀破坏，水位变动区及以上桩芯灌注混凝土；设计中管桩不直接承受海冰等漂浮物的直接撞击；水位变动区及以上桩身、水下区管节拼接缝局部采用改性环氧沥青加玻璃丝布缠裹(四油三布)，施打过程中控制总锤击数≤1 500 击，以防桩身混凝土出现疲劳现象，并加强桩身完整性等质量检测。

(4)承台和梁板、挡浪板等预制构件采用高性能混凝土，严格按规范要求控制裂缝开展宽度。

(5)预制预应力混凝土梁板，钢筋和预应力管道保护层厚度按港工规范取用，抗裂等级 B 级控制。

东营港扩建工程的设计获得了军队优秀工程设计一等奖(中国人民解放军总后勤部，证书编号 2012-S003)，如图 1-2-5 所示。

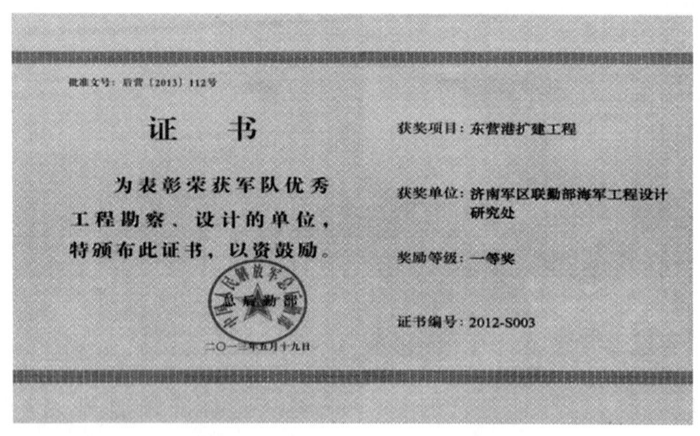

批准文号：后营〔2013〕112号

证　书

为表彰荣获军队优秀工程勘察、设计的单位，特颁布此证书，以资鼓励。

二〇一三年五月十九日

获奖项目：东营港扩建工程

获奖单位：济南军区联勤部海军工程设计研究处

奖励等级：一等奖

证书编号：2012-S003

图 1-2-5　证书

东营港扩建工程在设计中有多项创新，如码头采用了悬挂挡浪板的桩基承台结构、首次在北方采用后张预应力混凝土大直径管桩、国内最长的预应力 T 梁引桥等，每项技术的应用都给工程施工带来了挑战，每项技术的应用都是通过典型施工→总结完善方案→改进工艺→局部施工→工艺成熟→全面施工来完成的。对创新技术的实践进行总结是促成本书的重要因素，也是本书的主要内容。

第三章 工程建设

第一节　工程建设招投标及合同管理

东营港扩建工程采用政府公开招标。在政府采购工程招标的过程中，认真执行国家有关法律、法规和规定，本着公开、公平、公正的原则，严格程序，规范运作，并按照有关规定和程序选择投标申请人。经过信息公告，公开报名，提供资料，资格预审，投标文件的审查、评价、比较，各评委严格执行评标标准，最后确定中标候选人，如图 1-3-1 所示。

东营市政府采购办公室委托东营市大洋工程招标代理有限公司就东营港扩建工程施工、监理单位进行政府采购公开招标。为了搞好这次招标工作，成立了"东营港扩建工程招标领导小组"，全面领导和组织这次招标工作，负责办理招标有关事宜，并接受东营市监察局、市发改委、市审计局及市招标办的依法监督。

按照法定程序和公布的评标原则和标准，评标委员会对各投标企业的投标文件内容进行综合评审，确定施工单位为中港第一航务工程局和中港第二航务工程局，监理单位为山东港通工程管理咨询有限公司。

东营港建设管理办公室作为建设单位与各施工监理单位签订正式合同，在工程建设过程中，参建各方依合同约定的内容，工程设计、施工等均按要求完成任务，达到合同的质量等级要求，在本工程设计、施工过程中，严格执行各项法律、法规、规范及山东省东营市的有关规定。还与施工单位签订了安全生产责任状和廉政合同，如图 1-3-2 所示。

图 1-3-1　东营港扩建工程码头引桥施工政府采购开标会议

图 1-3-2　东营港扩建工程廉政合同签字仪式暨廉政教育会议

第二节　码头工程建设

一、工 程 概 况

东营港扩建工程码头工程为半开敞式、高桩承台与高桩梁板结构形式，一、二号泊位呈L形布置，夹角为100°，1号泊位宽79.7m，长度302m；2号泊位宽56m，长度302m，码头面高程+6.0m，前沿水深为−13.0m（当地理论深度基准面），码头内侧靠船、外侧具有防波堤功能。基桩有两种形式，后张预应力大管桩为主，部分区域布置ϕ1 200钢管桩。码头排架间距为8m，大管桩为打入式挤土桩，现浇桩帽，预制、安装预应力梁、板（叠合构件），现浇梁接头及叠合板混凝土。码头后沿现浇承台，预制、安装钢筋混凝土挡浪板，现浇钢筋混凝土胸墙。

二、施工概况及主要施工工艺

施工概况：工程建设时间为2005年8月18日至2008年10月底，工程进度、质量均处于受控状态。根据《港口工程质量检验评定标准》（JTJ 221—1998）要求，工程分1号泊位及2号泊位两个单位工程，29个分项工程。2008年7月23日对东营港扩建工程码头工程1号泊位单位工程进行工程竣工整体尺度测量验收，2008年10月23日对2号泊位单位工程进行工程竣工整体尺度测量验收，测量成果满足设计及规范要求。工程项目经施工单位、监理单位、建设单位共同检查验收，工程质量符合规范及设计要求。主要施工工艺及施工措施：在没有现成成熟施工经验的情况下，通过不断地总结经验和创新操作，完善质量管理体系，总结了大管桩沉设、承台底层大体积混凝土浇筑、挡浪板安装、高性能混凝土、桩帽施工、梁板预制与安装、靠船构件安装、码头面层施工等施工工艺和技术，同时保证了施工质量的优良。如图1-3-3、图1-3-4所示。

图1-3-3　施工概况

图1-3-4　东营港扩建工程效果图

（一）沉桩施工

本工程为大管桩首次在我国北方地区大规模应用，本地区缺少大管桩的施工经验，根据试桩情况,结合其他地区的施工经验,本工程采用中交一航局二公司“打桩 18”和“打桩 19”配备 D125-3 型柴油锤进行捶击沉桩,沉桩定位利用 GPS 定位系统;沉桩标准采用贯入度与高程双控,以高程为主。施工过程中有效地解决了大管桩在本工程中的施工工艺问题。

(二)承台底层混凝土浇筑

由于承台底层混凝土底高程处于+2.1m 的位置,受风浪影响非常大,因底面积大,铺底时间长,且基桩为斜桩,底模无法一次安装。通过认真总结经验教训,采取了钢梁夹桩和桩顶悬吊相结合的办法,用大片钢梁代替单根钢梁,尽量减少铺底层模板的时间,从而保证底层的浇筑成功。

(三)挡浪板安装

挡浪板为悬挂安装,单重 124t,高 10.6m×宽 3.9m;底高程为-8.5m;安装后基本在水下,受波浪、水流影响巨大。在开工之前,多方就确定此为本工程的一个施工难点,曾多次召开业主、设计、监理方、施工方参加的专题讨论会议,对设计思想、施工方法进行了研究,对挡浪板安装工艺进行交流,统一思想和认识。采取了增加顶层、竖向钢筋加固承台,预埋件位置上移,外露钢筋混凝土提前凿除,底层钢筋提前焊接,利用型钢连接代替钢筋等措施,缩短作业时间,从而确保安装成功。

(四)高性能混凝土

本工程大量使用了高性能混凝土。高性能混凝土对施工作业的要求远高于普通混凝土的施工,通过邀请经验丰富的人员到现场指导,并选用优质水泥、高效缓凝型减水剂、增加试拌数量、严格控制材料计量、增加拌和时间、严格控制浇筑作业及事后养护等措施,使混凝土性能不断改善,从而确保了混凝土施工的质量。

(五)桩帽施工

桩帽处于桩基分项,是基础部分,施工进程严重地影响着后续工序的施工。本工程克服普通施工流程作业时间长的缺点。针对此处的海况,在桩帽的施工中,采取了主要以吊安为主的施工工艺。后方场地制作钢筋笼,前方吊安,底模做成两块整体模板进行吊安,侧模采用整体模板的吊安方式进行施工,大大减少了现场施工的时间,从而节约了一个桩帽成型的时间。

(六)梁板安装

1 号泊位宽 79.7m,其中排架宽 59.7m。排架部分为高桩梁板结构,由于沉桩已全部施工完毕,在目前的船舶起重能力的情况下,进行中间条幅的施工是非常困难的。鉴于施工的现状,在 1 号泊位制造安装 1 台大跨度悬臂梁的门机,跨距 58.2m,悬外 11m,吊重 35t,用于 1 号泊位的桩帽和梁板安装工作,作业受天气影响较小,延长作业时间。

2 号泊位宽 56m,其中排架宽 36m。排架部分为高桩梁板结构,由于沉桩已全部施工完毕,采用陆上 150t 履带吊、83t 多功能起重船、300t 起重船相结合的方式进行施工。有效利用陆上吊机的施工作业能力,加快施工进度。

(七)靠船构件安装

靠船构件原设计是与桩帽一起浇筑,利用现浇桩帽时的底梁作为承重系统进行固定安装。经研究,项目部采用挂靠工艺。即桩帽分两次浇筑成型,第一次浇筑时预留靠船构件的悬挂位置;另在靠船构件预制时,多预制 50cm 的挂靠部。安装时只需把靠船构件吊装到位,进行钢筋的焊接加固即可。缩短了桩帽和靠船构件两项施工内容的施工周期,并保证了施工质量。

(八)码头面层施工

码头面层通过优化配合比设计,选用优质水泥、选取与之相匹配的高效缓凝减水剂,并掺加聚丙烯纤维等,保证混凝土的原材料质量,在施工过程中严格控制,并加强混凝土的养护质量,从而保证面层施工的质量。

三、主要建设项目一览表

(1)2005 年 10 月 5 日,码头钢管桩试桩开始施工。

(2)2005 年 10 月 25 日,开始进行钢管桩打设施工。

(3)2006 年 6 月 26 日,挡浪板安装开始进行施工。

(4)2007 年 3 月 27 日,开始进行现浇挡浪墙施工。

(5)2007 年 1 月 12 日,钢管桩水上沉桩工程完成。

(6)2007 年 1 月 12 日,组合桩水上沉桩工程完成。

(7)2008 年 8 月 26 日,现浇承台混凝土工程完成。

(8)2007 年 8 月 20 日,挡浪板安装工程完成。

(9)2008 年 6 月 11 日,安装各种梁工程完成。

(10)2008 年 4 月 22 日,靠船构件安装工程完成。

(11)2008 年 8 月 10 日,面层混凝土施工完成。

第三节　引桥工程建设

一、工 程 概 况

引桥用于连接码头和陆域的后方场区,是整个东营港扩建工程的咽喉,起点为东营港 2 100m引堤的顶端,全长 7 020m。上构为 136 跨 50m 预应力简支 T 形梁体系,桥面总宽 20.0m,每跨 10 榀梁。桥墩为高桩承台,基桩为 ϕ1 200×145mm 后张法预应力混凝土大直径管桩(B1-2 型),为避免基桩直接承受冰荷载,承台下设置预制钢筋混凝土挡冰桩裙。引桥在 QD39-40、QD77-78、QD103-104 分别设三个加宽段,宽 36.0m,分别作为今后 5 000 吨级、1 万吨级、2 万吨级码头区与引桥的预留接口,如图 1-3-5、图 1-3-6 所示。

主要工程项目包括 1 640 根大管桩运输、沉设,140 个挡冰桩裙的预制安装,134 个墩台现浇,1 378 榀 50m T 形梁预制安装和桥面系施工。

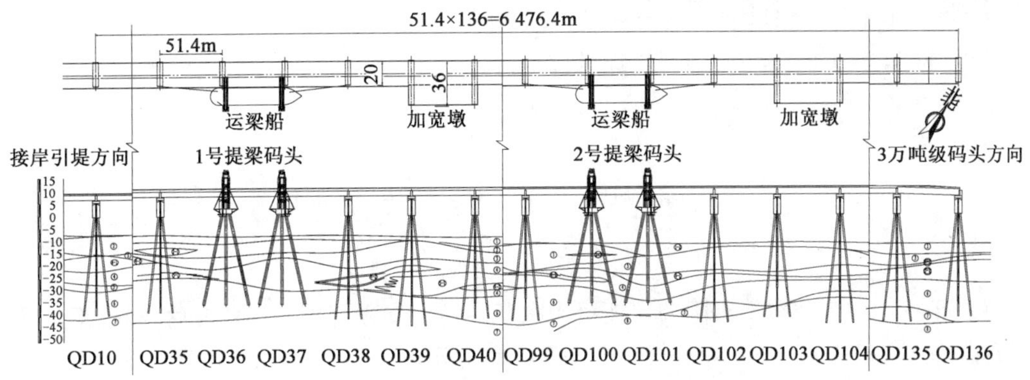

图 1-3-5 东营港扩建工程引桥工程平、立面示意图

二、施工概况及主要施工工艺

(一)施工特点

本工程为连接码头和后方堆场的引桥，实际上就是一座海上特大型桥梁。施工特点主要体现在:外海无掩护施工、水文气象条件差、工程量大、工期紧张。

图 1-3-6 引桥

(二)施工难点

本工程主要施工难点体现在以下几方面:组合桩的预制、运输和沉设，挡冰桩裙安装，承台现浇，50m T 形梁安装。

(三)主要施工工艺

针对本工程的施工特点和难点，建设单位先后组织了三次专家会，分别就组合桩沉桩、桩裙安装和承台现浇、50m T 形梁预制和安装等技术方案进行探讨，提出了许多指导性的意见，为工程的顺利实施作出了重要贡献。主要施工工艺如下:

桩基施工工艺:组合桩采用中交三航局连云港、宁波两个预制厂预制、拼装，船运至施工海域，打桩船沉设，打桩定位采用 GPS 定位系统。

墩台施工工艺:桩裙在东营港南港池 1-2 号码头设置的预制场预制，承台模板预制、安装、固定，形成组合套箱，起重船或门机装船运至施工现场，起重船吊安，两艘水上搅拌船分两次浇筑混凝土。承台施工完后，整体安装墩身和盖梁模板，一次水上浇筑混凝土。

T 形梁预制、安装施工工艺:50m T 形梁在东营港南港池 1-2 号码头设置的预制场预制，共有 56 个制梁台座、30 个存梁台座。出运采用 3 000t 船坞上两台 90t 门机装船，运至施工现场。通过提梁码头上桥、200t 架桥机安装。部分采用起重船安装。

三、主要建设项目一览表

(1)2005 年 10 月 5 日，引桥工程大管桩试桩开始施工。

(2)2005 年 10 月 25 日，开始进行大管桩打设施工。

(3)2006 年 4 月 16 日,引桥墩台施工。

(4)2006 年 5 月 8 日,50m T 形梁预制施工。

(5)2006 年 6 月 25 日,50m T 形梁安装施工。

第四节　工 程 监 理

山东港通工程管理咨询有限公司在接受东营港扩建工程监理委托任务后,现场组建 20 人的项目监理部,监理部人员专业齐全配套,完全能够满足、适应现场监理业务需要。在工程监理实施过程中,监理部严格按照交通部颁发的《水运工程施工监理规范》的要求开展监理工作,对工程质量、投资、进度严格控制,重视施工合同管理、信息档案管理,对工程安全工作进行全过程、全方位的控制管理工作。

一、工程质量控制工作

工程质量管理过程中,监理工程师采取阶段验收、分项验收、巡视、平行检测、旁站等手段进行全过程监理工作,做到横向管理到边,纵向管理到底,将质量管理工作做全、做细,确保工程质量。严把工程原材料进场质量关,对原材料的实验见证取样,严格按照 10%的平行抽验比率进行质量验证;严把分项工程验收关,重点控制好桩基预制沉设、构件预制安装、墩台承台现浇、桥面系、码头面层及附属设施等工序质量;严格执行旁站监督工作,对于重要的工序,如构件预制安装、管桩沉设、混凝土现浇施工等,安排旁站人员,做好旁站监督记录。

二、工程投资管理工作

严格按合同要求进行投资控制,严格控制签证费用,收集并记录设计变更资料,做好工程量调整的动态台账。

认真审图,发现在油管区有无固定支架台座的配筋相同,考虑使用荷载的不同,建议业主协调设计单位对无固定支架台座进行断面和配筋进行调整,后经设计单位同意进行变更,仅此一项节约工程造价近 180 万元。

三、工程进度管理工作

监理部督促承包商科学合理地安排施工进度,制定旬、月、年计划,以旬保月,以月保年。定期进行工程进度计划分析,进度一旦出现滞后,督促承包商查找原因,采取有效措施,抢回延误工期,实现进度的动态控制。

东营港扩建工程的建设在各方共同的努力下,圆满完成了经过变更调整后的计划工期目标。

四、工程安全管理工作

监理部始终将工程安全管理工作作为首要任务来抓。从安全风险源头入手,狠抓防范措施的制定和落实。督促各参建施工单位完善安全管理体系,建立事故应急预案,每旬由监理项目部组织一次施工现场安全文明施工检查，每月会同业主进行一次联合大检查。检查内容主要是施工中存在的隐患，加强施工过程的动态安全监理工作，将安全事故消除于萌芽之中。在近3年的施工期内，未发生重大安全责任事故。

五、工程档案信息管理

监理档案管理工作在总监全面负责的基础上，委派专人进行信息资料的收集、整理归档工作，建立信息流程，完善档案管理系统。在工程文件管理中，严把文件收发关口，统一文件进出途径，减少文件收发的随意性，使监理文件能够及时得到处理并及时归档。

在认真做好监理中形成的文件收集、整理归档外，监理部还认真落实对施工单位所形成的工程档案进行督促审查的职能。加强日常工程隐蔽资料管理情况督促检查，制定定期阶段检查制度，重点抓好工程竣工前的工程资料审查及编档工作。

六、重要工程节点的处理措施

(1)本工程为大管桩首次在我国北方冰冻地区使用，沉桩质量好坏是整个工程质量的关键，是整个工程中质量控制的重点。监理工程师认真检查管桩运至现场后的桩身质量，严格控制停锤标准，对于沉桩过程中出现异常情况的桩，及时联系桩基检测单位进行高应变检测并向设计代表反馈现场信息，最终保证了所有大管桩沉桩质量满足设计要求。另一方面在沉桩完成后对桩头破损和纵向裂缝进行了详细的检查和记录。根据沉桩后的各项检测结果，引桥大管桩沉桩全部满足设计和规范要求，符合优良标准。

(2)根据本地区气候条件，海上施工的难点是挡冰桩裙安装、挡浪板安装、承台混凝土和墩身底层混凝土浇筑。在总结典型施工经验的基础上，最终确定各关键工序的施工工艺。根据工艺特点，监理部安排人员从模板安装到底层混凝土浇筑进行跟踪旁站监理，重点控制墩台、承台底模板安装，重点控制墩台、承台底模板铺设、钢筋绑扎和混凝土浇筑等环节，保证混凝土浇筑具备干地施工条件，拆模后对于施工过程用的圆台螺母，监督施工单位进行处理。

(3)桥面系施工。桥面铺装和护栏底座是决定表观质量的关键。一方面监理要求承包商从施工中的细节抓起，严格控制混凝土浇筑、养护等各个环节，并要求浇筑桥面混凝土尽量避开中午高温时段进行，避免环境温度过高和日照产生的裂缝。另一方面同承包商一起建议设计单位对桥面铺装、护栏底座采取切缝处理和掺加聚丙烯纤维等措施。从施工效果来讲，虽然桥面系仍不可避免地出现了裂缝，但采取的措施还是取得了很好的效果，基本上避免了前期裂缝的产生。

(4)在桥面防滑处理方面，监理工程师针对工艺特点和典型施工情况，要求承包商采取刻痕的处理方式。采用这一方案使承包商增加了一部分投入，但表观质量较好。从后来类似工程的施工经验来看，采用刻痕进行桥面防滑处理的效果要好于压槽和拉毛。

(5)在2号泊位桩基施工过程中，由于达不到设计规定的最终贯入度，经动测极限承载力不能满足设计要求。在这种情况下，2号泊位共计补桩1根，加长钢桩3根。

(6)在码头工程挡浪板安装过程中，受设计承台凹口尺寸限制，承台纵向钢筋焊接错开长度无法满足规范要求，经协商通过增加焊接长度来进行调整。

(7)码头面层在施工初期曾经出现裂缝，经过优化混凝土配合比和掺加聚丙烯纤维，取得了比较好的防裂效果。

第五节　工程质量监督

一、质量监督受理情况

2005 年 8 月 30 日，东营港建设管理办公室向山东省交通厅基本建设工程质量监督站提出了工程质量监督申请，按照交通部《水运工程质量监督规定》和省交通厅《山东省交通建设工程质量监督实施细则》的规定，对建设单位质量监督申请中有关工程设计审批、参建单位资质、人员资格、工地试验室装备配备及施工自检程序等方面进行了审核。

二、主要监督内容

(一)质量保证体系和工地试验室的监督检查

工程开工后，不定期对施工、监理单位质量保证体系和工地试验室的建立及运行情况进行监督检查。一是检查工作制度是否完善、落实，是否符合工程特点；二是检查施工、监理、试验检测人员数量、资格及持证情况，试验检测仪器和设备的数量、完好性及标定情况；三是检查落实质量检验制度的执行情况，即施工自检、监理抽检及质量确认等情况，督促工程参建单位建立健全质量保证体系，保证试验检测工作的规范性、准确性和客观性。

(二)工程质量的监督检查

工程质量的监督检查是质量监督工作的主要内容。工程开工后，根据工程进展情况，从工程质量管理行为、施工工艺和工程实体质量三方面，对工程质量进行了监督检查，重点对码头及引桥桩基、主体工程以及其他影响使用功能、安全性的重要部位施工质量进行了抽查，对主要施工工序和参建单位的质量管理工作进行了检查。

(三)工程内业资料的监督检查

施工、监理单位内业资料是工序控制、管理和质量检查验收情况的记录，是从业水平的反映。对于工程内业资料，采取抽查方式，重点对工程质量档案资料完整性、规范性和客观性进行了监督检查。检查施工自检项目是否齐全，检测方法是否规范，检测数据是否真实、可靠、准确；监理工程师抽检是否规范，频率是否符合规定；内业资料签认、填写是否认真、规范。

(四)监理工作的监督检查

为不断规范监理工作、充分发挥监理在质量控制中的作用，重点对监理程序和监理质量进行了监督检查，一是检查监理人员数量、专业及持证情况是否符合要求，二是检查监理工作程序是否规范，三是检查监理对工程质量的控制是否到位，四是检查监理对工程质量的控制是否有效。严格要求监理平行试验必须满足规范要求，重要工序必须进行现场旁站，确保监理工作的科学性、规范性和有效性，促进监理工作质量的提高。

(五)工程质量的鉴定和评定

对工程质量进行鉴定和评定是质量监督工作的重要内容。为保证质量鉴定工作的规范性和科学性，加强了对工程实体质量的检测和观感质量评价工作，严格要求建设单位在主体工程交工验收前，委托具有相应资质的试验检测单位对工程实体质量进行规范检测，作为工程质量鉴定和评定的依据；并严格按照交通部有关规定，组织对工程观感质量进行评价，保证工程质量鉴定结论科学、合理、准确。

三、监督检查方式

对工程的监督检查分为综合检查、专项检查和巡视检查三种方式。

综合检查是为掌握项目整体质量状况，对质量管理行为、施工工艺和工程实体质量进行的全面检查。采取现场查看、查阅资料、对工程实体及原材料质量抽样检测等方式进行。

专项检查是为深入掌握建设项目的特定环节、关键工序、重要部位质量状况，以及调查质量举报采取的有针对性检查。通过查验资料、抽样检测等方式进行。

巡视检查是为及时了解工程质量动态，对施工现场管理、施工工艺、工程外观质量等进行的随机检查。根据年度监督检查计划进行。

四、监督检查情况

工程建设过程中，工程参建单位认真执行国家和行业强制性标准，质量保证体系运行良好。在工程建设期间，共组织进行了 11 次监督检查，对于检查中发现的混凝土外观质量缺陷、轻微裂缝及内业资料不规范等问题，质监站及时向有关单位发送《交通建设工程质量监督抽查意见书》，提出整改意见、建议和要求，并向省厅报告。建设、施工和监理单位对检查提出的问题非常重视，积极认真地组织进行整改，质量问题处理及时、规范，保证了工程质量监督效果，工程实体质量得到了有效控制，工程内业资料规范、齐全。检查情况，如图 1-3-7 所示。

图 1-3-7 检查情况

五、工程质量评定

(一)各单位工程质量评定

各单位工程完工后，根据交通部有关规定和建设单位申请，结合工程日常监督检查情况，分别于 2008 年 6 月 12 日、2008 年 7 月 28 日、2008 年 9 月 26 日、2008 年 10 月 28 日组织完成了单位工程交工质量鉴定，签发了《水运工程质量鉴定书》。

各单位工程质量鉴定和交工验收质量情况如下：

(1)引堤连接桥:优良。

(2)引桥试验段:优良。

(3)引桥(4个单位工程):优良。

(4)码头连接桥:优良。

(5)1号泊位码头:优良。

(6)2号泊位码头:优良。

(二)质量档案资料评价

各单位工程质量档案资料齐全,整理规范,通过检查核定。

(三)工程总体质量评定

该项目的建设规模和标准符合省发展和改革委员会“鲁发改能交〔2005〕768号”和省交通厅、省发展和改革委员会“鲁交规划〔2007〕84号”文批准内容。工程通过招标选择施工、监理单位,工程实施期间质量保证体系健全,工程质量得到有效控制。建成的各单位工程符合设计和规范、标准要求,工程资料齐全。

该项目已鉴定的9个单位工程质量全部优良。

第六节　环保、安全、职业病防护、消防和档案专项验收

一、环境保护

包括空气、噪声级、污水排放、污水处理站建设、固体废弃物的处理及环境监测。山东省环境保护厅鲁环验〔2009〕107号文:该项目环境保护手续齐全,落实了环境及其批复提出的各项环保措施和要求,工程竣工环境保护验收合格。

二、安全设施

山东省安全生产监督管理局鲁安监字〔2009〕170号文:该项目安全设施符合国家有关安全生产标准和规范,能满足基本安全生产要求,同意该项目安全设施通过验收。

三、消　防

东营市公安消防分局东公消(建验)字〔2009〕第0017号文:东营港扩建工程经现场查验,符合《建筑设计防火规范》(GB 50016—2006)及国家有关消防技术标准的要求,在消防方面具备使用条件,验收合格,同意使用。

四、职业病防护设施

根据东营市卫生监督执法局根据劳动部1996年第3号令《建设项目(工程)劳动安全卫生监察规定》、《港口工程劳动安全卫生设计规范》的规定,主要建设防尘、防毒、防噪声等职业病

防护设施。对项目进行了专项验收，认为东营港扩建工程劳动安全卫生符合有关规定，同意东营港扩建工程项目投入使用，如图 1-3-8 所示。

图 1-3-8　东营港扩建工程项目职业病危害竣工验收会

五、档 案 验 收

山东省交通厅鲁交档字〔2009〕号文：东营港扩建工程项目档案符合交通建设项目档案专项验收要求，同意该项目档案通过验收，如图 1-3-9 所示。

图 1-3-9　档案专项验收会

第七节　工程交工验收和质量鉴定

根据《港口工程质量检验评定标准》(JTJ 221—1998)，山东省质监站分别对码头工程、引桥工程进行了现场检测，完成了观感质量评价，对单位工程质量检验资料进行了核查，对工程建设标准强制性条文符合情况进行了严格、详细的核查，根据交通部《重点水运建设项目质量鉴定办法》、《港口工程质量检验评定标准》等有关规定，各项工程质量等级均为优良。试验段于2007年6月13日完成了交工验收，引桥工程于2008年7月29日完成交工验收，码头工程于2008年10月28日完成交工。

山东省质监站分别对码头工程1号、2号码头和引桥工程进行了验收，并出具了质量鉴定报告，报告中指出：该1号泊位工程按照山东省发改委《关于东营港扩建工程2×3万吨级散杂货泊位可行性研究报告的批复》(鲁发改能交〔2005〕768号)和山东省交通厅《关于东营港扩建工程初步设计的批复》(鲁交规划〔2007〕84号)批准的建设规模和标准建成，施工、监理单位完成了各分项、分部和单位工程的质量评定。鉴定认为，该码头工程建设符合设计和规范要求，采用的新工艺、新结构在工程中得到了较好的运用，码头前沿线顺直，面层平整，承台结构稳定，混凝土强度、冻融、抗氯离子渗透等满足设计和规范要求。工程资料基本齐全，施工、监理单位对工程的评定结果较准确，1号泊位建设项目资料核查得分率为97.73%，工程建设标准强制性条文符合性审查意见为"符合"，工程观感质量评分得分率为96.8%；2号泊位建设项目资料核查意见为"符合"，工程建设标准强制性条文符合性审查意见为"符合"，工程观感质量评分得分率为94.2%。根据交通部《重点水运建设项目质量鉴定办法》、《港口工程质量检验评定标准》等有关规定，同意鉴定该单位工程质量等级为优良。引桥工程实体测量桥面行车道个别部位较宽，T形梁细部尺寸满足要求，桥面铺装处于良好状态，伸缩缝功能完好，部分橡胶支座存在局部脱落、压缩变形和开裂现象，防撞护栏、排水设施处于良好状态，上部主要承重构件、墩台和基础整体质量状况良好，构件的混凝土强度满足要求，总体质量状况得分为98.0。内业资料基本齐全、完整、规范，工程建设标准强制性条文符合性审查意见为"符合"，建设项目资料核查评分率为92.4%。观感质量：桥梁内外轮廓线条顺滑清晰，桥面平整，坡向准确，刻痕规范，伸缩缝完整，防撞护栏线形直顺。经过外观评价，观感评分得分率分别为：引桥YQ-01(QD11～QD40)97.8%、YQ-02(QD41～QD78)97.2%、YQ-03(QD79～QD104)97.8%、YQ-04(QD79～QD104)97.5%，码头连接桥97.5%。鉴定认为该工程符合设计和规范要求，工程检验及保证资料齐全，引桥4个工程，码头连接桥1个单位工程质量均为优良。试验段工程实体检测：桥面行车道宽度、T形梁细部尺寸满足要求，桥面铺装、桥头与路堤连接处、橡胶支座、防撞护栏、排水设施、上部主要承重构件、墩台和基础整体质量状况良好，构件的混凝土强度满足要求，总体质量状况得分为98.8分。内业资料：内业资料基本齐全、完整、规范，工程建设标准强制性条文符合性审查意见为"符合"，建设项目资料核查评分得分率为94.13分。观感质量：桥梁内外轮廓线条顺滑清晰，桥面平整，坡向准确，刻痕规范，伸缩缝完整，防撞护栏线形直顺。经外观评价，观感评分得分率分别为引堤连接桥96%、引桥试验段97%。鉴定意见认为该试验段的已完工程符合设计和规范要求，工程检验及保证资料齐全，引堤连接桥、引桥试验段两个单位工程质量等级均为优良。

第八节　工程竣工验收及财务决算

一、竣工验收

2009年10月13日，山东省交通运输厅组织成立竣工验收委员会，听取了工程建设、设计、施工、监理、质量监督单位的工作情况汇报和东营市港航管理局的初步验收意见，查看了工程现场，查阅了工程档案内业资料，经认真讨论和评议，形成以下意见：

东营港 2×3 万吨级散杂货码头工程已按初步设计批复的建设规模、建设标准建设完成。在工程实施过程中，建设单位建立了项目管理机构，严格工程建设管理，明确质量目标，科学计划，精心组织，加强协调，合理安排建设工期，积极采用新技术、新工艺、新材料，较好地控制了工程质量和建设投资。设计单位充分考虑和利用自然条件，设计方案合理，设计质量可靠，后期服务及时到位。施工单位通过优化施工组织设计，坚持样板引路，严格内部质量控制和管理，认真执行工程建设强制性标准，确保工程质量和安全始终处于受控状态。监理单位编制了较为完善的监理规划和监理实施细则，加强巡视、旁站和平行检测，严格控制工程质量、投资和工期，较好地履行了监理职责。相关会议情况，如图 1-3-10、图 1-3-11 所示。

图 1-3-10　东营港 2×3 万吨级散杂货码头工程竣工验收会议

图 1-3-11　引桥工程交工验收会议

工程建设期间，各参建单位严格遵守质量、安全、环保和廉政管理规定，没有发生各类质量、安全和环保事故，没有出现违纪违法问题。

工程配套的安全、消防、环保等设施按照相关要求同步进行了建设，达到了国家规范规定的标准和设计要求。工程安全已经由省安监局验收，工程消防通过了东营消防支队的验收，工程环保通过了省环保局的验收，工程档案通过了省交通运输厅档案馆的验收，工程决算报告编制完成并通过审计。

工程自 2009 年 4 月建成，试运行至今情况良好，运行指标均达到设计要求。

根据交通运输部《港口工程竣工验收办法》的规定，东营港 2×3 万吨级散杂货码头工程具备竣工验收条件，同意通过竣工验收，核定工程质量等级为优良。

二、财 务 决 算

东营港扩建工程决算审计工作由东营市审计局委托两家中介公司负责，码头工程由天职国际计师事务所有限公司进行审计，引桥工程（含试验段）由山东天泰恒信工程造价咨询有限公司负责。审计结果：建设单位在项目管理方面，能够按照基本建设程序实施并管理项目，工程资料齐全。在财务管理及会计核算方面，会计资料完整，会计核算规范；在概算执行方面，投资控制措施得当有力。码头工程 6.88 亿元，引桥工程 8.0 亿，共计 14.88 亿元。港口工程竣工验收证书，如图 1-3-12 所示。

港口工程竣工验收证书

（正　本）

项目法人名称：东营港建设管理办公室　　　　编号：GK09-006

工程名称：东营港 2×3 万吨级散杂货泊位工程

根据《中华人民共和国港口法》，该工程竣工验收合格，准予投入使用。

泊位靠泊等级、类别及个数：30000 吨级散杂货泊位 2 个

泊位长度：600 米　　　　通过能力：245 万吨/年

泊位前沿底高程：-12.5 米　　　　航道底高程：

2009年　10月　13日

中华人民共和国交通部印制

图 1-3-12　港口工程竣工验收证书

第二篇

技 术 总 结

第一章 大管桩在北方地区东营港的首次应用

第一节　项目的提出

自 1985 年开始，二十多年来，大管桩在我国港口、桥梁建设中已经大量使用，包括建设 2 万～20 万吨级的码头泊位。通过多年使用后检查，99％的大管桩仍然处于完好状态。而调查发现，受损桩大都为早期生产的 A1 型桩。尽管大管桩在我国华东、华南地区广泛应用，然而其使用范围最北仅到连云港，均属温带和亚热带地区。长期以来，人们对大管桩能否用于北方寒冷地区心存疑虑：一是担心大管桩在施打过程中产生微细裂纹，潮差段的冻融作用会影响大管桩混凝土的耐久性；二是对不掺引气剂的大管桩的抗冻性有怀疑，而掺了引气剂并经过离心、振动、辊压三复合工艺后，实体混凝土中还会存留多少空气不得而知；三是大管桩钢绞线保护层的厚度仅有 5cm，在冰凌或流冰的作用下混凝土保护层容易磨损；四是对按 4m 一节预制的大管桩环氧黏结、预应力自锚形成的黏结接头是否会老化等有怀疑。其中，有的疑虑是一种惯性思维，已被实践证明是不必要的。但由于南北方地区差异带来的自然条件的差异却是客观存在的，大管桩能否适应这些差异是大管桩能否在东营港成功应用的关键。

随着东营经济的快速发展，扩建港口规模已经势在必行。东营市政府从 2003 年开始考虑东营港的扩建问题。于 2005 年确定在自然水深－13m 处建设两个 3 万吨级半开敞式泊位。

工程可行性研究和初步设计委托给海军北海设计院进行。本期工程需要建设海上7.02 km 引桥和包含临时堆场在内的 600m 长以杂货为主的 2 个多用途码头泊位。

因单桩极限承载力设计值达到 7 000kN、7 500kN、11 800kN，混凝土方桩已不能满足设计要求，海军北海设计院提出了钢管桩、PHC 桩和大管桩作为桩基的三个方案。业主就此问题组织设计、施工单位有关专家到三航局宁波镇海预制厂，对 PHC 桩和大管桩施工方法及工程现场做了深入的调研和考察，并进行了三种方案的比较，详见表 2-1-1。

桩基三方案对比表　　　　表 2-1-1

名称	优　点	缺　点
钢管桩	对地质适应性强；施打较容易；风险小；施工速度快	造价高；后期维护难；费用高
PHC 桩	价格低于大管桩近 20％；供应较容易	抗打性相对较差；长度模数不好控制
大管桩	价格远低于钢管桩；抗打性较好；长度模数好控制；后期维护费用很少	生产工艺复杂；供应强度受限

通过实地考察比较和多次专家论证会论证，因为东营港扩建工程用桩总量近 3 300 根，全部使用钢管桩价格会使桩基成本提高一倍多，以当时的价格计算，费用要多支出 2.5 亿元左右，工程后期维护困难且费用较高，不能作为首选；东营港地质情况比较复杂，各段变化较大，桩基需打入硬层一定深度，加之外海施工条件很差，PHC 桩的可打性较难适应；通过对大管桩和 PHC 桩做切开断面比较，大管桩的混凝土密实度和粗细集料分布的均匀性明显好于 PHC 桩；此外，三航局在大管桩的抗冻性和耐久性方面又有一定的研究基础，这些都给业主留下深刻的印象，认为采用大管桩作为主力桩型是一个较好的选择。

2005 年业主分三个标段招标，中港系统三航局负责大管桩的制造与供应；二航局中标引桥工程；一航局中标码头工程。为了完成这项具有开拓意义的工作，组成了“大管桩在北方地区的首次应用”课题组，主要是开展大管桩抗冻性能的论证和试验研究工作，以及配合前方对大管桩制造工艺做必要的改进；施工现场由一航局二公司、二航局五公司和负责试桩与检测的天津港湾工程研究院以及中港常驻工程现场代表组成，主要是通过试桩解决桩型、桩长、桩的结构以及沉桩标准等问题，并根据所选船型、锤型研究和改进沉桩工艺，确保大管桩的可打入性、沉桩的高质量和高成功率。这一课题不但对东营港扩建工程具有重要意义，而且它的成功将会丰富北方地区码头结构桩基形式，在节省工程建设和维护成本、提高工程建设质量等方面同样具有重要意义。

第二节　工程概况

一、工程概况

东营港扩建工程，投资 17 亿元，建设 7 020 米长引桥和 2 个 3 万吨级多用途码头。建设单位为东营港建设管理办公室，设计单位为海军北海工程设计院，监理单位为山东港通工程管理咨询有限公司，试验检测单位为天津港湾工程质量检测中心，现场施工单位码头为中港第一航务工程局，引桥为中港第二航务工程局，供桩单位为中港第三航务工程局。工程于 2005 年 10 月开工，2008 年 12 月竣工。其中不包括试桩，共计 2 822 根以大管桩为主的桩基工程在 2006 年年内完成。

东营港扩建工程包括 30 000DWT 多用途泊位两个和 7 020m 长的海上引桥，设计年吞吐量 245 万吨。码头为半开敞式、高桩梁板结构。码头内侧靠船，外侧利用钢筋混凝土胸墙和伸至水下－8.5m 的挡浪板挡浪、挡冰。码头工程前方为钢筋混凝土梁板结构，基础为 ϕ1 200mm 全直桩后张预应力大管桩、组合桩（由大管桩管节和钢管组成）。码头后方承台宽 20m，上部为 4m 厚全现浇钢筋混凝土结构。其中 1 号泊位后方承台基础为 ϕ1 200mm 全斜桩后张预应力大管桩组合桩；2 号泊位后方承台基础为 ϕ1 200mm 全斜桩钢管桩。大管桩类型为 ϕ1 200×145mm，B1-2 型，桩尖构造为钢桩靴，数量为 220 根；2 号泊位后方承台基础及码头端部部分排架桩为钢管桩，数量为 456 根；其余全部为组合桩，共 954 根。大管桩、组合桩为整个码头工程的主要桩基组成部分。B1-2 型大管桩桩节，钢绞线预留孔数 16 个，孔直径 ϕ40mm，每孔 2 股钢绞线，单股钢绞线直径 15.2mm，钢绞线抗拉强度标准值 F_{ptk}＝1 860MPa，混凝土有效预压

应力 σ_{PC}=10.41MPa。管节混凝土强度等级 C60，抗冻指标 F300。引桥全长7 020m，实为一外海特大桥梁。正桥 136 孔，桥宽由双向四车道及一个输油通道组成，除加宽段外全宽 20m，基础为大管桩和组合桩，以组合桩为主，桥面系为 50m T 形梁结构。

表 2-1-2 为引桥工程大管桩组合桩型号表；表 2-1-3 为码头工程大管桩组合桩钢管桩型号表(统计未包括引桥根部 96 根大管桩和 3 组试桩)；图 2-1-1 为引桥工程平面、立面示意图；图 2-1-2为引桥桥墩结构断面图；图 2-1-3 为码头 1 号泊位结构断面图单桩极限承载力设计值，大管桩引桥为 7 000kN、码头为 7 500kN，对应的桩的极限承载力标准值分别为 8 750kN、9 375kN。

引桥工程大管桩组合桩型号表　　表 2-1-2

序号	桩型	根数	序号	桩型	根数
1	33+6	96	7	37+9	36
2	33+9	12	8	39+3	58
3	35+6	336	9	39+6	47
4	35+9	250	10	43+3	24
5	35+12	96	11	51+0	9
6	37+6	578	12	52+1	2

码头工程组合桩桩型　　表 2-1-3

序号	桩型	根数	序号	桩型	根数
1	31+6	15	12	37+16	151
2	33+6	10	13	37+18	3
3	35+4	108	14	37+20	32
4	35+6	134	15	55+1.0	4
5	35+12	9	16	37+0.5	145
6	35+14	126	17	35+0.5	15
7	35+16	63	18	33+0.5	20
8	37+4	92	19	39+0.5	8
9	37+6	120	20	42+1.0	2
10	37+12	4	21	46+1	14
11	37+14	85	22	52+1	2
合计					1 162

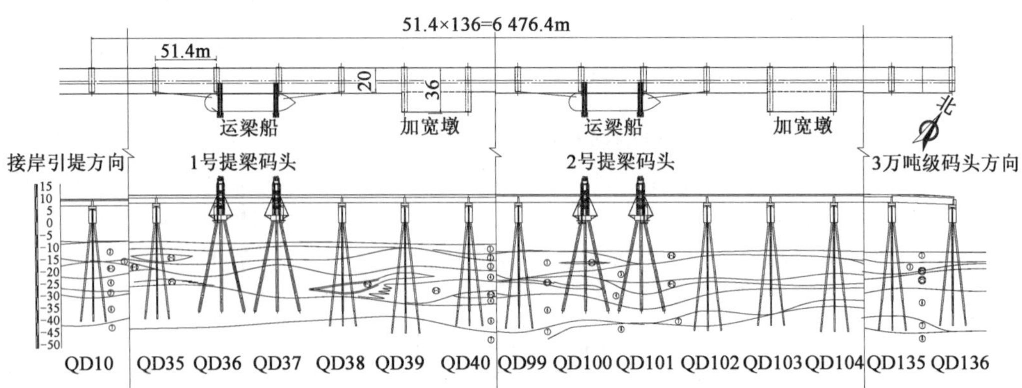

图 2-1-1　东营港扩建引桥工程平、立面示意图

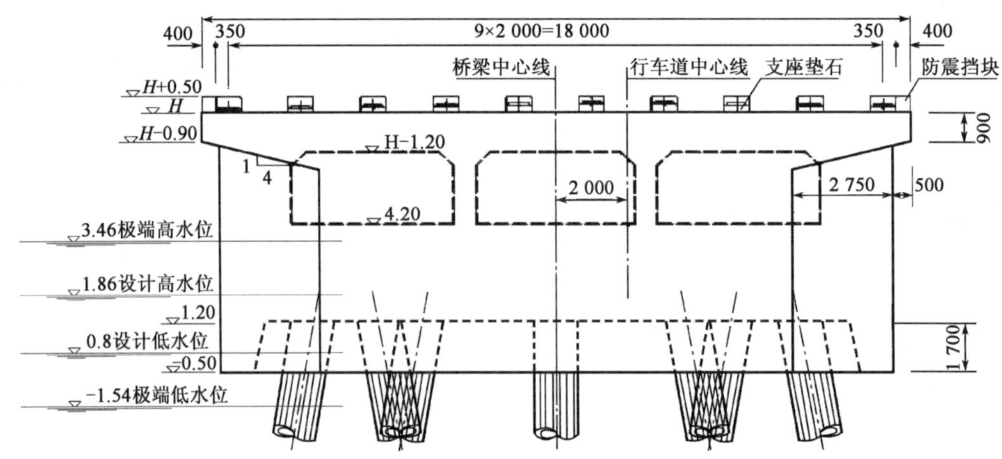

图 2-1-2　引桥桥墩结构断面(高程单位:m;尺寸单位:mm)

二、自然条件

(一)气象、水文、混沙情况

具体情况介绍见第二章第二节。

(二)工程地质条件

勘区上部地层主要由第四系全新统海相沉积的淤泥质黏性土、海相与河流相冲积成因的粉土、黏性土层组成,中下部地层主要由第四系全新统海相与河流相冲积成因的粉土、粉细砂、粉质黏土夹层土层组成。

以静载试验的引桥 QD39、墩地质钻孔 Q040 和码头区地质钻孔 MD01 为例,各土层分布情况:

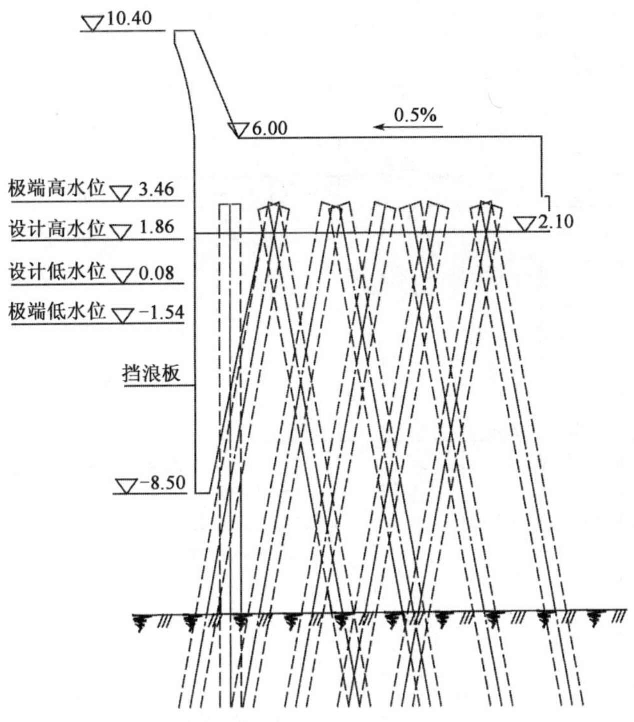

图 2-1-3　码头 1 号泊位结构断面图

1. QD39 墩地质情况：孔口高程－8.35m，土层自上而下可分为

(1)泥质粉质黏土：层底高程－9.95m，层厚 1.6m，N=1 击。

(2)泥质粉质黏土：层底高程－17.35m，层厚 7.4m，N=1～6 击。

(3)粉质黏土：层底高程－20.25m，层厚 2.9m，N=4～7 击。

(4)粉土：层底高程－22.55m，层厚 2.3m，N=14～25 击。

(5)粉质黏土：层底高程－24.85m，层厚 2.3m，N=13～17 击。

(6)黏土：层底高程－32.25m，层厚 7.4m，N=16～30 击。

(7)粉细砂：层底高程－37.55m，层厚 5.3m，N≥42～50 击以上。

(8)粉质黏土：层底高程－48.35m，层厚 10.8m，N=29～50 击。

2. 码头区地质钻孔 MT-4，孔口高程－12.83m，土层自上而下可分为

(1)粉土：层底高程－13.33m，层厚 0.5m，N=3 击。

(2)淤泥质粉质黏土：层底高程－20.83m，层厚 7.5m，N=3～5 击。

(3)粉质黏土：层底高程－22.83m，层厚 2.0m，N=8 击。

(4)粉细砂：层底高程－25.13m，层厚 2.3m，N=12～46 击。

(5)粉质黏土：层底高程－27.33m，层厚 2.2m，N=12 击。

(6)粉细砂：层底高程－40.83m，层厚 13.50m，N=16～30 击。

(7)细砂：层底高程－52.83m，层厚 12.0m，N≥50 击。

引桥 QD39 地质钻孔柱状图，见表 2-1-4。

引桥 QD39 地质钻孔柱状图

表 2-1-4

地层编号	时代成因	层底高程（m）	层底深度（m）	分层厚度（m）	柱状图 1:200	岩土名称及其特征	标贯击数（击）
①		-9.65	1.00	1.00		淤泥：浅灰色，流塑～软塑。	=1.0
②		-17.55	8.90	7.90		粉土：浅灰～灰黄色，砂性偏重，松散	0.15-0.45 =7.0 1.65-1.95 =5.0 3.15-3.45 =4.0 4.65-4.95 =3.0 6.15-6.45 =10.0
③		-20.55	11.90	3.00		粉质黏土：黄灰色，夹灰白色黏土条带，软～可塑状	10.65-10.95 =8.0
⑤	Q_4	-26.15	17.50	5.60		粉质黏土：灰色，混粉细砂，可塑～硬塑状	13.65-13.95 =15.0 15.15-15.45 =20.0 16.65-16.95
⑦$_1$		-42.10	33.45	15.95	fx	粉细砂：黄灰～浅灰色，土质均匀，局部混少量钙质结核，中密～密实，局部极密实，底部混少量粘性土，中密～密实	=21.0 18.15-18.45 =27.0 19.65-19.95 =40.0 21.15-21.45 =43.0 22.65-22.95 =50.0 24.15-24.45 =50.0 25.65-25.85 (20cm)=50.0 27.15-27.30 (15cm)=50.0 28.65-28.73 (18cm)=50.0 30.15-30.00 (15cm)=50.0 31.65-31.83 (18cm)=48.0
							33.15-33.45

第三节　大管桩应用于北方寒冷地区的可行性论证

一、大管桩简介

大管桩是一种采用离心、振动和辊压 3 种复合工艺成型，并经蒸养、水养后拼接张拉、灌浆自锚的预应力管桩。其特点是高密度、低水灰比、高强度、低渗透性。自 1950 年开发成功以来，在世界范围内广泛地应用于码头、桥梁、海洋平台、防波堤等各类水工结构基础。

国外使用大管桩(Raymond Pile)的历史超过了 50 年，据来自美国各州交通部和海岸混凝土制品公司 2002 年的一份统计，仅美国境内使用大管桩的桥梁和码头就超过 100 座，分布在美国各州的海岸和湖泊。在这些工程中，有著名的厄尔巴岛大桥(图 2-1-4)、亚瑟港码头等。在其他国家，如英国、西班牙、沙特阿拉伯、利比亚等国家，大管桩也有广泛的应用。

图 2-1-4　美国厄尔巴岛大桥

大量文献认为，大管桩具有优越的力学性能、抗渗透性能以及对各种复杂地质的适应性。对于其耐久性，国外工程界自应用之初就给予了很大关注，大量检测资料表明，大管桩的耐久性远远好于预想的情况。例如，世界上最长的跨湖大桥——新奥尔良湖双桥，全长 38.422km，为当时世界上最长的桥。共使用了 9 500 多根大管桩，是世界上最早使用预应力的大型工程之一。自建成之初，就开始了对大桥健康状况的严格监控，1977 年和 1978 年的检测报告均表明该桥仍处于完好状态，未发现任何腐蚀现象。1987 年和 1995 年的检测中发现有少量的桩(21 根)桩身出现局部纵向裂缝，但钢筋没有锈蚀，根据分析认为荷载因素是引起裂缝的主要原因，当然也存在潮汐作用的影响。根据反复比选，采用环氧一纤维增强复合材料包覆的方法进行了修复。

2000 年以后大管桩在美国仍然被应用于重要的工程项目，如 2001 年开工建设的圣乔治岛大桥，位于 Apalachicola 海湾，全桥长 6.4km[❶]，设计使用寿命为 75～100 年。

国内对大管桩的关注始于 20 世纪 70 年代中期，当时随着我国航运事业的发展，原有的预应力方桩已不能适应，而钢管桩又造价高、维护困难。在这样的背景下，中交三航局于 20 世纪 70 年代中期开始对大管桩的制造进行可行性研究，1983 年“大直径预应力混凝土管桩制造与应用”正式列入国家重点科技攻关项目，并由苏州水泥制品研究院、南京水科院和上海冶金研究院协作，共同完成了大管桩的研制，并获得“六五”国家科技攻关成果奖。1986～1988 年，先后在连云港和镇海建管桩厂，1988 年逐渐开始在各港口工程建设项目中推广应用。朱家尖大

---

❶ 1 英尺＝0.304 8m。

桥如图 2-1-5 所示。经过一系列的开发研究工作，对生产设备进行了全面的完善，沉桩工艺不断改良，产品也不断升级换代。1997 年交通部发布了由中交三航局科研所主编的《港口工程预应力混凝土大直径管桩设计规程》(JTJ/T 261—1997)，进一步确立了大管桩在国内华东等地区高桩码头工程中主流桩型的地位。

图 2-1-5　朱家尖大桥

目前，国内大管桩已应用于近百座沿海码头和桥梁，以东海为例，在乍浦、北仑、舟山一带就有十多座 2 万～20 万吨级的大管桩码头。为全面了解大管桩在国内的使用情况，中交三航科研院于 1999～2000 年对国内大管桩码头和桥梁进行了大规模的调查回访。共调查了 22 座码头和 3 座桥梁，占当时总数的 66%，所调查的桩大都未采取任何防腐蚀技术措施。

调查结果表明，99%以上的管桩处于完好状态，而调查发现的受损桩大都为早期生产的 A1 型桩。但迄今为止，大管桩在国内的应用都仅限于华东和华南地区，最北应用于连云港。若在东营港工程中使用，面临的首要问题就是大管桩的抗冻性问题。因为截至目前，我们尚未见到国内外关于大管桩抗冻性能的试验成果、研究文献和在寒冷地区应用的工程实例。解决大管桩在我国北方地区的推广应用问题，首先需要从理论层面上研究大管桩结构构造本身是否具备抗冻融的条件，特别是通过对相同工艺制作的大管桩试件进行冻融试验，验证其抗冻性能指标。

二、大管桩的适用性论证

为了确保东营港的工程建设质量，面对十分迫切的工期要求，在大管桩本体冻融试验尚未进行之前，对大管桩在东营港使用的适用性、可靠性进行了研究论证。

(一)大管桩混凝土的抗冻性

1. 冻融破坏的原因分析

国家冰级区划图中，东营港海域被划为第四级第九区，属历史上曾出现过严重冰情的地区，每年冬季皆有不同程度的结冰现象。大管桩具有相应的抗冻性是其能在北方地区推广应用的重要前提。

混凝土的冻融破坏主要是海水通过混凝土的毛细管通道侵入混凝土内，在负温条件下，混凝土表层水分冻结，对混凝土毛细管壁施加内应力以及混凝土中水泥石内孔隙自由水的存在，经过反复冻融，孔隙壁不断产生胀压力，最终使混凝土胀裂。要提高混凝土的抗冻能力，普通水运工程混凝土一般采取掺入引气剂的方法，使配制混凝土的空气含量达到 4%～6%，在混凝土拌和物中产生大量互不连通的微细气泡，隔断渗水的毛细管通道，同时微细气泡还可起到缓冲水泥石内孔隙自由水结冰膨胀的作用，减轻混凝土表层及其附近的破坏。但对于采取特殊工艺生产的大管桩而言，采用离心、振动和辊压 3 种复合工艺成型，掺入引气剂能否保证适度的空气含量无法测得。因为离心、振动、辊压都会起到把拌和物中的空气排出的作用。这也是人们对大管桩的抗冻性能心存疑虑的主要原因。但是，大管桩的密度高达 2 660kg/m³，水胶比小，结构致密，通过离心、振动和辊压 3 种复合工艺成型后混凝土内部结构发生了很大的变化，混凝土的孔结构，包括导致冻融破坏的毛细管通道、水泥石中的孔隙水也都会产生变化，需要按照实际情况进行评估。

2. 大管桩抗冻性的机理研究

通过压汞试验分析混凝土微观孔隙结构。

孔隙率是混凝土微观结构的重要组成部分。水泥浆体毛细孔分类示于表 2-1-5，可以看出孔径分布范围极广，直径可以从 10μm 到小于 0. 000 5μm。因此，孔内的水起着不同的作用，在水化浆体中区别毛细孔与凝胶孔有用的。毛细孔是存在于部分水化水泥粒子之间的水蒸发后残留所致；凝胶孔可认为是 C-S-H 凝胶的一部分。在扫描电镜照片中看到的孔是毛细孔；凝胶孔用扫描电镜无法分辨，包含在被 C-S-H 占有的体积内。有大量的毛细孔隙存在于成熟浆体的 C-S-H 内，因孔的尺寸分布是连续的，故毛细孔与凝胶孔之间尺寸的划分在很大程度上是主观的。值得注意的是，如果我们更加确切地将毛细孔定义为能产生毛细作用的孔（即能形成弯月面的孔），则凝胶孔应包括微小的毛细孔。总之，毛细孔体系是个互相连通的网，其中容积水的流动以及离子的扩散相对容易进行。

水化水泥浆体中孔径分类　　表 2-1-5

名称	直　径	描　述
毛细孔	50～10 000nm(0. 05～10μm)	大的毛细孔（大孔）
	10～50nm	中等毛细孔（大的毛细孔）
	2. 5～10nm	小的独立毛细孔（小的毛细孔）
凝胶孔	0. 5～2. 5nm	小孔
	≤0. 5nm	夹层空间

吴中伟院士提出将水泥石分为四类：无害孔——孔径小于 20nm；少害孔——孔径 20～100nm；有害孔——孔径为 100～200nm；多害孔——孔径大于 200nm。美国学者 Mehta P K 将混凝土中的孔分为四个等级即小于 4. 5nm、4. 5～50nm、50～100nm、大于 100nm 的孔。他们都从孔径对混凝土耐久性的影响分析中发现，只有大于 100nm 的孔才是影响混凝土的强度和耐久性的有害孔。

影响混凝土抗冻融性能的因素很多，其中混凝土的孔径分布影响最大。T. C. Powers 把水泥石中孔径分为三个范畴，即凝胶孔、毛细孔及气孔。可冻水主要集中在水泥石及骨料颗粒的粗毛细孔中，粗毛细孔中过冷水冻结仅在已经有了种胚作用且足够大的孔中发生，同时采取枝晶形态，另外冰晶的传播也要受到毛细孔尺寸的限制并受到水中所含微小固体颗粒的性质影响。根据上述分析，从混凝土抗冻的角度来看，硬化混凝土水泥石结构中孔径较大的毛细孔是对抗冻极为不利的。

图 2-1-6 为大管桩混凝土与留样混凝土孔结构对比分析结果。对于三复合工艺的大管桩混凝土而言，其孔结构分布具有明显的特点，以 100nm 为界存在明显拐点，大于 100nm 的孔明显减小，孔主要分布在 10～100nm。表 2-1-6 是压汞试验分析孔结构特征值一览表。三复合工艺的中等孔径、孔隙率及总空隙表面积等参数均远小于留样混凝土同条件养护试块。

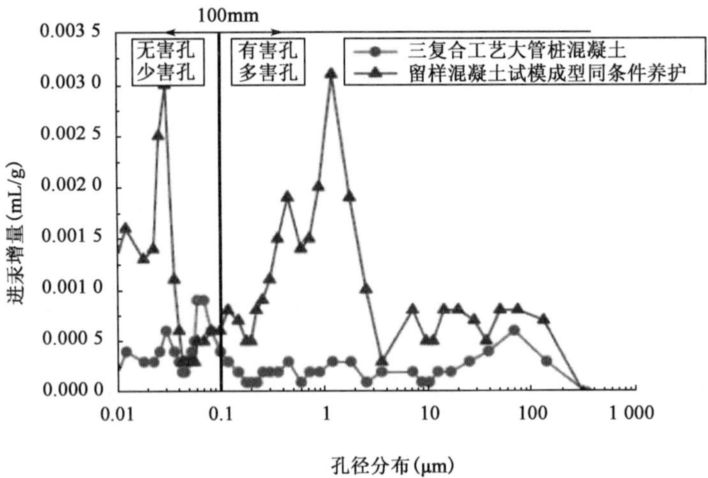

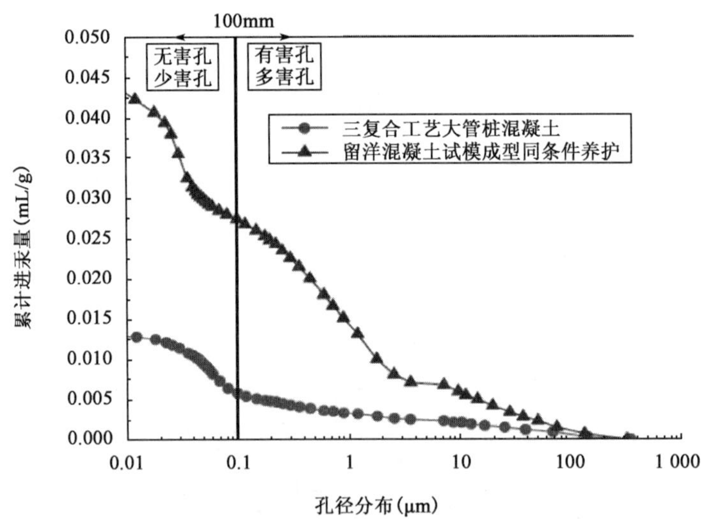

图 2-1-6　大管桩混凝土与留样混凝土孔结构对比分析

孔结构特征值一览表　　表 2-1-6

混凝土种类	中等孔径(体积)(μm)	中等孔径(表面积)(μm)	孔隙平均直径(μm)	孔隙率(%)	总孔隙表面积(m^2/g)
三复合工艺的大管桩混凝土	0.081 3	0.037 3	0.036 9	3.19	0.771
留样混凝土同条件养护试块	0.344 7	0.025 5	0.064 9	9.54	2.683

上述通过对大管桩混凝土压汞试验的分析结果表明：虽然是相同的混凝土、相同的养护制度，但三复合工艺有效地改善了混凝土的微观孔隙结构，大大降低了有害孔和多害孔，对提高混凝土的密实性和抗冻性作用明显。对三复合工艺大管桩混凝土孔结构的研究结果较好地解释了大管桩混凝土具有优异抗冻性的原因。三复合工艺通过离心、振动和辊压有效改善了混

凝土的堆聚结构，三复合工艺使原本干硬的混凝土进一步排除浮浆，内壁的浮浆通过辊压排出，使混凝土实际水胶比降低到极低，进而达到改善硬化混凝土孔隙结构的效果。

图 2-1-7 为采用三复合工艺制作的大管桩管节混凝土的 SEM 照片。图 2-1-7a）是放大倍数为 500 倍的 SEM 照片，可见硬化水泥浆体的水化产物与骨料之间的结合紧密，结构密实。图 2-1-7b）是放大倍数为 15 000 倍的 SEM 照片，可见水泥水化产物相互交叉搭接形成整体，结构致密，混凝土孔隙率较低，因此提高了混凝土抗冻融性能。图 2-1-7c）是三复合工艺大管桩混凝土经历 1 000 次冻融循环后放大倍数为 500 倍的 SEM 照片，与图 2-1-7a）相比，混凝土的微观孔隙结构变化不大，在局部硬化水泥石浆体的 C-S-H 凝胶体中有微小裂缝，但微裂缝是可以以 0.1μm（100nm）为单位衡量的。可见冻融循环对混凝土的破坏有限，其原因是相对密实的微观孔隙结构可以有效抵挡冻融循环的破坏作用。

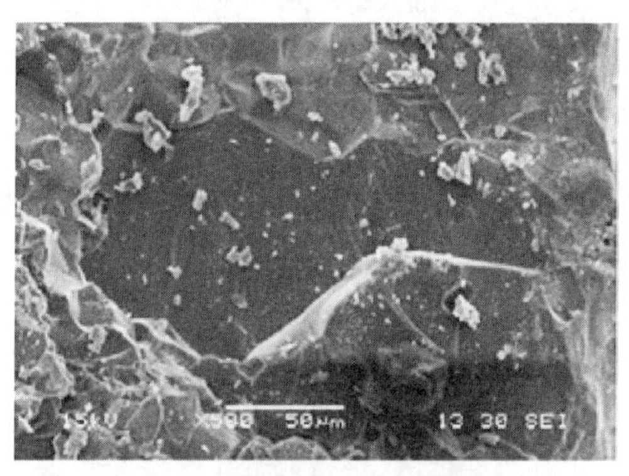

a）管节混凝土放大500倍

b）管节混凝土放大15 000倍

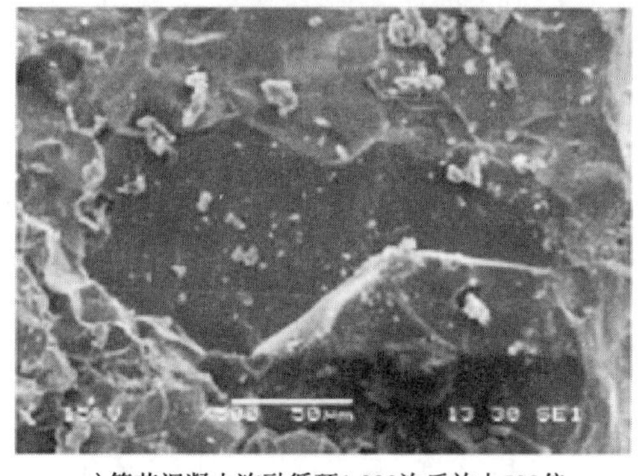

c）管节混凝土冻融循环1 000次后放大500倍

d）管节混凝土冻融循环1 000次后放大15 000倍

图 2-1-7　三复合工艺大管桩混凝土的 SEM 照片

图 2-1-8 是大管桩留样混凝土同条件养护下硬化水泥石结构的 SEM 照片，图 2-1-8a）是放大 500 倍的照片，图 2-1-8b）是放大 15 000 倍的照片。图 2-1-8b）与图 2-1-8d）同为放大倍数 15 000倍，由图 2-1-8b）可见留样混凝土水泥水化产物结构相对较为疏松，水泥水化产物之间的孔隙相对较大，证明三复合工艺对于促进大管桩形成密实的微观结构作用明显。

根据上述对三复合工艺大管桩混凝土和大管桩留样混凝土同条件养护混凝土的 SEM 照片分析可见，大管桩混凝土的微观结构更为密实，硬化水泥石的水化产物之间以及水化产物与骨料之间的界面过渡区紧密搭接和结合，因此浆体的孔隙率很低。

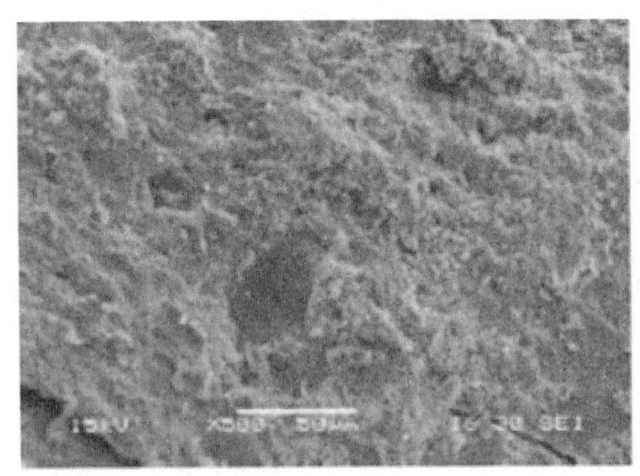

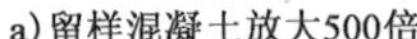

a）留样混凝土放大500倍

b）留样混凝土放大1 500倍

图 2-1-8　大管桩留样混凝土同条件养护试块的 SEM 照片

3. 微观分析结论

根据上述通过压汞试验和 SEM 扫描电镜微观分析结果可见，三复合工艺大管桩混凝土的硬化水泥石结构水化产物致密，浆体孔隙率小。由于水泥石结构的改变造成混凝土冻融破坏的前提条件发生了根本性变化，原有的毛细管通道大部分消除了，封闭在混凝土结构中的多余的孔隙水基本上不复存在。因此，对于混凝土结构中是否仍然需要掺入引气剂产生封闭的微细气泡，隔断渗水的毛细管通道并对孔隙水的冻胀作用起到缓冲作用已经不那么重要了。从理论和结构分析的角度判断，混凝土大管桩用于北方寒冷地区，现行制造工艺完全可以满足对抗冻的要求。当然，有关实体试件的抗冻试验还应按规范标准规定进行。

（二）大管桩的耐久性

1. 大管桩的力学性能与耐久性能

由于水运工程的特点，处于盐污染环境中的结构必须考虑耐久性问题。混凝土的耐久性包括抗渗性、抗氯离子侵蚀、抗冻性、抗硫酸盐侵蚀等多方面性能。

目前，高桩码头是国内采用最多的一种码头结构形式，桩基础处于严重的海水侵蚀环境，因此大管桩的耐久性倍受关注。国外大量检测资料表明，大管桩耐久性远远好于预想情况。大量文献认为，大管桩具有优越的力学性能、抗渗透性能以及对各种复杂地质的适应性。由于大管桩的制作工艺过程中仍有多余水分排出，其实际水胶比甚至在 0.30 以下，经过严格的蒸养和水养，其力学指标和耐久性能得到保证。针对出厂大管桩的质量，分别进行大管桩生产线留样混凝土试模成型试块和大管桩管节上钻取芯样加工试块进行力学性能和耐久性能试验。研究结果（表 2-1-7）表明：大管桩混凝土具有高强度（抗压强度 93.5MPa，劈裂抗拉强度 5.43MPa，轴心抗压强度 51.0MPa）、高密度（2 660kg/m^3）、高弹性模量（49.3GPa）的特点。管节切割混凝土比振动成型的混凝土密度大、强度高、弹性模量大。从这一试验结果还可以判断，掺引气剂正常工艺生产的大管桩与不掺引气剂正常工艺生产的大管桩相比抗压强度降低幅度较大，说明大管桩的生产工艺对由掺引气剂产生的空气含量并未造成根本性影响。

大管桩混凝土力学性能试验结果汇总　　表 2-1-7

成型工艺力学性能指标	正常工艺		振动成型	
	不掺引气剂	掺引气剂	不掺引气剂	掺引气剂
密度/(kg/m³)	2 660	—	2 620	—
抗压强度/(MPa)	93.5	76.05	78.0	73.1
劈裂抗拉/(MPa)	5.43	4.94	5.23	5.05
轴心抗压/(MPa)	51.0	48.3	51.1	44.9
弹性模量/(GPa)	49.3	47.3	—	41.6

图 2-1-9 是对目前工艺生产的大管桩留样混凝土同条件养护试块和大管桩桩身取样混凝土试块进行氯离子渗透试验的统计结果。同条件养护留样混凝土与桩身取芯混凝土 6h 电通量平均值均小于 1 000C，其中桩身取芯混凝土试块电通量平均值仅达 700C，属于渗透性很低的混凝土，其桩身混凝土的抗氯离子侵蚀能力是好的。此外，采用 NTBUILD443 方法对出厂大管桩进行氯离子扩散系数试验，根据试验结果，大管桩氯离子扩散系数在 2.0×10^{-12}～$3.0\times10^{-12}m^2/s$，扩散系数较低。上述试验结果说明低水灰比和三复合成型工艺保证了大管桩混凝土的密实性能。大管桩耐久性指标优于普通混凝土，氯离子扩散系数接近高性能混凝土。

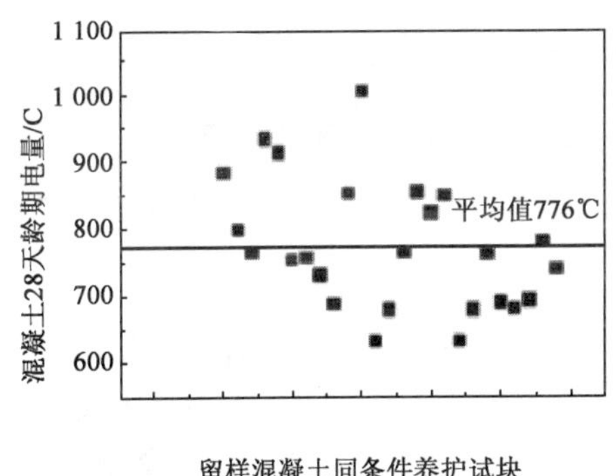

a)留样混凝土同条件养护试块

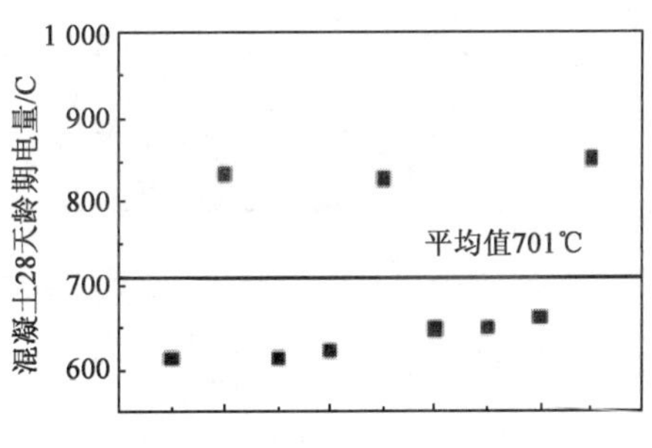

b)桩身钻取混凝土试块

图 2-1-9　大管桩混凝土电通量试验

2. 大管桩混凝土与高性能混凝土的比较

根据《海港工程混凝土结构防腐蚀技术规范》(JTJ 275—2000)规定，海港工程所采用的高性能混凝土，除应具有高耐久性、高抗氯离子渗透性、高尺寸稳定性外，尚应具有良好的工作性及较高强度。高性能混凝土的技术指标应符合表 2-1-8 的规定。

高性能混凝土的技术指标　　表 2-1-8

混凝土拌和物			硬化混凝土	
水胶比	胶凝物质总量(kg/m³)	坍落度(mm)	强度等级	抗氯离子渗透性(C)
≤0.35	≥400	≥120	≥C45	≤1 000

从表 2-1-7、图 2-1-9、表 2-1-9 与表 2-1-8 对比，无论是水胶比、胶凝物质总量、强度等级还是抗氯离子渗透性，大管桩的技术指标不但完全满足高性能混凝土的技术指标要求，而且还大

幅度超出标准底线。混凝土拌和物的坍落度因为施工工艺的不同，大管桩采用了干硬性混凝土，而高性能混凝土为了满足泵送和施工的需要，利用高效减水剂提高混凝土拌和物的坍落度，并非硬化混凝土性能方面的指标区别。因此，可以说大管桩混凝土胶凝材料中虽然没有掺加磨细活性矿物材料（磨细高炉矿渣、粉煤灰、硅灰等），但由于采用了低水灰比、富余的水泥用量、优质的骨料以及减水率高且与水泥相匹配的高效减水剂组成的配合比，特别是离心、振动和辊压3种复合工艺成型发挥了关键作用，混凝土的孔结构得到改善，其耐久性能不亚于高性能混凝土。图2-1-10是大管桩管节钻芯取样的混凝土试块，可见大管桩混凝土结构致密，沿径向分布均匀，三复合工艺有效解决了传统离心工艺带来的分层现象，混凝土的匀质性非常好。总之，大管桩桩身混凝土的抗氯离子侵蚀能力是很好的。钢筋混凝土大管桩应用于北方地区，能够满足高纬度地区对混凝土耐久性的要求。

图2-1-10　大管桩的桩身取芯

大管桩混凝土典型配合比　　表2-1-9

材料	水泥	砂	石	水	外加剂
品种	P.052.5	中砂	5～25mm连续级配	自来水	聚羧酸高效减水剂
用量(kg/m^3)	482	788	1 089	168	3.51

（三）大管桩应用于东营港扩建工程的可打性分析

作为一种特殊工艺制造的混凝土管桩，大管桩的抗锤击性在华东、华南地区已经经历了二十年的考验，并积累了几种常见的地质条件下丰富的沉桩经验。

为了适应南方地区码头使用要求和复杂地质条件，中交三航局五公司自从20世纪80年代末在广东新会建厂以来，发展了大量的新桩型和新技术，主要有：

（1）该地区码头结构大多采用全直桩梁板式结构，对管桩的抗弯性能要求较高，因此20世纪90年代管桩直径从1 200mm发展到1 400mm，并发展了三股钢绞线大管桩，钢绞线强度从1 570MPa改变为1 860MPa。

（2）该地区桩基大都需要穿越10m以上的粗砾砂层，并达到强风化岩层，为了适应复杂地质条件，增加土层穿透能力，从单一的混凝土管桩发展到混凝土桩与钢管桩的组合桩。

（3）为了提高锤击过程中的桩体抗裂性，逐步发展了各种形式的加强管节，包括将桩头钢箍改进为桩头2m管节混凝土掺钢纤维；桩身结构增加螺旋箍筋以及改进为双层钢筋笼；大管桩顶部增加加强管节，底部采用或增加加强管节等。

东营港扩建工程。主要土层自上而下分别为：

①淤泥质粉质黏土；②粉土；③淤泥质粉质黏土夹粉质黏土；④粉质黏土；⑤粉土；⑥粉砂夹细砂；⑦粉质黏土；⑧细砂；⑨粉质黏土。其中⑥粉砂夹细砂及以下土层层位较稳定，一般呈密实状，强度高，是引桥和码头建筑物桩基础良好的持力层。工程可行性研究阶段勘察提供的

码头区各土层物理力学指标(打入预制桩)见表 2-1-6。QD001(钻孔 Q002)沉桩出现超高严重,复验时选了 10 个孔位复验,验证结果是只有 Q002 孔误差较大,其他各地质钻孔的土性、层位变化不大,但力学指标特别是与桩的可打入性关系最大的标贯击数发生了令人难以置信的变化。如引桥 Q040 试桩钻孔第 6 层粉细砂层(5.3m 厚,层顶高程－32.25m)标贯由原来的不足 30 击提高到 50 击以上,甚至 50 击时的贯入度仅有 19cm;码头区 MA01 试桩钻孔第 6 层粉细砂层(厚 13.5m,层顶高程－27.33m)贯入击数 50 时的贯入度仅有 15～25cm。因此,不得不在 136 个引桥墩上每墩补钻一个钻孔,码头两个泊位也相应补钻了钻孔。补钻结果证明 6、8 层粉细砂、细砂的 N 值在 40～100,7 层粉质黏土的 N 值在 30～50。桩基承载力和桩的入土深度都要求桩需穿过 6 层进入 7、8 层或打入 6 层一定深度。

工程从岸边突入渤海湾中 10km,50 年一遇设计波高 6.92m,波浪对施工的影响很大。大管桩的设计极限承载力大多在 10 500kN 以上。从地质条件的对比看,沉桩有相当的困难,采用钢管桩比较有把握。因为此前桩的承载能力和施工条件与东营港扩建工程相仿的跨海大桥工程,都因桩的打入困难放弃了 PHC 桩方案改用钢管桩。东营港扩建工程如果改用钢管桩,需要增加工程费用 2 亿多元,这是原本紧张的地方财政所难以接受的。跨海大桥工程弃用钢筋混凝土管桩方案的原因,一是施工设备不适应自然条件,桩的破损率高;二是施工进度慢。由于近年来在施工设备方面的投入和发展,船舶和打桩锤的大型化,使这些不利条件得到一定的缓解,施工技术方面也积累了更多的经验,因此,施工企业能够理解建设单位的困难,并且有信心克服困难。当然,风险是客观存在的。

(四)抗冰荷载分析

海冰见第二章第一节。

对大管桩而言,冰荷载主要体现在三方面:一是冰排运动中被结构物连续挤碎或滞留在结构前时产生的挤压力;二是孤立流冰块产生的撞击力;三是桩管内的水冻结后体积膨胀产生的作用于对管桩内壁的膨胀力。桩管内部结冰引起的膨胀力可通过浇筑桩芯混凝土以及在施工期采取填充材料等临时措施加以解决。因此,大管桩抗冰荷载的最大难点体现在抗流冰块的撞击力。第一种作用力可导致结构的破坏(1969 年"海二井"、1977 年"海四井"被海冰推倒),第二种作用力可导致桩局部的磨损,是防冰设计的难点。目前尚没有大管桩抗浮冰撞击能力的研究资料,为了抵御浮冰的直接撞击,可以对流冰范围内的桩基结构采取一定的遮挡措施,常用的做法是沿上部结构周边设置预制桩裙,使桩裙的底高程置于设计低水位以下。此类做法一方面可以使桩身免于直接受到流冰块的撞击,另一方面使浮冰的撞击荷载由桩裙传递至上部结构。采取结构性措施避免浮动冰和流冰与大管桩直接接触,保护大管桩混凝土保护层不受磨损至关重要。40cm 平整冰对单桩的挤压力 900kN,单桩根本无法承受,设置了桩裙后海冰挤压力首先作用于桩裙,由桩裙传递至承台,再通过承台分散至承台下的群桩共同分担。

综上所述,采用大管桩作为码头与引桥结构的基础,在技术上是基本可行的。一般而言,大管桩具有耐久性好、造价低的优点,其造价一般为同强度钢管桩的 1/3～1/2。但单桩质量较大,打桩难度大于钢管桩。而钢管桩具有质量小、强度高、打桩难度低等优点,但造价较高,并需要采取阴极保护等附加防腐措施,存在一定的后期维护费用。根据对大管桩结构构造以及生产工艺与质量的综合分析，可以通过采取以下手段保证其在东营港的成功应用：

(1)对桩基结构进行合理设计，保证其抗冰荷载的能力。

(2)采取一定的管节加强措施，进一步增强桩顶和桩尖的抗锤击能力。

(3)采取浇筑桩芯混凝土和施工期临时措施保证大管桩的抗冻结膨胀力。

(4)施工期进行高应变测试，确定单桩承载力，验证桩顶、桩尖加强构造的抗锤击效果。

(5)通过动、静载试桩科学确定桩长和桩的结构形式。

(6)通过动、静载试桩科学选用桩锤，动态确定沉桩控制标准。

(7)在沉桩工艺、挡冰裙与承台一体化施工工艺方面组织攻关。

第四节　试桩及相关资料分析

一、静载试桩

(一)静载试验的方法及试验依据

试验采用锚桩反力梁装置如图 2-1-11 所示，试验方法采用快速维持荷载法。

试验依据：轴向抗压静载荷试验按照《港口工程桩基规范》(JTJ 254—1998)执行。

大管桩单桩极限承载力设计值引桥为 7 000kN，码头为 7 500kN。

(二)试验结果及分析

按照设计要求分别在引桥 QD39-4 号桩、QD103-4 号桩和码头 MT-4 号桩进行了 3 组静载试桩。其中 QD39-4 号桩和 MT-4 号桩为 ϕ1 200mm 大管桩，QD103-4 号桩为由 ϕ1 200mm 大管桩和 ϕ943mm×16mm 钢管组成的组合桩。静载试验结果如下：

(1)QD39-4 号大管桩：当荷载加至 11 250kN 时，由于千斤顶发生漏油，试验终止。由荷载—沉降(Q-S)曲线图上看无陡降段，各级荷载作用下的 S-lg$t$ 曲线未出现斜率明显变陡或曲线尾部向下曲折，桩顶总沉降量为 24.3mm。因此，QD39-4 号桩极限承载力取值应不小于 11 250kN。

(2)QD103-4 号组合桩：当荷载加至 10 500kN 时，荷载—沉降(Q-S)曲线图上出现陡降段，该级荷载作用下的 S-lg$t$ 曲线出现斜率明显变陡且曲线尾部向下曲折，按照《港口工程桩基规范》(JTJ 254—1998)规定，应取该级荷载的前一级为极限承载力。因此，QD103-4 号桩极限承载力取值为 9 450kN。

(3)MT-4 号大管桩：根据试验桩荷载—沉降(Q-S)曲线图上看无陡降段，各级荷载作用下的 S-lg$t$ 曲线未出现斜率明显变陡或曲线尾部明显向下曲折。但荷载加至 12 937.5kN 时，桩顶总沉降量为 70.76mm。按照《港口工程桩基规范》(JTJ 254—1998)规定，应取桩顶总沉降量为 40mm 相对应的荷载作为极限承载力的近似值，所以 MT-4 号桩极限承载力取值为 11 549kN。

大管桩高应变检测，如图 2-1-12 所示。

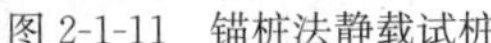

图 2-1-11　锚桩法静载试桩

图 2-1-12　大管桩高应变检测

二、高应变试桩

(一)试验方法及试验依据

高应变试验采用 PAK 型打桩分析系统(图 2-1-13),试验方法采用 CASE 法与 CAPWAPC 法。CASE 法是把桩作为一根打入土中的弹性杆件,当桩顶部受到锤击力 $P(t)$时,桩将产生加速度 $a(t)$和速度 $V(t)$,由实测桩顶力波 $F(t)$和速度 $V(t)$得到桩土的静阻力;CAPWAPC 法是打桩分析程序名,意为桩的连续模型波动方程,CAPWAPC 法是将桩分成若干单元,通过求解特征线方程,反算出桩顶力波或速度波,用计算的曲线拟合实测曲线,如二者不吻合,重新调整参数,再次迭代运算,直到计算和实测曲线达到拟合精度为止。然后计算桩的承载力、桩侧阻力、桩端阻力、截面变化和模拟静载试验的 P-S 曲线。

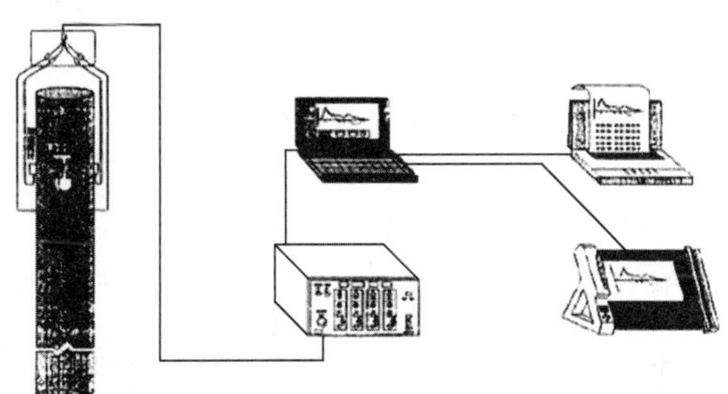

图 2-1-13　高应变检测系统示意图

试验依据:《港口工程桩基动力检测规程》(JTJ 249—2001)。

(二)高应变结果及分析

该工程试桩基础采用了桩径为 ϕ1 200mm 的后张法大管桩及大管桩与钢管桩的组合桩。打桩分别采用 D125 柴油锤和 S-280 液压锤施打。高应变共检测了 9 根,进行了初、复打检测。

(1)引桥区。

①QD39 墩:大管桩桩长 52m,桩端加 1m 钢桩靴,初打检测承载力为 7 011~8 009kN,复打检测承载力为 11 345~11 956kN。

②QD103 墩：桩长 48m，采用组合桩，其中大管桩桩长 36m，钢管桩桩长 12m。初打检测承载力为 6 440～6 517kN，复打检测承载力为 9 011～9 383kN。本墩桩基施打采用 S-280 液压锤，属于国内首次采用液压锤沉设大管桩。

(2)码头区。

①大管桩桩长 52m，桩端加 1m 钢桩靴，初打检测承载力为 8 010～8 310kN，复打检测极限承载力为 11 822～12 164kN。

②打桩监测。对 QD39、QD103 墩及码头区 3 根试验桩进行全程监测，其中：QD39-4 试桩最大打桩拉应力达到 5.8MPa、最大打桩压应力达到 29.2MPa；QD103-4 试桩最大打桩拉应力达到 7.5MPa、最大打桩压应力达到 20.5MPa；MT-4 试桩最大打桩拉应力达到 6.3MPa、最大打桩压应力达到 25.3MPa；通过试验桩打桩监控为打桩施工控制标准及组合桩的设计提供了可靠依据。

③检测区土体恢复系数。由于打桩时土体受到扰动，故初打桩时实测的静阻力偏低。经“休息”后桩周土体恢复或接近原来强度，因而休息后对桩复打时所测的极限承载力更能反映实际情况。描述土阻力的恢复效果用恢复系数表示。通过同一根桩初打和复打的对比，得到该检测区的恢复系数。本次初、复打结果对比得到本试桩区 ϕ1 200mm 大管桩土体恢复系数平均为 1.48。

(三)试验技术的创新与改进

本工程试验相对于以前的动静载试验有诸多技术创新和改进之处，使试验既加快了进度又取得了丰富的试验成果。

(1)静载试桩装置改进了锚拉装置设置，方便施工安装，节约了试桩周期。一般海上钢管桩静载试桩，钢管桩锚桩直接焊接拉筋与试验装置的次梁连接，而混凝土大管桩锚桩无法直接焊接。一般混凝土大管桩做锚桩，利用桩心布置拉筋并在桩心浇筑混凝土，这需要一定养护期。我们设计了一个锚拉装置直接利用混凝土大管桩里的预应力钢绞线(图 2-1-14)，利用大管桩的预应力钢绞线锚拉装置，不用填浇大管桩空心部分，缩短了试桩周期，而且方便了搭设试验装置，这在外海恶劣的施工条件下为试验顺利进行创造了条件。

图 2-1-14　利用大管桩的预应力钢绞线锚拉装置

(2)动测对试桩进行全程监测,取得了更多的一手资料,发现了许多规律性,为工程设计提供了更多可靠的依据。

(四)结论

(1)承载力

QD39-4号试桩的静载轴向抗压极限承载力不小于11 250kN(高应变为11 693kN);QD103-4号试桩静载轴向极限承载力取值为9 450kN(高应变为9 383kN);MT-4号试桩的轴向抗压极限承载力为11 549kN(高应变为12 164kN)。

(2)动、静试验结果对比,误差在5.3%以内(小于10%),动测、静载所得承载力结果基本吻合。

(3)通过3组静载试验和9根高应变初、复打试验,经静、动对比分析,取得了大管桩承载力、打桩过程最大打桩拉、压应力及桩锤传递能量监控等试验成果,为大管桩的设计和沉桩控制提供了可靠的依据。

(4)试桩后全部改为组合桩。《港口工程预应力混凝土大直径管桩设计与施工规程》(JTJ 261—1997)3.1.11条分项系数为1.45。码头1号泊位防波堤承台下的大管桩承载力高于引桥,码头平台桩低于引桥。

三、组合桩的选用

东营港扩建工程基桩设计采用B1型大管桩,桩径为ϕ1 200mm,试验桩长42~54.0m(不含桩靴),桩端加1m长的钢桩靴,壁厚16mm。在试打引桥QD39、码头MT-4大管桩过程中,发现由于地质原因,打桩出现锤击数过高、贯入度超低的现象。由于过度锤击极易对桩顶混凝土造成破坏,对打桩设备也非常不利。桩长设计中应特别重视组合桩中混凝土大管桩桩端高程,要确保进入较好的持力层,这是满足桩的承载力的重要条件。

例如,在对QD39-4桩施打的全程高应变监测中,由于距设计桩尖高程以上7m处有一5m厚的粉细砂层,当大管桩桩端进入该土层时,贯入度剧降至1.5mm/击,锤击总数达到2 360击(终锤时总锤击数为3 618击),高应变监测到的打桩压应力达到29.2MPa。多项参数显示,该桩均已达到施打的极限状态,较大幅度地超出了《预应力混凝土大直径管桩设计与施工规程》的有关规定。虽然该桩在仪器监测下顺利打到了设计高程,也未发生桩身破损,但对后续近3 000根大管桩的施工来说是难以为继的。因此,必须从桩的结构形式上解决。

(一)组合桩的选用原则及组合方案

从桩的结构形式上解决无非是两条:一是弃用大管桩,改用钢管桩;二是改用大管桩与适当长度的钢管(钢管内径同大管桩内径)焊接而成的组合桩。组合桩并非新的创造,但在理论和实践上都缺乏深度研究,这样一次性大批量使用组合桩绝无仅有,需要慎重考虑。为解决过度锤击问题,经建设、设计单位和课题组反复研究论证,原则上确定采用由混凝土大管桩与钢管桩组合而成的组合桩方案,该组合桩的选用和组合的原则是:

(1)深入研究地质资料,在地质条件较好的区段仍坚持使用带有1m钢桩靴的大管桩。

(2)根据安全和可能的原则,在保证桩的承载力的前提下,组合桩中大管桩的长度要尽可能长,以最大限度降低成本。

(3)组合桩的接头部位应尽可能适度打入硬层，发挥大管桩环形端面的支撑作用，同时也可起到使钢管尽可能缩短的作用。

为确定组合桩的组合方式及打桩控制标准，在 QD103 墩台选取 3 根组合桩进行高应变试桩，同时对其中一根组合桩进行高应变全程监测及静载试验。试验采用的组合桩总桩长 48m(混凝土大管桩桩长 36m，钢管桩桩长 12m)。要求大管桩桩端进入粉细砂持力层深度不小于 1.5 倍桩径，同时为提高锤击能量，打桩采用 S-280 型液压锤。3 根试验桩均顺利打至设计高程，总锤击数为 1 123～1 577 击，终锤贯入度为 3.3～4.4mm/击，最大锤击压应力为 20.0～23.8MPa，大管桩桩端进入持力层 3.4m(2.8 倍桩径)，组合桩施打状态均在可承受的范围以内，高应变检测复打承载力到达 9 011～9 383kN，静载试验极限抗压承载力到达 9 450kN，能够满足引桥墩基桩对设计承载力的要求。

在后续的桩基施工中，依据组合桩试桩成果及地质情况，设计选取了 40 余种不同组合桩，确定了合理的打桩控制标准，打桩质量得到了有效控制，未发生桩身破裂的情况。

(二)高应变分析方法的改进

QD103 墩台试验桩采用组合桩，总桩长 48m(混凝土大管桩桩长 36m，钢管桩桩长 12m)，在进行 3 根桩的高应变拟合分析中，由于采用的组合桩的大管桩桩端入粉砂层 3.4m，与常规桩不同，组合桩的端阻力位于混凝土桩体与钢管的结合部，而不是位于组合桩的桩端。

所以，尝试在程序分析中，将该桩端承载力转化为相应的桩侧土阻力。即在大管桩桩端以下 2～3m 长的钢管桩桩侧阻力标准值取值均高于正常值，而以下的钢管桩桩侧阻力则逐次递减。而且在相同的地质条件下，钢管桩桩端土阻力取值也低于大管桩桩端土阻力。采用此改进方法进行拟合分析，得出的拟合质量指标达到了拟合精度的要求，拟合分析承载力与静载试桩比对，结果也是基本吻合的。

(三)采用经验参数法验证组合桩环形端承力

表 2-1-10 为 3 组动静载试桩各种参数的对比。采用《港口工程预应力混凝土大直径管桩设计与施工规程》(JTJ 261—1997)和《港口工程桩基规范》(JTJ 254—1998)中规定的承载力经验参数法进行计算分析，可以得出如下几点结论：

(1)码头 MT-4 动载试验结果测得的总阻力为 12 164kN。其中桩侧摩阻力为 5 800kN，桩端阻力为 6 364kN，桩端阻力占总承载能力的 52%。按承载力经验参数法计算大管桩的端承力：$(\pi D^2/4)\mathrm{m}^2\times0.85\times6\,500\mathrm{kPa}=6\,248\mathrm{kN}$，其中 0.85 为折减系数。对于埋深＞20m，$N>50$ 的粉细砂，桩端极限阻力标准值取 6 500kPa，与动测结果相符，属摩擦支撑桩。因此，组合桩的端阻力按混凝土桩体的桩端计算，截面积按全截面计。桩长设计中应特别重视组合桩中混凝土大管桩桩端高程，要确保进入较好的持力层，这是满足桩的承载力的重要条件。

(2)引桥 QD39 号-4 虽然动静载试验都超过极限承载力标准值，但是锤击数过多，桩头极易受到损害。试验结果表明，混凝土桩体的桩端不应穿过密实的粉细砂层进入到粉质黏土层，终锤贯入度由穿越粉细砂层时最小的 1.5mm 提高到 11.8mm，致使桩端阻力大大降低，只占总承载能力的 21.5%。如果大管桩桩端放在－35.5m，入土深度仍有 27.2m，贯入度仍有 1.7mm，桩长可缩短 9.1m，累计锤击数更可降低到 1 591 锤。而此时桩的承载力仍可满足设计要求，关键是桩端承载力大大提高，弥补了桩长减小侧摩阻力的减少。用上述规范中推荐的经验参数法计算可以证明这个结论。

(3)引桥 QD103 号-4 为组合桩，动测桩尖承载力为 1 788kN，仅占总承载力的 19%。但动测端承力只能反映钢管桩尖的端阻力，事实上组合桩的端承力由两部分组成，大管桩与钢管桩的结合部即大管桩外露的环形端面阻力形成第二端阻力。由天津港湾工程质量检测中心检测分析，该端阻力表现为环形端面上下共 6m 范围内侧阻力的突然增加，计算其额外增加值为 1 614kN。即该组合桩桩端阻力应为：1 788kN＋1 614kN＝3 402kN，占总承载力的 36.2%。对照钻孔柱状图，虽然组合桩的结合部已进入粉细砂层 3.4m，此时的贯入度为 4.4mm，但贯入度<7mm 的桩身贯入长度仅有 1m，对照前面 MT-4 和 QD39 号-4，贯入度<7mm 的桩身贯入长度分别为 3.5m 和 10m(分析试验桩和锚桩的施打情况，认为贯入度达到 7mm 大管桩开始进入粉细砂层或细砂层)，故此可以判断如果继续施打少许，使大管桩桩端真正进入密实粉细砂，环状端承力将会有较大增长，端承力将会达到总承载力的 43.6%。

3 组动静载试桩相关参数对比，见表 2-1-10。

3 组动静载试桩相关参数对比表　　　　表 2-1-10

参数名称 \ 桩号		码头 MT-4	引桥 QD39 号-4	引桥 QD103 号-4
桩的结构		ϕ1 200 B1 型大管桩加钢桩靴 L=1m	ϕ1 200 B1 型大管桩加钢桩靴 L=1m	组合桩 ϕ1 200 B1 型大管桩36m 加 12mϕ940，δ=16mm 钢管桩
桩锤型号		D125 柴油锤	D125 柴油锤	S-280 液压锤
总锤击数		1 639(增开 3 档)	3 616	1 289
桩尖高程(m)		−33.3 在粉细砂层中	−44.57 穿过 5.3m 厚 N>50 粉细砂层后进入 N=30 的粉质黏土层	−41.7 在细砂层中其中大管桩桩端高程−29.7 也在粉细砂层
终锤贯入度(mm)		1.5	11.8	4.4
最小贯入度(mm)		1.5	1.5 对应高程−36.5m，即将击穿粉细砂层时	4.4
静载试验极限承载力(kN)		11 549	>11 250	9 450
动载试验极限承载力(kN)	总阻力	12 164	11 693	9 383
	侧摩阻力	5 800	9 199	7 595
	端承力	6 364	2 494	1 788
端承力在总承载力中所占比重(%)		52.3	21.5	19.0
桩的入土深度(m)		20.47	36.22	30.70

续上表

桩号 参数名称	码头 MT-4	引桥 QD39 号-4	引桥 QD103 号-4
贯入度<7mm 的桩身贯入长度(m)	3.5	10.0	1.0
桩身进入持力层的深度(m)	粉细砂:6.0	粉细砂:5.3 粉质黏土:7.0	粉细砂:6.0;细砂:4.7;大管桩与钢管桩连接处环形端面进入粉细砂:3.4
备注	桩头内侧有裂缝最大桩身锤击压应力达26.6MPa;桩身最大拉应力为 6.3MPa	桩头局部破损; 桩头内侧有数条裂缝,长度1m 左右; 最大桩身锤击压应力达29.4MPa;桩身最大拉应力为7.9MPa	桩头内侧裂缝较为严重; 最大桩身锤击压应力达20.5MPa;桩身最大拉应力为7.5MPa

第五节　沉桩工艺与现场控制

一、沉桩工艺简述

(一)打桩船与桩锤选择

2005 年 10 月在第三根 QD103 墩静载试桩时,调用了全回转可变角度新型打桩船海力 801(类同天威号)和 S-280 液压打桩锤,可 360°打桩。一个标准墩 12 根各向 4.5∶1 斜桩,打桩船一次驻位即可全部完成。这是国内第一次用液压锤打大管桩,其特点是能量传递效率高,需要使用弹性和刚度适宜的弹性体桩垫保护桩身。海力 801 试桩后调回南方,正式打桩时使用了 5 艘大型固定式桩架打桩船,打桩船的相关参数详见表 2-1-11。相关图片,见图 2-1-15～图 2-1-19。

打桩船主要性能参数表　　表 2-1-11

性　能	航工桩七号	航工桩五号	航工桩四号	打桩 18 号	打桩 19 号
船型尺寸	55.2×25.0×4.0×(吃水)2.2m	45.0×19.2×3.75×(吃水)2.0m	47.4×20.6×3.6×(吃水)2.0m	72.6×28.0×5.2×(吃水)3.31m	72.6×28.0×5.2×(吃水)3.31m
桩架型式	固定式	固定式	固定式	固定式	固定式
桩架高(m)	79.4	53.6	58.6	93.5	93.5
吊桩重(t)	80×2	40×2	60×2	120×2	120×2
沉桩桩长(m)	67+水深	40+水深	48+水深	80+水深	80+水深
桩锤	D128 柴油锤	D100 柴油锤	D100 柴油锤	D125 柴油锤	D125 柴油锤
定位方式	GPS 定位系统	GPS 定位系统	GPS 定位系统	GPS 定位系统	GPS 定位系统

图 2-1-15　航工桩七号

图 2-1-16　海力 801 打桩船

图 2-1-17　航工桩五号

图 2-1-18　航工桩四号

图 2-1-19　打桩 18 号、打桩 19 号

根据试桩情况和核实后的地质资料，在大部分大管桩改用组合桩的前提下，研究制定停锤标准，选择D100、D125、D128柴油打桩锤都是可行的，尤以选择D125、D128为最好。使用D100柴油锤的吨位较小的打桩船可以布置在近岸风浪较小的海域施工。使用锤型及其参数见表2-1-12。

使用锤型及其参数表

表2-1-12

型号	总质量(kN)	锤心质量(kN)	桩锤全高(cm)	最大能量(kJ)	最大跳高(m)
液压S280	305	136		280	
柴油D128	270	128		435	3.2
柴油D125		125	7 783	417	3.2
柴油D100	194	100	6 358	340	3.2

(二)桩基设计特点

东营港扩建工程使用大管桩、组合桩2 822根，其中大管桩337根，组合桩2 485根。其桩位布置见引桥标准墩桩位平面布置图2-1-20。

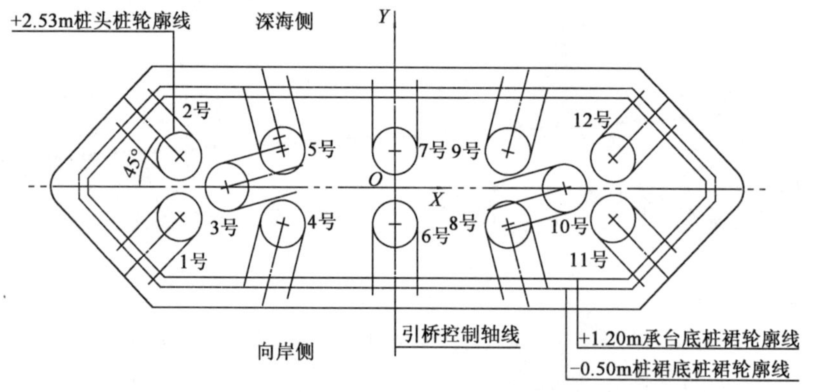

图2-1-20 引桥标准墩桩位平面布置图

引桥承台平面尺寸范围内，在12.75m×2.69m面积上布置有12根斜桩，斜率4.5∶1，平面扭角朝向各个方向。顺桥向共5对，桩间间距较密，桩与桩最小净距离只有30cm。桩与其后安装的承台挡冰裙也只有30cm间隙，所以对桩的正位率要求很高。

码头距岸10km，兼作临时堆场，所以码头1号泊位前后方承台总宽近80m，2号泊位近60m，全部支撑在桩基上。前方承台全为直桩，后方承台全为斜桩。地层起伏较大，打桩标准和桩长难以把握。

(三)施工工艺流程

桩基施工工艺流程图见图2-1-21。

(四)施工准备

1.桩垫

根据《港口工程预应力混凝土大直径管桩设计与施工规程》(JTJ 261—1997)中的要求，结合现场施打情况，桩垫采用 2 层 3cm 松木＋15cm 棕绳，使用效果良好。

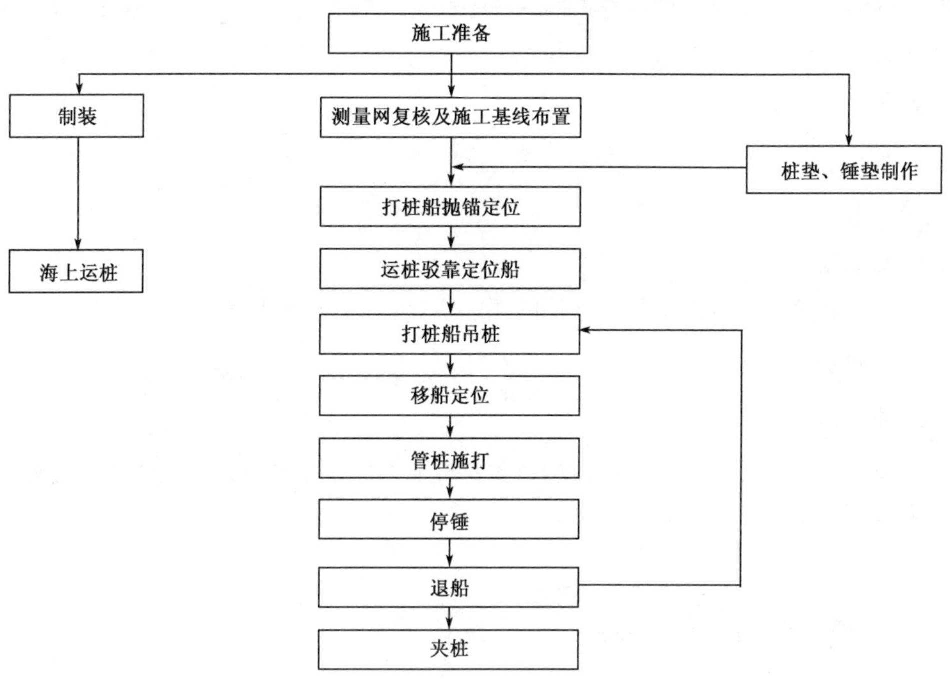

图 2-1-21　桩基施工工艺流程图

2. 锤垫

采用 32mm 的钢丝绳割成小段，纵横分层铺设，做成厚度 200mm 左右的钢丝绳垫，一般施打 150 根左右需要更换一次锤垫。

(五)测量网复核及施工基站布置

1. 对业主提供的平面施工控制网的复测

根据《港口工程桩基规范》要求，承包人进场后将立即对业主提供的施工控制网进行复测。复测时，外业观测严格按照《全球定位系统(GPS)测量规范》(GB/T 18314—2001)中 D 级 GPS 网的要求按静态作业模式进行操作，事先编制 GPS 卫星可见性预报表，依据预报表制定观测计划，选择 PDOP 值小且在时段内稳定、卫星方位分布合理、卫星数多的时间段进行观测。本工区一般在卫星数达到 5 颗以上时可精确定位。

2. 高程施工控制网的复测

业主提供的高程控制网、高程加密控制网的精度不低于国家二等水准，水准点的复测用 GPS 高程法来进行。

3. GPS 沉桩施工基站布置

根据本工程距离海岸最远 10km 左右的特点，设置的基站位置在项目本部中，距离最远的施工区域 14km，采用 GPS 系统进行沉桩测量定位，沉桩平面偏位控制标准为 300mm。此段区域无高大建筑物、无高压线和高频发射塔等障碍物，GPS RTK 定位精度(平面位置和高程)

可达到厘米级，满足沉桩精度要求；利用 GPS RTK 定位技术进行沉桩定位测量具有定位方便、速度快的特点，可实时提供放样点的三维坐标且不受天气影响，可全天候作业，在外海水域作业优点突出。

(六)管桩海上运输

1. 运桩船选择

见第六节。

2. 管桩运输

根据大管桩特点以及海上长途运输的要求，每船运输 16～34 根不等。

(七)沉桩施工

1. 打桩船抛锚定位

考虑本海域海况差、涌浪大的特点，每条打桩船均抛 8 个锚以稳定船体和方便船体的前后左右的移动，见图 2-1-22。

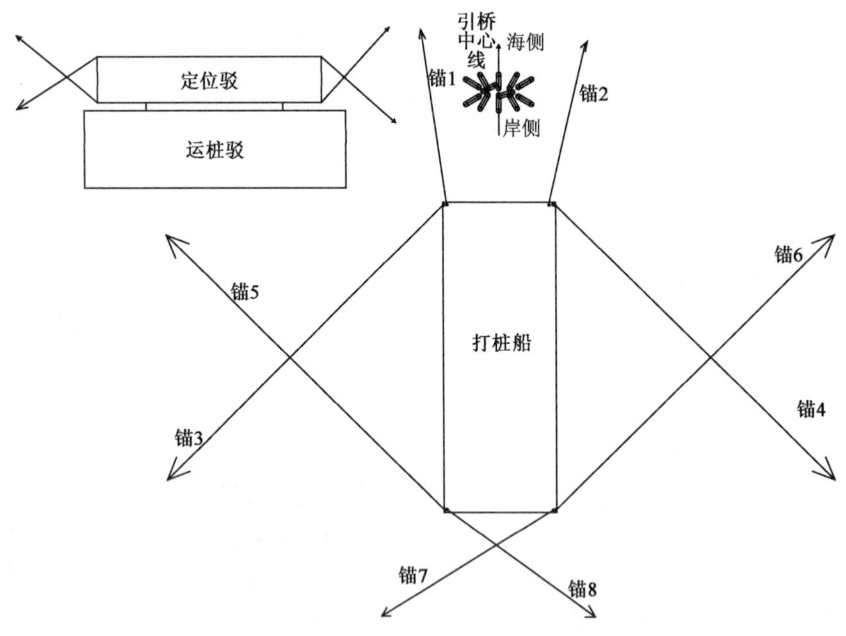

图 2-1-22　打桩船定位驳抛锚运桩驳就位

2. 定位驳、运桩驳就位

固定式桩架打桩船首先是定位驳定位(一般抛四个锚，前后交叉锚或者八字锚)，然后打桩船抛锚定位，待两船定好位后运桩驳靠定位驳，在定位驳上系缆。

3. 锤击沉桩

打桩初期，起锤应轻压或轻击数锤，落距应较小，观察桩身、桩架、桩锤等中心轴线一致后，方可转入正常施打，以避免偏心锤击。锤击沉桩过程中，宜采用重锤轻击，特别是桩由硬土层进入软土层时，应改用低落距锤击；但快至设计桩顶高程时，应按动测时使用的档位锤击，以确保桩的承载力在设计要求的停锤贯入度下达到设计承载力，锤击要保持连续，以免土壤恢复而增加其对沉桩的阻力。

二、沉桩控制标准的制订

根据试桩结果，经设计研究对桩长和停锤标准进行了调整，调整后的标准为：

采用锤击沉桩，D-125 柴油锤、二档(锤击能量 300kJ)。停锤标准按设计高程和最后一阵10 击平均贯入度控制，以高程控制为主。

具体要求为：桩端(指混凝土管桩桩端，下同)土层为密实砂土(地质报告中的⑥⑧土层)，打入深度不小于 1.5 倍桩径，达到设计高程时最终贯入度≤5mm；在设计高程以上 2.0m 以内时最终贯入度≤3mm；桩端高于设计高程以上 2.0m 时，如果贯入度≤2mm 可改用三档施打，尽量将桩端控制在距设计高程 2.0m 以内；当不满足上述停锤条件，尤其是桩尖低于设计高程时，及时与设计单位协商解决。

对应于停锤时的桩身传递能量均应≥100kJ。总锤击数尽量控制在 2 000 锤以内。实际沉桩过程中桩端进入密实砂层($N>30$ 击)的操控，可参照以下原则执行：结合地质报告，当桩身传递能量≥100kJ 的贯入度≤7mm，可认为进入了密实砂层。

由于设计单位提供的停锤标准是依据 D-125 柴油锤试桩得出的，而打桩船——航工桩 4、桩 5、桩 7 的柴油锤是 D-100 和 D-128 的，故在以上停锤标准的指导下，通过自身桩锤沉桩过程、结果分析和大、小应变检测，得出了更贴近打桩船自身使用的停锤标准，并得到设计单位的认可。通过对比，D-128 与 D-125 锤击效果相当，D-100 三档与 D-125 二档锤击效果相当。以“航工桩 7”为例，停锤标准分四种情况：

(1)开锤时用二档施打，进入密实砂层，打入深度不小于 1.5 倍桩径即 1.8m，且达到设计高程，贯入度≤5mm，可停锤。

(2)开锤时用二档施打，进入密实砂层，打入深度不小于 1.5 倍桩径即 1.8m，在设计高程以上 2.0m 以内，最终贯入度≤3mm 时，可停锤。

(3)开锤时用二档施打，进入密实砂层，打入深度不小于 1.5 倍桩径即 1.8m，在设计高程2.0m 以上时贯入度≤2mm 时可改用三档施打，若贯入度持续减少，应停锤。

(4)当不满足上述停锤条件时，尤其是桩尖低于设计高程时，应会同设计人员协商解决。

三、沉桩过程中的检测

(1)码头工程大管桩和组合桩的检测严格按照相关规范进行：

高应变检测沉桩数的 5%，低应变检测沉桩数的 10%。码头大管桩共做高应变动测 59根，初打单桩轴向承载力为 4 200～9 482kN，其中有 4 根复打单桩轴向承载力为 7 262kN～8 810kN；经设计单位确认不满足承载力要求，按设计修改做补桩处理。低应变检测 118 根，桩身完整性均在 100%。

(2)引桥工程沉桩检测严格按照相关施工规范进行：高应变检测沉桩数的 5%，共 70 根，经设计确认，全部满足承载力要求。低应变检测沉桩数的 10%，共 167 根(凡怀疑有问题的桩都进行了低应变检测)，其中Ⅰ类桩为 158 根，Ⅱ类桩为 5 根，Ⅲ类桩为 1 根，Ⅳ类桩为 3 根。

引桥工程共发生3起缺陷桩事故，均为沉桩过程中发生异常情况，低应变检测结果除一根为Ⅲ类桩外，其余2根均为Ⅳ类桩。根据不同情况，对QD19-12号缺陷桩采取水下钢筋混凝土灌注修复，另两根采取在原位或原位附近补一根同一类型的组合桩，满足了设计要求。

四、桩基越冬保护

2006年11月份完成了全部桩基施工，根据施工计划安排，2006年冬休前有41个墩台不进行承台第一层混凝土的浇筑施工，需要采取越冬保护措施。综合考虑管桩相对稳定、防裂、防盗、防撞、成本等一系列的问题，采取对管桩进行钢桩帽或钢抱箍夹桩、芯内浮置圆柱状泡沫筒或成捆芦苇(图2-1-23)，防止桩芯内海水结冰而形成的冰胀力对大管桩桩身造成损伤。同时，每个墩台安设2个电子网标灯，并涂红、白相间荧光漆做警示标志(图2-1-24)。码头工程大管桩沉锤击数统计分布，见图2-1-25。

钢抱箍(钢桩帽)
型钢
型钢
设计高水位+1.86m
设计低水位+0.08m
3m
填充物
重物

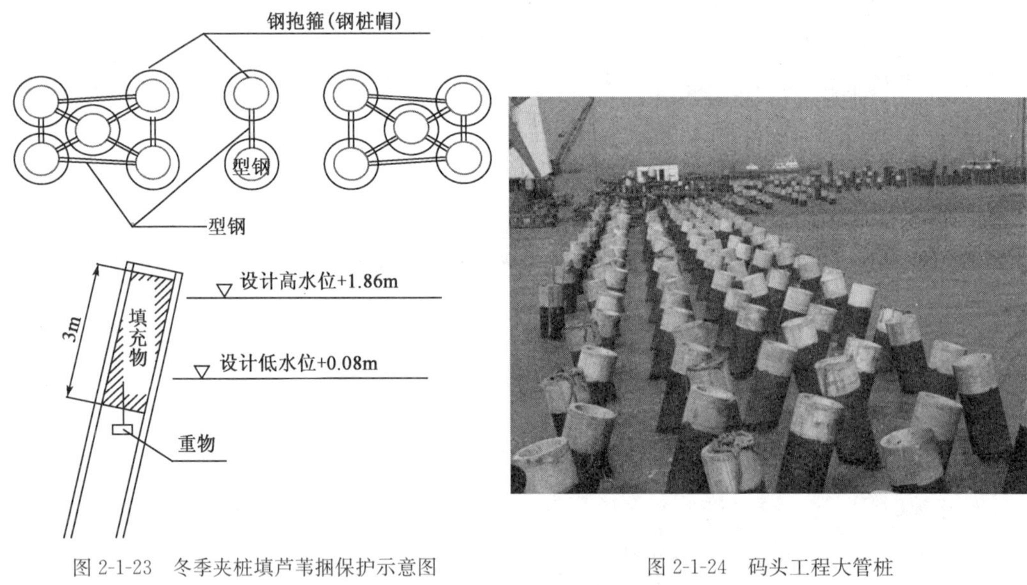

图2-1-23　冬季夹桩填芦苇捆保护示意图

图2-1-24　码头工程大管桩

1
2
3
4
5
29%
3%
12%
19%
37%
1-800以下
2-800～1 000
3-1 000～1 200
4-1 200～1 500
5-1 500以上

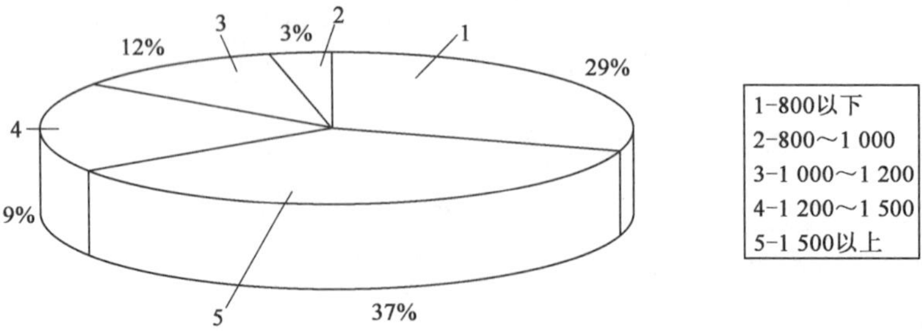

图2-1-25　码头工程大管桩沉桩锤击数统计分布图

五、沉桩综合资料

(1)东营港扩建工程码头工程大管桩(图2-1-26)施打单船最高可达16根/天，日均效率在9～10根，曾创造单船15h沉桩17根优秀记录。码头工程沉桩锤击数分布情况见图2-1-27，锤击数最少的为 675 锤,最大的为 2 345 锤。沉桩情况基本满足设计对锤击数的控制要求。

图 2-1-26　引桥工程大管桩

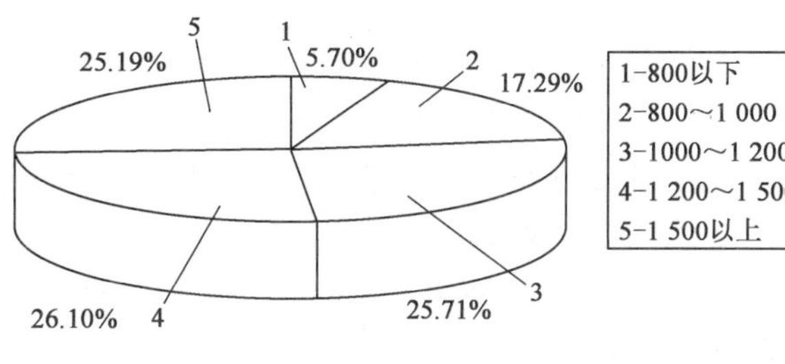

图 2-1-27　引桥工程沉桩锤击数分布图

码头工程大管桩斜桩沉桩平均偏差为 17.8cm,直桩沉桩平均偏差为 15.2cm。大管桩沉桩正位率为 93.3%;其中直桩正位率为 95.4%,斜桩正位率为 91.6%。正位率满足优良标准。大管桩的最大偏差为 37cm,原因在于此桩较短,下完桩后入泥较少,受水流影响较大,在施打的过程中出现了较大偏差,在"保桩不保位"的情况下造成了较大的沉桩偏差。

(2)引桥工程桩(图 2-1-26)基数量多、桩型多达 10 种、月沉桩最多 356 根,单船单月沉桩最多 145 根。引桥工程沉桩锤击数分布情况见图 2-1-27,最大锤击数为 3 737 锤。沉桩情况基本满足设计对锤击数的控制要求。其中,QD94 号桥墩原设计桩型为 37+6m,在进行 QD94-5 号施工时总锤击数 165 击,最终贯入度 3.1cm 时桩顶即达到设计高程。针对这一特殊情况,在与业主、设计代表现场探讨后,得出原地质资料不准导致沉桩异常的结论,经过设计同意,该墩其他桩型改为 51+0.5m 的大管桩,沉桩正常,检测数据符合设计要求。

大管桩张拉灌浆,如图 2-1-28 所示。管桩制作完成,如图 2-1-29 所示。

图 2-1-28　大管桩张拉灌浆

图 2-1-29　管桩制作完成

引桥工程沉桩平均偏差为 9.3cm,正位率为 100%。平均最终贯入度为 2.2mm。

六、沉桩效果分析

通过东营港扩建工程的使用,认为大管桩的可打性很好,试桩时最高锤击数为 3 616 锤,未发生大的桩身破坏现象。同时考虑到东营港扩建工程为外海无掩护施工区域,施工海况恶劣,但在整个沉桩近一年的时间里未发生断桩现象。经过工程实践,我们认为大管桩至少具备以下几个方面的优势：

(1)经过本工程的实践，充分证明了北方地区大管桩工艺的可行性，但是针对不同的地质情况需要采取相应的措施。

(2)大管桩工艺在东营港扩建工程中的成功应用，特别是组合桩的应用，既解决了钢管桩造价过高，又解决了大管桩进入粉细砂层能力弱的问题。为以后类似的工程建设提供了一种新的思路，使高桩码头在水运工程行业尤其是北方地区得到进一步的推广应用。

(3)大管桩在采取适当措施的情况下，其施工适应性较好，特别是相比于同类型的混凝土预制桩。2 822 根大管桩的正位率为 96%；Ⅲ类桩 1 根，Ⅳ类桩 2 根，桩的损失率为 0.1%，沉桩效率 4～5 根/艘班。

第六节　制作与供应和海上运输

一、东营港工程用大管桩制作特点

东营港扩建工程共使用大管桩 2 822 根，是首次在北方受冻地区应用，取得了显著的经济效益和社会效益。但由于东营港地质情况复杂，海况恶劣，沉桩相当困难，试桩时由于锤击数过多等原因，大管桩顶部内壁普遍产生纵向裂缝。为此，对预制大管桩采取了一些结构措施。为了提高混凝土大管桩的可打性和耐久性，对混凝土大管桩的结构进行了局部加强处理，采取的加强措施主要有以下几条：

(1)桩顶节 1m 采用钢纤维混凝土，钢纤维掺量是 $40kg/m^3$。

(2)桩顶下第一个大管桩管节，其螺旋钢的直径由 ϕ7mm 加粗到 ϕ10mm。

(3)为防止混凝土大管桩桩身受冰凌的摩擦、冲击，对管桩桩身局部进行防腐保护，即水位变动区桩顶以下两个标准节管节以及其下三个管节接头包裹三油二布环氧沥青不脱脂玻璃丝布。

二、大批量组合桩的生产

东营港工程通过动静载试桩和试打桩后，调整了桩的结构。本工程中多数采用了后张预应力混凝土大管桩与钢管桩焊接而成的组合桩，即组合桩由 ϕ1 200mm B1-2 型后张预应力大管桩和 ϕ943mm×16mm 钢管桩组合而成，见图 2-1-30。

这样既充分利用了钢管桩穿透性强的特点保证了桩完好性，又满足了整桩的埋深要求，增加了桩的侧摩阻力。课题组为此还提出了组合桩接头处混凝土管桩外露环形桩端一定要打入密实粉细砂层，打入粉细砂层深度不小于 1.5 倍桩径，即 1.8m，使桩的第二端阻力得到充分发挥。这也成为组合桩长度组合的一个原则。

东营港扩建工程共计使用大管桩 2 822 根，其中引桥 1 650 根(含试验段 96 根)，桩型分别为：大管桩 107 根；组合桩(混凝土管桩＋钢管桩)33～52m＋3～12m＝1 533 根。码头用桩 1 172根，桩型分别为：大管桩 33～55m＝220 根；组合桩(混凝土管桩＋钢管桩)35～52m＋2～20m＝952 根。其中，引桥组合桩单桩大管桩部分平均长度 36.2m，钢管部分的平均长度为 6.6m；码头组合桩单桩大管桩部分平均长度 35.93m，钢管部分的平均长度为 8.6m；全部组合桩单桩大管桩部分总平均长度 36.1m,钢管部分的总平均长度为 7.40m。统计规定钢管长度 >1m 的为组合桩,≤1m 的为钢桩靴,是大管桩。

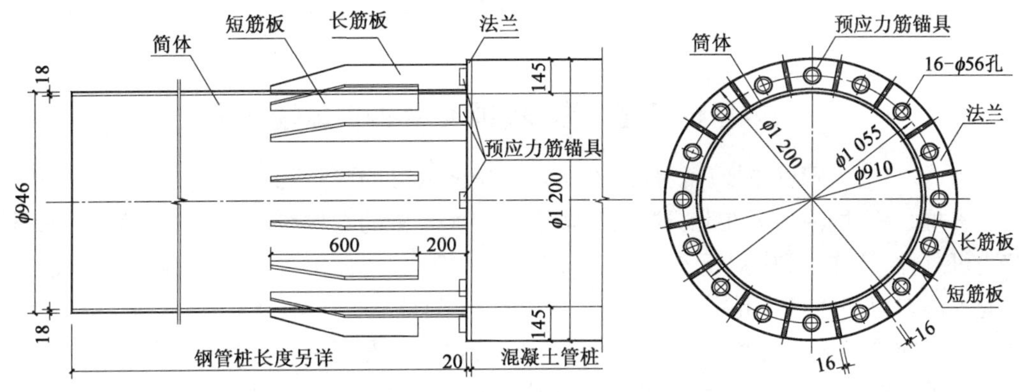

图 2-1-30　组合桩结构图

本工程正式供桩时间从 2006 年 4 月开始(静载试验用桩为 2005 年 8 月),到 2006 年 11 月供桩全部完成。由于供应大管桩的强度很大,中交三航局发挥全局优势,同时由连云港和宁波两个预制厂生产,满足了工程需要,为整个工程提前完成打下了基础。

三、大批量大管桩的海上运输

大管桩运输由中交三航局连云港预制厂和宁波预制厂码头装船,由于海上远距离运输,天气变化很大,因此确保运输安全是工程的首要问题。注意天气预报,选择好途中避风水域,制定处理各种风险的预案,执行海上自航运输船舶安全规则等,都是确保工程安全和计划完成的条件。运桩船大多为 2 000 吨级平板驳船,每船运桩 24 根,分三层堆放,并进行加固处理。

运桩船基本船型为长×宽×型深为 60m×13.5m×3.0m 的平板驳或深舱驳,根据每条运桩船的性能以及管桩型号绘制装驳图。装驳示意图见图 2-1-31。装船时管桩底部用 20cm×20cm 通长枕木支垫,每 4m 设一道,且顶面应在同一平面上;桩各管节接头包裹三油二布环氧沥青不脱脂玻璃丝布。运桩船到工地现场,见图 2-1-32。

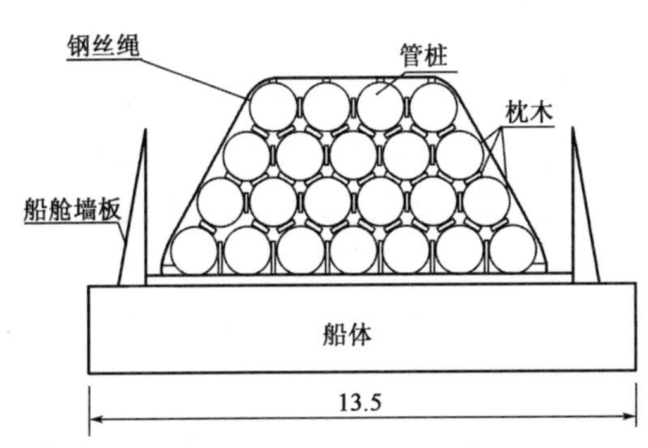

图 2-1-31　管桩运输示意图(m)

图 2-1-32　运桩船到工地现场

第七节　大管桩的抗冻性能实验

一、大管桩在北方寒冷地区使用的抗冻性问题

在国内，目前大管桩主要广泛应用在华东与华南沿海的码头和桥梁。在东营港扩建工程使用大管桩之前，国内尚无在北方冻融环境下使用大管桩的案例。在北方地区使用大管桩需要解决可打性、抗冻性和远距运输等多方面问题，其中大管桩在海水中的抗冻性是最关键的问题。北方港口码头的钢筋混凝土结构面临氯盐腐蚀、冻融循环和冰凌荷载等严酷的使用条件。冻融循环是寒冷地区的钢筋混凝土破坏的主要因素之一，混凝土抗冻性与抗渗性等其他耐久性密切相关，抗冻性在很大程度上可以反映混凝土的综合耐久性。因此大管桩的抗冻性成为决定其能否可以在北方地区推广的关键性能之一。

港口和水运工程规范《水运工程混凝土试验规程》(JTJ 270—1998)对混凝土的抗冻指标用抗冻等级表示，相对动弹性模量的计算公式是冻融前后试件的共振频率的比值。在《水工混凝土试验规程》(DL/T 5150—2001)和《普通混凝土长期性能和耐久性能试验方法》(GBJ 82—85)快冻法中相对动弹性模量定义为冻融前后试件的频率的平方的比值。但试验结果的评定标准也不同，JTJ 270—98 规定相对动弹性模量下降至 75%认为试件破坏，DL/T 5150—2001 和 GBJ 82—85 规定相对动弹性模量下降到 60%以下试件破坏。因此，根据 JTJ 270—98 计算相对动弹性模量 75%对应 DL/T 5150—2001 和 GBJ 82—85 的计算结果是 56.25%，与 60%相差不多。

二、混凝土的抗冻性指标

国内外多数标准都采用动弹模损失或同时考虑质量损失来确定混凝土的抗冻级别，所有这些指标都只能用来作为抗冻性能的相对比较。现 ASTM C666—97 标准试验方法将混凝土试件经 300 次快速冻融循环后的相对动弹模(即与初始动弹模的比值)作为混凝土抗冻耐久性指数 DF。国内规范中评价混凝土抗冻性能的指标主要有两个：一个是抗冻融等级(如 JTJ 270—98、DL/T 5150—2001)，以试块达到破坏标准时相应的冻融循环次数作为混凝土的抗冻融等级，一般用 F 表示，如 F300、F350 等。另一个是混凝土的抗冻耐久性指数 DF(GBJ 82—85、CCE S01—2004)，为 300 次快速冻融循环后的动弹性模量与初始值的比值；如在 300 次循环以前，试件的动弹模已降到初始值的 60%以下或重量损失已超过 5%，则以此时的循环次数 N 计算 DF 值，并取 DF=(N/300)×0.6。

在解决混凝土冻害问题时，国外比较普遍的做法是先对环境进行分类，之后再根据环境的不同采取不同的抗冻措施。以欧洲规范 EN 206—1:2000 为例，抗冻环境被分为四类，如果考虑到钢筋锈蚀和化学腐蚀，则环境一共被分为 18 类。

面对混凝土耐久性问题时，针对不同环境条件有不同规定。2004 年陈肇元院士所著的《混凝土结构耐久性设计与施工指南》(CCE S01—2004)中对混凝土所处环境进行了分类。有

抗冻要求的混凝土，依据所处环境不同，对混凝土的含气量，最低强度等级、最大水胶比、最小胶材用量和抗冻耐久性指数 DF 值进行了规定。“规范”规定 DF 应不低于表 2-1-13 所示的数值。对一般使用年限(50 年)并在受冻前处于高度饱水但无盐类侵蚀的严寒地区冻融环境，要求 DF 不小于 70%，盐冻环境下不小于 80%。

混凝土抗冻性的耐久性指数[1] 量 DF(%)　　表 2-1-13

使用年限级别	一(设计使用年限约 100 年)			二(设计使用年限约 50 年)			三(设计使用年限约 30 年)		
环境条件	高度[2] 饱水	中度饱水	盐或化学腐蚀 4 下冻融	高度饱水	中度饱水	盐或化学腐蚀下冻融	高度饱水	中度饱水	盐或化学腐蚀下冻融
严寒地区[3]	80	70	85	70	60	80	65	50	75
寒冷地区	70	60	80	60	50	70	60	45	65
微冷地区	60	60	70	50	45	60	50	40	55

注：1. 快速冻融循环试验的方法可参照水工混凝土试验标准，试件自现场或模拟现场混凝土构件中取样，如在实验室制作，试件养护温度及试验龄期需按实际工程情况选定，对海水或化学腐蚀下冻融环境，试验时用于浸泡试件的水需用海水或含化学物质，其浓度取与实际工程环境中相同。

2. 高度饱水指冰冻前长期或频繁接触水或湿润土体，混凝土体内高度水饱和；中度饱和指冰冻前偶受雨水或潮湿，混凝土体内饱水程度不高；盐冻指接触海水、除冰盐或其他化学腐蚀物质下的冻融情况。

3. 严寒、寒冷和微冻地区按其最冷月的平均气温 t 分别为 $t \leqslant -8℃$，$-8℃ < t < -3℃$ 和 $-3℃ \leqslant t \leqslant 2.5℃$ 划分。

大管桩抗冻试验研究。

在该课题研究过程中于 2005 年 6 月～2005 年 9 月委托上海市建筑科学研究院监测站进行了一次抗冻试验。此后在 2008～2009 年又针对大管桩接头的抗冻性进行了试验研究。

三、大管桩混凝土抗冻性研究

1. 大管桩混凝土的抗冻试验方案

对于高强混凝土或高性能混凝土的抗冻研究多采用水中快冻法进行抗冻性试验，快冻法特别适用于抗冻要求高的混凝土。大管桩桩身混凝土是低水胶比高强度混凝土，其实际水胶比小于 0.35，预期抗冻性较高，因此大管桩的抗冻试验采用快冻法，试验按照《普通混凝土长期性能和耐久性能试验方法》(GBJ 82—85)中相关条款进行。

$$P = (f_0{}^2 - f_n^2)/f_0{}^2 \times 100\%$$

式中：P——经 N 次冻融循环后试件的相对动弹性模量；

f_n——经 N 次冻融循环后试件的横向自振频率；

f_0——冻融循环前试件的横向自振频率，Hz。

$$W_n = (G_0 - G_n)/G_0 \times 100\%$$

式中：W_n——经 N 次冻融循环后试件的质量损失率；

G_n——经 N 次冻融循环后试件质量，g；

G_0——冻融前试件质量，g。

为研究大管桩混凝土的抗冻性，在大管桩预制厂专门加工素混凝土管节，在管节上切割抗冻试验用混凝土试块，制作的大管桩混凝土抗冻试件情况如下：在成型的素混凝土管节上切割加工成抗冻试验所需的混凝土试件；用新拌管节混凝土采用振动成型制作抗冻试件；采用掺引气剂混凝土成型引气素混凝土管节，经切割加工成抗冻试件；抗冻试验的试件每组6块，尺寸为80mm×100mm×400mm，共进行了4组试验，振动成型的试块1组（不掺引气剂），由管节本体切割的试块3组，其中不掺引气剂的1组，掺引气剂的2组。

2.抗冻试验情况与分析

试验委托上海建筑科学研究院检测站，按照《普通混凝土长期性能和耐久性能试验方法》（GBJ 82—85）中相关条款进行。根据对北方大型工程抗冻要求，初定抗冻性试验为350次冻融循环。为进一步了解大管桩桩身混凝土抗冻性能，将正常生产工艺成型的管节混凝土进行1 000次循环冻融试验。大管桩混凝土抗冻试验报告见附件（上海建筑科学研究院检测站检测报告QH05-031、QH05-032、QH051034），抗冻试验结果汇总见表2-1-14。

大管桩抗冻试验结果汇总　　表2-1-14

方案指标循环	管节本体切不掺引气剂		管节本体切割掺引气剂		管节本体切割掺引气剂		新拌混凝土振动试块，不掺引气剂	
	相对动弹模/%	重量损失率/%	相对动弹模/%	重量损失率/%	相对动弹模/%	重量损失率/%	相对动弹模/%	重量损失率/%
开始	100	0	100	0	100	0	100	0
54	97.6	—	—	—	—	—	—	—
56	—	—	98.55	—	—	—	98.14	—
110	98.5	—	—	—	—	—	—	—
112	—	—	98.43	—	—	—	97.26	—
166	96.79	—	—	—	—	—	—	—
168	—	—	97.78	—	—	—	—	—
222	96.17	—	—	—	—	—	—	—
224	—	—	—	—	—	—	95.77	0.75
280	—	—	97.12	0.45	—	—	94.90	0.88
350	—	—	96.20	1	96.4	1.00	92.3	1.15
400	96	1.3	—	—	—	—	—	—
1 000	82.8	2.3	—	—	—	—	—	—

从大管桩管节切割的混凝土试件，历经近400个冻融循环，其动弹性模量仍达未经冻融的96.00%，重量损失率仅为1.3%，经历1 000个冻融循环，其动弹性模量达未经冻融的82.8%，重量损失率为2.3%。试验结果证明按目前生产工艺生产的大管桩桩身混凝土抗冻性完全满

足通常大型工程所要求的 F350 的指标(报告编号:QH05-031)。

从掺引气剂的素混凝土管节切割的试块,一组进行了 350 个循环后,动弹性模量仍达未经冻融的 96.20%,重量损失率仅为 1.0%;另外一组进行了 350 个循环后,动弹性模量仍达未经冻融的 96.40%,重量损失率仅为 1.0%(报告编号:QH05-032)。检测报告,见图 2-1-33、图 2-1-34。大管桩桩身切割混凝土试块冻融循环后外观,见图 2-1-35。冻融循环数与混凝土相对动弹性模量关系,见图 2-1-36。

上海市建筑科学研究院检测站

检 测 报 告

委托单位	上海三航局科研所	共 1 页 第 1 页	
委托单位地址	肇家浜路 829 号	检验性质	送样
样品名称	混凝土试块	委托编号	Q05-240
样品状态	外观无异常	报告编号	QH05-034
混凝土设计强度等级	------------	混凝土试件成型日期	2005.06.17
工程名称	------------	委托日期	2005. 06. 21
工程部位	------------	试验日期	2005. 06. 21 ~ 2005. 08. 09
委托项目	混凝土抗冻性能（快冻法，冻融循环次数为 350 次）	报告日期	2005. 08. 15
检验标准	参照 GBJ82-85 《普通混凝土长期性能和耐久性能试验方法》		

编号	检验项目		单位	检验结果
-----	混凝土抗冻性	相对动弹性模量	%	92.3
		重量损失率	%	1.15
备　注	1. 根据委托方的要求（冻融循环次数为 350 次），实测数据见上。 2. 本检测报告无检测单位盖章及复印件无效。未经本检验机构同意，不得部分复制本报告。			

检测单位：　批准：　审核：　编制：

检测单位地址：上海市宛平南路 75 号。

联系电话：64390809。

图 2-1-33　大管桩混凝土振动成型试件经过 350 次冻融循环的试验结果

MA

(2000)量认(沪)字(U0389)号

上海市建筑科学研究院检测站

检 测 报 告

委托单位	三航局科研所	共 1 页 第 1 页	
委托单位地址	肇家浜路 829 号	检验性质	送样
样品名称	管节混凝土切割样品	委托编号	Q05-216
样品状态	外观无异常	报告编号	QH05-031
混凝土设计强度等级	------------	混凝土试件成型日期	2005. 05. 19
工程名称	------------	委托日期	2005. 06. 06
工程部位	大管桩管节	试验日期	2005. 06. 07～2005. 10. 11
委托项目	混凝土抗冻性能（快冻法）	报告日期	2005. 10. 11
检验标准	参照 GBJ82-85 《普通混凝土长期性能和耐久性能试验方法》		

编号	检验项目		单位	检验结果
------	混凝土抗冻性	相对动弹性模量	%	82.8
		重量损失率	%	2.3
备 注	1、根据委托方的要求（至报告之日，冻融循环次数为 1000 次），实测数据见上。 2、本检测报告无检测单位盖章及复印件无效。未经本检验机构同意，不得部分复制本报告。			

检测单位： 批准：[signature] 审核：[signature] 编制：[signature]

检测单位地址：上海市宛平南路 75 号。
联系电话：64390809

图 2-1-34 大管桩实体切割试件经过 1 000 次冻融循环的试验结果

振动成型混凝土试件，历经近 350 个冻融循环，其动弹性模量仍达未经冻融的 92.3%，重量损失率仅为 1.15%(报告编号：QH05-034)，但与大管桩混凝土相比，抗冻性稍差。由此可见大管桩的离心、振动和辊压三复合工艺成型可提高大管桩的抗冻性。上海市建筑科学研究院检测站混凝土抗冻性能(快冻法)检测报告 QH05-031 见图 2-1-37、图 2-1-38。

图 2-1-35　大管桩桩身切割混凝土试块冻融循环后外观

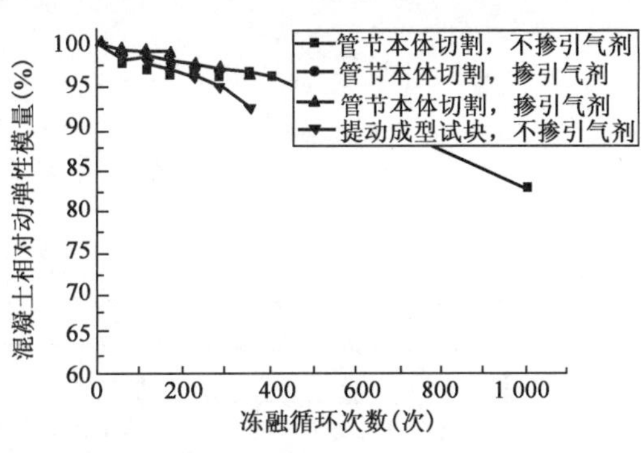

图 2-1-36

中港三航上海浦东分公司混凝土抗冻性能试验报告

同济大学混凝土材料研究国家重点实验室

检验报告

委托单位：中港三航上海浦东分公司

试样名称：管桩高强混凝土（C80 高强混凝土）

试验项目：混凝土抗冻性能（250 次冻融循环，快冻法）

试验方法："水运工程混凝土试验规程"（JTJ270-98）

试验仪器：全自动混凝土冻融试验机 S3400-31（美国制造）

试样尺寸：100×100×400（mm）

报告日期：2003 年 7 月 7 日

试验结果

试样编号	试件成型日期	试验日期	相对动弹模量%（150 次冻融循环）	相对动弹模量%（250 次冻融循环）	重量损失%
D8	2003.4.1	2003.5.30~2003.7.4	96	91	0.14
D10	2003.4.8	2003.5.30~2003.7.4	93	71	1.02

同济大学混凝土材料研究国家重点实验室

批准：　审核：　试验：

共 1 页　第 1 页

图 2-1-37　PHC 桩振动成型试件经过 250 次冻融循环的试验结果

（D8：掺纤维 600g/m^3，D10：不掺添加剂）

(2000)量认(沪)字(U0389)号上海市建筑科学研究院检测站

检 测 报 告

委托单位	上海三航局科研所	共 1 页 第 1 页	
委托单位地址	肇家浜路 829 号	检验性质	送样
样品名称	混凝土试件（切割试件）	委托编号	Q05-228
样品状态	外观无异常	报告编号	QH05-032
混凝土设计强度等级	——	混凝土试件成型日期	2005.05.21
工程名称	——	委托日期	2005. 06. 13
工程部位	混凝土管节	试验日期	2005. 06. 14－2005.08.02
委托项目	混凝土抗冻性能（快冻法，冻融循环次数为 350 次）	报告日期	2005. 08. 03
检验标准	参照 GBJ82-85 《普通混凝土长期性能和耐久性能试验方法》		

编号	检验项目		单位	检验结果
1	混凝土抗冻性	相对动弹性模量	%	96.2
		重量损失率	%	1.0
2	混凝土抗冻性	相对动弹性模量	%	96.4
		重量损失率	%	1.0
备 注	1、根据委托方的要求（冻融循环次数为 350 次），实测数据见上。 2、本检测报告无检测单位盖章及复印件无效。未经本检验机构同意，不得部分复制本报告。			

检测单位： 批准： 审核： 编制：

检测单位地址：上海市宛平南路 75 号。

联系电话：64390809。

图 2-1-38 掺引气剂大管桩实体切割试件经过 350 次冻融循环的试验结果

此外，早在 2003 年，三航局曾委托同济大学混凝土材料研究国家重点实验室对上海浦东分公司预制厂生产的 C80PHC 桩振动成型试件进行过 250 次快冻法试验(图 2-1-39)。并分别对 D8、D9 组掺聚丙烯纤维 600g/m^3、1 000g/m^3，D11 组掺引气剂，D10 组为不掺任何添加剂的原状混凝土。试验结果表明：经过 250 次冻融循环之后，掺聚丙烯纤维和掺引气剂的 3 组试件相对动弹模量均在 90%以上，质量损失率也仅在 0.2%以下，是合格的。而不掺任何添加剂的原状混凝土 D10 组试件相对动弹模量下降至 71%，按本次试验的试验方法《水运工程混凝土试验规程》(JTJ 270—1998)的规定,相对动弹模量下降至75%为破坏,所以其抗冻性能指标仅达到F200。PHC桩单纯的离心工艺使外侧粗骨料集聚,内侧砂浆成层,其实体抗冻性能肯定不如经过振动、碾压、离心三复合工艺生产出来的大管桩。但这也并不说明PHC桩不具备在北方使用的抗冻条件,还需要进一步通过对桩身实体试件的冻融试验来验证。

中港三航上海浦东分公司混凝土抗冻性能试验报告

同济大学混凝土材料研究国家重点实验室
检验报告

委托单位:中港三航上海浦东分公司

试样名称:管桩高强混凝土(C80高强混凝土)

试验项目:混凝土抗冻性能(350次冻融循环,快冻法)

试验方法:"水运工程混凝土试验规程"(JTJ270-98)

试验仪器:全自动混凝土冻融试验机S3400-31(美国制造)

试样尺寸:100×100×400(mm)

报告日期:2003年6月10日

试验结果

试样编号	试件成型日期	试验日期	相对动弹模量%(200次冻融循环)	相对动弹模量%(350次冻融循环)	重量损失%
D9	2003.4.1	2003.4.21～2003.6.9	96	91	0.12
D11	2003.4.8	2003.4.21～2003.6.9	99	98	0.08

同济大学混凝土材料研究国家重点实验室

试验专用章

批准:　　审核:　　试验:

共 1 页　第 1 页

图2-1-39　PHC桩振动成型试件经过250次冻融循环的试验结果

(D9:掺纤维1 000g/m³,D11:掺引气剂)

图 2-1-40 是大管桩桩身切割混凝土经受 350 次以上冻融循环后的试件，桩身切割混凝土外观良好，未见严重的冻融破坏。图 2-1-41 是桩身切割混凝土的相对动弹模曲线，冻融循环次数超过 350 次，大管桩桩身切割混凝土相对动弹性模量均在 90%以上，混凝土的抗冻耐久性指数 DF 大于 90%，表现出很强的抗冻性。从结果可知，掺与不掺引气剂冻融效果无大差别，不掺加气剂强度更高、密度更大。

3. 大管桩接头抗冻试验研究

由于大管桩特殊的拼接工艺，由 4m 一节的多管节拼接而成。因此其接缝质量受到业主和设计单位的关注，接缝质量的好坏直接影响到整桩的使用情况。80 年代曾对管节拼接工艺以及接缝粘结剂进行了大量的试验研究。根据《港口工程预应力混凝土大直径管桩设计与施工规程》(JTJ 261—1997)要求，管桩拼接必须采用粘结剂，接缝处粘接后的强度应高于管节混凝土设计强度。20 世纪 60～70 年代就研制出了用于潮湿环境下新老混凝土界面的环氧粘结剂，并于 20 世纪 80 年代进行了一系列的改性研制，获得 STH-II 大管桩专用粘结剂，目前仍然在对粘结剂做更为深入的研究，以期进一步提高粘结剂质量。此外大管桩管节的拼接工艺，包括管节端表面的处理工艺、钢绞线的张拉工艺等近年来均取得了很大的进步。大管桩在打桩、运输以及使用过程中从未出现过管节接头质量事故，大管桩的拼接质量是可靠的。

为了对大管桩接头的抗冻性进行研究，三航科学研究院有限公司于 2008 年在连云港预制厂大管桩管节上切割混凝土试块，并在压力机的压力作用下采用环氧粘结剂对接，模拟大管桩张拉的状态，将试块拼接成抗冻试验试块(图 2-1-40)

图 2-1-40　压力对接模拟接缝

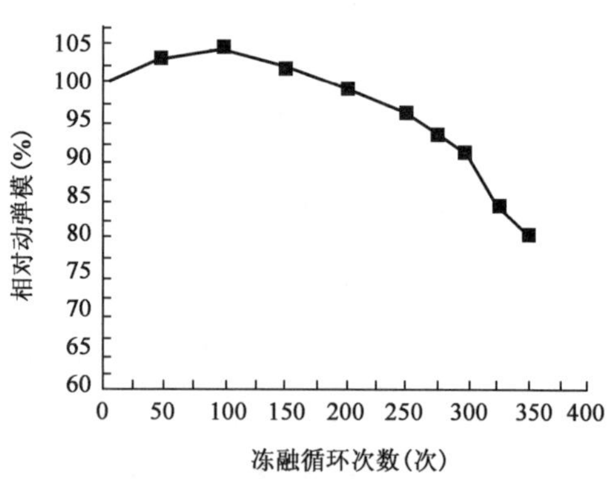

图 2-1-41　相对动弹性模量试验结果

试块加工好之后进行抗冻试验，抗冻试验结果见表 2-1-15，混凝土相对动弹性模量曲线见图 2-1-41。混凝土经 350 次冻融循环后相对动弹性模量为 80.6%，混凝土达到 F350 以上的抗冻等级，具有较高的抗冻性。冻融循环后环氧粘结剂的接缝没有任何损伤迹象，接缝处粘结完好，未受到冻融循环的严重影响。

大管桩接头抗冻试验结果　　表 2-1-15

冻融循环次数	质量损失率(%)	相对动弹模(%)
0	0	100
50	2.14	103.2

续上表

冻融循环次数	质量损失率(%)	相对动弹模(%)
100	1.77	104.5
150	0.9	102.2
200	0.5	99.4
250	−0.15	96.2
275	−0.26	93.4
300	−0.34	90.8
325	−0.4	84.3
350	−0.65	80.6
试验采用标准	GBJ 82—85	

注:1.本试验试件规格:大管桩桩身混凝土,经切割成100×100×200试件,由专用黏结剂将两切割试件黏结成100×100×200标准抗冻试件。

2.本试验试件组数为一组三件100×100×400试件,共计三个试件接头。

3.本试验经350次冻融循环后,试件接头处黏结剂均未发现异常变化。

上述试验结果说明,对于后张法预应力混凝土大直径管桩,接头的抗冻性可靠,不会成为冻融循环的薄弱环节。为保证接头部位耐久性,现生产的大管桩在接缝处再增加一道防护措施,用玻璃钢对接缝处一米宽的范围进行包覆。玻璃钢包覆的效果是显而易见的,根据预制厂现场敲铲玻璃钢的检查发现,玻璃钢的剥落将混凝土粘接下来,可见其粘接力大于混凝土本体。玻璃钢包覆对接头部分耐久性有进一步提高,完全能抵御海水长时期冲刷。

4.大管桩抗冻性评价

根据大管桩混凝土的抗冻试验研究结果得出以下结论:

(1)现行生产的大管桩抗冻性能优异,满足寒冷地区大型海洋工程F350的抗冻性要求。

(2)大管桩桩身切割混凝土的抗冻性优于同配合比的振动台成型的混凝土,说明大管桩离心—振动—辊压三复合工艺和蒸养、水养的养护工艺是其具有优异抗冻性能的重要原因。

(3)满足大管桩在北方地区应用的抗冻要求,并不需要掺入引气剂。

(4)采用压力对接模拟大管桩接头的抗冻试验结果说明大管桩接头抗冻性满足F350以上抗冻要求,抗冻耐久性指数在80%以上,接头处桩身外表面覆盖玻璃钢纤维进一步保证其接头部分的耐久性能。

第二章 钢管桩及冲孔灌注桩的应用

码头2号泊位承台基桩为ϕ1 200钢管桩。材质为Q345，共458根，单根长度为64m。2号泊位承台的有效使用年限主要取决于桩体的腐蚀性能、防腐蚀技术措施及其防护效果，所以对钢管桩采取有效防腐措施具有十分重要的意义。

第一节 钢管桩的制作及防腐

一、钢管桩制作

螺旋钢管是以带钢卷板为原材料，经常温挤压成型，以自动双丝双面埋弧焊工艺焊接而成的螺旋缝钢管。原材料即带钢卷、焊丝、焊剂。在投入前都要执过严格的理化检验带钢头尾对接，采用单丝或双丝埋弧焊接，在卷成钢管后采用自动埋弧焊补焊。带钢卷安放和接头焊接成型前，带钢经过矫平、剪边、刨边，表面清理输送和预弯边处理。

采用电接点压力表控制输送机两边压下油缸的压力，确保了带钢的平稳输送。采用外控或内控辊式成型。采用焊缝间隙控制装置来保证焊缝间隙满足焊接要求，管径，错边量和焊缝间隙都得到严格的控制。内焊和外焊均采用美国林肯电焊机进行单丝或双丝埋弧焊接，从而获得稳定的焊接质量。焊完的焊缝均经过在线连续超声波自动探伤仪检查，保证了100%的螺旋焊缝的无损检测覆盖率。若有缺陷，自动报警并喷涂标记，生产工人依此随时调整工艺参数，及时消除缺陷。采用空气等离子切割机将钢管切成单根。

切成单根钢管后，每批钢管都要执行严格的首检制度，检查焊缝的力学性能、化学成分、融合状况、钢管表面质量以及经过无损探伤检验，确保制管工艺合格后，才能正式投入生产。焊缝上有连续声波探伤标记的部位，经过手动超声波和X射线复查，如确有缺陷，经过修补后，再次经过无损检验，直到确认缺陷已经消除。带钢对焊焊缝及与螺旋焊缝相交的丁形接头的所在管，全部经过X射线拍片检查。每根钢管经过静水压试验，压力采用径向密封。试验压力和时间都由钢管水压微机检测装置严格控制。试验参数自动打印记录。

管端机械加工，使端面垂直度，坡口角和钝边得到准确控制。

直缝钢管的制作与焊接如图 2-2-1 所示，带钢的卷制和焊接如图 2-2-2 所示，现场喷砂做防腐如图 2-2-3 所示。

图 2-2-1　钢板的卷制焊接

图 2-2-2　带钢的卷制和焊接

图 2-2-3　现场喷砂做防腐

二、钢管桩的防腐

(一)海洋环境钢管桩的腐蚀及防腐措施

海洋中固定式钢质结构，具有典型的海洋腐蚀特征，可分为五大腐蚀区：海上大气区、浪溅区、水位变动区(潮差区)、水下区(全浸区)、泥下区。其腐蚀有三个峰值:第一个峰值发生在平均高潮线以上,由于海水飞溅、干湿交替、盐分高、温度高、日照而造成腐蚀最为强烈,年平均腐蚀率为0.2～0.5mm/年;第二个峰值是在水下区(全浸区),通常发生在平均低潮线以下0.5～1.0m处,由于此位置与水位变动区供氧充足区域构成氧浓差电池,该部位是阳极区而遭受严重的腐蚀,年平均腐蚀率为0.1～0.3mm/年;第三个峰值发生在与海水交界处的泥下区界面以下几十厘米处,由于此处泥浆中含氧量低,与水下区形成氧浓差电池,再加上硫酸还原菌的作用,腐蚀也比较严重,年平均腐蚀率为0.03～0.07mm/年。目前,国内外根据海洋环境钢管桩的腐蚀机制,减缓其腐蚀的主要措施是涂层和阴极保护。具体说来,对海洋环境钢管桩的大气区、飞溅区、潮差区进行涂层和包覆层保护,对全浸区和泥下区进行涂层和阴极保护技术联合保护,或者单独采用阴极保护技术进行防腐。

(二)东营港区水质

东营港区海域海水中的Cl^-离子含量及pH值变化不大,Cl^-离子含量在16 000mg/L左右,pH值在7.2左右,相应的海水电阻率为30Ω·cm,对钢结构具有中等腐蚀性。

(三)东营港码头钢管桩防腐蚀方案

1.技术指标

根据相关技术规范、东营港码头设计技术要求、海域条件,确定码头钢管桩防腐蚀方案的技术指标如下:

(1)码头钢管桩有效保护年限$t \geq 30$年。

(2)在有效保护时间内,被保护钢管桩的保护电位为－0.85～－1.10V(相对于铜/饱和硫酸铜参比电极,下同)。

(3)在有效保护期内,钢管桩的保护度≥90%,平均年腐蚀率≤0.03mm/年。

(4)在有效防腐蚀期限内,潮差段涂层耐盐雾、耐老化、耐湿热,抗振和附着力强。

2.防腐方案

东营港码头的钢管桩属于海中固定式钢质结构,工作在水位变动区、水下区和泥下区三大腐蚀区,针对三大腐蚀区的腐蚀特点,防腐措施如下:

(1)水位变动区:采用牺牲阳极阴极保护与涂层联合保护,充分发挥两种保护方法的各自优势,即在落潮期间,可借助于涂层的隔离作用和阴极保护期间所形成的阴极沉积膜的作用予以防腐蚀;而在涨潮期间,由于该区段有涂层的存在,不仅具有隔离防护作用,又可大幅度降低保护电流密度,进而使钢管桩电位快速极化到最佳保护电位,得到充分的有效保护,保护度满足技术要求。

(2)水下区:采用牺牲阳极阴极保护与涂层联合保护,涂层可以减少所需保护电流,延长阳极块寿命,保护度满足技术要求。

(3)泥下区:单独采用牺牲阳极阴极保护,保护度满足技术要求。

3.设计计算

(1)环氧重防腐涂料保护

①涂装面积。考虑到风浪的影响和施工期间的保护,以及加快水位变动区的极化速度、缩

短达到最佳保护电位的诱导期，每根钢管桩涂装范围是：浪溅区和水位变动区为高程＋2.20～－1.00m，长度3.20m；水下区为高程－1.00～－18.00m，长度17m。根据钢管桩几何尺寸和涂覆范围，在浪溅区和水位变动区（＋2.20～－1.00m）求得单根钢管桩涂装面积 $A_1=3.14\times1.2\times3.2=12.1m^2$；水下区（－1.00～－18.00m）单根钢管桩涂装面积 $A_2=3.14\times1.2\times17=64.1m^2$。

②涂料的选择。由于钢管桩所处的环境恶劣，水深流急，受风浪影响较大，并且防腐蚀年限高达30年，要求选用的防腐涂层应具有优异的附着力、良好的耐水性和耐干湿交替性、致密坚硬、耐磨性好等特征。

经过筛选决定选用ZF-101环氧重防腐涂料作为钢管桩外表面防腐涂装材料，结合牺牲阳极阴极保护联合防腐，可确保钢管桩的保护年限达到30年。

725-H45-ZF101环氧重防腐涂料采用改性环氧树脂及特种活性固化剂、加入耐磨及抗渗透颜料及各种助剂，使产品具有极优异的附着力、表面硬度高、耐磨性好、耐海水和化学腐蚀、和阴极保护有良好的兼容性；不含有机溶剂，符合环保要求；采用手工刮涂，工艺简单，维修、补涂方便，并可以在多个现场同时进行施工；施工性能好，涂装一道干膜厚度可达500μm，节约施工时间及费用；涂层干燥迅速并可在水下继续固化。ZF-101环氧重防腐涂料已先后应用于我国各海区二十多座码头的钢管桩防腐工程、东海大桥及其他工程，钢管桩防腐总数达到了19 500根。

③涂料用量。涂层厚度：浪溅区和水位变动区涂层干膜厚度为 $\delta_1=1\,100\mu m$，水下区涂层干膜厚度为 $\delta_2=600\mu m$。根据涂敷面积、涂层厚度要求、涂料理论用量及施工过程中的涂料损耗，确定涂层一道用量为1.30kg/m²。单根钢管桩外表面涂装防腐所需的涂料用量为121.5kg。其中，浪溅区和水位变动区 $m_1=12.1\times(1.3+1.3)=31.5kg$，水下区 $m_2=64.1\times1.4=90kg$。

④施工工艺。涂装前对钢管桩进行喷砂除锈，粗糙度达到《涂装前钢材表面锈蚀等级和除锈等级》（GB/T 8923—88）中Sa2.5级，喷砂后的钢材表面无可见的油脂、污垢、氧化皮、铁锈等附着物，检查合格后立即将涂料甲、乙、丙三组分别按重量比例混合搅拌均匀，进行第一道涂料的涂装，待第一道涂层干透（约2h）后，刮涂第二道涂料。涂装完成后对外观、涂层面积、厚度进行检验，检查涂层厚度是否均匀，涂膜是否有露底，不应有流挂、气泡、粗粒、起皱、返锈等现象。若检验结果不合格，按要求进行补涂。

(2)牺牲阳极阴极保护（图2-2-4）。

①保护面积。东营港码头钢管桩工作条件可分为浪溅区和水位变动区、水下区、泥下区。本工程承台底面高程＋1.3m，浪溅区和水位变动区与水下区的分界线为－1.00m，水下区与泥下区的分界线为－18.00m。钢管桩长度64m。以单根钢管桩为单元进行牺牲阳极阴极保护设计计算。钢管桩各区段的保护面积如下：

图2-2-4　制作完成的阳极块

浪溅区和水位变动区（＋1.3～－1.00m）$S_1=12.1m^2$；水下区（－1.0m～－18.0m）$S_2=64.1m^2$；泥下区 $S_3=3.14\times1.2\times42.8=161.3m^2$。

②保护电流密度。根据被保护钢管桩的表面状况(有无覆盖层及类型或覆盖层质量)、环境条件(如温度、介质的流速、pH、含盐量、通气程度、微生物的活动)等有关因素,选取的保护电流密度。浪溅区和水位变动区,由于在水位变动区段采用了高性能的环氧重防蚀涂层,具有极低的孔隙度和较厚的膜层,需要的保护电流密度同样较低,考虑到涂层在有效保护期内的破损率,该区段保护电流密度取 $i_1=25\text{mA/m}^2$;水下区,只是膜厚与浪溅区和水位变动区不同,也具有较低的孔隙度,该区保护电流密度取 $i_2=25\text{mA/m}^2$;泥下区,参照相关规范,充分考虑到钢管桩泥中长度对保护电流密度的影响,泥下区段钢管桩保护电流密度取 $i_3=15\text{mA/m}^2$。

③保护电流。根据保护电流密度和钢管桩各区段的保护面积,求得钢管桩的保护电流 $I=i_1S_1+i_2S_2+i_3S_3=4324.5\text{mA}\approx4.325\text{A}$。

④牺牲阳极材料与规格型号。本工程采用高效铝合金阳极,该阳极具有质量轻、电容量大、工作电位稳定、消耗率低、电流效率高、表面溶解均匀等优异性能。见表 2-2-1。

铝合金阳极电化学性能 表 2-2-1

阳极种类	工作电位 (-V,SCE)	实际电容量 (A·h/kg)	电流效率 (%)	消耗率 (kg/ A·h)	溶解情况
高效铝阳极	1.09~1.12	≥2 550	≥90	≤3.44	表面溶解均匀,产物自动脱落

阳极的形状和安装方式与阳极发生电流密切相关,为了增大阳极的电流输出,设计采用长条状阳极结构,阳极规格型号见表 2-2-2。

高效铝合金阳极规格 表 2-2-2

阳极材料	型号	规格 (mm×mm×mm)	净重 (kg/块)	毛重 (kg/块)
高效铝阳极	AI-20	800×(260+300)×275	165	175

根据阳极驱动电位、阳极接水电阻、欧姆定律求得单支阳极发生电流为 $I_a=2.212\text{A}$;根据单支阳极净重,发生电流和阳极的消耗率,求得本方案选用的牺牲阳极有效保护年限 $t=33.5$ 年,满足了使用寿命 30 年的技术要求。

⑤阳极数量。根据被保护的钢管桩所需要的保护电流和单支阳极发生电流,求得东营港钢管桩防腐蚀工程单根钢管桩阳极用量为 $N=2$ 支。

⑥阳极的配置。按照保护电流均匀分布的原则,每根钢管桩所需阳极焊装在设计低潮位以下 1.5m 到自然泥面高程之间的区段内,见图 2-2-5。

⑦阳极安装。采用 SR TS208 水下湿法焊条水下焊接方法安装。该法的优点是安装牢固,电性连接良好,可以确保阳极在水下长期安全使用,是国内外应用较普遍的一种安装方法。

阳极水下焊接安装的质量控制措施:精心组织、统筹规划,实行项目经理负责制,对施工作业实施全过程监控,做好现场技术质量记录,在施工过程中实施阶段性检查验收,经过施工单位自检后请监理或业主检查,通过后方可进行下一个项目作业。若发现安装出现质量问题,立即返工,直至达到质量标准要求。

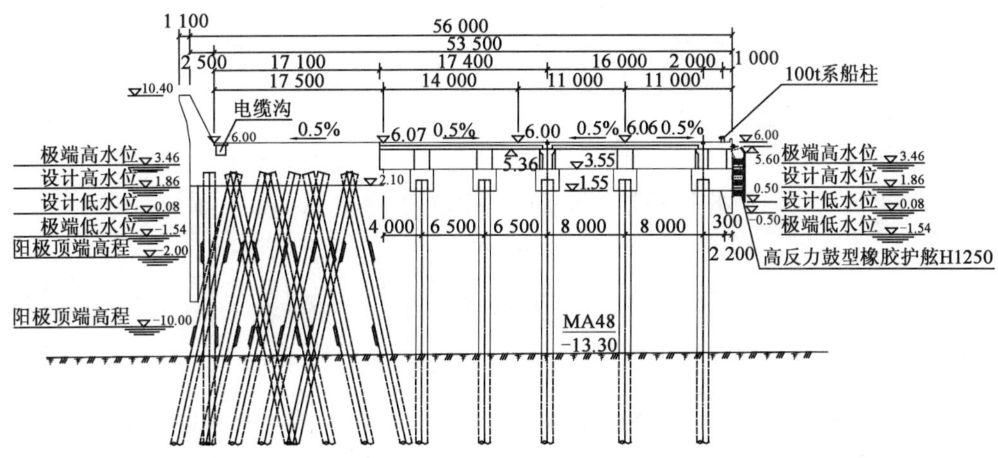

说明：1. 图中尺寸以毫米计，高程以米计；

2. 阳极安装位置：本图为钢管桩牺牲阳极安装位置图，每根桩安装阳极两块。

图 2-2-5　阳极块安装位置图

⑧电性连接。为了保证每个承台钢管桩阴极保护电位分布的均匀性，在承台建造过程中，需要采用钢筋将每座承台中的所有钢管桩焊接成为一体，确保绝缘电阻小于 1Ω。

4. 保护效果检测

2006 年 10 月 27 日，借助于数字万用表和便携式铜—饱和硫酸铜参比电极(CSE)，对东营港码头二号泊位 7 区、8 区、9 区和 11 区承台中的钢管桩保护电位进行了测量，测量结果见表 2-2-3。从表中可以看出，所测承台钢管桩最正保护电位为－0.99V(CSE，下同)，最负电位高达－1.08V，均达到了设计要求，并处于良好的保护状态。

阴极保护电位测量记录表　　表 2-2-3

序号	钢 桩 编 号	保护电位(CSE，－V)	序号	钢 桩 编 号	保护电位(CSE，－V)
1	8－3C－LL4	1.03	6	8－1C－LL2	1.03
2	8－5－KK1	1.04	7	7－7C－LL4	1.03
3	8－6C－LL2	1.06	8	7－6－KK5	1.01
4	8－8－KK4	1.08	9	7－5C－LL4	0.99
5	8－2－KK3	1.04	10	7－3C－LL3	0.99

5. 结论

东营港扩建码头钢管桩防腐蚀工程选用的涂料性能良好，附着力强，无任何返锈和剥离现象；工程选用的铝合金阳极是高效的，表面溶解均匀，电化学性能稳定；已经完成牺牲阳极水下安装的钢管桩保护电位达到－0.99～－1.08V，全部处于良好的保护状态；选用的钢管桩防腐措施是科学的、合理的。

第二节　特殊部位的钢桩修复

由于工程建设期间，受突风影响，施工船与已建成的码头承台发生碰撞，造成承台下方钢管桩受损，根据现场检测及水下探摸情况，通过专家多次商讨方案，制订了补强措施，实施后效果良好

一、修 补 措 施

1. 水下清理

承台拆除时，坠落的混凝土块受水流影响可能散落在桩身周围，为保证护筒与钢桩顺利对接，承台拆除后即安排潜水人员对桩周进行清理，并对预留桩上的附着海生物进行清理。清理完成后需利用靠尺等检查剩余钢桩是否存在变形等受损情况。桩周清理时利用钢钎检查泥面下有无障碍物。

2. 截桩

清理完毕后，潜水人员下水截桩。切割部位在桩身最低受损部位以下，桩身完整部位距泥面较高，在距泥面以上 1.0m 处进行切割。为保证切割后切口断面整齐并便于以后护筒与钢桩的套接，用钢板按照钢桩的外径加工两个半圆形抱箍，抱箍内粘贴绝缘板，由潜水人员将抱箍卡在桩身上，切割时沿抱箍切割，以保证切割面与桩的轴线垂直及切口的平顺性。

切掉的钢桩利用两点吊的方式由起重船或陆上吊机吊走。在切割时，钢丝绳必须捆好并适当带劲，以保证潜水员的安全。

当钢桩吊到陆上时，立即安排人员对钢桩的长度及切口状况进行检查，以便确定护筒的最终尺寸。

3. 套护筒

护筒加工和运输：护筒采用 14mm 厚的 Q235 钢板卷制而成，钢管全长为 16.5m（根据实际切割情况，适当增减上部钢管的长度），上部外径为 1 192mm，底部（2m）内径为 1 300mm；上部钢管的长度根据钢管桩切割的情况而定，以保证底部较宽的钢管可以顺利套入原钢管桩并入泥一定深度（图 2-2-6）。钢管外壁涂刷 2 遍防锈漆，并焊接阳极块。

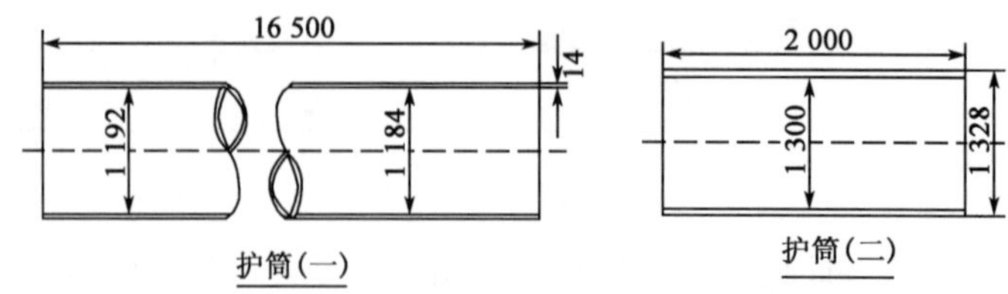

图 2-2-6　护筒结构图（尺寸单位：mm）

护筒的运输采用路上运输的方式。根据运输条件限制，考虑在现场进行管节的拼接。

导向：为方便护筒打设，在护筒底部内壁焊接 6 道导向肋板，肋板为楔形，下部与原钢桩每

侧间隙 20mm，顶部与原钢桩间预留 10mm 的间隙。

为保证钢管套接桩顶位置的准确性，需加工一导向架。导向架采用 ϕ150mm 的钢管制作。导向架起到提供护筒顶平面位置及参照护筒斜率的作用。导向架的具体形式见图 2-2-7。

套护筒：套护筒前，利用拆除后承台上面的预留钢筋固定导向架，导向架固定好后，由测量人员根据原沉桩记录放出护筒的理论位置，进行钢管的套接施工。

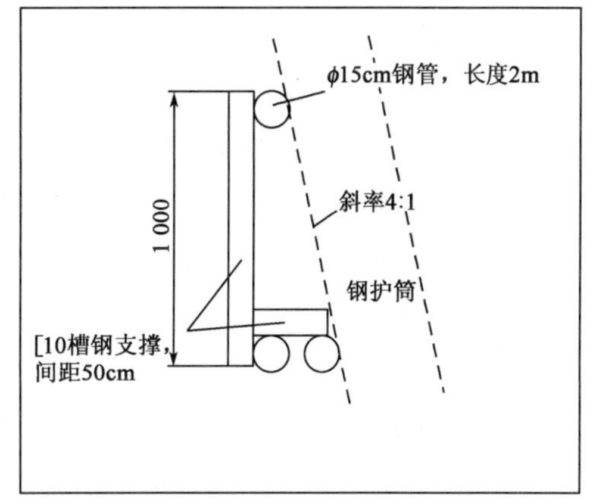

图 2-2-7　导向架示意图

护筒采用两点吊，利用起重船或陆上吊机起吊，且为一个大钩两个不同长度的钢丝绳进行操作，并在其中一根钢丝绳上增设倒链，以便实时调整护筒的斜率。潜水员在水下配合。由起重机把护筒以接近钢桩斜率的方式放入水中，一名潜水员在水底指挥护筒缓慢移动到位，并指挥起重机调整钢管的位置；此时岸上起重人员结合钢桩的斜率情况，参照导向架进行护筒的精确移位。当钢管的斜率和端部高度与原钢管桩基本相符时，潜水员上前帮扶钢管，协助护筒套入；此时需保证护筒的上口与导向架上的放样点基本吻合。

在自重作用下，护筒沿钢桩下降，待护筒无沉降时，陆上吊机将替打安置在护筒顶部，由陆上冲击炮通过替打对护筒施打，护筒插入深度应大于 1m。替打用 5cm 钢板加工，底部焊接十字肋板。

护筒套接完毕后，在承台部位通过焊接固定槽钢进行护筒的固定。固定槽钢与承台预留钢筋可靠焊接。

4. 承台修复

护筒套接并加固完毕后，为防止受到风浪破坏，需及时进行承台底层修复，施工时注意安装挡浪板预埋件埋设位置、数量准确。承台修复隔段进行，利用相邻的承台作为支撑来架设钢梁。钢梁采用 40 号槽钢。底层混凝土由于易受到风浪的影响，挑选无大风浪的天气一次性施工完毕，从而保证底层混凝土的施工质量。

二、工 程 实 施

钢管内成孔，目前考虑两种施工方案，根据典型施工情况确定采取何种成孔方式。其一是采用回旋钻成孔工艺；二是抽泥处理的方式。实际施工中，由于采用回旋钻成孔，存在安全隐患，全部采用抽泥成孔。

(一)回旋钻成孔

1. 钻机的安放

为保证钻机的钻杆与钢桩的斜率基本一致，在安放钻机时，利用槽钢根据现场的施工条件焊接一倾斜的底座，用来固定钻机。钻机安放时，需测量人员放出中心点，钻头对准中心点，钻杆与钢管轴线基本一致。

2. 钻孔

因本次施工为全封闭钢护筒，考虑到钻杆的挠度，钻头受护筒的约束作用，不会偏离钻进的方向，可以保证钻进的顺利进行。钻进过程中，需保证循环系统的正常运转。

（二）抽泥成孔

承台修复完毕后，通过高压空气把桩内的泥浆通过管道送出桩外。抽泥时需通过高压水枪对周围泥砂进行扰动处理，从而保证抽泥的正常进行。在抽泥过程中，通过潜水泵实时补充护筒内水量，保持水头高度。及时测量泥面高程，抽泥至泥面以下7m（由设计确定）时，抽泥完毕。抽泥管见图2-2-8。

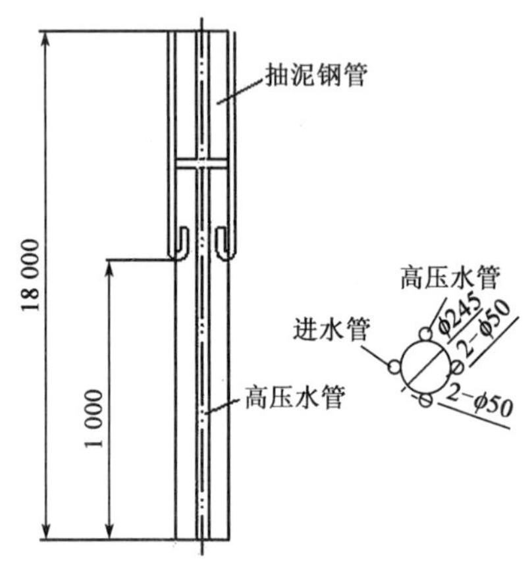

说明：1. 进气管与抽泥钢管连通焊接；
2. 高压水管固定于抽泥钢管外侧。

图2-2-8 抽泥管示意图（尺寸单位：mm）

（三）下钢筋笼

（1）钢筋笼制作。钢筋笼制作要依照设计图纸要求，钢筋型号、规格、长度一定要符合标准。主筋与加劲筋应焊接牢固，主筋间距、箍筋间距要均匀。按所需长度切割后采用支架成型法。钢筋笼制作严格按设计要求和规范要求进行加工。

为避免下放钢筋笼时底端插入孔壁，将钢筋笼底做“收口”处理，并用环形筋连接起来，从而保证钢筋笼的顺利下放。

（2）钢筋笼分段加工、安放，钢筋笼采用现场加工的方式进行加工分段加工，段与段搭接时，应严格按规范要求进行搭接焊；搭接长度不小于10d，要求钢筋接头错开，使同一截面内的接头不超过50%。水下浇筑混凝土桩钢筋笼保护层厚度控制在±20mm内。

（四）钢筋笼与导管安装

钢筋笼分段制作时，导管分段固定于钢筋笼内；将导管放入钢筋笼内与钢筋笼一起安装。

钢筋笼垫块制作成圆形，串于钢筋笼箍筋上面，并位于钢筋笼的底半圆。安装钢筋笼时，采用50t吊机或起重船将其吊至孔边并吊放入孔，搬运起吊时采取加固措施，防止扭曲，折弯变形。钢筋笼吊装时对准孔位，遇障碍物可慢起慢落和正反旋转使之下落，无效时，立即停止下落，查明原因后再安装。钢筋笼缓慢地放至孔底后，随即将其固定在承台上，用两根钢管吊住吊筋，预留筋上插上两根钢管固定在承台上，防止上浮、下沉和偏笼。

导管采用内径为25cm的钢导管，内壁光滑、圆顺，内径一致，接口严密。导管按自下而上顺序编号和标示尺度。在使用前和使用一段时间后，除应对其规格、质量和拼装构造进行认真检查外，还需做拼装试验。

导管长度由孔深和工作平台高度决定。漏斗底距钻孔上口，大于一节中间导管长度。导管接头采用螺旋丝扣连接，并设防松装置。在浇筑混凝土前，进行升降试验。导管吊装升降设备能力，与全部导管充满混凝土后的总重量和摩阻力相适应，并有一定的安全储备。

导管采用两点吊形式起吊，在导管顶部焊接吊鼻，在距导管底部以上5m处用细钢丝绳捆住，灌注混凝土起吊时缓缓起吊下部钢丝绳，以活动导管，从而给上行提供一定的空间；然后再起吊上部吊鼻，通过不断地调整两个吊点的受力情况，使导管缓缓提起。

（五）灌注混凝土

混凝土采用吊罐施工的工艺。首批混凝土灌完以后立即探测混凝土高度，计算出导管埋深，若符合要求继续灌注。灌注首批混凝土时，导管埋入混凝土内深度不小于1m。

灌注过程中，应随时测量混凝土面高度，观察孔口返浆情况；埋管深度控制在2～6m范围内，并与对应的实际灌注量比较，发现异常时，及时采取措施；一根桩的混凝土必须连续浇筑，不得中断；严格控制导管提升速度，防止断桩事故发生；应及时计算导管埋深，正确指挥导管的提升和拆除。导管拆除应迅速有序。混凝土浇筑应高出设计桩顶0.5m以上。

灌注混凝土选择无大风浪的情况下进行，避免在混凝土未凝固前，受到较大的扰动，从而影响混凝土的施工质量。并且在施工时考虑添加膨胀剂，避免混凝土收缩效应。

（六）承台施工

整个桩的接长完毕后，按照正常的施工工艺和施工工序，进行后续项目的施工。

第三节　冲孔灌注桩

一、工程地质条件

引堤连接桥单位工程位于原胜利油田卸油码头导堤上，因桥体右侧紧贴着卸油码头，油船卸油期间严禁动火，给工程施工带来了诸多不便。原胜利油田卸油码头导堤全部为回填石块，灌注桩位于导堤斜坡及根脚处，施工平台难以搭设，且场地全部为回填石块，石块间隙大，形成海水通道，地质情况少见，灌注桩施工条件恶劣。

二、冲击成孔灌注桩

引堤连接桥工程包括主桥和卸油码头通道两部分。引堤连接桥长234.0m，基础为灌注桩，共计52根；根据现场实际地质情况，施工区上部地质构成主要为油码头建造期回填的10～100kg的微风化坚石，陆上石层厚度约为12m，水中石层厚度为8～9m。根据本地的地质情况，采用了三护筒的施工方案。连接桥灌注桩主要施工过程如下：清理施工场地→测量定位→铺设及加固施工平台→场地回填→测量定位→冲击钻机定位、外护筒跟进护壁→回填黏土（水泥）→钻进直至穿过石层→下二层护筒→回旋钻机就位、铺设泥浆循环系统→换回旋钻具钻进至设计桩底高程→清孔→下三层护筒、钢筋笼、导管→二次清孔→灌注水下混凝土至设计高程或内护筒顶面。如图2-2-9～图2-2-11所示。

引桥0号墩桩基，因地质条件受限，无法采用打入式大管桩，采用混凝土灌注打桩，直径2200mm，长度56m，四根桩一组，采用护筒冲击成孔→钢筋笼→混凝土浇筑。

a)安装钢护筒

b)冲击锤安装就位

图 2-2-9

图 2-2-10 灌注桩浇筑混凝土

图 2-2-11 回旋钻机钻孔

第三章 海外承台与挡冰裙的一体化施工

东营港码头扩建工程引桥共 136 个桥墩，分别为标准墩和加宽墩，其中加宽墩 3 个，其余均为标准墩。每个桥墩由三部分组成：预制安装的桩裙，现浇承台、现浇墩身及盖梁。承台施工采取先安装桩裙，后浇承台混凝土，混凝土分两层浇筑，侧模一次支到承台顶的施工工艺。

标准承台，平面外形呈棱形，外形尺寸为 18.5m×6m、高 3m，高程从＋1.00～＋4.00m，详细结构及具体尺寸见图 2-3-1。

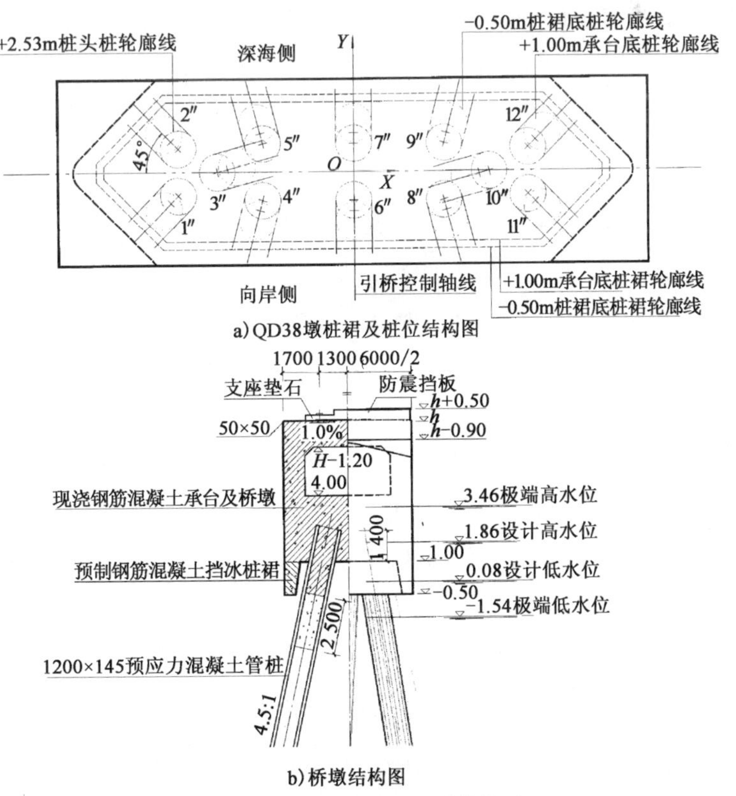

a) QD38墩桩裙及桩位结构图

b) 桥墩结构图

图 2-3-1　QD38 墩桩裙及桩位结构图

第一节　混凝土承台的施工

一、承台的施工

由于承台结构大，属大体积混凝土，考虑到水化热对结构的影响，以及施工结构安全、施工进度的要求，为保证承台混凝土施工后不受海浪淘刷，承台钢套箱安装到＋4.4m处；钢筋分两次绑扎；混凝土分两层施工，如图2-3-2所示。

图2-3-2　墩身盖梁现浇

第一层从＋1.2m高程到＋2.2m高程；第二层从＋2.2m高程到＋4.4m高程。在第一层承台混凝土达到设计要求的90%后，拆除吊架和钢桩帽，做桩芯混凝土施工。桩芯混凝土浇筑完成后，绑扎承台第二层钢筋，预埋墩身钢筋，并预埋墩身结构施工所需要的埋件，如加固模板的圆台螺母及搭设操作平台的埋件等。浇筑承台第二层混凝土。混凝土强度达到要求，套箱模板拆除，运至下一桥墩周转使用。墩身三层与盖梁混凝土同时施工，顶层为封闭式结构，侧模结构形式与二层模板相仿，如图2-3-3所示。

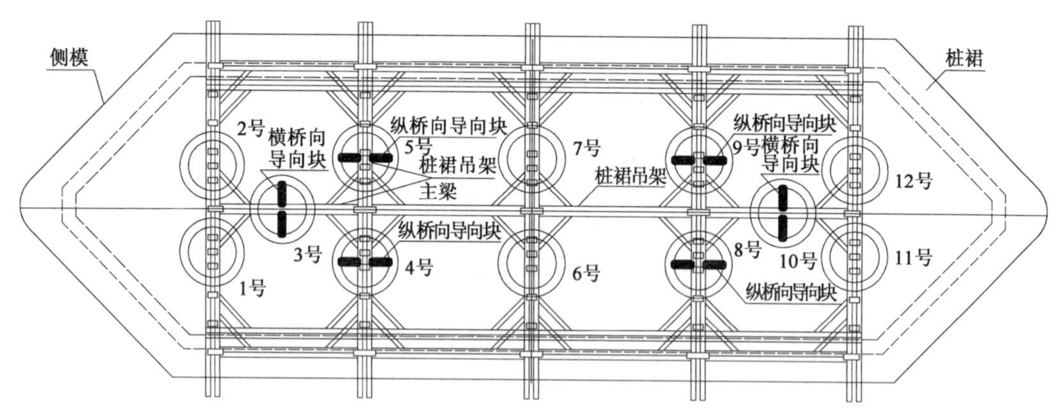

图2-3-3　导向块焊接与吊架平面位置示意图

内模采用方木和木板制作成一木箱。混凝土浇筑完成后，内模留于墩身内。内模支立完成后，进行三层钢筋绑扎。分层浇筑混凝土，完成整个桥墩。其间做好模板的轴线、垂直度、预留孔及预埋件位置的检测校正，混凝土接茬面凿毛等工作，如图2-3-4～图2-3-6所示。

套箱整体稳定性验算委托西南交通大学进行，满足设计和施工要求。

二、设计优化

根据组合套箱方案，设计进行了有关优化，主要有：

(1)将承台底高程抬高20cm，由＋1.0m变为＋1.2m，争取了3～4h的施工时间。

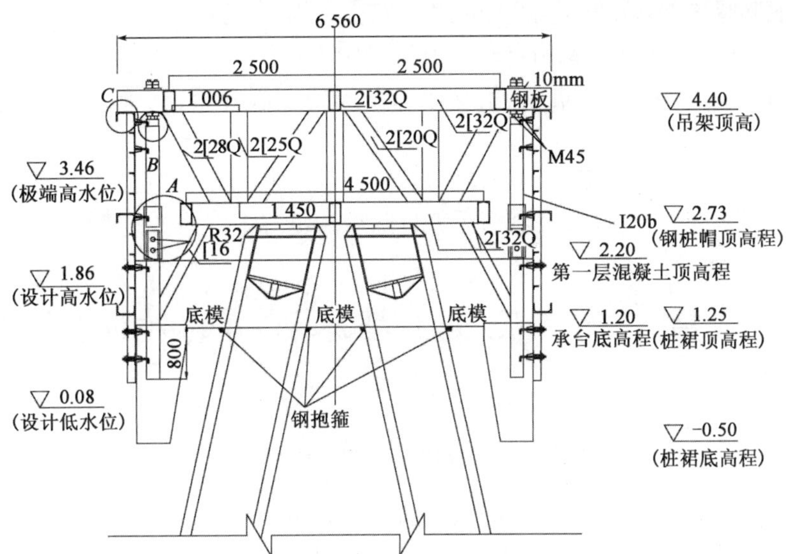

说明：1. 图中所示尺寸单位为mm；
2. 具体尺寸见各大样图；
3. 高程单位m。

图 2-3-4　吊架、钢套箱立面图

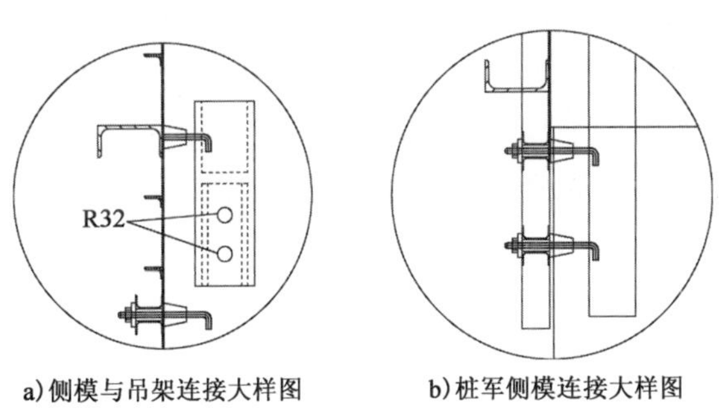

a)侧模与吊架连接大样图　　b)桩军侧模连接大样图

图　2-3-5

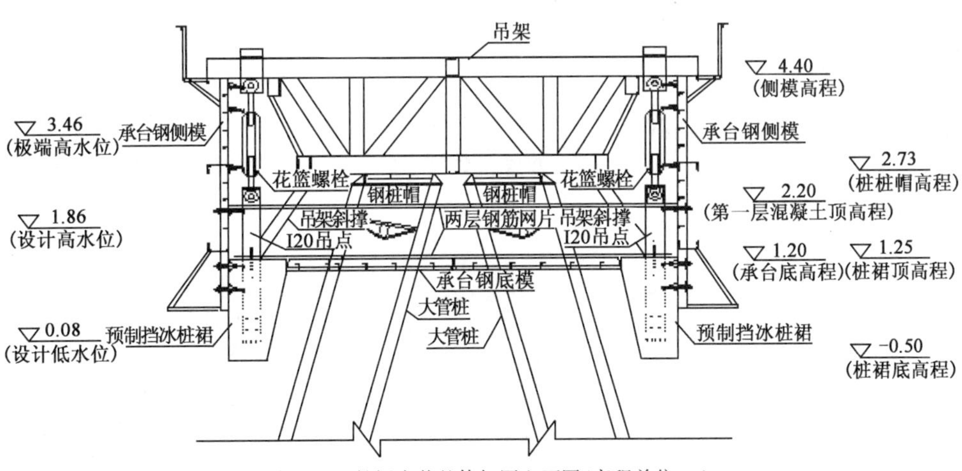

图 2-3-6　桩裙安装整体加固立面图(高程单位：m)

(2)桩裙底高程不变，高度增加 20cm 到 1.75m，增加了配筋。

(3)将桩裙 8 个 ϕ45mm 圆钢吊点改为 10 个 20 号工字钢吊点，每两个一组，对应于吊架单片桁架，10 个吊点要承受吊架、桩裙、钢套箱、1m 厚的底层混凝土、施工荷载等共计 400t 的质量。

(4)将承台钢筋原设计的箱式钢筋笼变为 3 层钢筋网片，增加竖向架立筋，中间网片位于一层混凝土顶，以承受一层混凝土浇完、吊架拆除后的负弯矩。

第二节　混凝土挡冰桩裙的施工

一、设计方案

由于本工程是第一次在我国连云港以北的北方海域利用大管桩作为码头引桥基础，桩基的防冻、防流冰的冲击成为设计首要考虑的问题，但同时也给施工带来了极大的难度和风险。施工方案必须充分考虑设计要求，同时必须要有一定的可操作性和保证率。

目前国内外海桥梁施工中，承台底高程均在设计低水位以下，一般采用钢套箱封底形成干施工条件，但本工程承台底高程位于设计平均水位，且平均潮差仅有 76cm，既不能直接进行干施工，也不能采用下钢套箱封底形成干施工条件，且承台下部需先安装 100t 重的混凝土预制桩裙，桩裙底高程位于设计低水位以下 58cm，桩裙断面悬臂又不可能太长，承台底高程要尽量低，但由于平均潮差小，乘潮施工时间短，且由于桩基密集、全部为斜桩，难以直接进行水下封底形成干施工条件，承台结构特殊设计，属国内首创。桩裙安装原设计为钢托架水下安装，现改为水上吊架安装、采用桩裙和承台侧模整体吊装工艺，解决了这类重要的工程难题。

技术方案考虑原则及方案比较：

(1)桩裙安装和承台现浇技术方案考虑的原则：

①尽量减少水上施工环节和工序。

②尽可能把需要水上做的工作用陆上工作代替。

③必须在水上做的工作也需要创造安全高效的施工条件。

④力争做到万无一失。

(2)几种施工方案的比较见表 2-3-1。桥墩结构图见图 2-3-7。

方案比较　　表 2-3-1

施工方案	优　点	缺　点
方案一： 遵从原设计，先水下托架安装桩裙，再浇桩芯混凝土，后水上安装承台底模、侧模，浇筑。	思路简单、明了，减少了施工难度	可靠性差，在内河、湖泊等水流平稳，无风浪的条件下可行，在外海无掩护条件下，可靠性差，一旦遭风浪破坏，质量、进度、成本无法保证
方案二： 降低承台底高程，取消挡冰桩裙，安装钢套箱浇筑封底混凝土，抽干后施工承台	如能修改设计，其挡冰效果可能更好	承台为全斜桩，密集而无规律，与内河全直桩钢套箱混凝土封底方案相比难度要大得多，主要是钢套箱自身的钢底板的施工难度太大

续上表

施工方案	优　点	缺　点
方案三： 抬高承台底高程，加大挡冰桩裙高度	减少了承台施工受潮水影响的程度，也是一般高桩桥墩的通常做法	挡冰桩裙的断面尺寸势必加大，配筋增加，设计和安装都增加了难度
方案四： 组合套箱施工方案。在陆上事先把挡冰桩裙、＋4.4m 高程以下承台侧模、部分钢底模和吊具、吊架组合成具有足够刚度的联合体，进行整体吊装，然后补铺底模，并与每根桩连成一体，浇筑 1m 厚的底层	减少了水上施工环节，可把大量水上工作转移到陆上来做。即使是必须水上做的工作，有钢套箱的维护也会变得安全有效，套箱整体抗风浪打击、浮托的能力大为提高，安全可靠。将承台底模反吊、纵横骨架作为混凝土劲性骨架、承台一层 1m 厚的结构混凝土兼作封底混凝土，为承台二层施工提供干施工环境，降低了工程造价，加快了施工进度	要保证挡冰桩裙与侧模、底模连接的强度与刚度将会耗用较多的施工用料，单纯算账，直接成本较高

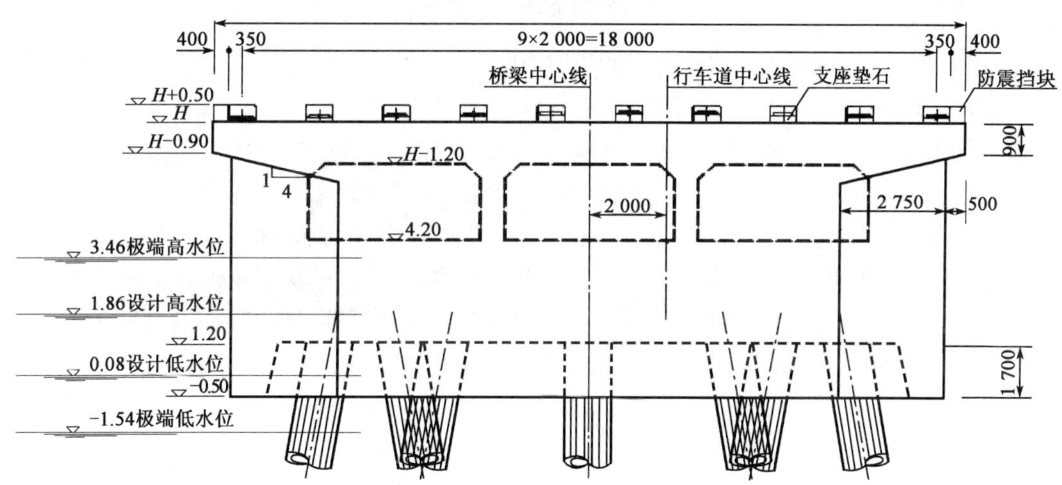

图 2-3-7　桥墩结构图(尺寸单位：mm；高程单位：m)

二、方案选择和设计改进

组合套箱施工方案的整体思路，经综合考虑和专家论证，决定采用“方案四：组合套箱施工方案”。承台混凝土分两层浇筑，第一层混凝土施工高程为＋1.20～＋2.20m，第二层混凝土施工高程为＋2.20～＋4.20m。

第三节　预制挡冰桩裙与承台钢套箱的一体化施工

保护引桥承台支撑大管桩的防冰结构，为保证桩基不直接承受流冰荷载和冰块的摩擦而受到损害，承台下周边悬挂整体预制的重达 115t 的钢筋混凝土挡冰桩裙。桩裙伸至设计低水位以下 0.42m(－0.5m)，并通过现浇混凝土与桥墩钢筋混凝土承台牢固地连接在一起，有效地把流冰挡在墩台以外，但也给施工带来了极大的难度和风险。施工方案必须充分考虑设计要求，同时也必须要有一定的可操作性和安全保证率。受风浪影响，桩裙安装和与承台的连接难度很大。桩裙在陆上预制场进行预制，预制好的桩裙见图 2-3-8。

图 2-3-8　预制好的承台挡冰桩裙

桩裙安装于风浪波动区，如按常规的思维，先用专门设计的吊架将其吊挂在承台群桩的桩顶上，固定并调整好位置，然后在其顶面＋1.2m 高程上（平均潮位在＋1m 左右）绕群桩铺设底模、绑扎钢筋、支立第一层承台侧模、浇筑第一层混凝土。除预制桩裙环节外全部作业都暴露在无掩护的水位变动区进行。一个循环需要连续几个风平浪静的好天气，其进度和安全性毫无保障。目前国内外海桥梁施工中，如果承台底高程在设计低水位以下，一般采用钢套箱封底形成干施工条件，但本工程承台底高程位于设计平均水位，且平均潮差仅有 76cm，既不能直接进行干施工，也不能采用下钢套箱封底形成干施工条件。而且斜桩交错，也无法在水下悬空封底。一般海上承台钢套箱或钢筋混凝土套箱施工方法也解决不了这个问题。课题组从一开始就瞄准了这个难题，组织了多次专家会，从设计和施工两方面进行探讨和攻关，经过反复研究、计算，终于形成了一个完整的施工方案，即预制钢筋混凝土挡冰裙与引桥承台钢套箱一体化施工方案。

一、挡冰裙与承台钢套箱的一体化施工

所谓挡冰裙与承台钢套箱的一体化施工，其指导思想就是尽最大努力、最大限度地变水上工作为陆上工作，必须在水上进行的作业也要创造安全高效的施工条件。首先在陆地上，在已经预制好的钢筋混凝土挡冰裙悬空顶面铺设底板，底板上根据实测桩位留有椭圆形的孔，然后在挡冰裙的周边利用预先埋设的双层圆台螺帽固定 3m 多高（一次到顶）的承台侧模，使其牢固地成为一个整体。起重船吊特别设计制造的钢吊架与钢套箱连接起来，吊上甲板驳。水上墩台大管桩桩顶已做好找平、戴钢桩帽、设置定位块等工作，所有 12（或 16、18）根斜桩上都已在承台底面高程处安设了带有水平上沿的钢抱箍（这些水上工作随时可做，是不占用关键线路的时间的）。300t 起重船起吊连接有挡冰裙的钢套箱在两端牵引缆和导向装置的制约下对准所有大管桩徐徐下落，直至吊架的全部支座坐落在桩顶钢桩帽上为止。GPS 校准位置后，起重船解钩。吊架作为扁担支撑留下来，并与其下的钢桩帽和桩裙做进一步的连接，特别是加强整体刚度，尤其是钢套箱与挡冰裙连接处的刚度。最后补铺底板，交付绑扎钢筋。在浇筑第一

层混凝土后，解除吊架周转使用。课题组确定的设计前提是套箱安装后，空箱时波高≤2.5m，结构稳定、不破坏(底板除外)。慎重起见，又委托西安交通大学进行了套箱整体稳定性验算。

(一)挡冰裙的施工

1.底模设计及计算

为保证底模在能在桩裙安装好后利用一个潮位迅速铺设，减少海上作业时间，故在桩裙安装前，就开始桩裙上铺设部分底模，如图2-3-9所示。所以底模铺设分陆上施工和海上施工两部分。

(1)陆上施工

因底模需穿过12根大管桩(高程＋2.53m～＋1.20m)，故在大管桩每边附近范围预留30cm作为底模下放空间，预先割出部分底模钢板(5mm)，形成如图所示底模平面，然后在钢板上安装型钢(工18，[10)，型钢和钢板之间采用间断焊接。完成后将其整体吊装到挡冰裙牛腿上，与牛腿上的预埋件间断焊接固定，并且将桩裙吊架上的吊杆下放到底模上的工18型钢连接上，采用螺栓连接方式(图2-3-10、图2-3-11)。

图2-3-9 钢套箱底模加工

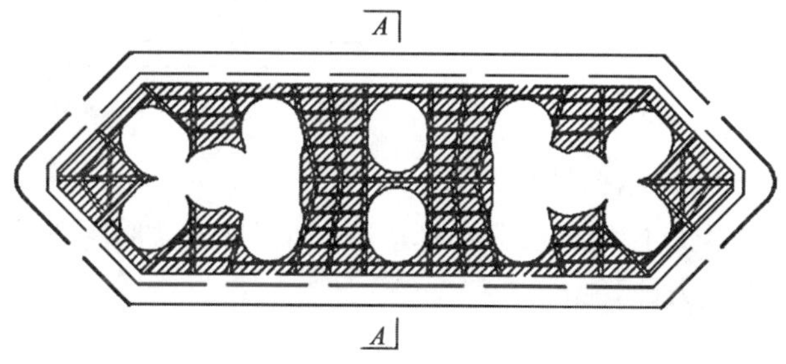

图2-3-10 底模铺设平面图

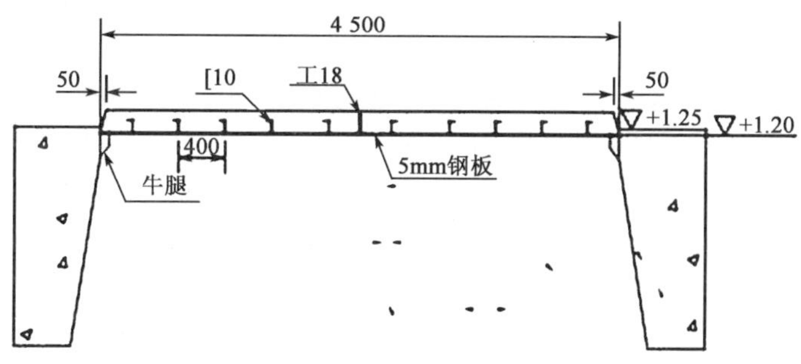

图2-3-11 底模铺设立面图(单位:mm)

①首先在12根桩上安装抱箍，每个抱箍上口均有宽8cm的裙边，裙边用来铺设搭接钢板，抱箍内侧加橡胶带止水，以起到止浆的作用(图2-3-12)。

②挡冰裙及钢套箱整体吊装到管桩上，将底模被割除的部分用钢板和型钢补铺上。将吊于底模板上的14根吊杆与挡冰裙吊架相连接，调整底模板平整度，锁紧，形成底模体系，底模结构形式如图2-3-13。

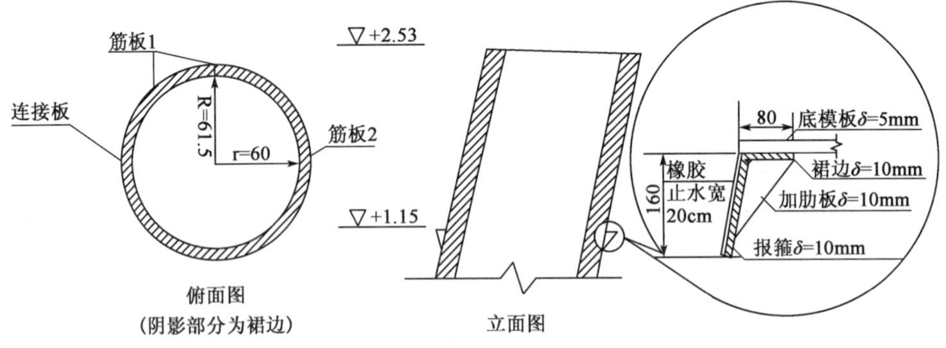

图 2-3-12　抱箍示意图(单位:mm)

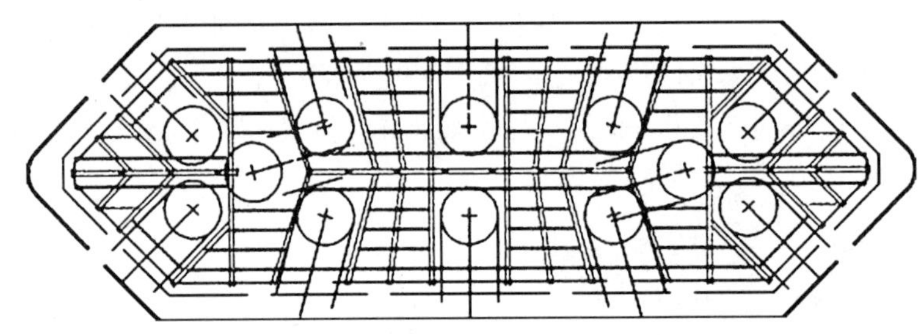

图 2-3-13　底模结构形式图

(2)结构计算。

①主梁(工 18)选择最不利情况:最大间距 1.6m,跨度最大 2.4m,均布荷载 q 按高度 1m。正应力计算:

$$q=25\times1\times1.6+2.0\times1.6=43.2\text{kN/m}$$

②次梁([10)选择最不利情况:最大间距 0.4m,跨度最大 1.5m,均布荷载 q 按高度 1m。

正应力计算:

d 吊杆系统底板最大压力 $P=\gamma H=25\times1.0=25\text{kN/m}^2$

$$N=P\times A=25\times4.5\times1.0/2=56.3\text{kN}$$

M25 对拉螺栓容许拉力为 64.2kN,故吊杆选择 M25。

2.钢套箱设计与计算

(1)钢套箱设计。

钢套箱整体高度为 4m,面板采用 δ=8mm 钢板,横楞采用[28 槽钢为主并辅以∠80×50×6 角钢,竖楞采用 I12 工字钢,左右间距为 0.5m。承台钢套箱按照设计尺寸全周圈分 6 片加工。第一层混凝土浇筑完成,达到设计要求的一定强度后,就可以拆除吊架,进行桩芯混凝土施工和浇筑承台第二层混凝土。为保证钢套箱的整体稳定性,在拆除吊架后,需要在钢套箱上部安装顶撑。

(2)钢套箱的验算。

①混凝土侧压力的计算(取两式中较小值)。

A.新浇混凝土侧压力:

$$F = 0.22\gamma_c t_o \beta_1 \beta_2 V^{1/2}$$

$$F = \gamma_c H$$

式中：F——新浇筑混凝土对模板的侧压力，kN/m^2；

t_o——新浇混凝土的初凝时间(h)可按实测确定。当缺乏试验资料时，可采用 $t_o=200/(T+15)$计算(T 为混凝土的温度℃)；

V——混凝土地的浇筑速度，m/h；

H——混凝土侧压力计算位置处至新浇混凝土顶面的总高度，m；

β_1——外加剂影响修正系数，不掺外加剂时取 1.0，掺具有缓凝作用的外加剂时取 1.2；

β_2——混凝土坍落度影响修正系数，当坍落度小于 30mm 时，取 0.85。

B. 倾倒混凝土产生的倒压力 $F_2=8.4kN/m^2$

C. 倾压力合计 $F_{侧}=66kN/m^2$

②面板验算　面板能承受的侧压力$=188.3kN/m^2>F_{侧}=66kN/m^2$，满足受力要求。

③横楞计法　横楞压力 $F=127.36kN/m^2>F_{侧}=66kN/m^2$，横楞满足受力要求。

④竖楞压力

$$F = \frac{q}{0.5} = 417.5kN/m^2 > F\text{侧压力} = 66kN/m^2$$

竖楞满足受力要求。以上计算是针对钢套箱薄弱环节的计算，其结构整体稳定性经过分析满足要求。综上所述，承台钢套箱刚度满足混凝土浇筑要求，并且留有部分富余，用来抗击风浪及其他因素对模板的影响。

3. 施工程序与方法

(1)安装钢桩帽。

组合大管桩沉桩结束后，截除高出设计高程的部分桩，将桩顶砂浆找平后在 1 号、2 号、3 号、4 号、、5 号、6 号、7 号、8 号、9 号、10 号、11 号、12 号这 12 根桩的桩顶安装预先加工好的钢桩帽，钢桩帽的结构见图 2-3-14。

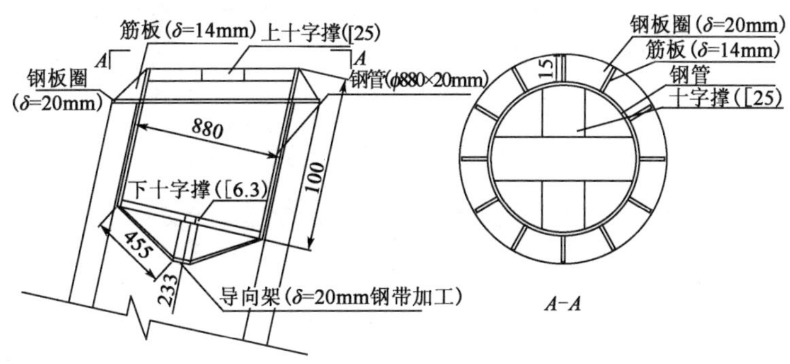

图 2-3-14　钢桩帽结构示意图

(2)复核桩位。

当每个桥墩(标准墩)12 根桩切割到位并安装钢桩帽后，用 GPS 对每根桩位进行复测，准

确测出其三维坐标，平面扭角，桩身倾斜度，并与设计桩位进行对比，绘出实际桩位与设计桩裙之间的平面位置，确保桩裙能准确就位，并就此绘制底模结构图。如果沉桩影响桩裙的安装，及时与设计人员联系研究确定，不能影响下一步的施工。

(3)安装桩裙并固定。

桩裙在陆上预制场进行预制，当强度达到要求后，在陆上预制场内先将钢模板与桩裙通过桩裙上预埋的圆台螺母连接固定。安装吊架于桩裙上，同时吊架与钢模板进行连接，并通过桩裙上预留牛腿和吊架上下放的吊杆铺设部分底模骨架，在陆上形成一体化组合套箱整体吊装结构。通过陆上 2 台 90t 门机转运至桩裙运输方驳上，拖运至安装现场位置。用 300t 起重船"沪成功 10 号"整体吊装安放。桩裙安装测量控制：利用桩裙吊架上的纵横向梁和钢桩帽上焊接的导向块，采取双轴线控制来对桩裙进行准确定位。具体方法为：在钢桩帽安装及夹桩完成以后，用 GPS 在 4、5 和 8、9 号桩帽上放出桩裙顺桥向安装轴线(图纸中桩裙安装轴线)，并在桩帽上焊接控制桥轴线方向上的导向块，利用导向块来引导桩裙吊架准确地安装在桥轴线上，以控制在该方向的准确定位。同时在 3、10 号钢桩帽上用 GPS 测放出垂直于桥轴线方向的轴线，并焊接用来控制该方向的导向块，用于桩裙安装时垂直于桥轴线方向的定位。将两个方向都定位好以后，就能确保桩裙安装的准确定位了。完成后，进入下一道工序施工。安装钢抱箍和钢底模，以便连成整体。

4. 实施效率与效果

海上承台施工从 2006 年 3 月 29 日正式开始进行典型施工，由于东营港 3、4 月风浪较大，承台底模先后多次被风浪打烂，多次进行底模重铺和修补，至 4 月 24 日才完成第一个承台第一层混凝土浇筑施工。进入 5 月份后东营港气候好转，承台施工步入正轨，利用好天气 1～2 个低潮就完成承台第一层混凝土施工。2006 年完成 90 多个承台施工，其间多次创下了一天安装 3 个组合套箱的施工佳绩，并于安装当天或第二天全部完成了第一层混凝土施工。以此来看，利用组合套箱进行外海承台施工是可行的，达到了预期目的，为东营港扩建引桥工程的顺利施工奠定了坚实的基础。

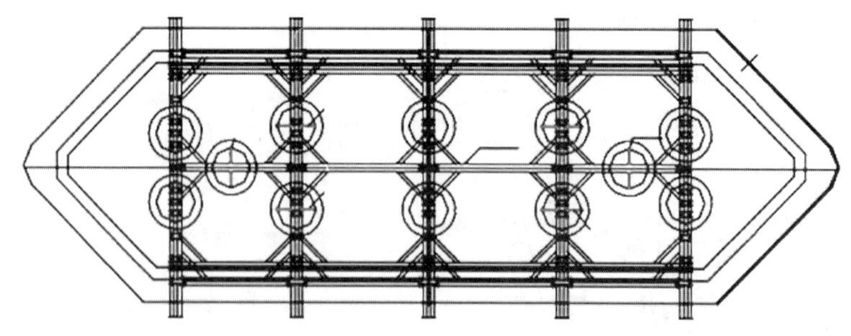

图 2-3-15

5. 结语

该挡冰裙与承台钢套箱一体化方案经过施工实践，证明其整体稳定性好，使用安全、可靠，且安装、拆卸方便，缩短了施工时间。在经受大风浪袭击及小型船舶碰撞后，套箱和整个结构并未发生明显变形。混凝土浇筑完毕，未出现任何问题，设计施工方案经过实践证明是安全可行的。尽管钢材用量较多，但其时间效益是无可比拟的。

(二)一体化组合套箱施工

1. 钢套箱的设计

由于施工区域海况复杂，海上施工难度大，可作业天数少，故采用了一体化钢套箱工艺进行施工，目的是将大部分水上施工变为陆上施工，尽可能避免风浪造成的破坏，从而保证施工安全，提高施工效率。钢套箱在设计时不仅考虑浇筑时混凝土侧压力、风浪及施工荷载对挡冰裙与模板的影响，并且考虑了模板拆卸方便，以加快施工进度。采用刚性好的钢套箱结构。钢套箱的设计整体高度 4m，由面板(δ=8mm 钢板)、横肋(28 槽钢)、竖肋(12 工字钢)组成，全周圈分 6 片加工。底模由底模钢板(δ=5mm 钢板)、主梁(18 工字钢)、次梁主梁(10 工字钢)、吊杆(d=45mm)组成。模板所选材料满足使用要求。

为了验证组合钢套箱在起重船吊装和安装就位后在各种水位、波高组合下的稳定性，特采用大型通用有限元商业程序 ANSYS 对钢套箱进行结构稳定性分析。结果表明：在起重船吊装组合钢套箱时，竖向最大变形值仅为 1.429mm；钢套箱安装就位后，在各种水位和施工波浪(定为 2m 波高)作用下，底模竖向变形值均不超过限值 $L/400$=6mm，同时底模的应力值均在 100MPa 以内，不超过限值 235MPa。

2. 组合套箱的陆上拼装和加固

套箱拼装：当桩裙养护到龄期后，在预制场用门机将加工好的侧模板(六片)分片按照顺序安装并固定在桩裙上，然后吊入预先加工好的部分底模与桩裙预留的牛腿焊接固定，同时绑扎部分承台钢筋，然后用门机安装吊架，吊架利用花兰螺丝与桩裙上预留的 20b 型工字钢吊杆连接，并利用花兰螺丝进行调平，保证 10 个吊点的均匀受力。吊架调平后焊接吊架斜撑，钢套箱顶部与吊架通过螺栓连接固定，这样就形成了一个相对意义上的组合套箱，重量为 125t。加宽墩的套箱拼装分为两次，分别由两个桩裙各自拼装成组合套箱后各自安装。

侧模板与桩裙之间的固定措施：利用预埋在桩裙上的圆台螺母来固定及支撑模板，圆台螺母预留两层：上层间距 75cm，用来对钢套箱进行固定；下层间距为 150cm，用来增强挡冰桩裙与钢套箱的刚性连接，增加钢套箱抗风浪能力。分片的模板之间用 M12 的螺栓来连接，模板上口利用吊架来固定。

二、安　　装

(一)组合套箱的安装

组合套箱安装精度的控制：利用桩裙吊架上的纵横梁和钢桩帽上焊接的导向块，采取纵横双轴线控制来对桩裙进行准确定位。具体方法为：在钢桩帽安装及夹桩完成以后，用 GPS 在 4、5 和 8、9 号桩帽上放出桩裙纵桥向安装轴线(设计图纸中桩裙安装轴线)，并在桩帽上焊接控制桥轴线方向偏位的导向块，利用导向块来引导桩裙吊架准确地安装在桥轴线上，以控制在该方向的准确定位。同时在 3、10 号钢桩帽上用 GPS 测放出横桥向安装轴线，并同样焊接用来控制该方向偏位的导向块，用于桩裙安装时横桥向的定位。将两个方向都定位好以后，就能确保桩裙安装的准确定位了。完成后，进入下一道工序施工。钢套箱平面，见图 2-3-6。

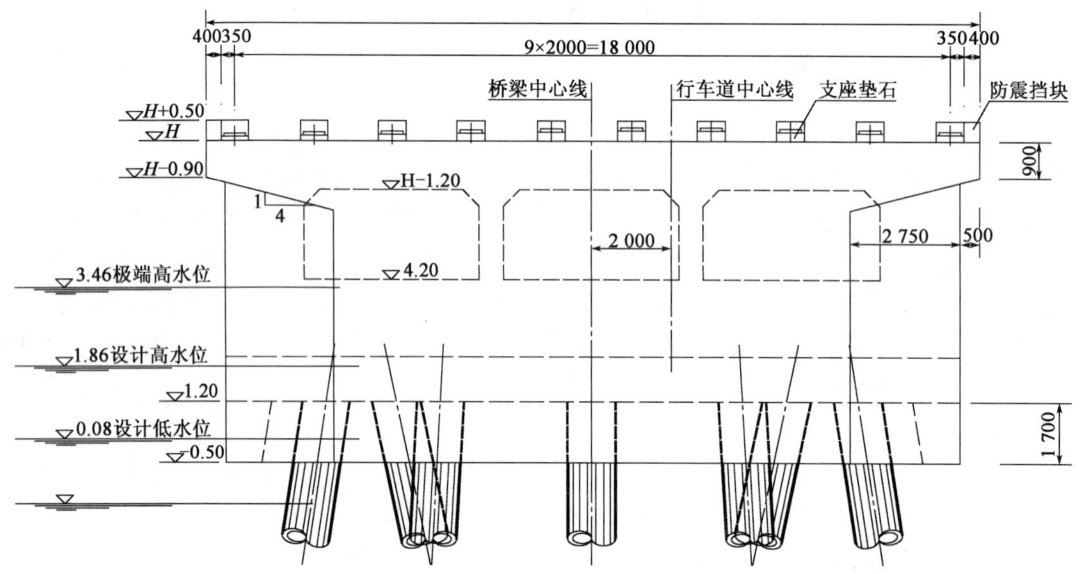

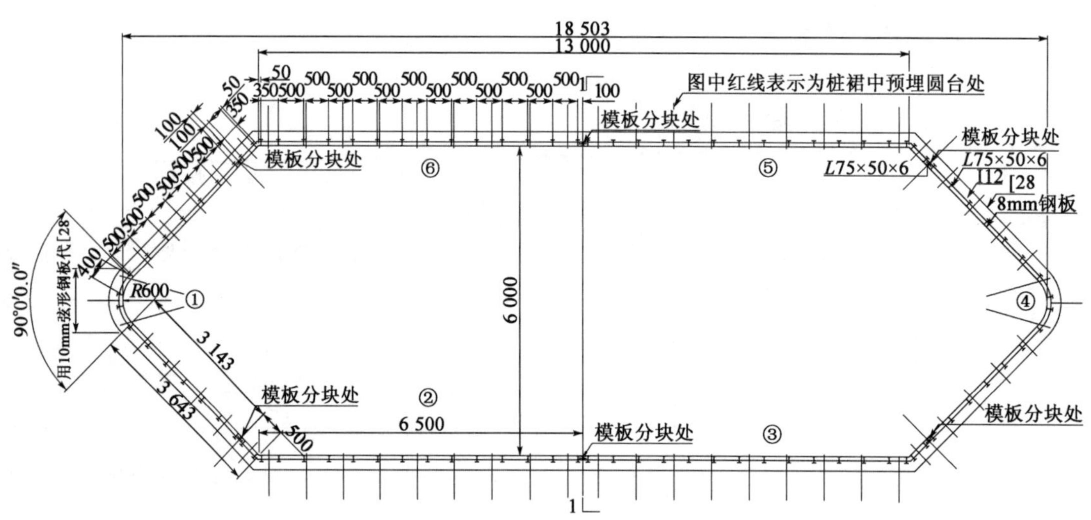

说明:1.图中单位为mm。

2.为便于钢套箱的安装和拆卸，制作时把钢筋分为6块，分块如图，分别编号为①②③④⑤⑥号模板。

3.为便于制作圆弧段，圆弧段［28由10mm钢板割成圆弦代替。

图 2-3-16 钢套箱平面图

(二)组合套箱的水上加固和底模补铺

组合套箱安装加固:组合套箱安装到位,经测量复核平面位置无误后,将吊架与钢桩帽之间采用焊接钢板限位卡进行固定,并立即进行安装钢抱箍和补铺钢底模,以便使组合套箱与大管桩连成整体。

(三)施工工法

20 多年来,作为水工建筑物的基础,大管桩在我国港口、桥梁建设中已经大量使用,包括 2～20 万吨的码头泊位。通过使用多年后检查,99%的大管桩仍处于完好状态。但是,尽管大管桩在我国华东、华南地区广泛应用，然而最北只用到连云港，均属温带和亚热带地区。长期以来，人们对大管桩用于北方寒冷地区心存疑虑，大管桩在冰凌和流冰的作用下混凝土保护层容易磨损，以至于使大管桩受到破坏，这也是大管桩一直没有在北方寒冷地区使用的重要原因之一。

东营港扩建工程的引桥工程划分试验段和正桥两个单项工程招标。整个工程长 7 020m，共 136 跨，大管桩用量高达 1 640 根，工程造价超过 8 亿元。如何保证大管桩在冬季冰凌和流冰的不断作用下能够安全使用，设计考虑承台下周边悬挂整体预制重达 115t 的钢筋混凝土防冰桩裙。防冰桩裙伸至设计低水位以下，并通过预留钢筋与现浇钢筋混凝土承台牢固地连接在一起，有效地把流冰挡在墩台以外，保护了桩基的安全。但同时，的确给施工带来很大的难度和风险。

中交二航局在水运工程施工方面有着丰富的工程经验。通过对试验段施工的不断总结，并将该项施工技术作为科研课题进行研究，通过实践最终形成了一套科学、可行、完整的施工方法。在正桥 136 个墩台施工中取得了了快速、安全、经济的效果，得到了业主好评。该施工方法作为子课题之一，在水运建设行业协会组织的对“大管桩在北方寒冷地区应用的技术研究”科研成果的专家鉴定意见中，评价该工艺具有很高的创新性，达到了国际先进水平，同时此项研究课题获中国水运建设行业协会 2010 年度科技进步二等奖。该施工方法的成功使大管桩在北方推广应用具有了广阔前景。

1. 工法特点

(1)外海恶劣海况条件下承台防冰桩裙若按照常规施工方法，受潮汐、风浪影响，成功率很低，且安全、质量均无保证，该施工工法把海上施工的主要工序改为陆上，大大减少了海上工作量。

(2)把防冰桩裙和承台模板结合为一体，模板设计计算可以满足抗击≤2.5m 的风浪，通过起重船一次吊运安装，突破了常规的先安装桩裙，铺底板、绑扎钢筋、支侧模再加固的传统施工方法。

(3)具有安全、快速、经济、环保的优势，使工效提高 3～5 倍，工期缩短了 1/2～2/3，整体工程成本大大降低，且施工工艺简单实用，使用的也是常规的船机设备，易于推广使用。

2. 适用范围

本工法适用于外海无掩护水域且受潮汐影响较大的施工条件下承台和各种防护结构的施工，也可应用到类似的海工工程结构。

3. 工艺原理

由于第一次在我国连云港以北的北方海域利用大管桩作为码头引桥基础，桩基的防冻、防流冰的冲击成为设计首要考虑的问题，同时也给施工带来了很大的难度和风险。施工方案必须充分考虑设计要求，同时必须要有一定的可操作性和保证率。现场组织了多次专家会，从设计和施工两方面进行探讨。

目前国内外海桥梁施工中，承台底高程均在设计低水位以下，一般采用钢套箱封底形成干施工条件。但本工程承台底略高位于设计平均水位，且平均潮差仅有 76cm，不但需先安装 115t 重的钢筋混凝土预制桩裙(桩裙底高程位于设计低水位以下 50cm)，而且需要抢潮施工。由于开始采用先在水上安装桩裙，再夹桩—铺设底板—绑扎底板钢筋—支立侧模—绑扎竖向钢筋—支立内模—加固—验收—浇筑混凝土的传统施工程序，施工周期至少须 3 个连续海上工作天，而东营港海上又很少有这样的施工条件，完成好的模板、钢筋多次被风浪打坏，造成经济损失而且136个桥墩将无法按计划完成。面对严峻的工程形势，依据我们的设备、人才及技术优势和多年的工程施工经验，制定了把大量水上施工工作转化为陆上施工，尽量减少水上施工内容和时间的工艺方案。其原理是将桩裙安装原设计为钢托架水下安装现改为水上吊架安装，将桩裙和承台侧模事先在陆上尽可能刚性连接实现一体化，再采用吊架整体吊装施工工艺，使群桩穿越底板预留孔隙，吊架支座坐落在相应桩顶，然后进行加固。在进行整体设计时考虑了能够抗击≤2.5m风浪影响，并进行了桩裙与套箱一体化整体稳定性验算。

相关施工图，见图2-3-17～图2-3-21。

a)套箱底部制作

b)套箱侧面拼装

图 2-3-17

图2-3-18 套箍吊架安装

图2-3-19 预制好的桩裙和承台侧模，准备整体吊装

图2-3-20 起重船安装桩裙与钢套箱

图2-3-21 首个套箱安装成功

三、施工工艺流程及操作要点

(一)施工工艺流程

承台施工工艺流程见图 2-3-22。

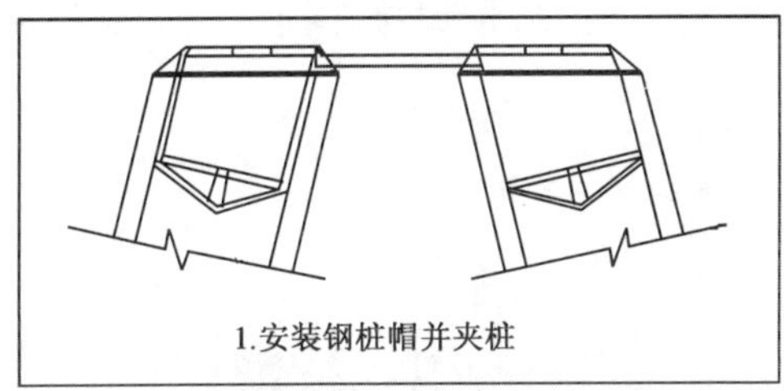
1.安装钢桩帽并夹桩

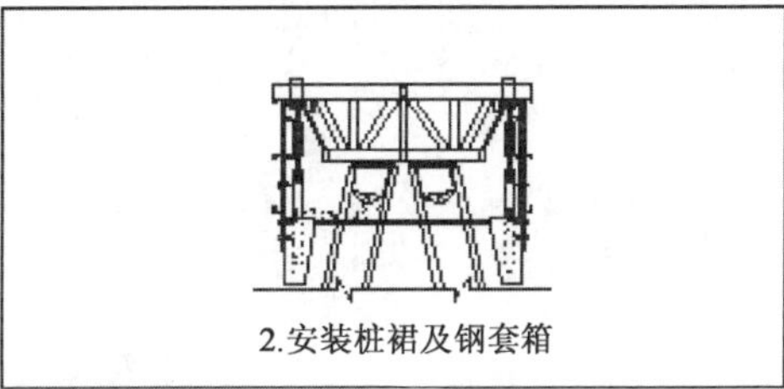
2.安装桩裙及钢套箱

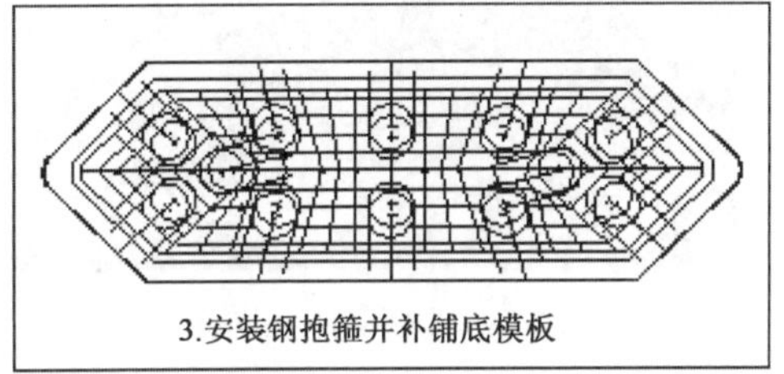
3.安装钢抱箍并补铺底模板

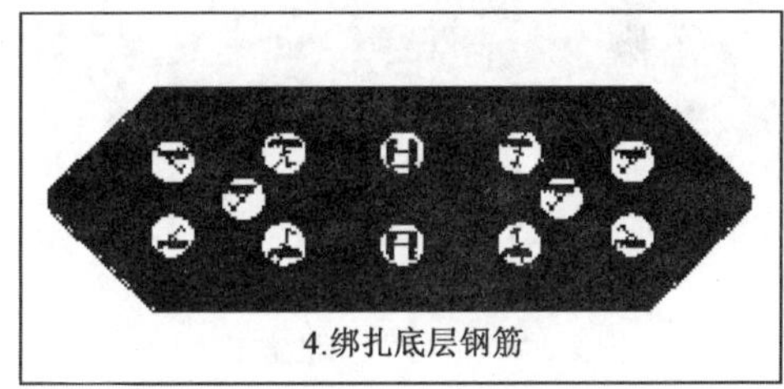
4.绑扎底层钢筋

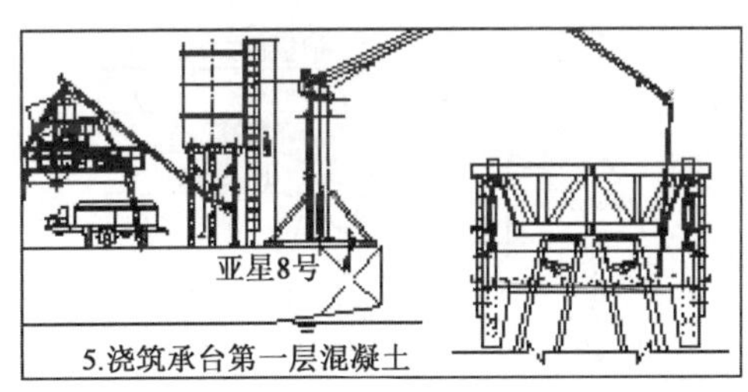

5.浇筑承台第一层混凝土

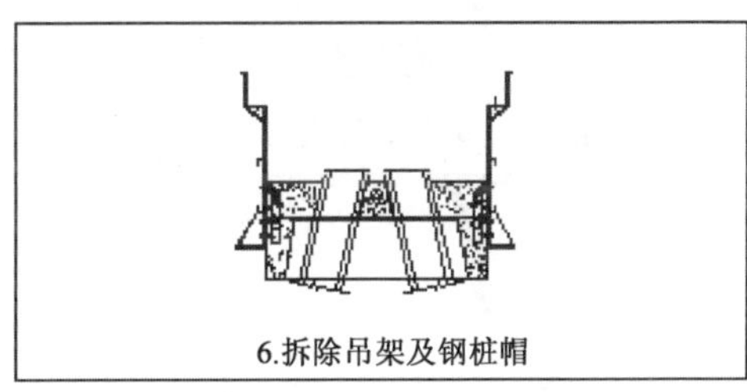
6.拆除吊架及钢桩帽

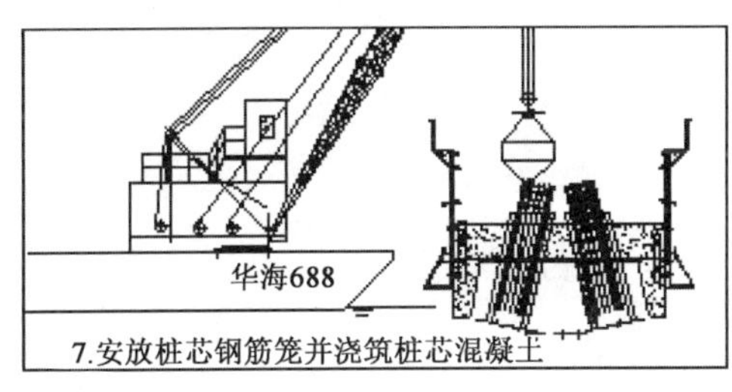

7.安放桩芯钢筋笼并浇筑桩芯混凝土

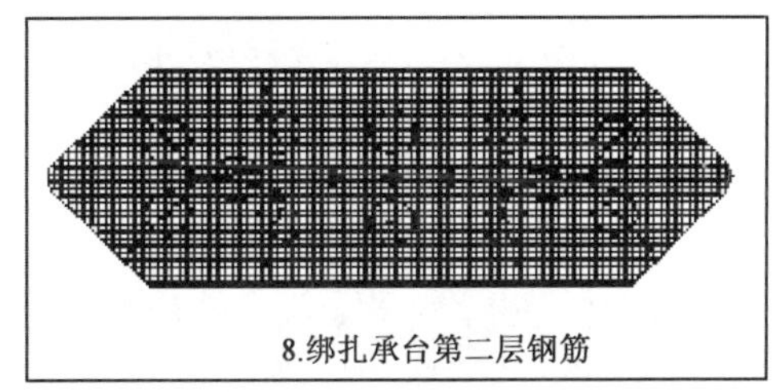
8.绑扎承台第二层钢筋

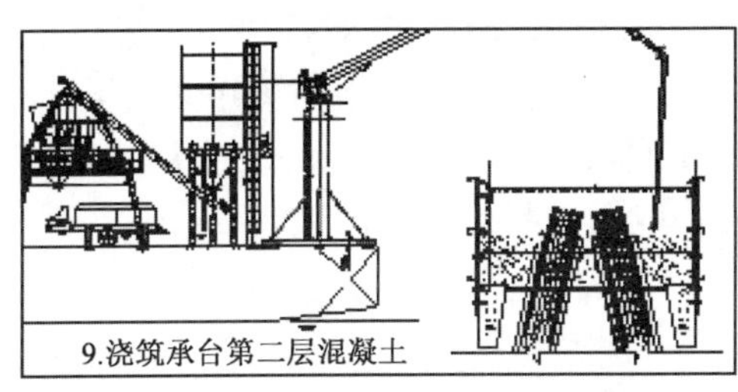
9.浇筑承台第二层混凝土

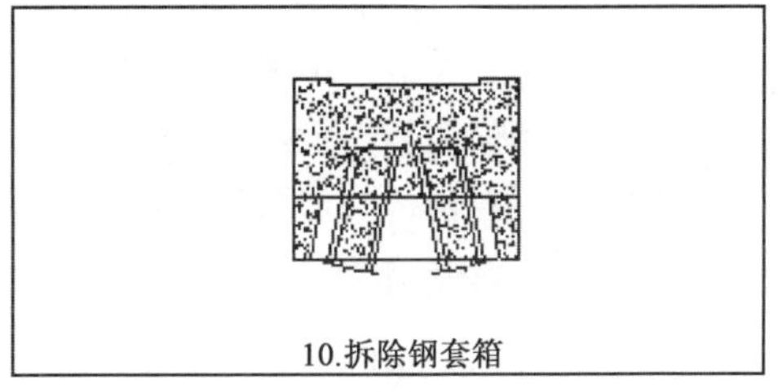
10.拆除钢套箱

图 2-3-22　施工工艺流程图

(二)操作要点

1. 安装钢桩帽

组合大管桩沉桩结束后，截除高出设计高程的部分桩，将桩顶砂浆找平后在 1 号、2 号、3 号、4 号、5 号、6 号、7 号、8 号、9 号、10 号、11 号、12 号这 12 根桩的桩顶安装预先加工好的钢桩帽，并用双[16 对邻近的钢桩帽之间进行临时夹桩，夹桩型钢焊接在钢板圈上。相关施工图，见图 2-3-23～图 2-3-25。

图 2-3-23　大管桩截桩施工

图 2-3-24　安装钢桩帽

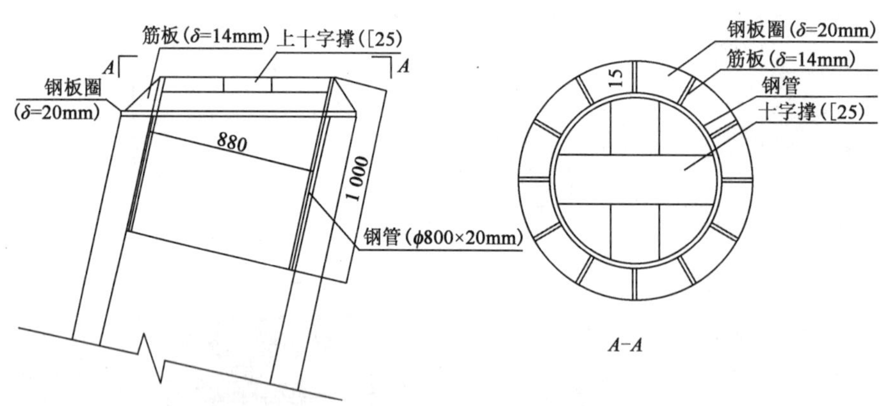

图 2-3-25　钢桩帽结构示意图

2. 复核桩位

当每个桥墩(标准墩)12 根桩切割到位并安装钢桩帽后，用 GPS 对每根桩位进行复测，准确测出其三维坐标，平面扭角，桩身倾斜度，并与设计桩位进行对比，绘出实际桩位与设计桩裙之间的平面位置，确保桩裙能准确就位，并就此绘制底模结构图。如果沉桩偏差过大，影响桩裙的安装，就及时与设计单位联系研究确定，不能影响下一步的施工。

3. 组合套箱安装前准备

(1)陆上部分底模加工。

为保证底模能在桩裙安装好后利用一个潮位迅速铺设，减少海上施工作业时间，故在桩裙安装前，在陆上预制场就开始按测量放样所得底模结构图制作底模。因承台底模需穿越 12 根斜率为 1∶4.5 的大管桩(从＋2.73～＋1.20m)，故在底模陆上加工时就根据 GPS 所测的＋2.73m 和＋1.20m 处的管桩桩芯坐标，在底模钢板上施放出大管桩的桩位，并将桩位外扩 15cm，作为底模下放空间，预先割出部分底模钢板($\delta=5$mm)，形成底模平面，遇桩位处切割下来的钢板要编号随底模走，在补铺设时进行利用。然后在钢板上焊接型钢(工 18，[10)，型钢和钢板之间采用间断焊接，主次梁之间接头处也要焊接牢固。完成后将其整体吊装到桩裙牛腿上，与牛腿上的预埋铁件进行焊接固定，并且将桩裙吊架上的部分 M25 吊杆与底模上的工 18 型钢栓接。

(2)承台组合套箱的陆上拼装和加固。

当桩裙养护到龄期后，在预制场用门机将加工好的钢套箱(六片)分片按照顺序安装并利用预埋在桩裙上的圆台螺母来固定在桩裙上，然后吊入预先加工好的部分底模与桩裙预留的牛腿焊接固定，同时绑扎部分承台钢筋，接着通过门机安装吊架，吊架利用花篮螺丝与桩裙上预留的工 20b 吊杆连接，并利用花篮螺丝进行调平，保证 10 个吊点的均匀受力。吊架调平后焊接吊架斜撑，钢套箱顶部与吊架通过螺栓连接固定，这样就形成了一个组合套箱(图 2-3-26)。

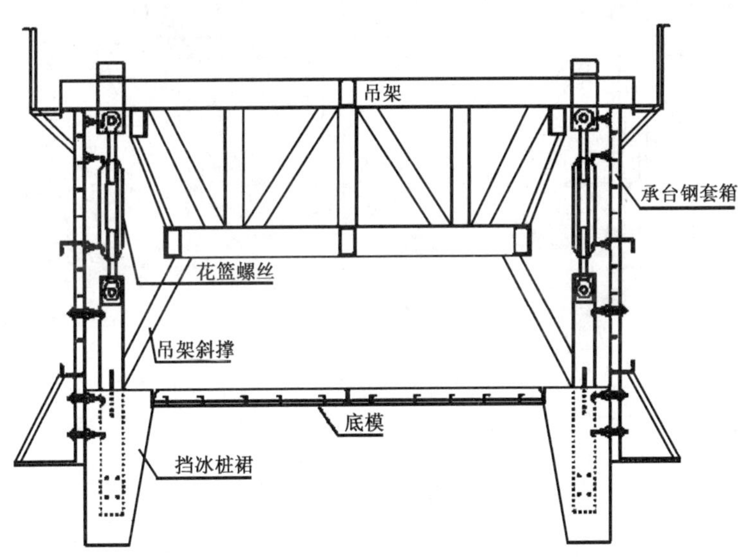

图 2-3-26　组合套箱陆上拼装完成结构图

4. 组合套箱的安装

(1)组合套箱安装精度的控制。

套箱安装前的测量控制：利用桩裙吊架上的纵横梁和钢桩帽上焊接的导向块，采取纵横双轴线控制来对桩裙进行准确定位，见图 2-3-27。

(2)组合套箱出运及安装。

组合套箱在陆上预制场内整体拼装并加固完成后，通过 2 台 90t 门机转运至组合套箱运输方驳上，拖运至安装现场，然后用 300t 起重船整体吊装安放。

(3)组合套箱的加固和底模补铺。

组合套箱安装加固：组合套箱安装到位，经测量复核平面位置无误后，将吊架与钢桩帽之间采用焊接钢板限位卡进行固定，并立即安装钢抱箍和补铺钢底模，以便使组合套箱与大管桩连成整体(图 2-3-28)。

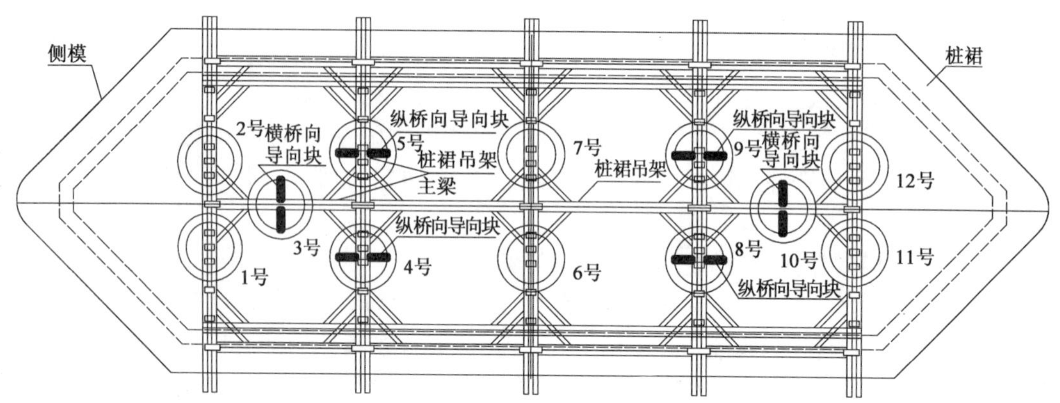

图 2-3-27 导向块焊接与吊架平面位置示意图

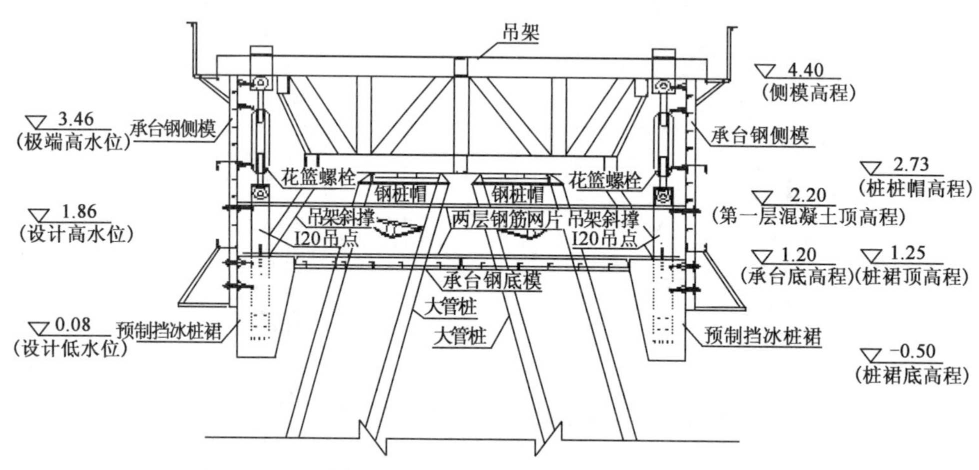

图 2-3-28 桩裙安装整体加固立面图

(4)底模补铺处理措施:

①首先在 12 根桩上安装抱箍,每个抱箍上口均有宽 8cm 的裙边,裙边是用来铺设搭接钢板,抱箍内侧加橡胶带止水,以起到止浆的作用。

②桩裙及钢套箱整体吊装到管桩上,将底模被割除的部分用钢板和型钢补铺上。

③将吊于底模板工 18 上的 14 根 M25 吊杆全部与桩裙吊架相连接,调整底模板平整度,锁紧,形成底模体系。

5. 承台钢筋、混凝土施工

由于承台结构大,属大体积混凝土,考虑到水化热对结构的影响,以及施工结构安全、施工进度,为保证承台混凝土施工后不受海浪淘刷,承台钢套箱安装到+4. 4m 处;钢筋分两次绑扎;混凝土分两层施工:第一层从+1. 2m 高程到+2. 2m 高程;第二层从+2. 2m 高程到+4. 4m高程,如图 2-30-29、图 2-30-30 所示。

图 2-3-29　承台空箱模板制作

图 2-3-30　承台混凝土浇筑

承台第一层混凝土施工。

承台底模补铺完成后，立即进行钢筋绑扎，对模板进行全面检查并加固，报请监理工程师验收通过后，下达浇筑令开始混凝土的浇筑和振捣。

①指标及原材料。

设计的混凝土为 PCIC35，F300，掺减水剂和引气剂；混凝土坍落度设计为 16～18cm，进行分层减水施工；砂率泵送选为 40%；粗骨料选 1～3cm 级配碎石；细骨料选淡水中粗砂；水泥为山铝普硅 P. O42. 5R 型；掺聚丙烯腈纤维 1kg/m^3。

②混凝土施工。

混凝土施工采用水上搅拌船浇筑，原材料均通过电子计量，除水、外加剂外所有原材料均混合在一起一次性投入搅拌机内，同时往搅拌机注入需水量进行搅拌 2min，混凝土搅拌均匀后通过溜槽从搅拌机出料口进入拖泵集料斗里，由拖泵泵送到承台处，人工操作布料杆将混凝土均匀入仓。混凝土浇筑完成后，扫去顶层浮浆，顶部混凝土施工采取二次振捣，二次收面压实的工艺，以保证顶部混凝土的密实和平整。混凝土终凝后即对顶部进行凿毛，凿除的浮渣要用高压水冲洗干净，凿毛后的混凝土表面不得存有残渣和松动的碎石。由于受施工条件的限制，混凝土采用蓄水来实施养护，如温度较低混凝土则要采取保温措施，避免冻坏。

6. 桩芯混凝土施工

在第一层承台混凝土达设计要求的一定强度后，拆除吊架和钢桩帽，做好桩芯混凝土施工准备。

桩芯混凝土的浇筑：先在桩芯钢筋笼底部安装底模，底模由 5mm 钢板做成，直径比管桩内径稍小些。设四根吊筋，吊筋和底模连接好后同桩芯钢筋笼一起下放到预定高程。由于在最低潮位时需要浇筑混凝土的底高程仍不能露出水面，而管桩在水下部位设有排气孔，所以采用导管浇筑水下混凝土浇筑桩芯。

7. 承台第二层混凝土施工

桩芯混凝土浇筑完成后，清理第一层承台混凝土面，开始绑扎承台第二层钢筋，预埋墩身钢筋，并预埋墩身结构施工所需要的埋件，如加固模板的圆台螺母及搭设操作平台的埋件等。

浇筑前应将第一次混凝土浇筑时溅到模板表面的水泥浆清理干净，并重新对加固模板的拉杆进行紧固。底层混凝土接触面用淡水充分湿润后，在其上均匀铺设一层约 2cm 厚的 1∶1 水泥砂浆。承台第二层混凝土施工工艺与第一层一致，混凝土浇筑采用搅拌船现场搅拌拖泵泵送入模，人工振捣工艺施工，完成的承台，见图 2-3-31。

图 2-3-31　施工完成的承台

8. 劳动力组织

按照好天时 3 班作业，不论是管理人员，还是施工作业人员、船上操作人员均按此配备，一班作业人员见表 2-3-2 劳动力组织情况表。

劳动力组织情况表

表 2-3-2

序号	单项工程	所需人数	备　注
1	生产副经理	1	
2	工长	2	
3	调度	1	
4	技术员	4	
5	测量工	2	
6	起重工	4	
7	机械使用工	18	
8	船员	4	
9	钢筋工	20	
10	模板工	20	
11	混凝土工	20	
12	合计	95	

9. 材料与设备

由于整体在陆上组装完成，在吊运安装过程中主要使用的材料为底板补强钢板，固定螺栓及防止透水橡胶条等，模板验收合格后，通过水上混凝土拌和船进行混凝土浇筑。施工配备的主要船机设备见表 2-3-3。

船机设备表

表 2-3-3

序号	设备名称	规格型号	数　量	备　注
1	起重船	300t	1	安装桩裙用
2	自航驳	1 500t	1	运输桩裙
3	自航驳	500～800t	2	运输各种材料及淡水
4	浮吊	15～40t	3	配合夹桩、铺底板、装拆模板、吊运钢筋
5	方驳	800～1 500t	2	指挥、定位、生活、操作平台
6	拖轮	400～1 670HP	1	方驳定位、移位
7	交通船	100HP	2	运送施工人员
8	混凝土拌和船	$60m^3/h$	2	配备拌和站、输送泵、发电机组
9	电焊机	BX-135	3	补焊底板和加固模板

10. 质量控制

(1)质量控制标准，见表 2-3-4、表 2-3-5。

由于基桩为 12 根斜向大管桩，且和桩裙间距仅有 30cm，即使每个工序都满足质量标准，累计误差大也会使桩裙无法安装到位，因此对每个工序要求精度较高。

钢筋绑扎质量标准　　表 2-3-4

序号	检　测　项　目	允许偏差(mm)
1	钢筋骨架外轮廓长度	−15～+5
2	钢筋骨架外轮廓宽度	−10～+5
3	受力钢筋层距	±10
4	受力钢筋间距	±15
5	箍筋、构造筋间距	±20
6	受力钢筋保护层	0～+10

模板加工及安装质量标准　　表 2-3-5

序号	检　测　项　目	允许偏差(mm)
1	轴线	10
2	高程	0～−10
3	截面尺寸	±10
4	顶面两对角线差	25
5	模板接缝错牙	2
6	全高竖向倾斜	$3h/1\,000$
7	侧向弯曲矢高	$L/1\,000$ 且不大于 25

(2)质量保证措施，见表 2-3-6。

①认真贯彻以预防为主，自检为主，防检结合的质量方针。落实质量责任制，明确管生产必须管质量，把“质量第一”的思想落实到每个员工的工作上。

②项目总工召集技术人员、分部负责人、班组长认真学习图纸，清楚施工图纸的技术要求和各种验收规范、规程、标准，参加设计交底和图纸会审。对图纸中的问题及时办理业务联系单，报监理审定后再送达工段、班组。

混凝土质量标准　　表 2-3-6

序号	检　测　项　目	允许偏差(mm)
1	轴线位置	50
2	长度	±20
3	宽度	±15
4	顶面平整度	6
5	顶面高程	±15
6	侧面竖向倾斜	$5h/1\,000$
7	顶留孔位置	20

③施工中每道工序完成，必须经自检、互检合格后，报监理工程师签认后，方可进行下一道工序的施工。严格执行“三检制”，主要控制工序：

A. 桩裙及套箱经验收合格后方能起吊装船、运输、安装。

B. 承台底模板补铺完成要立即加固，防止波浪顶托破坏。在绑扎钢筋前须经监理工程师验收并签字。

C. 绑扎钢筋完成后须及时办理隐蔽工程验收签证。

D. 模板要做好橡胶条密封防水并须经监理工程师验收后方能浇筑混凝土。

E. 浇注混凝土前必须按程序对砂石料的含水测定，并有监理签发的浇筑令方能进行。

(3)加强对原材料的质量检测和使用认证，严格按设计和规范要求分批检测验收，实验室按要求进行材料的试验和检验，杜绝不合格材料的使用。

(4)隐蔽工程验收必须及时经监理工程师检查验收签字，并填好检查验收数据，做到数据准确齐全。

(5)一旦发现质量问题，要认真按照“三不放过”的原则进行处理。

11. 安全措施

(1)安全生产管理网络。

认真贯彻“安全第一，预防为主”的方针，根据国家的有关规定、条例，结合工程特点和恶劣的海况条件，组成以项目经理为首，包括专职安全员和班组兼职安全员以及安全用电负责人参加的安全生产网络，严格执行安全生产责任制，明确各级人员的职责，抓好安全生产。

(2)施工安全保证体系。

建立完善的施工安全保证体系，加强施工作业中的安全检查，确保作业标准化、规范化。

(3)安全保证措施。

①与业主、港航、海事协调，明确施工水域，设立航标，确保水上航行安全畅通。

②所有施工船舶须证照齐全，配足船员，杜绝使用“三无”船舶和江河船舶，船舶各种安全救生设施完好，各种灯、号、旗、通信设备完好适用。

③水上作业人员必须戴好安全带，穿好救生衣。

④要求收听本地海事、天津海事的天气预报，提前做好各种预案。

⑤夜间作业要有足够的照明，施工船舶、施工现场要有明显的标志。

⑥乘坐交通船不得超过规定人数，乘坐人员必须穿救生衣。

⑦施工作业平台须铺满竹笆和木板，四周设置钢管扶手护栏及密目式安全网，护栏高度1.5米。

⑧在混凝土浇筑前，必须对支架和模板作全面检查，所有扣件应重新复紧一次。

⑨支拆模板、配件随拆随运，严禁从高空掷下，高空拆模时，应有专人指挥。

12. 环保措施

(1)遵守环保法规及规章制度

成立专案施工环保管理机构，严格遵守国家和地方政府下发的有关环境保护法律、法规和规章，加强对施工燃油、工程材料、设备、废水、生产生活垃圾、废弃物的控制和治理，遵守消防及废弃物处理的规章制度，随时接受相关单位的检查监督。

(2)海洋环境保护措施

①水上作业的施工船舶及各种交通船、运输船，废油料、生活污水、生活垃圾要统一回收处理，不得在海里随意排放，施工中产生的废弃材料统一回收，现浇混凝土不得漏弃海里。

②航道疏浚必须严格按海洋、环保部门审定的方案施工，不得随意抛弃所挖淤泥，需要装船的一定装船到指定的区域处理。

③陆上预制场及生活区的废油、生活垃圾、污水按规定统一处理，不得随意排放到海里。

(3)大气污染防治措施。

①施工现场周边设置必要的围挡措施，解决水泥进出仓可能造成的粉尘污染。

②预制场及搅拌船用的碎石要经过水洗，保持一定的湿度，避免粉尘污染。

(4)噪声、振动污染的防治措施

①施工尽量选用高效低噪声设备，对噪声较大的设备采用适当的隔声、消声降噪措施，减少对外界环境的影响。

②夜间施工必须经政府相关部门批准，取得夜间施工许可证方可进行施工，在施工中尽可能使用噪声小的机械设备，尽量减少对附近居民的噪声影响。

(5)竣工现场清理

工程竣工后，拆除各种临时设施及清理场地，必须按规定进行，保证四周环境清理整洁，做到工完、料净、场地清，达到业主、监理工程师的要求。

13.效益分析

(1)在东营港7.2km的引桥施工中，桩裙安装固定和浇筑承台第一层混凝土是完成整个工程的最关键的工序，采用一体化施工后，解决了制约工程的最大技术难题，取得了良好的经济效益和社会效益。

(2)工期优势：按照原来的施工方法，完成一个桩裙安装并浇筑承台第一层混凝土至少需要3个以上海上连续作业天，一个月最多完成3个，计划工期无法实现；采用一体化施工使工效大大提高，2006年平均月完成15个，工效提高5倍，不仅确保了计划完成而且使工期提前38天实现。

(3)成本优势：由于采用一体化施工，工效提高5倍，使船机和人工费用大大降低，不再发生返工、钢筋经常被风浪打入海里的损失，每个墩台至少节省成本30 000元/个×136个=408万元。

(4)安全、环保优势：开始的方法施工，多次被风浪打坏，钢筋全部落入海里，有时出现突风作业人员也被打入海里。掉落的材料造成海水污染，员工落水造成极大的不安全因素，采用一体化施工解决了施工安全和环保问题。

(5)在2010年5月12日，由水运建设行业协会组织对东营港工程技术成果鉴定会上，专家们对一体化施工的工艺创新给予了很高的评价："针对抗冰荷载问题，东营港大管桩引桥墩采取独特的挡冰裙机构，设计和实施了不同于以往的外海条件下水下挡冰裙和大型承台模板陆上组装，水上一体化快速施工新工艺。结构和组装的科学性、合理性创造了无掩护海域潮差段的高安全性和高效率。"该工艺解决了重大技术难题，有着巨大的经济效益和社会效益。

14.应用实例

(1)东营港扩建工程引桥试验段工程。

该工程作为一个单位元工程进行招标，用以检验设计对后续正式引桥工程方案的可行性，特别对于在北方第一次使用大管桩作为基础，受冰凌碰撞和侵害的情况下如何保护大管桩的安全，设计首次提出采用悬挂防冰桩裙结构来解决，没有经验可以借鉴。开始采用常规的施工方法：夹桩—铺设底板—绑扎底板钢筋—支立模板—浇筑底板混凝土。由于东营港海况条件恶劣，连续性作业天数不多，钢筋、模板多次被打入海里，损失很大并且工期毫无保证，各方对该设计方案能否成功开始动摇，若此方案不成，那么大管桩在北方首次应用也将失败。经施工、设计、专家共同研究，提出了一体化施工方案。

(2)东营港扩建工程。

由于一体化工艺的成功实施，解决了制约工程进度和安全的技术难题，钢套箱和防冰桩裙整体安装，在套箱设计、制作、安装可以抵抗≤2.5 米风浪的影响，使得工效提高 5 倍，成本降低 65%，保证了施工人员的安全和施工海域不受污染，顺利完成了 136 个桩裙安装和墩台的浇筑任务，工期提前 38 天，为码头施工解决了路上通道的便利条件。专家一致认为，该施工工艺的关键技术具有鲜明的创新性和实用性，为大管桩在北方成功应用创造了可能，值得进一步推广应用。

第四章 引桥50m T形梁的施工

第一节 引桥T形梁的预制

一、概 述

(一)构件概况

引桥主桥共有50m跨后张预应力T形梁1 284根,其中边梁258根,中梁1 026根。预制T形梁长×高=49.632m×2.7m,梁底宽0.6m,边梁顶宽1.75m,中梁顶宽1.5m。单榀边梁混凝土方量为67.486m^3,中梁66.536m^3,单榀梁最大吊重168.7t;T形梁混凝土设计强度等级C50。

T形梁的预应力钢绞线:采用f_{pk}=1 860MPa,直径15.24mm钢绞线,公称截面积140mm^2,弹性模量E_p=195 000MPa,松弛率0.035。

预应力锚具:采用LCM15系列,张拉时采用YCW250B型配套千斤顶,预应力钢束管道采用预埋金属波纹管成孔。

安装好的部分T形梁见图2-4-1。

图2-4-1 安装好的部分T形梁

(二)施工情况

由于本工程T形梁较多,工艺比较复杂,为保证施工质量,将第一榀T形梁作为典型施工,以形成标准化的施工工艺方法。典型施工过程如下:

3月14日:开始腹板钢筋的绑扎。

3月26日:腹板钢筋验收。

3月27~29日:模板安装及面板钢筋绑扎。

3月29日:模板及面板钢筋验收。

3月30日:于8:00~16:00进行混凝土浇筑。

4月2日:试块3d抗压强度达到设计强度的80%。

4 月 4 日：试块 5d 抗压强度达到设计强度的 90%。

4 月 7 日：预应力钢绞线张拉。

4 月 8 日：管道灌浆。

(三)施工工艺流程

施工工艺流程见图 2-4-2。

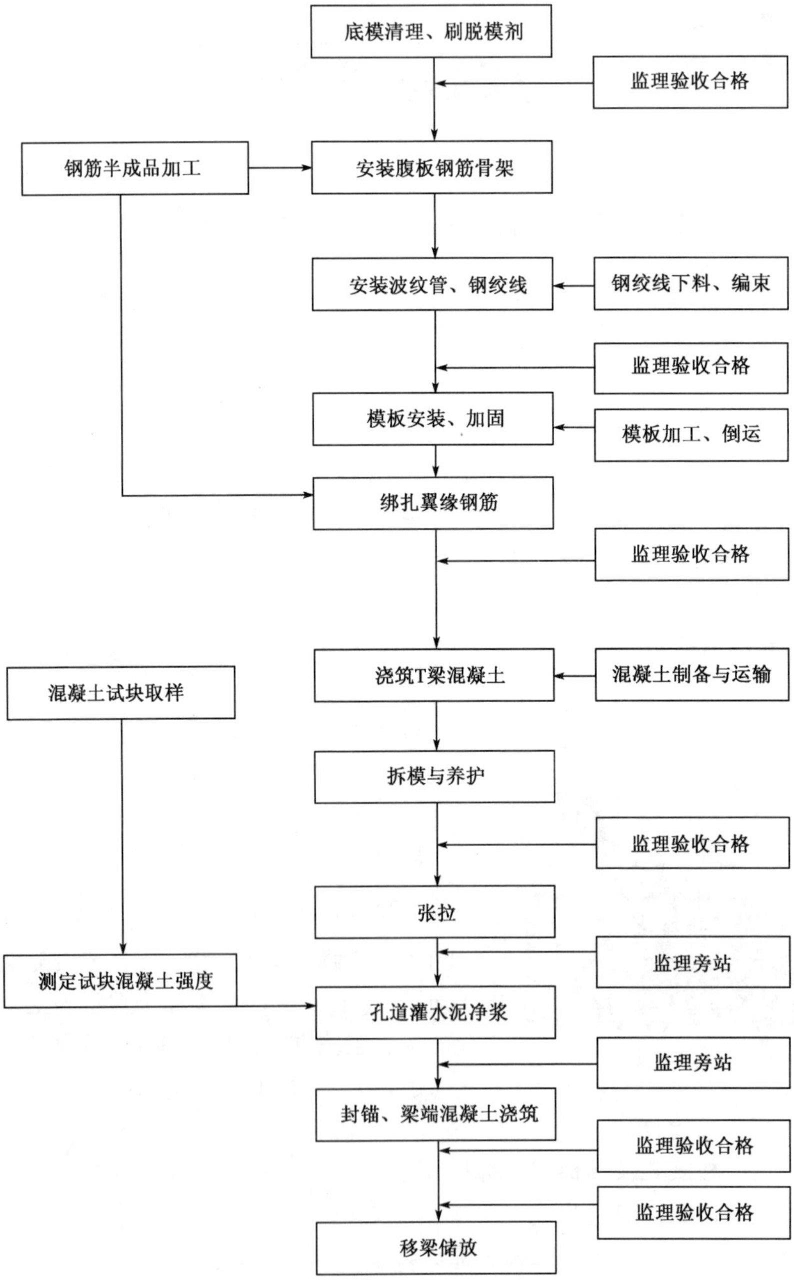

底模清理、刷脱模剂
监理验收合格
钢筋半成品加工
安装腹板钢筋骨架
安装波纹管、钢绞线
钢绞线下料、编束
监理验收合格
模板安装、加固
模板加工、倒运
绑扎翼缘钢筋
监理验收合格
浇筑T梁混凝土
混凝土制备与运输
混凝土试块取样
拆模与养护
监理验收合格
张拉
监理旁站
测定试块混凝土强度
孔道灌水泥净浆
监理旁站
封锚、梁端混凝土浇筑
监理验收合格
监理验收合格
移梁储放

图 2-4-2　T 梁预制工艺流程图

二、工序施工技术分析

(一)钢筋工程施工

钢筋绑扎时先绑扎 T 形梁腹板钢筋，面板钢筋待模板安装就位后再进行绑扎，T 形梁钢筋绑扎见图 2-4-3。腹板钢筋绑扎好后，安装波纹管，然后穿钢绞线，调整校对波纹管位置，见图 2-4-4。

波纹管安装时遵循以下几个要点：

(1)波纹管连接采用大一号同型波纹管，接头管长 50cm，并用包装胶带封口，以防水浆漏入波纹管内。

(2)安装前在已成型的钢筋骨架上按设计坐标划出波纹管安装底线；为了保证波纹管安装坐标的正确，同时也便于检查和验收，施工中在底座上将波纹管平弯和竖弯的起始坐标数据标识出来。

(3)波纹管固定设计用"#"型钢筋卡，并用铁丝绑牢；为便于施工及提高工效，今后施工中可采用圆弧形钢筋卡，节点处进行点焊，此法定位更牢固，工效高。

(4)进行钢筋卡电焊时，电焊机电流调到最小，防止电火花烧伤波纹管。

(5)钢绞线切割宜用砂轮切割机切割，严禁使用氧割进行钢绞线的下料与切割。钢绞线端部应用胶带包住，以防钢绞线束穿入波纹管时散束或钢绞线端部的毛刺划破波纹管。

(6)波纹管与锚碇板交界处应用海绵堵塞，以防漏浆而堵塞压浆孔道。

施工中局部钢筋因与波纹管及锚碇板有冲突，实际操作时进行了适当移位或割除后再加固等处理措施，处理时遵循不少筋、不断筋的原则。

(二)模板的安装

T 形梁模板通过门机分片安装，吊装前清除板面污物，均匀地涂刷脱模剂，首榀梁脱模剂采用白机油；台座两侧粘贴 5mm 的橡胶止浆带，以防模板底部漏浆；分块模板间的拼缝采用双面胶粘贴止浆。吊装时采用人工辅助定位，同时安装模板上口及底部的对拉拉杆，然后调校、紧固。

图 2-4-3　T 形梁钢筋绑扎

图 2-4-4　调整校对波纹管位置

模板两侧支撑可调的 $\phi48$ 钢管对模板进行调校，今后施工时也可采取在模板两侧用花篮螺钉对拉的调校方式对模板进行调校。

由于高频振捣器振动力巨大，因此，施工中下口螺杆每端采用双螺帽紧固，同时浇筑混凝土时安排专人检查螺帽的紧固情况。

(三)混凝土工程施工

1.混凝土配合比设计

T形梁设计混凝土强度为C50，配合比设计参数如下：坍落度18cm；水泥采用P·O42.5普通硅酸盐水泥；细集料采用中粗砂；粗集料采用5～25mm碎石级配；外加剂采用北京冶建生产的JG-2H型减水剂，混凝土缓凝时间不少于6～8h。

施工中由于马蹄形以下腹板混凝土插入式振捣棒不能振捣，为防止出现狗洞、漏筋等质量问题，底板以上50cm范围内混凝土的坍落度宜适当加大，控制在18～20cm，马蹄以上的混凝土坍落度按12～16cm进行控制。

2.混凝土的制备与运输

混凝土在搅拌站进行拌制，搅拌时间为2min，通过运输车送至现场，门机配合吊罐入仓。

3.混凝土浇筑与振捣

(1)混凝土的浇筑

T形梁混凝土浇筑见图2-4-5。

混凝土入模前对模板支架、模板、钢筋、预埋件及预应力管道进行检查，同时清理模板内的杂物及钢筋上的污垢。

混凝土的布料按“一”字形分层结合“阶梯”形分层进行布料，即主要以“一”字形分层布料，但为了防止上下层之间施工间隔时间过长而产生冷缝，每一次布料长度≤25m，然后各层段布料交替进行；最下一层分层厚度控制在35cm，也即马蹄斜面的中间位置，以便于气泡的排除，第二层以上分层厚度控制在40cm内。

(2)混凝土振捣及注意事项

①混凝土的振捣以插入式振捣棒为主，但T形梁马蹄处混凝土，必须开动附着式振捣器振捣(本工程采用的是河南大方集团生产的BPD 150-250型高频附着式振捣器)，以便气泡的排除；距离梁端5～12m范围内波纹管以下部分的混凝土因波纹管的影响，插入式振捣器不易振捣，因而以附着式振捣器振捣为主。

②插入式振动器移动间距不大于振动器作用半径的1.5倍(本工程取振动棒插入间距不小于30cm)，棒头且不得碰撞预应力波纹管。

③振动棒棒头应垂直插入混凝土中，且插入下层混凝土5～10cm快插慢抽。

④检查每一振动部位，以该部位密实为止，密实标志是混凝土停止下沉，不再冒气泡，表面泛出灰浆为准。当混凝土入模温度为20～30℃时不大于90min。

4.混凝土外观情况及原因分析

首榀T形梁模板拆除后，混凝土外观情况是无蜂窝、狗洞，表观说明混凝土振捣时较充分、密实，无漏振现象；混凝土表面光滑，有质感；总体混凝土浇筑质量较好。混凝土浇筑完成的T形梁见图2-4-6。

图 2-4-5　T 形梁混凝土浇筑

图 2-4-6　混凝土浇筑完成的 T 形梁

主要缺陷：

(1)马蹄部位有气泡；腹板根部有因出浆不饱满而产生的鱼磷斑及露石现象。

(2)翼板下表面局部有花斑。

(3)吊装孔部位有漏浆现象。

产生第一点缺陷，分析认为有以下原因：

①马蹄部位附着式振捣器布置较稀，布置位置偏高，见图 2-4-7。

②附着式振捣器振捣时间较短，施工时实际振捣时间为 8～10s。

③附着式振捣器振捣挡位不够，施工时采用中档。

据此，后续施工应采取以下措施：

a. 对附着式振捣器进行重新布置，调整后布置图见图 2-4-8。

b. 附着式振捣器振捣时间调整为 20～25s；振捣档位调到高接。

第二点缺陷是由于进行腹板混凝土施工时，混凝土拌和物散落到翼缘板表面上，在进行翼板混凝土浇筑时该散落的混凝土已经初凝，因此产生了花斑。为避免这种情况的出现，在进行腹板混凝土布料时，应避免混凝土散落到翼板上，若无法避免时，应及时将散落的混凝土清入腹腔内。

吊装孔处的钢板因下料长度为 59cm，止浆双面胶只贴一层，模板安装时该处钢板未被模板压实，因此产生了漏浆现象。目前几榀梁施工时为避免此处漏浆，采取了在活动钢板两侧加焊两块宽 5cm、厚 5mm 的钢板，再在钢板上贴一层止浆双面胶的措施。由于原吊装方案发生改变，台座预留的吊装孔已经失去作用，因此为了彻底解决该处漏浆的现象，采取用混凝土把吊装孔浇筑填满的措施。混凝土填注方案参见图 2-4-9。

5. 混凝土的养护

由于气温已经基本稳定在＋5℃以上，因此混凝土的养护主要采取覆盖洒水的方式，每天洒水次数以能保证混凝土表面经常处于湿润状态为度，对于 T 形梁侧面及翼板下部等不易蓄水的位置，拟采取撑铺麻袋将混凝土表面覆盖，再在麻袋上洒水养护，养护时间为 7d。

从试块试压强度数据看，3d 抗压强度达到设计强度的 80％，5d 抗压强度达到设计强度的 90％；为保证混凝土早期强度(3d 强度)能快速地达到设计强度的 90％，缩短施工周期，后续 T 梁施工时拟采取在 T 形梁混凝土浇筑完毕后就搭设养护棚，在模板拆除之前对新浇混凝土进行 12～16h 的蒸汽养护，见图 2-4-10。

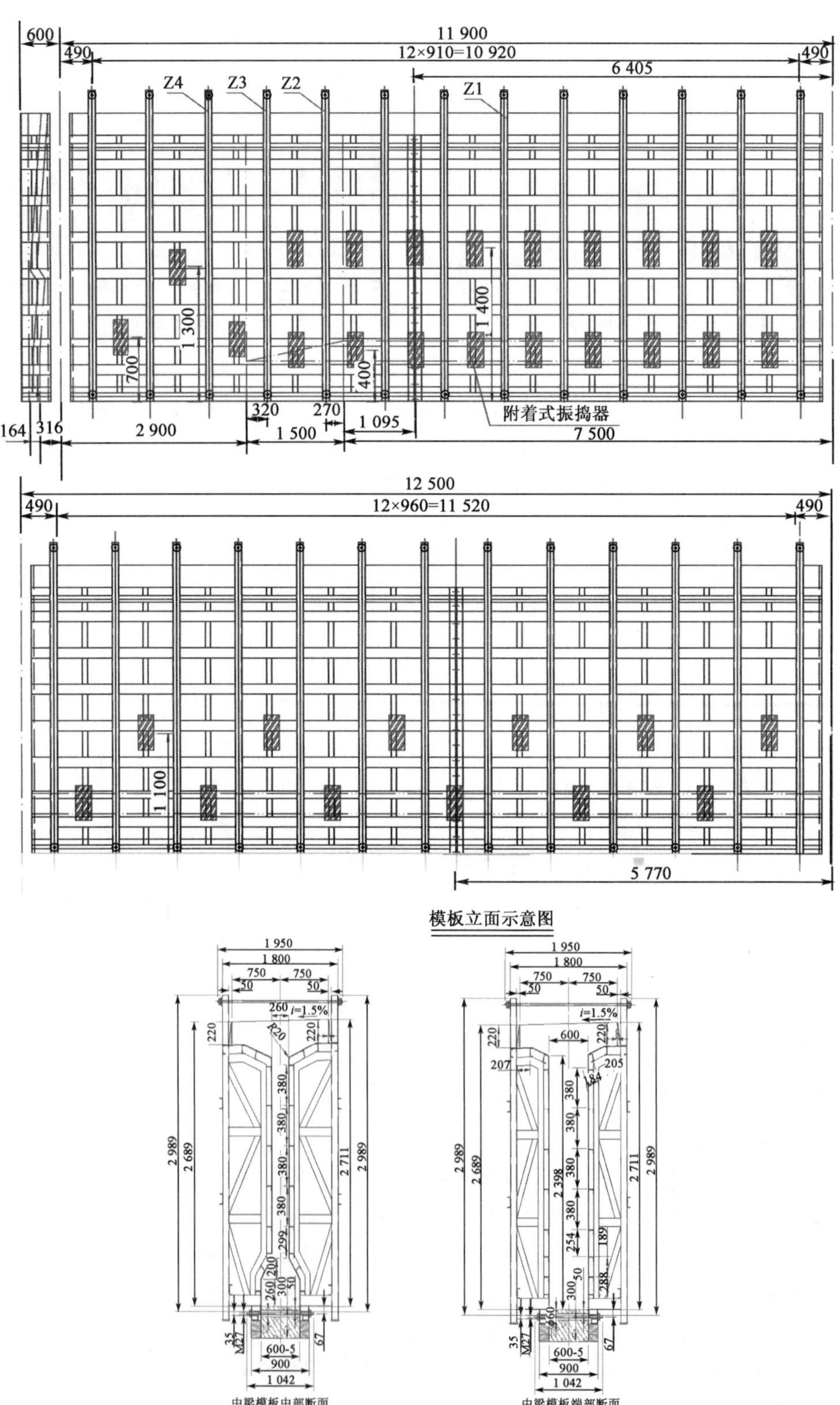

图 2-4-7　附着式振捣器布置图(尺寸单位:mm)

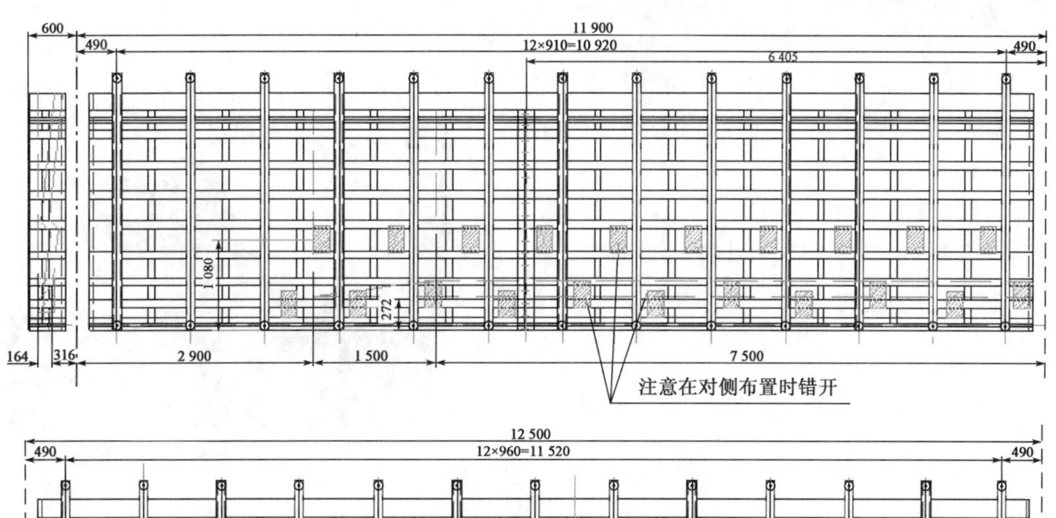

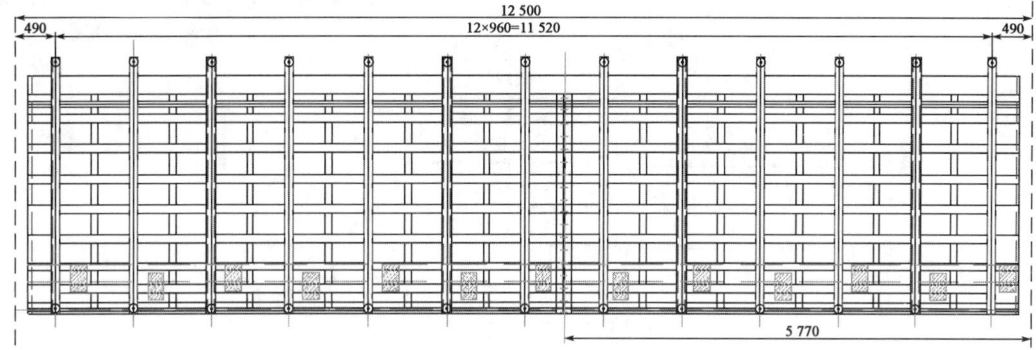

图 2-4-8　振捣器调整后布置图(尺寸单位:mm)

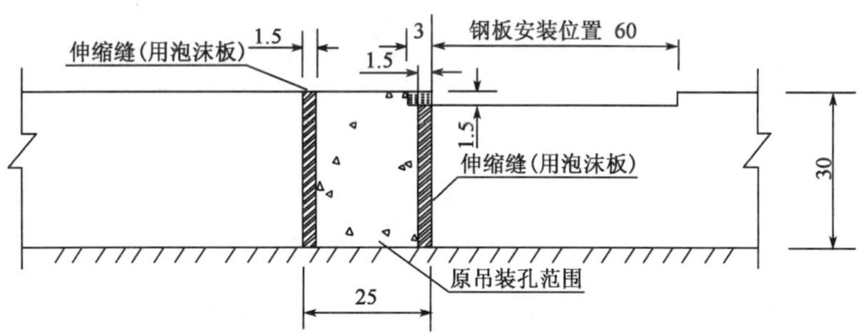

图 2-4-9　吊装孔处混凝土浇筑示意图(尺寸单位:cm)

图 2-4-10　T形梁蒸汽养护

6. T 形梁翼缘表面混凝土处理

为保证 T 形梁翼缘表面与桥面混凝土能较好地结合，在 T 形梁混凝土浇筑完毕后终凝前进行拉毛处理。翼板侧面、横隔板端部、封锚端部的混凝土凿毛在混凝土浇筑完毕后 24h 进行。为保证对这些部位凿毛时不损坏边线棱角，影响外观，凿毛时边线以内 2cm 范围内混凝土不进行凿毛。

图 2-4-11　T 形梁预应力施工

(四)预应力工程施工

1. 施工工艺流程

T 形梁预应力施工见图 2-4-11，T 形梁预应力施工工艺流程见图 2-4-12。

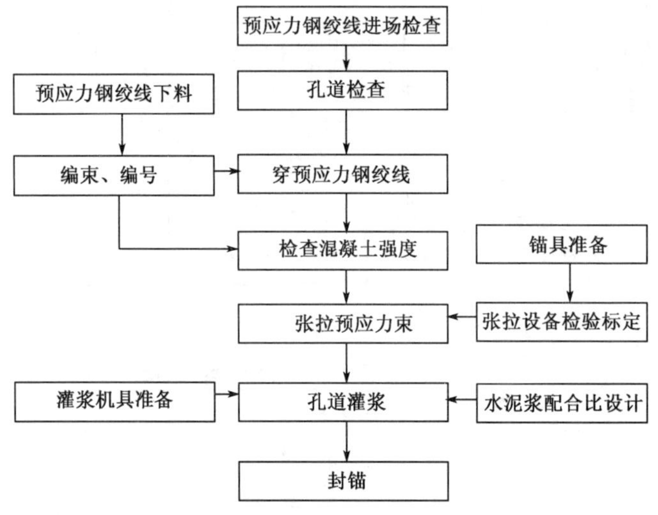

图 2-4-12　T 形梁预制预应力施工工艺流程图

2. 预应力材料的检验

在预应力施工前，除对水泥、砂石料等原材料进行检验外，还做以下材料的检验工作：波纹管的抗渗透性、抗弯曲渗透性检验；锚具的硬度检验；钢绞线的强度、延伸率等指标检验。

3. 张拉前的准备工作。

(1)准备好要使用的锚具，并检查其型号，将锚具分类放置。

(2)将预应力钢绞线端头铅丝剪去，并拆散，以备安装锚具。

(3)检查已通过业主、监理指定计量部门标定的千斤顶及配套油泵、油压表等是否正常。

(4)安装锚具，上紧夹片，用力敲打做到整体平整。

(5)在张拉油缸的端部锚固已经穿入的预应力钢绞线。

(6)再次确定 T 形梁混凝土的强度是否达到设计要求的强度值。

(7)施工现场已具备确保全体操作人员和设备安全的预防措施。

4. 张拉程序、控制与顺序

(1)混凝土强度达到设计强度等级的 90%后方可进行预应力张拉。

(2)张拉顺序为依次张拉 N1、N2、N3、50%N4、N5、100%N4,张拉时两端对称张拉和顶锚。

(3)张拉程序。

N1、N2、N3、N5 束钢绞线张拉应力控制:0 → 10%σ_k(量伸长值)→ 20%σ_k(量伸长值)→ 100%σ_k(量伸长值,持荷 2min 锚固)。

N4 束钢绞线张拉应力控制(一次张拉时):0 → 10%σ_k(量伸长值)→ 20%σ_k(量伸长值)→ 50%σ_k(量伸长值,持荷 2min 回油)。

N4 束钢绞线张拉应力控制(二次张拉时)::0 → 50%σ_k(量伸长值)→ 100%σ_k(量伸长值)(量伸长值,持荷 2min 锚固)。

(4)预应力张拉工序

①准备工作完成后,接通油管,开动油泵空转 1min,以排空气。

②张拉至初应力(10%σ_k),并量取活塞长度作钢绞线伸长值起点,做好记录;继续张拉至 20%σ_k,并做好记录。

③张拉到 100%σ_k 达到稳定后持荷 2min 顶压锚固,量伸长值,填好记录表。

④千斤顶回油到 0,完成张拉,回油卸荷拆除千斤顶。

5. 张拉要点

(1)张拉时 T 形梁两端油泵操作人员要配合默契,信号通畅,做到同时张拉。

(2)张拉用千斤顶对称进行,实行张拉应力和延伸量双控。

(3)张拉实际引伸量值根据实测引伸量值按下式推算:

$$\Delta=\Delta_0+\Delta_1-\delta$$

式中:Δ——实际引伸量值;

Δ_0——初始张拉应力 10%σ_k 与次始张拉应力 20%σ_k 之间的实测伸长值;

Δ_1——初始张拉应力 10%σ_k 与最大张拉应力 100%σ_k 之间的实测伸长值;

δ——夹片回缩值,实测为 5mm。

(4)钢束张拉时尽量避免出现滑丝、断丝现象,因此,要求锚垫板必须与钢束轴线垂直,垫板中心对准管道中心。张拉时控制滑丝、断丝的总数不得超过该断面锚固钢丝总数 1%。

(5)张拉过程中张拉力及伸长量控制参见表 2-4-1。

T 形梁张拉控制表　　表 2-4-1

类别 / 钢束	边梁		中梁		设计引伸量(mm)
	股数	张拉吨位(kN)	股数	张拉吨位(kN)	
N1	11	2 109.1	10	1 917.4	347
N2	11	2 109.1	10	1 917.4	346
N3	10	1 917.4	10	1 917.4	346
N4	10	1 917.4	9	1 725.6	343
N5	10	1 917.4	9	1 725.6	342

(6)张拉应力控制按表 2-4-2 进行控制。

T 形梁张拉过程中严密监测 T 形梁的弹性上拱值及侧向弯曲,遇有不正常上拱及侧弯时,应分析原因,如波纹管是否有堵管现象、钢绞线张拉应力值是否正常等。

50m T 形梁张拉应力控制一览表

表 2-4-2

梁号	钢束/股数	张拉应力	张拉力(kN)	千斤顶编号/压力表号	压力表读数(MPa)	千斤顶编号/压力表号	压力表读数(MPa)	千斤顶编号/压力表号	压力表读数(MPa)	千斤顶编号/压力表号	压力表读数(MPa)	千斤顶编号/压力表号	压力表读数(MPa)	千斤顶编号/压力表号	压力表读数(MPa)
边梁	N1、N2/11	10%σ_k	210.9	3 号/059H86	5	3 号/059H90	4.7	4 号/0515924	5	4 号/0515913	4.4	5 号/04039112	5.5	6 号/0510H104	4.9
		20%σ_k	421.8		9.4		9.1		9.3		8.9		9.9		9.4
		100%σ	2109.1		44.9		44.7		44.1		44.1		45		45.1
	N5、N3/10	10%σ_k	191.7		4.6		4.3		4.6		4		5.1		4.5
		20%σ_k	383.5		8.6		8.3		8.5		8.1		9.1		8.6
		100%σ	1917.4		40.8		40.6		40.1		40.1		41		41.1
	N4/10	10%σ_k	191.7		4.6		4.3		4.6		4		5.1		4.5
		20%σ_k	383.5		8.6		8.3		8.5		8.1		9.1		8.6
		50%σ_k	958.7		20.7		20.4		20.4		20.1		21.1		20.8
中梁	N1、N2、N3/10	100%σ	1917.4		40.8		40.6		40.1		40.1		41		41.1
		10%σ_k	191.7		4.6		4.3		4.6		4		5.1		4.5
		20%σ_k	383.5		8.6		8.3		8.5		8.1		9.1		8.6
		100%σ	1917.4		40.8		40.6		40.1		40.1		41		41.1
	N5/9	10%σ_k	172.6		4.2		3.8		4.2		3.6		4.7		4.1
		20%σ_k	345.1		7.8		7.5		7.7		7.3		8.3		7.8
		100%σ	1725.6		36.8		36.6		36.2		36.1		37		37
	N4/9	10%σ_k	172.6		4.2		3.8		4.2		3.6		4.7		4.1
		20%σ_k	345.1		7.8		7.5		7.7		7.3		8.3		7.8
		50%σ_k	862.8		18.7		18.4		18.4		18.1		19.1		18.7
		100%σ	1725.6		36.8		36.6		36.2		36.1		37		37

从实际张拉效果看，按设计张拉力进行张拉后，钢绞线实际伸长量值与设计伸长量之间的差值均在规范允许的6%以内(详见张拉原始记录)，但张拉后T形梁梁体起拱量小于设计值49mm，实际起拱25mm，侧向弯曲2mm。

张拉完毕后，在存梁期也应加强梁体累计上拱值的监测，并做好检测记录，若超过设计值10mm时，需采取控制措施，如在梁顶上堆载核载等。

6. 安全注意事项

(1)操作高压油泵人员应戴护目镜，防止油管破裂或接头不严时喷油伤眼。

(2)高压油泵与千斤顶之间所有连接点、紫铜管的喇叭口和接头必须完好无损，并应将螺母拧紧。

(3)安全阀应调整至规定值后方可开始张拉作业。

(4)张拉时，构件两端不得站人，并设置防护挡板，防护挡板由两块1.5cm厚的夹板和一块铁皮组成，铁皮上标识“张拉区域，严禁靠近”字样；同时张拉区域设置警戒线。高压油泵应放在构件端部的两侧；操作人员应站在预应力钢材位置的侧面。

(5)从开始张拉至管道压浆完毕全过程中，不得敲击锚具及碰撞张拉设备。

(6)雨天张拉时，搭设防雨棚，防止张拉设备淋雨；冬季张拉时，张拉设备采取保暖措施，防止油管和油泵受冻、影响操作。

(7)更换夹片时两端都应装上千斤顶，采用其他措施放松预应力筋时，应仔细做好工作场地的安全保护工作。

(8)孔道压浆时，操作人员穿水鞋、戴手套。喷嘴插入孔道后，喷嘴后面的胶皮垫圈须压紧在孔洞上，胶皮管与灰浆泵连接牢固。堵压浆孔时应站在孔的侧面，以防灰浆喷出伤人。

(9)由于张拉时T形梁会起拱，为保证梁的安全，防止T形梁倾倒，张拉前，梁的两端及中间横隔板下用枕木支垫牢靠，张拉后再一次对中间横阁板下的枕木进行垫牢。

7. 预应力筋的锚固

预应力筋在张拉控制应力达到稳定后锚固。预应力筋锚固后的外露长度为30mm，多余的钢绞线采用砂轮切割。

8. 压浆和封锚

预应力钢绞线张拉完毕，并观察预应力钢绞线和锚具已经稳定后，即可进行压浆；本梁压浆在张拉完成后的第二天进行。压浆机采用河南开封予杰预应力设备有限公司生产的HB-3型灰浆机。

(1)水泥净浆技术参数

①水泥净浆用P·O42.5R普通硅酸盐水泥。

②水泥净浆强度等级(7.07cm×7.07cm×7.07cm立方体试块28d龄期强度)应不低于C40。

③水泥净浆稠度为16s。

④水泥净浆泌水率为1.7%，24h后，全部被吸回收。本工程因采用一次压浆的压浆工艺，因此为保证能一次压满管道，在水泥浆中掺加1%的东营瑞源生产的RY-1减水剂。

⑤净浆配合比：水∶水泥∶外加剂＝0.38∶1∶1%。

(2)压浆方法

①压浆前,用高压水泵射水将孔道冲洗干净、湿润。

②试开压浆泵,需运转正常且能达到所需压力,才能正式开始压浆。

③压浆应缓慢均匀地进行,一次完成管道压浆。

④压浆的压力为 0.5～0.7MPa。操作过程中,看到 T 形梁另一端依次排出空气→水→稀浆→浓浆时,夹紧排气孔,并稍加大压力(最大至 1.0 MPa)。为保证管道中充满灰浆,关闭出浆口后,保持不小于 0.8MPa 的一个稳压期,稳压时间为 2min。再稍停一些时间,从压浆孔拔出喷嘴,立即用木塞塞住。

⑤压浆时每一工作班留取 3 组 7.07cm×7.07cm×7.07cm 立方体试块,标准养护 28d,检查其抗压强度,并将其作为水泥净浆质量评定标准。

(3)封锚

首榀 T 形梁封锚混凝土暂未施工,施工时拟按以下方案进行:

张拉并压浆后用 C50 混凝土封锚。压浆后,及时将锚具及锚具周围冲洗干净并凿毛,然后安装封锚钢筋,经监理验收合格后支立端头模板,浇筑封锚混凝土。封锚模板应在封锚混凝土强度不低于 2.5MPa 时方可拆除。

9.构件的标识

T 形梁养护完成后(图 2-4-13),在距梁端 2.5m 的梁体中间位置对产品进行标识,标识内容包括适用部位、梁的型号、编号、生产日期等。

图 2-4-13 预制完成的 T 形梁

(五)施工中各工序质量检查要点

钢筋施工工序检查验收要点:钢筋的品种、规格、数量、间距;保护层厚度;波纹管的定位坐标,特别是平弯及竖弯的各特征点坐标;波纹管的破损情况;波纹管的防漏措施;锚后钢筋的绑扎情况等。

模板验收时主要检查以下要点:模板的型长、型宽、型高;腹板的宽度;模板的垂直度;模板的线形,模板的加固情况。

混凝土浇筑时的检查要点:混凝土的坍落度;混凝土的布料分层情况;附着振捣器的振捣情况。

张拉工序检查要点:安全防护措施;混凝土的强度是否达到设计张拉强度;油表与千斤顶的匹配情况;张拉吨位及伸长量的数据;起拱值及侧弯值的监测等。

灌浆工序检查要点:灌浆压力;出浆形态观察。

(六)工序施工周期分析

首榀 T 形梁实际施工周期为 25d,由于是起步摸索施工,因此,该时间对工序施工周期分析并无实际意义。从目前已经熟练(一般程度熟练)的施工情况可知,T 形梁腹板钢筋绑扎至具备验收条件只需 1.5d(含晚上加班时间);模板安装以及面板钢筋绑扎 1.5d(含晚上加班时间);浇筑混凝土及养护至混凝土达到张拉强度 5d;张拉及灌浆 1d,封锚 1d,封锚混凝土及压浆达到起吊强度 2d,合计 12d。采取蒸汽养护提高混凝土早期强度后,可保证混凝土 3d 抗压强度达到设计强度的 90%。因此,原设计 10d 的施工周期从目前情况看是能够保证的。

(七)保证 T 形梁施工质量的措施

(1)贯彻“管生产必须管质量,谁施工、谁测试、谁负责质量”的原则,认真执行质量计划。

(2)项目总工召集技术人员、分部负责人、班组长等认真学习图纸,吃透施工图纸的技术要求和各种验收规范、规程、技术标准。参加设计交底和图纸会审。对施工图中的问题及时办理工程业务联系单,交监理工程师审定后及时送达有关工段和班组,以防出现差错。

(3)施工中每道工序完工,必须经自检、互检合格以后,交监理工程师签认,方准进行下道工序的施工。严格执行“三检”制。主要控制以下工序:

①原材料进场检验。

②底模清理。

③钢筋绑扎完成后须及时办理隐蔽工程验收签证。

④波纹管坐标位置须严格检查。

⑤模板安装验收合格后报请监理同意才能进行混凝土的施工。

⑥混凝土强度达到设计强度时才可进行张拉,张拉过程中技术人员要全程跟踪监控。

⑦灌浆工序也必须报请监理验收,技术人员也要进行跟踪检查。

(4)T 形梁施工前进行技术交底时,一定要有质量标准,杜绝盲目施工、无标准施工的情况出现。

(5)加强对原材料的质量检测和使用认证,严格按设计和规范要求分批检测验收,杜绝不合格的材料使用,对没有材料出厂证明和合格证的材料不得采购。

(6)试验室应按设计要求和规范规定认真做好混凝土配合比试验、原材料的试验和检验。

(7)仓库必须对进厂原材料进行外观质量检查,核对品名、规格、型号、尺寸、材质并分类堆放。不合规定的不得验收;未经验收的原材料,不准使用。

(8)定期组织工人学习操作规程,开展劳动竞赛的技能比武,提高他们的操作技能。开展职工道德教育活动,把“质量第一”的思想和“为用户负责”的精神落到行动上。

(9)T 形梁施工设立质量控制点,重点进行质量监控。成立 QC 小组,通过 QC 小组的活动,对墩台施工过程中出现的质量问题认真研究加以解决。

(10)质量检查标准以设计图要求、投标技术规范书规定、港口工程质量检验评定标准和其他有关规范为准。

(11)贯彻以防为主,自检为主,防检结合的质量管理方针。施工前由专项技术人员下达质量标准、检查方法、记录格式。施工中认真填写记录表格,作为原始资料认真保存好,并定时上交资料室整理、分类、保管,作为竣工资料之一。

(12)隐蔽工程除自检外,还应及时请监理工程师代表检查验收签字。每完成一道工序,要填检查验收资料,做到资料齐全。

(13)一旦发现质量问题,要认真按照“三不放过”的原则进行处理,即质量事故原因不清不放过,不吸取教训不放过,不制订出改正措施不放过。

第二节　引桥T形梁的出运、安装

一、T形梁的出运

施工完成的T形梁在预制厂移位见图2-4-14。

T形梁出运均由运梁小车将梁运至预制场附近船坞处，然后由龙门吊转移至运输船，见图2-4-15。运输船选用1 200t自航运梁船，运梁船长75m，宽13.3m，甲板可供装运梁体尺寸为：长56m，宽12.6m，载重吃水深度为2m。考虑到50m T形梁的跨度较大，对船体进行强度加固，保证甲板不会发生弯曲变形，保证运输安全。每次运5榀T形梁，2榀梁之间间距为0.5m，便于安装搭设临时支撑系统及安装吊索钢丝绳等工作。由于单片T形梁自身稳定性较差，故T形梁在转运过程中必须做好临时加固措施，确保梁体竖直，保证梁体稳定。T形梁运输见图2-4-16。

图2-4-14　施工完成的T形梁在预制厂移位

图2-4-15　T形梁装船准备出运

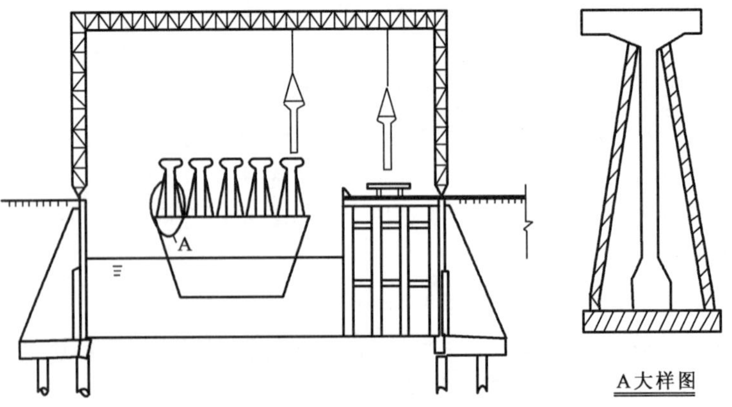

图2-4-16　T形梁运输示意图

运输船装运T形梁时，必须符合下列规定：

(1)装运前对预制构件的编号、外形尺寸、质量、数量、混凝土强度、预留孔、预埋件及吊点等进行复查。

(2)甲板面上均匀铺设垫木,并适当布置通楞。垫木顶面应保持在同一水平面上,并用木楔调整垫实,T形梁均匀对称地摆置在垫木上,保持船体本身平稳,防止因风浪影响,造成构件倾斜或坠落。

(3)按支点位置布置垫木时,其位置偏差不得超过+200mm。

(4)对船体进行严格检查,采取必要的加固措施。

(5)如有风浪影响,应水密封舱。

二、T形梁的安装

(一)起重机安装T形梁

运输船将T形梁运输至安装现场,起重船起吊T形梁,然后运梁船退出,起重船利用卷扬机绞缆进入安装区域,按照盖梁上所标识的端线及边线缓慢移动、落梁,当落梁至安装高程10cm左右时再由技术人员精确定位、就位,见图2-4-17。由于T形梁体积较大,同时起重船受风浪影响,T形梁较难精确定位。建议在桥墩盖梁施工时预埋锚环,利用锚环采用5t手拉葫芦从T形梁两侧斜向进行4点控制,使T形梁接近所标识的边线的同时吊钩缓慢降落,边降落边校核直至精确定位,达到设计要求并符合施工技术规范。

当T形梁吊装就位后测量人员再次复核梁的平面位置和标高,不符要求时再起吊重新定位直至满足要求。后续梁安装应缓慢下落,严禁与已安梁体发生碰撞。

a)

b)

c)

图2-4-17　起重机安装T形梁

T形梁安装船舶平面位置：T形梁安装时，船舶起重船驻位在引桥轴线的一侧，运梁船与起重船停靠于同一侧，安装时先起吊运输船靠两侧的T形梁，然后再向中间起吊，以确保运梁船的稳定性。安装时船舶驻位顺序为：运梁船先驶入待安装桥墩之间→起重船起吊T形梁→运梁船退出→起重船利用带紧前进缆锚前行至安装位置进行安装→起吊下一榀T形梁→安装下一榀T形梁。T形梁安装船舶平面位置见图2-4-18。

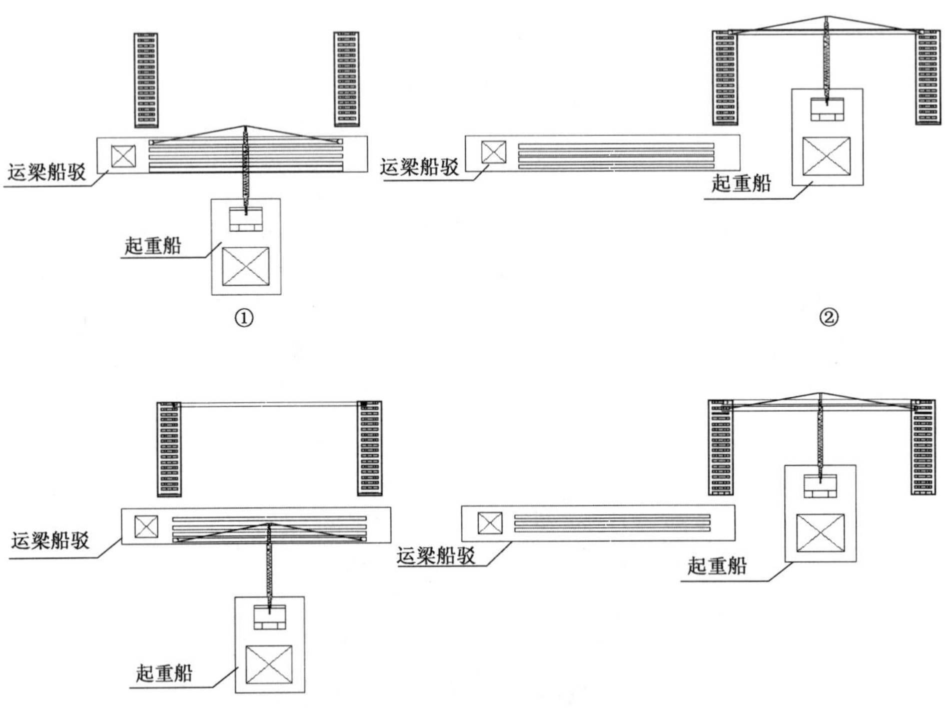

图2-4-18 T形梁安装船舶平面位置

T形梁安装顺序：先安装一侧边梁，然后依次进行安装，每跨T形梁安装顺序见图2-4-19。

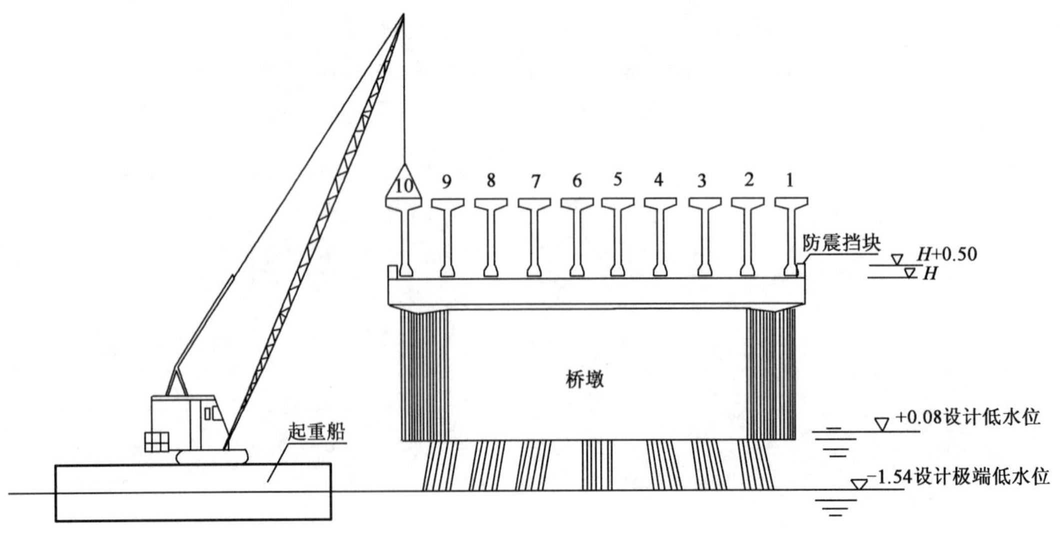

图2-4-19 T形梁安装顺序示意图

第一榀梁安装完后，必须立即用枕木和木楔临时支撑两端横隔板加固。对中梁，应立即用短枕木和楔子将梁两端隔板垫紧以防失稳，临时支撑图见图 2-4-20。当相邻两梁安装后，及时将横隔板及翼缘板的连接钢筋焊接好，以确保 T 形梁的横向稳定。待全孔大梁安装完毕后，再按照设计规定进行大梁整体化施工。T 形梁安装偏差必须符合表 2-4-3。

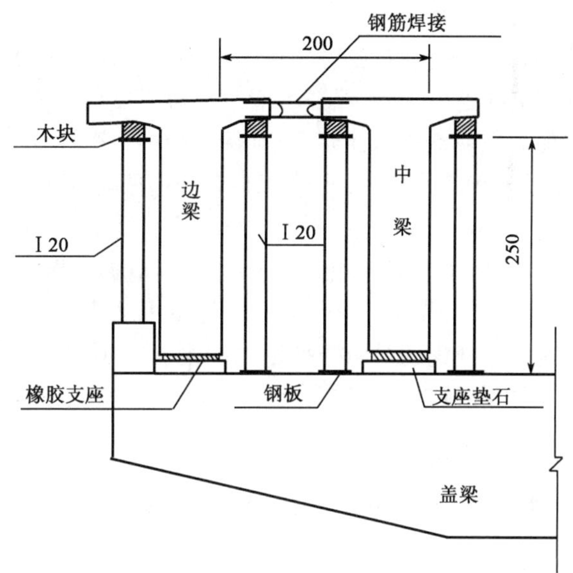

图 2-4-20　临时支撑图(尺寸单位:cm)

预制构件安装允许偏差　　表 2-4-3

构件安装偏差		允许偏差(mm)	
		梁	板
轴线位置		+10	—
侧面竖向倾斜	构件高≤1 000mm	5	—
	构件高>1 000mm	H/100 且不大于 15	—
搁置长度	设计搁置长度<200mm	—	+15
	设计搁置长度≥200mm	+20	+20
顶面高程	一层安装	+15	+15
结构边沿线		+10	+10

注:1. 板包括空心板。
2. 一层安装或两层安装指现浇构件上面安装的层数。
3. H 为构件高度。

(二)横梁及湿接缝施工

一孔 T 形梁安装就位后，应及时进行整体化施工。将横梁及湿接缝钢筋绑扎、焊接，然后安装模板，浇筑横梁混凝土。每 2 榀 T 形梁间有 5 道横隔梁，两端 2 道为端跨横隔梁，中间跨中有 3 道横隔梁。

在施工湿接缝及横梁前将 T 形梁翼板表面混凝土凿毛、冲洗，横梁、湿接缝施工模板采用吊模。钢筋、混凝土施工时需要搭设施工平台，采用挂架进行施工，并做好安全措施。

钢筋施工严格按照设计图纸及施工技术规范进行施工。钢筋在钢筋加工场加工成半成品，然后由运输船运送至施工现场，进行横隔板及纵向湿接缝的钢筋施工。钢筋采用搭接焊接形式，施工时必须严格按照钢筋焊接的施工技术要求，严格控制焊接的搭接长度和焊接质量，以保证钢筋施工的质量。

钢筋施工完毕，经监理验收方可进行模板施工，跨端横隔梁可直接在盖梁上搭设支架安装模板，跨中横隔梁则采用吊模形式，整个施工过程中需搭设挂架做施工平台，并做好安全防护措施。

模板安装注意节点和接缝处要严密，保证不漏浆。模板安装完毕混凝土施工前在接合面处铺设 10～20mm 厚水泥砂浆或涂刷水泥浆，以确保模板的严密性。

混凝土设计强度等级为 C50，水泥采用 P·O42.5 普通硅酸盐水泥，细集料采用中粗砂，粗集料采用 1～3cm 连续级配碎石，按照试验室所提供配合比进行混凝土搅拌。混凝土由 $25m^3/h$ 搅拌船搅拌，$60m^3/h$ 拖泵输送至施工现场。施工时采用 ϕ50mm 振捣棒进行振捣，振捣密实，确保混凝土的施工质量。混凝土浇筑完毕及时进行养护，养护采取覆盖全天候洒水养护。

混凝土施工时注意对伸缩缝钢筋及防撞护栏底座钢筋的预埋，预埋件必须按照设计图纸位置准确预埋，T 形梁端部横隔板施工时注意预留 ϕ54mm 抗震拉杆留孔。

(三)安装过程中应注意事项

(1)安装前对各个支座垫石的平面位置和高程按设计要求列表进行计算、审核，再现场放线检测。

(2)橡胶支座在安装前，应全面检查产品合格证书中的有关技术性能指标，不符合不得使用。

(3)T 形梁安装定位不准时，必须吊起重放，不得随意采用撬棍移动 T 形梁。

(4)起吊安装前起重人员必须仔细检查所有起吊用具。

(5)架梁、落梁时应平稳，防止支座偏心受压或产生剪切变形。

(6)支座垫石在安装前必须达到设计强度。

(7)防止支座因落空而出现不均匀受力现象。

(8)安装后，不得出现支座局部受压、倾面鼓出异常现象。

(四)主要安装机械设备计划

梁安装机械设备一览表见表 2-4-4。

梁安装机械设备一览表 表 2-4-4

序号	机械设备名称	规格型号	单位	数量	用途	备注
1	起重船	250t	艘	1	梁安装	
2	龙门吊	100t	台	2	梁转运	
3	运梁船	1 200t	艘	2	梁运输	
4	交通船	100t	艘	1	接送人	
5	混凝土搅拌船	$25m^3/h$	艘	1	湿接缝、横梁现浇	
6	拖泵	$60m^3/h$	艘	1	湿接缝、横梁现浇	
7	拖轮	1 000hP 以上	艘	1	拖搅拌船	
8	材料运输船	400t	艘	1	倒运钢筋、模板等机具	
9	水泥船	200t	艘	1	水泥倒运	
10	供水船	300t	艘	1	混凝土搅拌船供水	

(五)主要人员计划

T 形梁安装人员计划一览表见表 2-4-5。

T 形梁安装人员计划一览表 表 2-4-5

序号	人员	人数(人)	序号	人员	人数(人)
1	副经理	1	11	电工	2
2	技术主管	1	12	模板工	20
3	技术员	2	13	机修工	4
4	工长	3	14	木工	10
5	起重工	30	15	试验工	2
6	测量工	3	16	电焊工	16
7	质检员	1	17	普工	40
8	安全员	2	18	特种驾驶员	4
9	钢筋工	40		合计	201
10	混凝土工	20			

(六)施工组织管理质量、安全及环保措施

1. 质量保证措施

为确保本项目工程达精品工程的标准,项目部认真贯彻“质量第一”的方针,坚持预防为主,执行“管理生产必须管质量,谁施工谁负责质量,谁操作谁保证质量”的原则,实施“三级检验”。严格按照二航局《质量 ISO9002 体系文件》中的质量手册,程序文件及作业指导书的要求执行。

2. 安全保证措施

T 形梁安装为多工种、长战线、立体交叉、高空作业,属高危险作业。安装时应认真贯彻、执行、落实项目部制订的各种安全管理规章制度,加强安全检查、落实。对 T 形梁安装,特别应注意下列几点:

(1)T 形梁安装前,对参建员工进行详细安全交底,同时任命一位专职安全员负责整个架梁过程中安全工作,直接对项目经理负责。

(2)安装前,组织有关人员对安装前的安全准备工作一次全面的检查(包括施工机械,起吊用具,安全保护措施等),每次起吊前起重人员必须检查所有起吊用具。

(3)加强组织员工进行安全知识学习,提高全员安全意识。

(4)梁安装到位后安全措施没到位不得解钩。

(5)所有施工人员必须戴安全帽,穿防滑鞋,必要时系上安全带,做好自我安全保护措施。

(6)对已安边梁及时设置临时栏杆、挂安全网。

3. 工期、环保保证措施

(1)按“项目法”组织施工,组建强有力的项目经理部,建立高效精干的生产指挥调度班子,减少施工生产组织层次,充分发挥施工生产潜力。

(2)缩短工序转换准备时间,边准备,边施工,尽快形成流水生产。

(3)认真编制月施工进度计划。维护计划的严肃性,以确保工期,采取有力措施,投入充足的精干人员、精良设备,争取业主支持,落实资金投入,确保施工按计划进展。

第三节　架桥机安装

50m T 形梁在东营港南港池 1～2 号码头设置的预制场预制,共有 56 个制梁台座、30 个存梁台座。出运采用出运台车轨道和 3 000t 船坞上两台 90t 门机装船,运至施工现场。然后通过提梁码头上桥、200t 架桥机安装。

一、方案的由来和总体思路

本工程共有 1 381 榀 50m T 形梁,单榀 T 形梁吊装质量达 180t,工程量之大是国内罕见的。经过对工程总体工期和当地海上水文气象条件的分析,T 形梁安装工期实际可施工时间为 9 个月,平均每月有效作业天数按 18d 考虑,则每天需安装 8 榀 T 形梁,强度很大,且需要 2 艘 300t 以上专用起重船及其他配套施工船舶,受风浪条件影响大,安装精度低,安全性差。经过多方求证,决定主要采用两台 200t 以上架桥机进行安装。分别在桥梁全长的约 1/4(QD36～QD37)和 3/4 处(QD100～QD101)外侧施工高桩墩台、安装跨墩门机、形成两座提梁码头,先在 QD35～QD38 和 QD99～QD102 处用 300t 起重船分别安装三跨 T 形梁,作为龙门吊、架桥机的安装平台,承台施工流程见图 2-4-21。前期工程完成后,通过提梁码头提升 T 形梁上桥面、装上运梁小车、运至架桥机后方、再用架桥机安装 T 形梁。安装分两个阶段、四个工作面,第一阶段两台架桥机分别安装 QD35～QD11 和 QD99～QD73;第二阶段,两台架桥机吊头,分别安装 QD38～QD73 和 QD102～QD136,四个作业面长度均在 1.5km 左右。

每座提梁码头主要由两个高桩承台和两部龙门式起重机组成。承台桩基采用 3 根 ϕ1 000mm钢管桩叉状布置,两个承台中心距 46m,对应 T 形梁的吊装孔间距。提梁门机主要技术参数如下:单台最大起重量 90t,门架跨径 22m/23.5m 。T 形梁提升码头平面图、断面图分别如图 2-4-22 和图 2-4-23 所示,建成的提梁码头见图 2-4-24。

二、船机设备的选用及其参数

本工程 T 形梁安装主要的大型设备包括运梁船、起重船、架桥机、龙门式起重机等,其中以起重船和架桥机的选用最为关键,工程选用的起重船为上海成功水域工程公司的沪成功 10 号 300t 起重船,架桥机选用郑州大方工程公司的 DF50/200Ⅲ型,见图 2-4-25。

运梁船进入提梁码头示意见图 2-4-26。

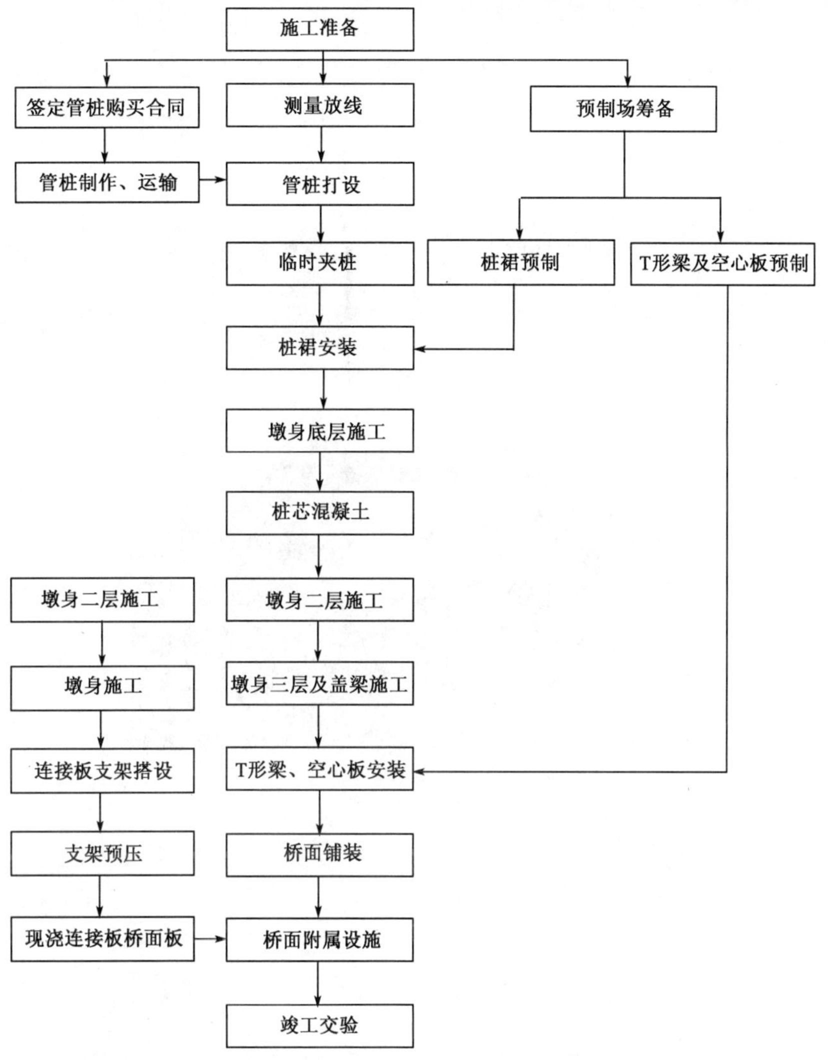

图 2-4-21　承台施工流程图

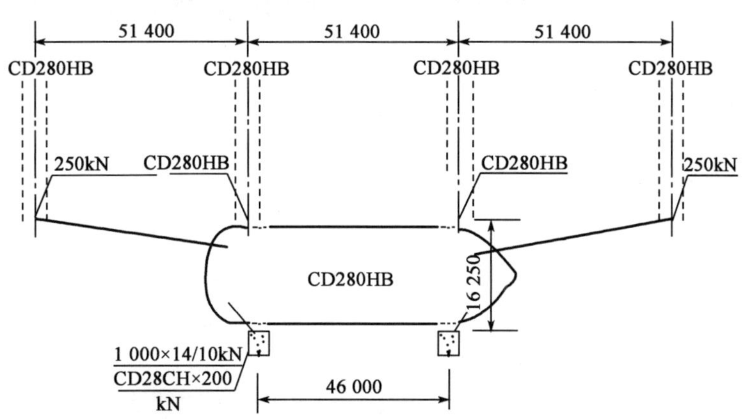

图 2-4-22　提梁码头平面布置示意图(尺寸单位:mm)

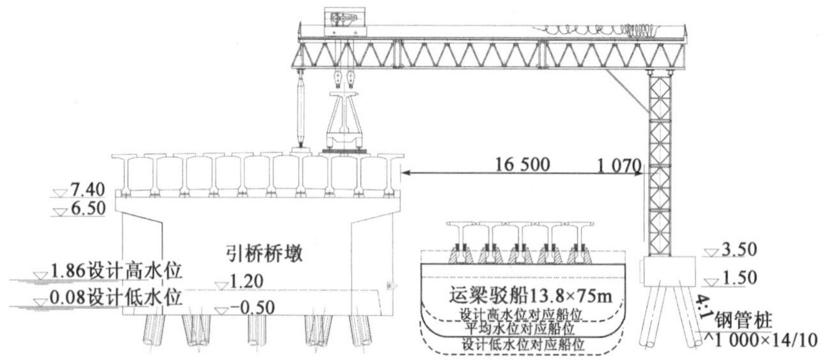

图 2-4-23　T 形梁提升码头断面布置示意图(尺寸单位:mm)

图 2-4-24　建成的提梁码头

图 2-4-25　安装调试完成的架桥机

图 2-4-26　运梁船进入提梁码头

主要参数:DF50/200Ⅲ架桥机性能参数。

额定起重量:200t;

适应架梁跨径:50m;

吊梁小车纵移速度:3m/min;

整机横移速度:2.4m/min;

架桥机自重:250t;

主梁总长度:86m;

架桥机整机外形尺寸:88.7m×11.5m×11.5m;

架桥机结构形式为三角桁架结构,设置前引导梁;

喂梁方式:尾部运梁船喂梁;

整机过孔方式:步履式;

架桥效率:1 片/h;

架桥机总功率:100kW。

T 形梁架梁施工工艺流程见图 2-4-27。

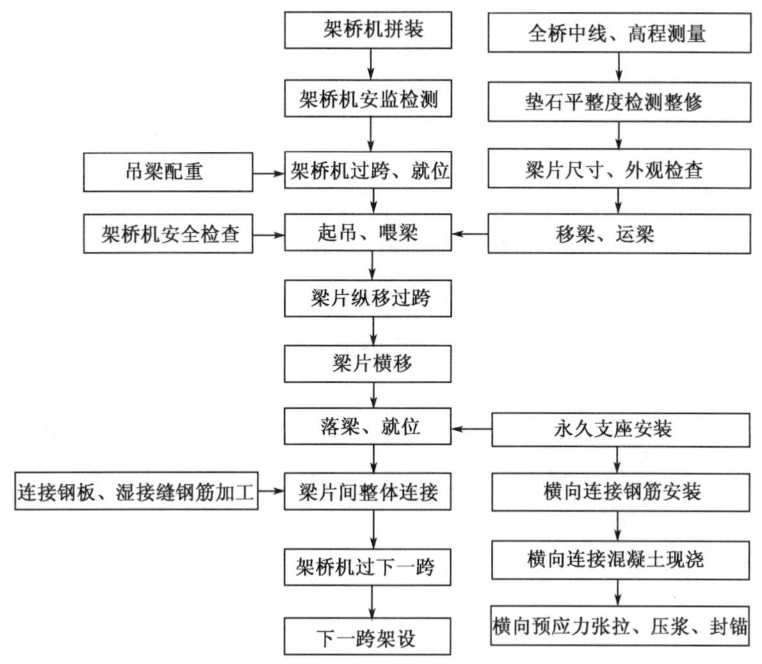

图 2-4-27　T形梁架梁施工工艺流程框图

三、架桥机组装及试吊的主要程序

1. 安装过程中应注意事项

组拼程序测量定位→平衡对称拼装左、右主梁导梁(同时加临时支承)→ 安装前、后框架和临时斜撑→安装导梁前支腿、中支腿、顶高支腿→主梁前支腿 →铺运梁平车纵向轨道→安装运梁平车→安装起吊平车→安装液压系统→安装电气系统→初步运行检查调试。

架桥机的组装如图 2-4-28 所示。

2. 组装技术要求

图 2-4-28　架桥机的组装

(1)首跨 T 形梁架设采用起重机安装,为架桥机形成工作面。

(2)横移轨道下方应用硬木支垫好,轨道铺设水平。

(3)组装时对所有栓接螺栓上紧上牢,保证受力均匀。

(4)组装前检查各连接部位有无损伤变形情况,各部螺栓和销子有无脱落、丢失、损坏等情况,需要注润滑油部位是否已注润滑油或脂等。

(5)组装时对各连接部位、运动机构进行认真检查并清理干净。

(6)组装完毕后进行一次全面检查和试运转,充分了解各部分工作状态和可靠程度,项目包括：

①导梁纵移试验。

②整机横移运行及制动试验。

③行车运行和卷扬吊重试验。

④各油缸支腿伸缩试验。

⑤运梁台车运行试验。

⑥机械、电气设备、液压系统等设备及元件的检验。

3. 架桥机试吊

架桥机组装完成后，即进行吊梁试验，试验的方式就是模拟架梁情况。吊梁试验前，主机先空载行走与制动，检查架桥机液压及电控系统是否正常，对起吊平车的起吊、纵向移动及制动，前(后和中)支腿、前(后和中)顶高等升降做全面检查和试运行，测定空载时悬臂部分挠度值，然后按上述程序，重载试吊，检查重载时前、后、中支点最大工作反力，符合要求后，方可架梁。

4. 架设 T 形梁关键工序

(1)T 形梁的起吊 T 形梁的起吊作业包括 T 形梁从梁场台座至运梁车的起吊及运梁船运梁到位后，架桥机的起吊。

(2)T 形梁的运输。本工程 T 形梁均由运梁船运输。但考虑到本工程 T 形梁长度较长，T 形梁自重较大，所以保证 T 形梁在运输工程中的安全，是本工程须克服的重点、难点。

(3)支座安装。

①支座安装要符合规范和设计要求并经检验合格。

②支座下设置的支座垫石混凝土强度符合设计要求，顶面要求高程准确，表面平整，其相对误差不得超出规范允许值，避免支座发生偏移、不均匀受力和脱空现象。

③安装前应将墩、台支座垫石处清理干净，当支座垫石高程有误差时，可用经过防锈处理的薄钢板垫于支座下方，并用环氧树脂黏结牢固，其尺寸应比支座周边大 20mm。如果超高可用机械磨掉，并使其顶面高程符合设计要求。

④将设计图上标明的支座中心位置标在支承垫石及橡胶支座上，橡胶支座准确安放在支承垫石上，要求支座中心线同支承垫石中心相重合。

⑤T 形梁安放时，必须就位准确(查看是否与放出的安装线相吻合)且与支座密贴，就位不准或支座与梁底不密贴时，必须吊起，采取垫钢板等措施使支座位置限制在允许偏差内，不得用撬棍移动梁体。

(4)临时支座安放。临时支座采用混凝土块在 T 形梁架设前安放在 T 形梁连续端，安装时按照弹出的临时支座中心线，使临时支座居中放置。每个 T 形梁连续端设两个临时支座。临时支座的高程控制按照设计永久性支座高程控制。临时支座在湿接缝及横隔梁浇筑并完成顶板负弯矩钢束张拉后凿除。

(5)梁体就位。

T 形梁由运梁船运至 T 形梁码头并升高到位，架桥机主梁横移至运梁车上方，调整吊梁台车位置提升 T 形梁，然后横移主梁至待架位置，缓缓下放 T 形梁到位。T 形梁在下放时，两端派专人观察 T 形梁与安装线是否重合，若存在偏差，需小幅度提升 T 形梁重新调整、下放。T 形梁就位符合要求后，应立即将部分相邻横隔板钢筋进行焊接，以保证 T 形梁的稳定。T 形梁纵向移位见图 2-4-29。

图 2-4-29　T 形梁纵向移位

5. 运梁台车运梁施工技术条件

(1)运梁台车运梁时，T 形梁重心应落在台车纵向中心线上，偏差不得超过 20mm。

(2)T 形梁落在机动平车上时，梁前端应超出台车支承横梁 2～3m，如施工条件限制，可按照规范利用其最大悬出位置，T 形梁与台车支承间应垫放硬木板或胶板，以保护 T 形梁混凝土。

(3)运梁台车运送 T 形梁时，应在梁车两侧安全距离内由专人护送，预防梁片支撑松动。

(4)运梁台车重载速度不得超过 5m/min，且由专人操作控制动力。

(5)运梁轨道基础应坚实平整，且两轨间应有横联定位，以保证轨距准确，两轨应保持水平。T 形梁就位后按照《公路工程质量检验评定标准　第一册　土建工程》(JTG F80/1—2004)进行检验。

(6)架桥机纵向行走。单跨 T 形梁架设完成后，架桥机纵向行走至下一跨，行走分两步进行，具体如下：

①辅支腿、中支腿、后支腿临时支撑时，前、后支架台车离开桥面，电动葫芦与摇滚台车用弯板和销轴连成一体，在重力作用下，电动葫芦轮子踏面接触导梁下弦，电动葫芦在下弦铺好的轨道上行走，带动前、后支架纵向移动，到达预定位置。

②前、后起吊平车运行至后主梁后端，作为架桥机纵向运行的配重，并将其固定，防止起吊平车在架桥机纵向运行时发生位移，影响架桥机的稳定性。架桥机纵向运行前进行全面检查，确保安全。

6. T 形梁架设施工注意事项

(1)T 形梁起吊与安装前，对起重运输工具和设备事先进行检查，确认合格后方能使用。所使用的绳索、滑车、倒链，应保持一定的安全系数，不准超载使用。正式起吊前，应先进行试吊，吊起高度 20cm 后进行检查，确认起吊情况正常时，才能继续进行。在起吊过程中，禁止任何人站在 T 形梁上，或在下面行走和停留，禁止 T 形梁悬空后操作人员离开现场。T 形梁在装卸车前，必须将龙门架的滚轮及运输车的车轮前后用三角木支垫好，以防滚动。

(2)认真进行机械设备的维护保养与调试。组织所有参加桥梁架设工作的人员学习有关起重运输安全作业规程，对各工种人员进行详细技术交底、安全交底；墩台顶面精确画出支座的位置，画出各片梁端线位置、边线位置；梁体就位时要按画出的位置线准确就位，支座要按位置线摆放，不得因碰撞发生移位，否则需将 T 形梁吊起重新安装。

(3)施工时应确保在移梁、架梁的过程中，梁不会产生大的振动或不正常落梁，保证不使混凝土、预应力受到破坏，不影响预制 T 形梁的质量；龙门吊机和架桥机应专人操作，吊梁、落梁时信号要明确、统一，吊装 T 形梁时设专人负责指挥，统一协调步骤，遇有下雨刮风天气，特别是5级风时严禁架梁施工；吊动T形梁时，重物下面严禁站人、严禁行人通行并有专人值守；架桥机架梁时应严格控制其对桥墩的水平冲击力，做到“慢加速、匀移动”。

(4)T形梁架设完一片后，及时与相邻梁上的横隔板预埋件焊接，并采取临时加固措施。

(5)为保证架桥机施工万无一失，正常施工期间依靠网电提供电力，遇到突然停电依靠移动式发电机作为备用电源，同时检修工人每天定时检查卷扬抱闸、供电及行走系统，把事故隐患消灭在萌芽状态。

(6)主要特点：

①形式新颖、结构合理，本机在设计中充分考虑了现代桥梁的施工特点，采用AutoCAD设计，使本机具有更广泛的适应性。

②整机重量轻、刚度大，本机在设计中采用有限元分析计算，对结构进行优化，使整机重量比同类机型减轻20%～30%。

③架桥机采用导梁形式，极大减小架桥机前端悬臂挠度。

④中支腿不在桥面上行走，不用铺设架桥机纵移轨道，同时减少了架桥机对桥面的压力，对于箱形梁具有更大的适应性。

⑤运梁平车参与架桥机的行走，成为架桥机的一部分，使架桥机的整体长度减少，架桥机对弯桥具有更大的适应性。

⑥架桥机前、中支腿位置可以随意调整，边梁一次到位，采用横移小车，整机携边梁横移一次到位，解决了边梁安装的难题。

⑦整机主梁及主要联结结构均采用销轴联结，安装、拆卸方便快捷。本架桥机适用于50m以下跨径，单梁重200t以下的混凝土预制梁的安装，采用过墩方梁，可实现高等级公路桥梁全幅一次安装。

T形梁安装就位示意见图2-4-30。

图2-4-30 T形梁安装就位

四、吊装孔改进、吊架设计、运梁船改造

依照施工总体思路，通过对施工中的难题进行了逐一分析，集思广益，使如下技术难题得到了有效解决。

1. T形梁吊装孔的改进

考虑到本地区复杂的外海施工条件，为了保证施工时的安全性及准确性，防止梁的倾覆，在同设计单位进行共同研究后，把原有的兜底吊施工工艺变更为销轴吊装，具体变更内容如下：

(1)在T形梁梁体高2m，距T形梁中心线23m的两侧预埋吊装孔，保证在起吊时T形梁重心在吊装平面以下。

(2)在吊装孔周围的梁体内布置加强钢筋，确保起吊时梁体的安全。

2.T 形梁吊架的设计

由于 50m T 形梁属长大薄壁构件，为保证起重船吊装 T 形梁时梁体的受力状态与实际使用时基本一致、不承受过大的轴向荷载，设计了 50m T 形梁的专用吊架。吊架采用三角形截面，底宽 3.2m，高 4m，主材为无缝钢管，两端各设一块节点钢板，钢板上留钢棒孔，通过钢棒和钢丝绳与 T 形梁连为一体，自重 29t。用 4 根 ϕ68 的钢丝绳作为吊索，采取 8 点吊的方式起吊。T 形梁吊架的结构示意图见图2-4-31。

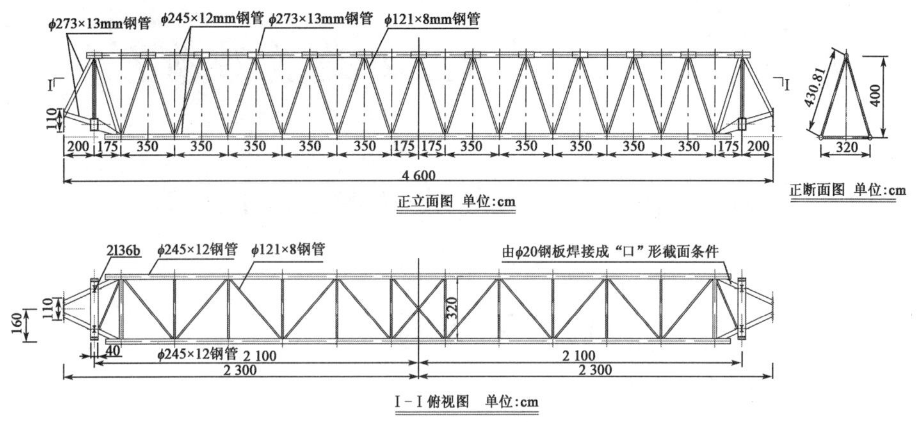

图 2-4-31　T 形梁吊架结构图(尺寸单位:cm)

制作完成的 T 形梁吊架见图 2-4-32。

3.运梁船的性能参数及其改造

为了保证运梁的效率和安全，对运梁的船舶进行了谨慎的选择，最终选定了 3 条2 000t运输船，船长 75m，宽 13.5m，有效装载长度 55m。每艘船按一次装运 5 榀 T 形梁进行验算，对船体纵、横龙骨进行加强，以承受两端集中荷载，防止中拱。同时，在甲板面梁端支撑处各布置了 3 排工字钢做分配梁、门式钢桁架以防止侧向倾覆、纵向移位，前后支撑点距离为 48.8m，支撑点结构图如图 2-4-33 所示。

图 2-4-32　制作完成的 T 形梁吊架

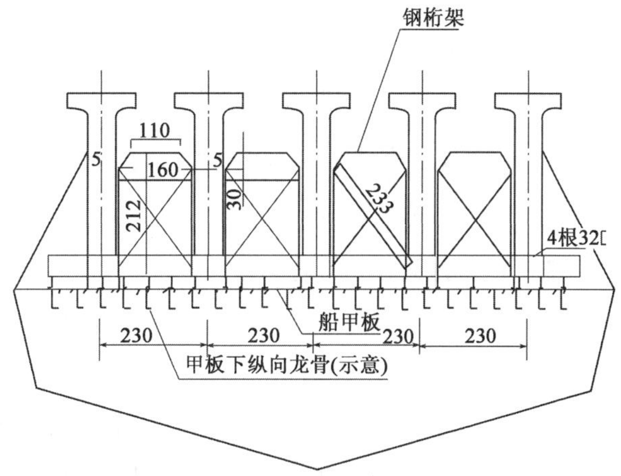

图 2-4-33　运梁船 T 形梁支撑点结构图(尺寸单位:mm)

第五章 码头承台混凝土的施工

第一节　承台底层混凝土的施工

一、工 程 概 况

东营港扩建工程中的码头施工部分，包括 30 000DWT 多用途泊位两个。两个泊位呈"L"形布置，夹角为 100°，1 号泊位宽 79.7m，2 号泊位宽 56m，泊位长度为 2×302m，码头面高程为＋6.0m，前沿水深为－13.0m（当地理论深度基准面）。

码头后方 20m 宽度为承台区域，每结构段为整体现浇的大型钢筋混凝体结构。其中包括挡浪板安装以及现浇上部胸墙，现浇部分混凝土用量为 57 746m^3，混凝土强度和抗冻等级为 C40 F300。每幅承台的挡浪板在承台底层混凝土达到 80％强度后安装，承台底层混凝土浇筑厚度为 1.9m，安装完毕后浇筑此半幅的顶层混凝土。

为了减少混凝土的收缩影响，每个结构段的承台沿纵向分三次浇筑，中间预留两个 1m 宽后浇带，后浇带至少在一个月后浇筑；为安装挡浪板，承台沿垂直向分三次浇筑，底层混凝土浇筑厚度为 1.9m，分两次浇筑（第一次浇筑厚度为 0.9m，第二次浇筑厚度为 1.0m），底层混凝土浇筑厚度为 2.0m。承台混凝土强度达到设计强度的 80％以上时，方可安装挡浪板。

二、承台施工主要的工艺流程及施工方法

（一）施工流程图

承台施工流程图如图 2-5-1 所示。

（二）承台主要施工工艺

码头平面、立面图见图 2-5-2。承台施工如图 2-5-3～图 2-5-5 所示。

1. 桩顶处理

10 区承台钢桩施打完毕后，测量人员用背包 GPS 测出每根桩的桩顶设计高程，码头承台直桩高程为＋3.30m，斜桩为＋3.22m，对钢桩超高部分用气割割除，要求钢桩平整，最终保持桩顶水平，高程误差控制在±2cm 以内。

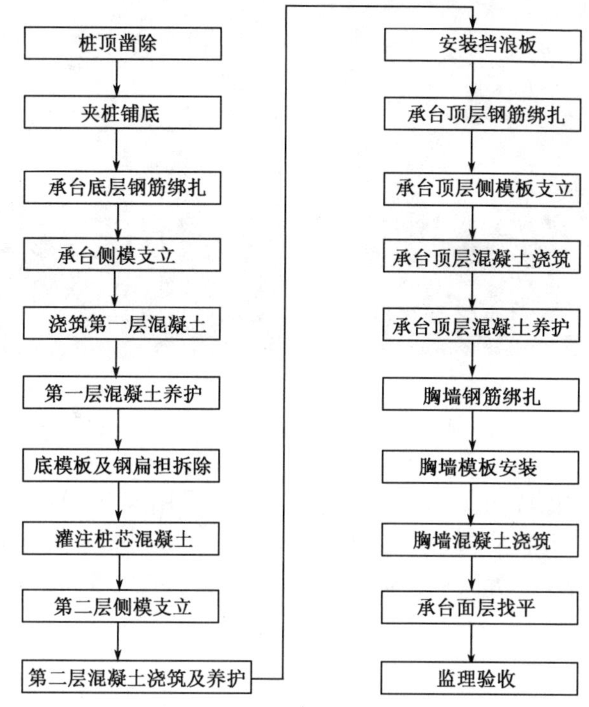

图 2-5-1　承台施工工艺流程图

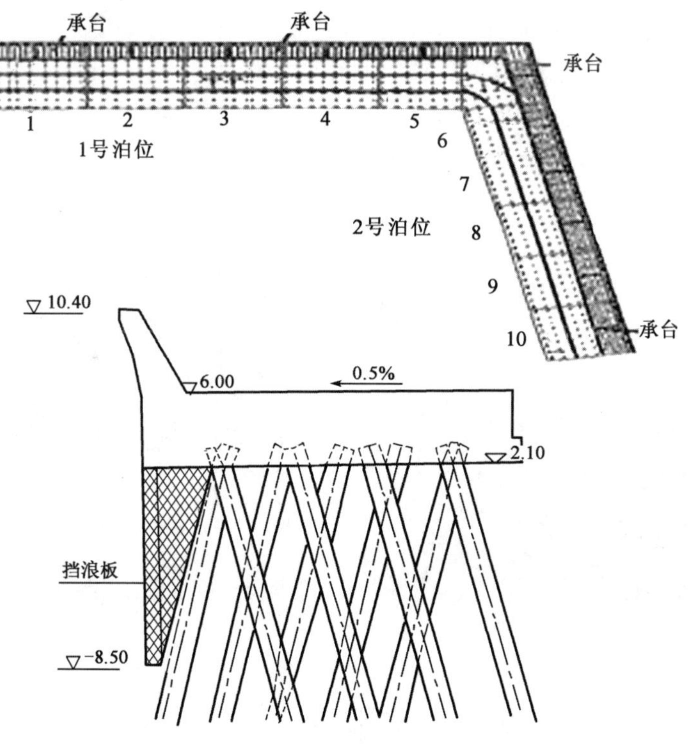

图 2-5-2　码头平面图、立面图

图 2-5-3　承台施工全景

图 2-5-4　混凝土拌和船施工

2. 夹桩

承台悬臂段铺底采用钢扁担承受施工工艺，钢扁担采用[40a 槽钢，承台桩与桩顶部纵向布置钢扁担，钢扁担下部吊筋采用 ϕ32mm 圆钢，下端车丝 150mm，承台钢围囹采用双[40a 槽钢，槽钢间距为 1.2m，沿排架方向桩与桩之间钢围囹用 ϕ32mm 吊杆挂于桩顶扁担上，钢围囹之间用 ϕ25mm 拉杆固定。

3. 铺底

承台围囹双[40a 施工完毕后，铺设木搁栅，搁栅采用 100mm×150mm 木枋，间距为 300mm，在承台两侧沿纵向根据高程先各绑好一根木枋，并用水平尺调平，然后在两根木枋上拉好水平网格线，其他搁栅依线调平布设，以保证整个承台的搁栅顶面高程一致。

为保证承台底部刚度及表面的平整度，并减少漏浆，底模板采用 δ=20mm 厚的竹胶板(后改为 δ=30mm 厚木板)，采用 50mm 长钉将木板钉在木板上，每块木板之间严格按照尺寸铺设以确保拼缝严密，遇到个别分块底板之间有缝隙，则加木条塞紧，防止模板拼缝处漏浆。承台底模围囹见图 2-5-6。

图 2-5-5　承台底模吊梁

图 2-5-6　承台底模围囹

为防止波浪对底模板的顶托力，木枋与槽钢之间的固定采用 ϕ10 圆钢弯成“n”卡焊接在槽钢上对木枋进行固定，钢桩采用在桩与桩之间焊接[10 将底板压紧，绑扎钢筋之前将槽钢割除。

4. 钢筋绑扎

钢筋在陆上加工运至现场，然后进行钢筋绑扎，钢筋采用二次绑扎成型，钢筋连接采用剥肋直螺纹工艺。底层钢筋绑扎前，根据钢筋间距在底板上设置好位置线，确保钢筋平面位置准确性，并根据实际长度进行下料并作抽查，加工好的半成品经验收合格后由方驳运至承台施工部位，人工抬至底板位置并进行钢筋就位及绑扎，先进行底层钢筋网的绑扎，底层钢筋的钢筋网遇桩按照原先要求是纵横方向都要穿桩，设计变更后要求遇桩弯起 400mm，钢筋网绑扎基本到位后，再绑扎承台四侧钢筋，然后绑扎第一层负弯矩钢筋。

钢筋接头采用长度为 62mm 套筒连接，承台凹口出设置为 20cm×20cm 倒角，凹口处底层钢筋接头采用剥肋直螺纹工艺连接，防止挡浪板安装时预留锚固钢筋与承台底层钢筋冲突。监理工程师验收合格方可进行下道工序施工。

钢筋绑扎如图 2-5-7 所示。

5. 侧模板支立

侧模板采用木模板，板面采用竹胶板，竹胶板钉在 6cm×9cm 木框上。竹胶板经过加工，制成定型模板，主要尺寸为 1.0m×3.0m、1.0m×1.0m、1.0m×2.0m。为提高承台的外形观感，转角处采用阴阳角模，1 区、11 区承台底层设置 5cm×5cm 倒角。承台分三次支模，立模高度分别为 0.9m、1.0m、2.0m。

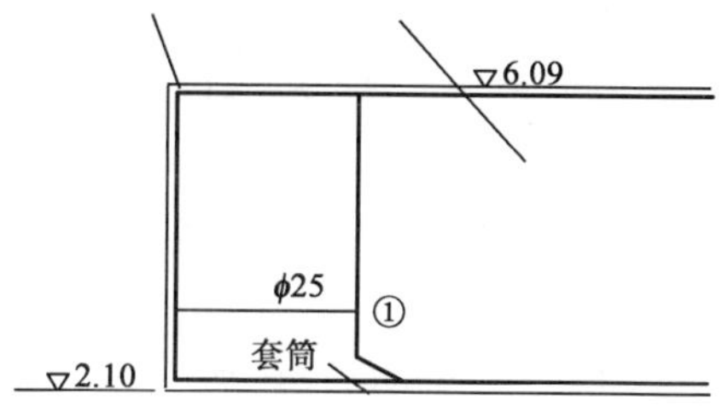

图 2-5-7　钢筋绑扎图

待挡浪板安装完毕后，承台外侧模板采用钢模板，版面采用 3mm 钢板，模板高度为 2.0m 浇筑挡浪板外侧混凝土时，模板可以重复利用。模板断面如图 2-5-8 所示。

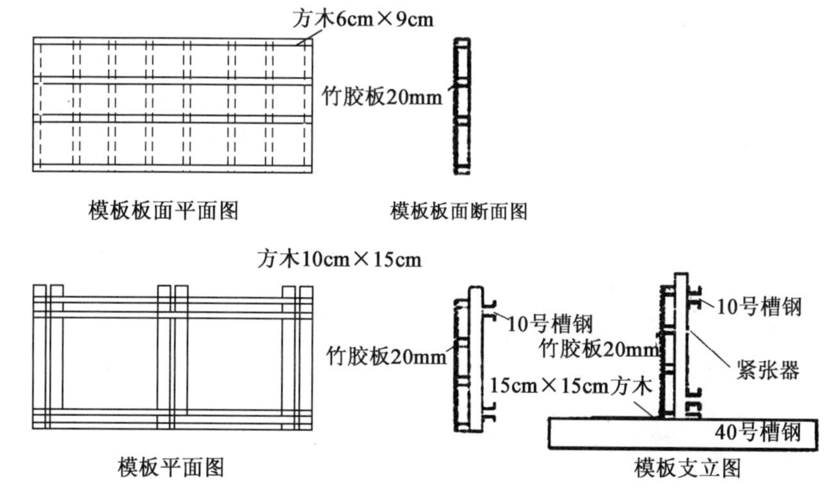

图 2-5-8　模板断面图

6. 模板拉杆、螺杆设置

木模板书香夹条设两道螺杆，模板底部采用在铺底钢梁上焊接槽钢三脚架作顶撑，侧面采用 10 号槽钢作斜撑，上部一道穿过侧模板与承台钢桩进行焊接形成对拉，对拉螺杆采用 ϕ20mm 圆钢，间距按750mm布置。模板竖向立柱采用100mm×150mm木枋与对拉螺杆相同。

挡浪板外侧钢模板支立时，模板下端立柱依靠预埋在挡浪板上的圆台螺母固定，上端利用ϕ20mm圆钢拉杆一端与立柱固定，另一端焊接在与承台钢筋或钢柱进行焊接形成对拉。

7. 混凝土施工

每区承台混凝土方量约为5 127.4mm^3（包括胸墙混凝土方量），本次典型施工浇筑混凝土方量为315m^3，混凝土设计强度等级为C40 F300，配合比每方混凝土材料用量为水泥∶砂∶石∶水=430∶668∶1046∶168，外加剂为RY-2∶PC-2=6.45∶1.21；10区第一幅第一层浇筑混凝土为315m^3，桩心混凝土为117.76m^3。现浇混凝土选用水上搅拌船泵送到施工现场，主要选用“海洋混凝土1号”，本船供应正常情况下，能保证船舶连续作业方量1 000m^3，按照其生产能力100m^3/h的能力，承台混凝土浇筑时间约为4h，搅拌船锚泊在施工现场，砂石料、水、外加剂等全部采用专业运输船运至现场连续上料，水泥在港池内上料。

在混凝土施工过程中，加强混凝土的级配管理和坍落度控制，坍落度按照配合比要求为140mm，确保混凝土的可泵性。

承台第一层混凝土施工完毕后，进行桩芯混凝土施工。

安放钢筋笼前，首先进行钢管桩内抽水。用潜水泵将管桩内水抽至桩芯设计底高程1m以下，并将桩内壁冲洗干净，将预先制作好的钢筋笼及底胎膜慢慢吊放于桩内，用焊在钢筋笼上部的钢筋勾将钢筋笼吊住，使底胎膜准确置于桩芯设计底高程，底胎膜采用混凝土结构，厚度为150mm，内部为ϕ10mm钢筋网。

混凝土浇筑完成在混凝土终凝后进行顶面冲毛工艺，冲毛时间掌握在顶面混凝土用手压不出明显痕迹的前提下进行。现浇混凝土有一定强度后及时进行淡水养护，养护方法主要采取加水船浇淡水养护，养护时间不少于14d。

8. 底模及钢围图拆除

第一层增加负弯矩钢筋，当第一次混凝土达到设计强度标准值的75%以上之后，即可进行底模及钢围图拆除。首先吊紧螺栓松开，使钢围图向下降1m，人工逐段拆除底模板，底模板拆除完毕后，拆除钢梁，采用方驳吊机配合人工拆除，置于方驳之上。

码头承台桩基、底模、一层混凝土、二层混凝土施工见图2-5-9。

图2-5-9 码头承台桩基、底模、一层混凝土、二层混凝土施工图

(三)施工总结

1. 施工过程

本次典型施工是2008年4月16日开始进行，5月8日15:40～21:40成功完成底层混凝土的浇筑，这期间经历了多次较大风浪的冲击破坏，详细见风力风浪情况统计表2-5-1，开始方案中选择底板为δ=20mm的竹胶板，在风浪的冲击下遭到了较严重的破坏，在经历了风浪破坏之后，及时总结和查明底板破坏的问题存在，并将底板的铺设改为δ=30mm厚且有较高强度的木板，并用槽钢对底板进行加固，在绑扎

钢筋前将槽钢拆除。

风力风向统计表

表 2-5-1

序号	日期	风　力	风　向	浪　高(m)
1	4 月 18 日	7 级,阵风 9～10 级	偏北风	1.5～3.2
2	4 月 19 日	6～7 级,阵风 8 级	偏北风	3.5～2.5
3	4 月 22～23 日	6～7 级	西到西北风	1.8～2.0
4	4 月 26 日	5～6 级,阵风 7 级	东北风	1.4～2.0
5	4 月 29 日	6～7 级,阵风 8 级	偏南风短时东北风	1.8～2.0
6	5 月 1 日	6～7 级	东风	1.5～2.2
7	5 月 4 日	6 级,阵风 7 级	南风	2.0
8	5 月 5 日	6～7 级,雷雨时 8～9 级	东北风	2.0～3.0

2. 施工过程中采取的主要措施

本次典型施工的主要难点在于底板铺设完毕后如何尽快进行第一层混凝土的浇筑,确保承台底板和钢筋在混凝土浇筑前的安全,针对施工区域海况差、底板高程较低,施工期间风浪对底板易造成破坏等特点,采取了以下措施:

1)铺底方木的加固

由于承台底高程为+2.10m,施工区域平均潮位在+0.93m 左右,施工期间遇到大风浪后,底板受风浪的影响易破坏,针对上述特点,采用在铺底方木和槽钢之间用"n"卡形式的 10 号圆钢焊接代替了原来用钢丝绑扎固定木枋的工艺,在经过 5 月 4～5 日风浪后表明,该方法是成功的。

2)钢筋绑扎采用机械连接

钢筋绑扎采用钢筋或剥肋滚轧直螺纹套筒连接后,现场钢筋绑扎效率大大提高,节约了海上作业时间,有效地保证了工期。10 区三分之一幅承台钢筋数量 50t 多,浇筑一次混凝土所用的钢筋至少需要绑扎 36h 才能完成,经过本次典型施工后,如何提高钢筋的绑扎效率成为关键。

3)钢筋绑扎前的底板上预留消滚孔

底板铺设完毕后,在两排桩之间的底板上预留宽约 500mm,长为 20cm 的消滚长孔,第一层钢筋绑扎后在消滚孔处铺设木板,这样有效地减少了波浪对底板的破坏程度,抵挡住了 8～9 级风天气的波浪冲击,已铺底板没有出现大的损坏,只有东北角底板出现了部分底板钢钉被拔出木板的现象,但是木枋和"n"没有任何的损坏,这也说明该施工工艺能满足目前海况的施工要求。

3. 结语

码头承台的典型施工方案是适合东营港扩建过程的海况条件的,同时也说明该工艺是成功的,方案是可行的。

第二节 承台三层施工主要工艺流程及施工方法

一、施工流程

绑扎承台前后沿钢筋、电缆沟钢筋→支立侧模、电缆沟模板→浇筑第一次混凝土→绑扎顶层钢筋→支立侧模→浇筑顶层混凝土→面层二次抹面→养护。

二、施工工艺

码头承台第三层分两次进行施工，第一次浇筑厚度为＋4.00～＋5.34m，横向以电缆沟为界，电缆沟与承台前沿之间的混凝土浇筑＋4.00～＋6.00m，电缆沟与承台后沿之间的混凝土浇筑为＋4.00～＋5.34m；第二次浇筑厚度为＋5.34～＋6.00m，即0.66m，包括现浇面层。

模板面板采用δ＝5mm钢板，竖向立柱采用[18槽钢，间距为600mm，两片模板之间采用[10槽钢作为连接肋板，水平环向横肋分内外两层，内层采用[5槽钢，间距200mm，外层采用[12槽钢，间距600mm。模板之间用M20螺栓连接，间距为200mm。为保证电缆沟顺直度，电缆沟内模板采用组合钢模板，采取一次支模的方式，内部采用[10槽钢作支撑，混凝土浇筑完毕后，人工拆除内模。混凝土采用拌和船搅拌后泵送入模、人工振捣，混凝土终凝后覆盖土工布洒水养护。

三、施工方案及步骤

(一)侧模支立

前沿侧模板高度为＋1.97m，单片长度为10m，作为浇筑安装挡浪板凹口和承台第三层混凝土的侧模板，后沿侧模板高度为＋1.44m。模板采用吊机现场组装，模板安装时，模板底部固定于承台第二层混凝土外侧预埋圆台螺栓上，调整好高程后上紧螺母，模板上口采用紧张器与承台竖向钢筋连接，并调整好模板的垂直度，然后在侧模板和承台竖向钢筋之间用[10槽钢作斜撑焊接固定。

承台电缆沟底模板和侧模板采用定型组合钢模，侧模板之间用[8槽钢固定，底模板调整好高程后，采用[5槽钢在底模板圆台螺母和承台竖向钢筋之间焊接固定，防止电缆沟底模在浇筑混凝土的过程中上浮。

(二)钢筋绑扎

钢筋在陆上加工运至现场，然后进行钢筋绑扎，钢筋采取二次绑扎成型，钢筋接头采用剥肋直螺纹工艺。第一次先绑扎承台前沿侧面钢筋，承台前沿与电缆沟之间的顶层钢筋，注意绑扎顶层钢筋时预留好胸墙的预留筋。承台后沿与电缆沟之间侧面钢筋绑扎至＋5.34m，承台后沿钢筋及竖向体积筋预留接头，方便顶层钢筋绑扎。第一次混凝土浇筑完毕后，即可进行上层钢筋绑扎。

(三)混凝土浇筑

混凝土浇筑采用搅拌船现场搅拌,泵送混凝土入模,人工振捣工艺。浇筑前,在底层混凝土接茬面洒淡水充分湿润,在混凝土施工过程中,加强混凝土的级配管理和坍落度控制,坍落度宜为 140～160mm,确保混凝土的可泵性。

布料时均匀浇筑,下灰分层厚度为 400mm。顺序宜从近模板处开始,先外后内,振捣间距不应大于 ϕ50 插入式振捣器有效半径的 1.5 倍,并保证垂直插入,保证上、下层结合成整体,不得出现漏振、过振现象,振捣时间控制在 20s 左右,下灰高度控制在 1.5m 以下。

为保证电缆沟底面的观感质量,立模时电缆沟底模板比设计底高程低 3cm,混凝土浇筑完毕后采用高强度等级砂浆找平。

第一次混凝土浇筑完毕后,在终凝前采用高压水冲法对混凝土表面进行冲毛处理。

第二次浇筑混凝土之前,沿码头承台纵向每间隔 3.5～4m 布置一条尺寸约为 5cm×5cm 的方形木条,该木条固定于顶层钢筋支架上,用于控制顶面高程和平整度。混凝土浇筑并用滚杠提浆、刮杠找平,找平混凝土表面后,将木条起出,用新鲜混凝土填平并振捣密实,然后进行人工抹面。

(四)混凝土养护

混凝土浇筑二次抹面压实后应及时覆盖土工布,洒淡水潮湿养护,防止混凝土出现裂缝。面层混凝土强度等级达到 C10 后用锯缝机锯缝,假缝宽 3mm,缝深 30～40mm,承台横向切缝沿横梁轴线 8m 一道,纵向切缝设两道,沿承台前沿间隔 5.5m 一道。

(五)侧模拆除

模板拆除时,先拆除支撑模板的斜撑,然后人工拆除模板底部圆台螺母螺栓,方驳吊机挂钩加力逐片吊拆模板,存放于方驳上运至下一幅承台施工。

第六章 挡浪板的预制及安装

东营港码头采用了悬挂挡浪板的桩基承台结构，挡浪板和胸墙有效地阻挡了波浪集中的中上部，在外海恶劣条件下对港内形成了有效掩护，下部的透空结构允许部分海流和泥沙通过，尽量降低对海流泥沙运动的影响。此种结构形式在外海深水半开敞式有掩护码头中为国内首次采用，挡浪板为悬挂安装，单重124t，高10.6m，宽3.9m，底高程为－8.5m；安装后基本在水下，受波浪、水流影响巨大。

第一节　挡浪板预制

一、底胎浇筑

共建12个底胎，采用C30混凝土底胎，最低地方离地面15cm，四周用3cm×3cm角钢护边，角钢外黏上止浆橡胶片。底胎长10.6m、宽3.9m(10个)，长10.6m、宽2.9m(2个)。沿着长度方向在靠近牛腿一侧铺上长3m、厚4mm钢板，刚度宽度与底胎相同。角钢和钢板都需要锚固筋固定，钢板与锚固筋焊接在一块，表面打磨光滑。板的锚固筋行距和排距都为1m，护边角钢的锚固筋1m一个。底胎上留有拉条口，平均75cm一个，与模板立柱位置相对应。底胎要求表面平整，高差控制在2mm之内。

二、钢筋绑扎

每次钢筋绑扎前都要仔细看完图纸，图纸有不清楚或钢筋表与图纸不符地方要问技术主办。看完图纸后对照钢筋表下料。

下完料之后依次绑扎，绑扎时要注意扎丝头弯向钢筋骨架内侧。扎丝余额在2cm之内，多余部分要剪掉。

挡浪板钢筋绑扎见图2-6-1。

三、模板支立

混凝土分两次浇筑，相应模板分两次支立。第一次安装翼板模板和0.35m高腹板模板，第二次安装 2.65m 高腹板模板。模板安装前先进行清理整修，模板表面均匀涂刷脱模剂。模板安装的高度要高于预制板的精度，模板施工时用水准仪及经纬仪控制模板的平面位置、高度及垂直度。模板的安装与钢筋绑扎工作配合进行。模板高度和垂直度由下肢腿调节丝杆调节，无丝杆的支腿用木楔进行支垫不得悬空。各部分连接螺栓拧紧，保证拼缝严密不漏浆。

组装完成的挡浪板预制模板见图 2-6-2。

图 2-6-1　挡浪板钢筋绑扎

图 2-6-2　组装完成的挡浪板预制模板

四、混凝土工程

由预制场集中伴和，混凝土运输罐车运输、履带吊吊罐下灰浇筑。拌制混凝土所使用的各种材料经过检验并符合规范要求。各种计量器具应通过鉴定并合格。对集料的含水率应经常进行检测，雨后应增加测定次数，据以调整集料和水的用量。混凝土浇筑前检查各项准备工作，落实混凝土施工人员到位情况、模板是否严密，检查钢筋的排距及保护层是否正常，检查板内预埋件位置和固定情况，检查使用的机具设备是否正常。一切就绪后方可下达混凝土浇筑令开盘预制。

挡浪板的混凝土浇筑见图 2-6-3。

图 2-6-3　挡浪板的混凝土浇筑

浇筑：混凝土的浇筑分两次，每次都要一气呵成连续浇筑完成，且都要从板的一端浇筑到另一端。第一次分三层浇筑，前两层每层 40cm 高，最后一层 35cm 高（中间腹板）；第二次分五层浇筑，每层 50cm。在第二次浇筑时，由于腹板外露钢筋比较多，每浇筑一层后再封堵下一次浇筑高度的腹板斜顶模。

第一层与第二层交接处要进行凿毛处理，凿完毛之后用淡水冲刷干净再进行第二层浇筑。浇筑完第二层之后对外露钢筋部分进行凿毛处理。每次凿毛都要在混凝土强度达到 30％之后。

混凝土应以最少的转载次数和最短的时间从搅拌站运到浇筑现场，混凝土从搅拌机中卸出到浇筑完毕的时间不得超过初凝时间。

振捣：采用 ϕ50 插入式振捣器，振捣时要注意和掌握“振点”、“振距”、“振时”和“振捣”方法。振捣棒不得振钢筋、模板，振捣棒离模板 10～15cm，移动间距不宜大于振捣器间距 10～15cm 并做到“快插慢拔”，振点呈梅花状布设，振捣时间为 20～25s 或查看振捣棒周围混凝土面部下降也可，振捣密实而不过振。

挡浪板强度达到设计强度的 20%～25%时方可拆模。模板拆除后应及时清洗修整，涂刷脱模剂后立即吊装到其他台座支模。

第二次浇筑必须在第一次浇筑的混凝土强度达到 70%后开始施工。

每月保证 36 块挡浪板的预制，台座 10d 循环一次。

五、混凝土养护

混凝土采用洒水养护，每天 3 次，温度升高后要适当地增加洒水养护次数。

挡浪板在后方临时预制场预制成型，挡浪板预制及现浇承台第一层混凝土时，注意在挡浪板顶面和承台现浇第一层侧面预埋 20mm 厚钢板，预埋后并反复检查，注意确保预埋件位置精确，便于安装后焊接。钢板尺寸为 400mm×400mm、800mm×1 000mm。

预埋件位置如图 2-6-4 所示，锚板示意图见图 2-6-5，牛腿大样见图 2-6-6。

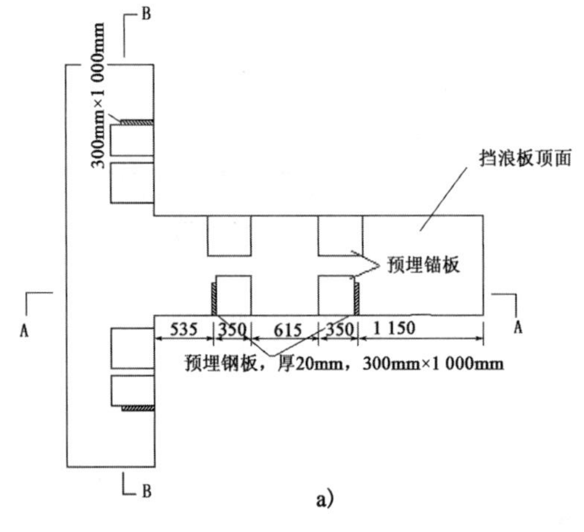

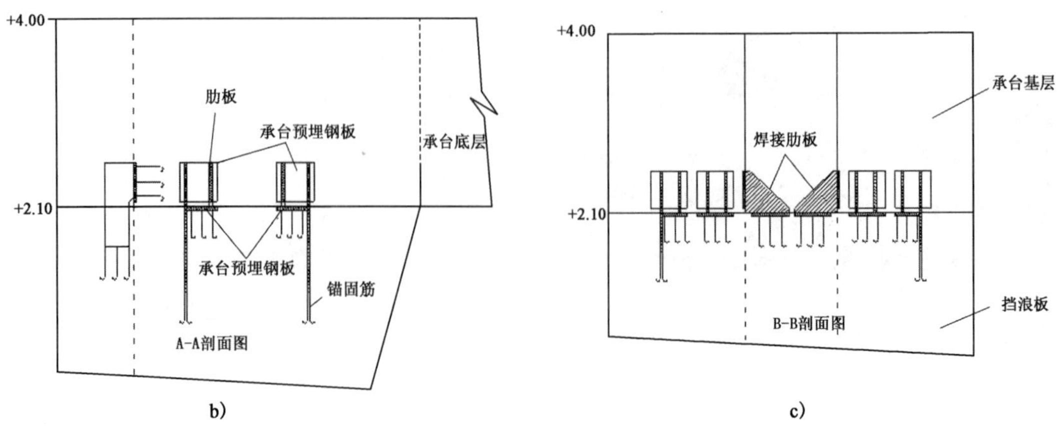

图 2-6-4　挡浪板顶面、承台侧面预埋钢板位置平面示意图(尺寸单位:mm)

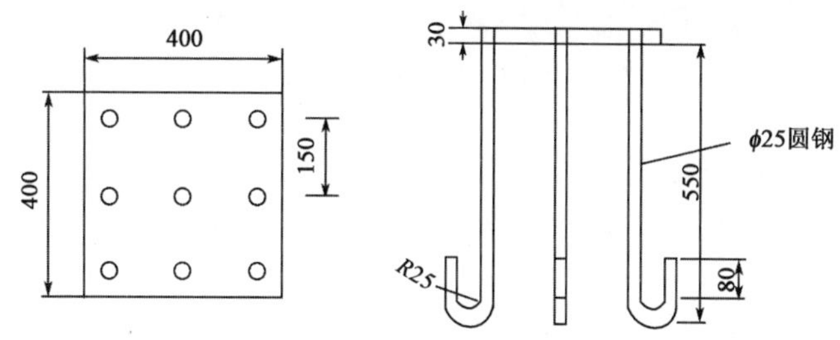

图 2-6-5　锚板示意图(尺寸单位:mm)

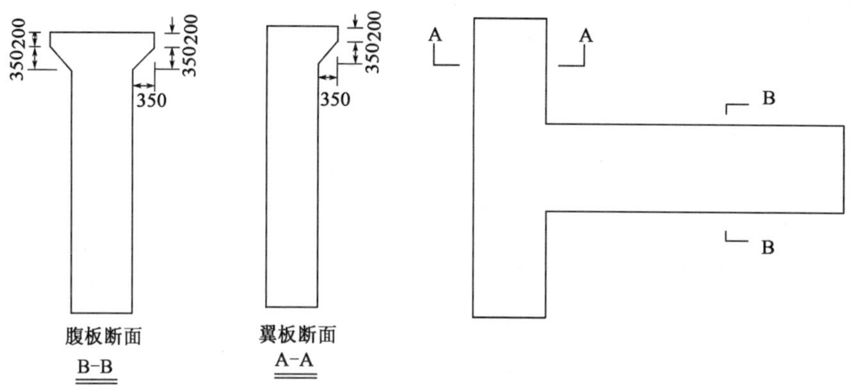

说明:挡浪板顶面 5cm 去掉,总长度变为 10.6m。挡浪板翼板、腹板设置一牛腿。

图 2-6-6　牛腿大样图(尺寸单位:mm)

第二节　挡浪板的安装

一、挡浪板的装运

挡浪板装运采用 300t 起重船装上方驳,拖运至施工区域,进行安装。预制完成的挡浪板见图 2-6-7。挡浪板装船位置示意图如图 2-6-8 所示。

图 2-6-7　预制完成的挡浪板

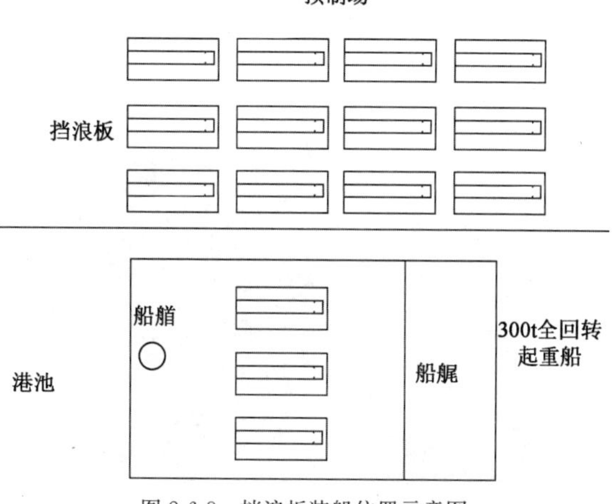

图 2-6-8　挡浪板装船位置示意图

二、挡浪板测量放线

承台第一层混凝土施工完成后，测放出挡浪板中轴线和承台预留凹口的中轴线，作为挡浪板安装的控制线，并反复核查。

三、船 舶 驻 位

船舶驻位示意图如图 2-6-9 所示。

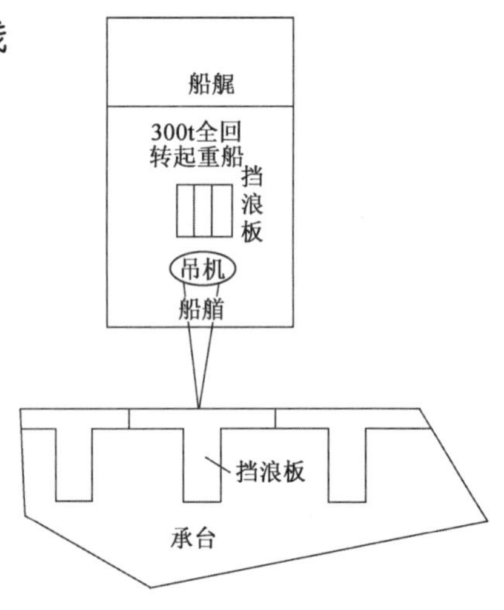

图 2-6-9　船舶驻位示意图

四、挡浪板吊立

(一)挡浪板吊点埋设位置及尺寸

挡浪板顶部设置四个吊点，吊点设置成吊耳板的形式，吊耳板采用 30mm 钢板，材质 Q345。下部翼板设置两个吊鼻，吊筋选用 ϕ50mm。钢丝绳选用 6×37-ϕ60.5，卡环选用 50t(4 个)和 70t(2 个)。

挡浪板吊立如图 2-6-10～图 2-6-13 所示。

挡浪板下部吊鼻预埋位置见图 2-6-14，挡浪板下部两吊鼻见图 2-6-15。

预埋件示意如图 2-6-16 所示。

图 2-6-10　挡浪板的吊立(入水)

图 2-6-11　挡浪板吊立(进入凹口)

图 2-6-12　挡浪板吊立(靠近凹口)

图 2-6-13　挡浪板吊立(靠近承台)

图 2-6-14　挡浪板下部吊鼻预埋位置(尺寸单位:mm)

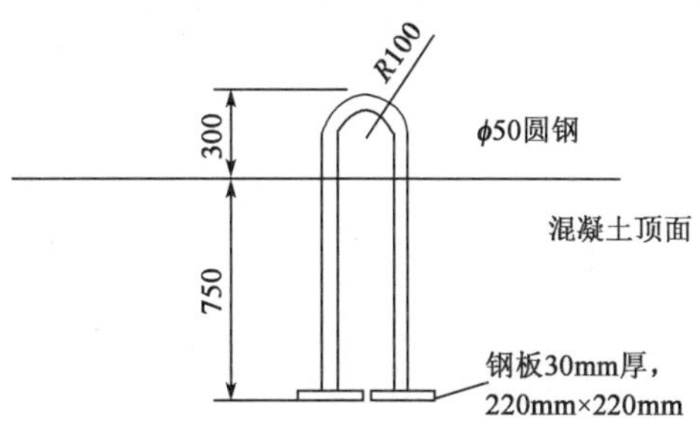

图 2-6-15　挡浪板下部两吊鼻示意图(尺寸单位:mm)

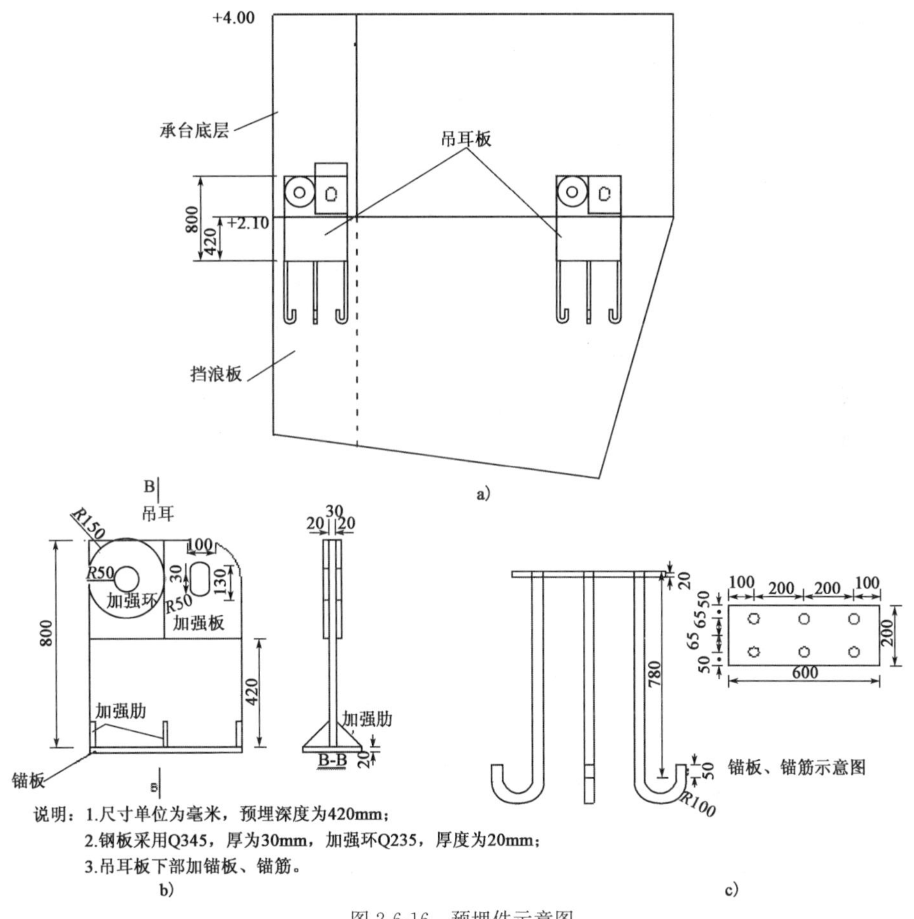

图 2-6-16　预埋件示意图

(二)挡浪板吊安过程

挡浪板起吊前先将组装两根 2.3m 的吊杆与腹板圆孔吊耳。起吊时,起重船左右主钩分别吊住挡浪板上部翼板处两吊耳,副钩吊住下部腹板处两吊鼻,将构件平吊,缓缓立起,起重机吊钩分布如图 2-6-17 所示。当构件处于竖直状态,起重人员摘除下部两吊点的卡环,此时将换下的大钩挂于上部腹板两吊鼻上,平移挡浪板至安装位置。挡浪板吊点示意如图 2-6-18 所示。

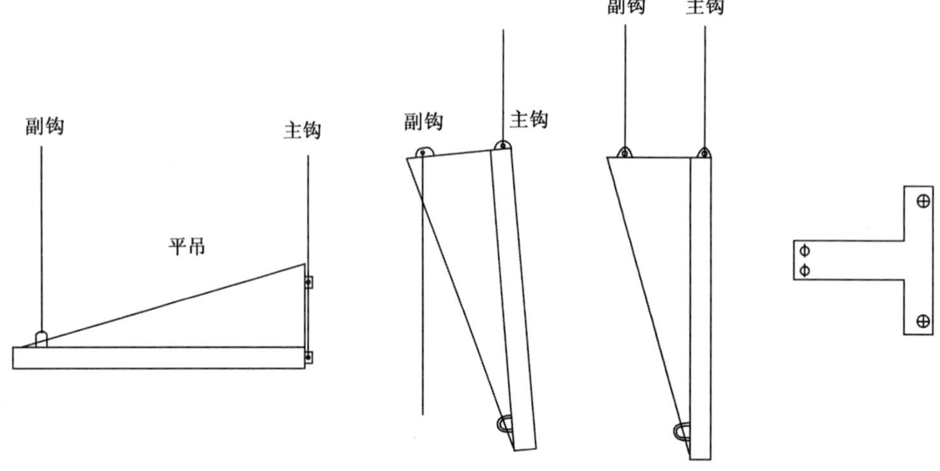

图 2-6-17　起重机吊钩分布图

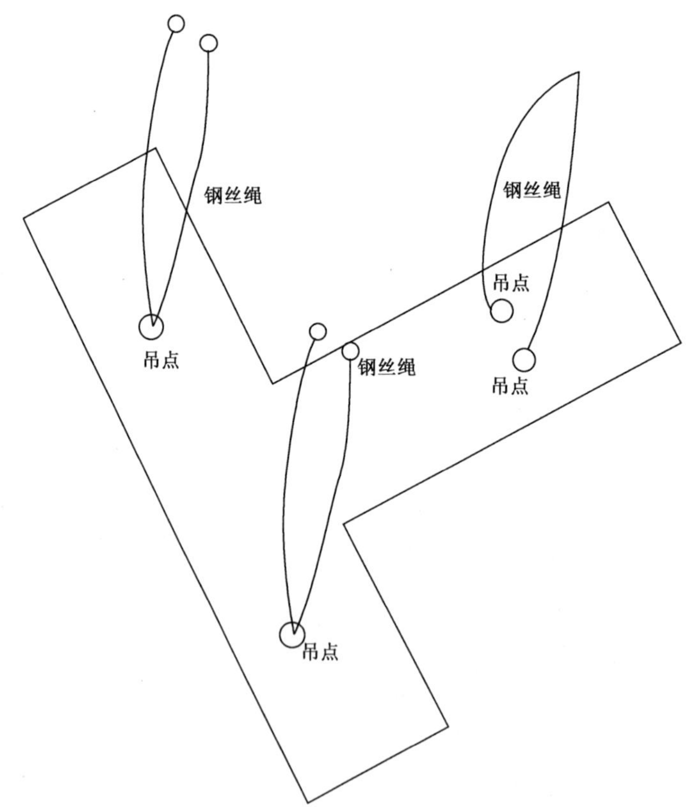

图 2-6-18　挡浪板吊点示意图

五、挡浪板安装

(1)安装前复核挡浪板和承台预埋件的相对位置。

(2)安装每块挡浪板时,起重船就位时吊机要正对挡浪板安装位置。

(3)在挡浪板的吊耳卡环上拴棕绳，分别引到承台上，以便协助起重船调整挡浪板位置。当挡浪板吊至安装位置距离时，牵引棕绳，稳住挡浪板，使挡浪板平稳进入预留凹口内，准确就位。

(4)挡浪板入凹口后，通过调整起重船扒杆来微调挡浪板位置，测量人员及时测量挡浪板顶面的平整度、高程，竖向垂直度，相邻两块挡浪板前沿线的错牙，使其控制在误差允许范围内。此时，起重船左右钩、副钩带劲，使挡浪板顶面靠紧承台底面。

如果挡浪板顶面高差加大，使高程较高的一侧下落与挡浪板另一侧在同一高程处，用钢板将缝隙塞紧。

(5)施工人员在挡浪板顶面钢板预留孔和螺杆(ϕ100)吊耳孔之间串 ϕ80 的销子，在螺杆顶部和槽钢([40)扁担结合处上紧螺帽，利用螺帽调整挡浪板顶面高程。最终保证挡浪板顶面和承台底面紧密结合，挡浪板顶面预埋钢板与承台侧面预埋锚板接触面紧贴。

人工将挡浪板顶面预埋钢板和承台侧面预埋锚板焊接牢固，注意焊缝通长，双面焊接。

(6)当挡浪板锚固筋与承台底部钢筋互相冲突时，人工进行调整。

对于挡浪板凹口两侧预留钢筋轴线位置偏差较小的情况，在挡浪板安装后凹口处钢筋连接采用焊接形式。

对于预留钢筋轴线位置偏差较大的情况，在不改变钢筋设置方向的前提下，采用 10mm 厚钢板连接焊接的形式，钢板宽度为 200mm，长度满足现场钢筋连接需要即可，钢板采用与钢筋材质相同的钢材。

挡浪板安装受波浪水流的影响较大，安装应控制在风力 5 级以下平潮时进行。

(7)利用靠尺控制检测上边线和垂直度，通过进一步调整最终使构件安装正位，用经纬仪校核位置，做到准确无误。

挡浪板安装侧面及平面图分别如图 2-6-19 和图 2-6-20 所示，挡浪板一组三块安装就位如图 2-6-21 所示。

第三节　承台混凝土施工及安装挡浪板技术保证措施

一、承台施工技术措施

(一)模板工程

底模板铺设后为防止风浪较大时波浪顶托力的影响，可以用在底模和桩之间焊接压杆或在桩周围焊接牛腿的方式将底模板压紧。

底模板铺设后，保证底模板的平整度。

侧模板支立后保证前沿挡浪板处的垂直度及平整度。

(二)钢筋工程

钢筋进场均要有原材料质保书，每次批钢筋进场后必须及时以书面形式通知监理和试验室见证取样，不同批次钢筋进场都必须进行跟踪试验(原材料试验和剥肋直螺纹套筒连接钢筋抗拉试验)，试验合格后方可投入使用。

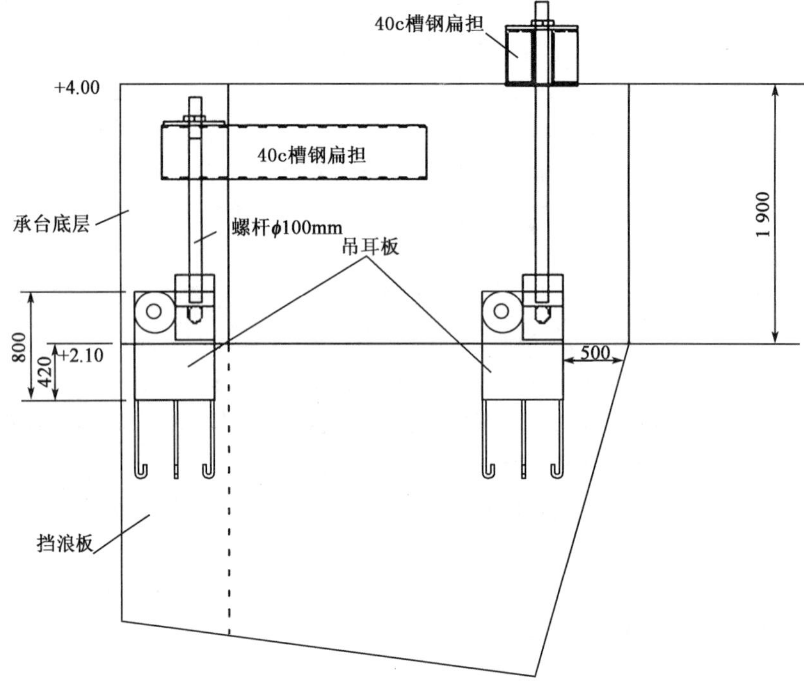

图 2-6-19　挡浪板安装侧面图(尺寸单位:mm)

钢筋半成品加工所进行的弯钩、折曲或其他加工时,均采用不会损伤材料的弯曲方法进行。

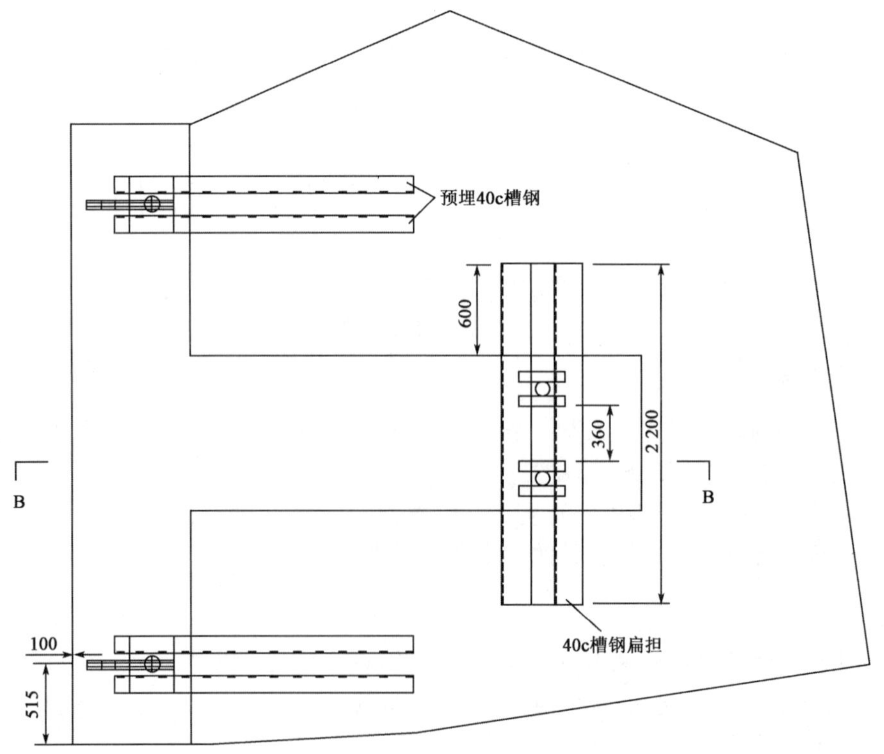

图 2-6-20　挡浪板安装平面示意图(尺寸单位:mm)

图 2-6-21　挡浪板一组三块安装就位

钢筋绑扎应按合理的顺序进行，铅丝应向内摁倒，不得进入保护层内，不得出现漏绑现象；绑扎完毕后，钢筋骨架应有足够的稳定性。

钢筋保护层必须符合设计要求，垫块绑扎数量及牢固程度要符合要求，垫块强度应不低于承台强度。

现场施工如有采取对焊的钢筋，单面焊搭接长度不小于 $10d$，双面焊搭接长度不小于 $5d$；套筒连接处钢筋接头满足抗拉强度要求。

钢筋遇预埋或安装预留孔适当移位，并采用附设加强筋措施。

(三)混凝土工程

混凝土分段分层浇筑，即混凝土从底层开始浇筑，进行一定距离后就回头浇筑第二层，如此向前呈阶段推进，分层浇筑厚度为 500mm。

混凝土采用插入式振捣棒振捣，振捣时按照"快插慢提"的原则，不得过振和漏振。振捣时，然后从近模处开始，由外至内，按移动间距不大于振捣器作用半径的 1.5 倍的移动间距分层振捣。振捣时，应尽量避免碰撞模板、钢筋、预埋件等。

混凝土分层施工，层与层之间存在新老混凝土接合问题，为保证接茬质量，每层浇筑混凝土之前，先浇筑 20～30mm 厚，高于混凝土强度等级为一级的砂浆；为保证施工缝处混凝土强度，浇至分段顶面之后，刮去表面浮浆，初凝后终凝前，进行冲毛处理。冲毛须保证冲掉混凝土表面的砂和浮浆，石子露出 1/3 高度，在浇筑下一层混凝土前，将施工缝湿润冲洗干净，施工用淡水由交通船进行补给，半幅承台形成后直接在承台上方安装蓄水罐。

混凝土浇筑完毕后，及时做好混凝土的测温工作。

二、质 量 要 求

平面位置放样或高程测量必须认真、细致、精确，测量标识清楚，并经自检和专职质量员抽检后方可进入下道工序施工。

大管桩(组合桩)应注意将桩顶松动石子或混凝土块凿干净，并保持桩顶平整。

钢围囹应具有足够的强度、刚度、稳定性和整体性，围囹施工结束后及时复测高程，吊筋必须采用双螺母，并将螺帽与吊筋点焊。

铺底搁栅、底模板铺设要求牢固、平整，底板拼缝严密，吊筋处用木块或橡胶块堵孔，底板四周应钉三角条。侧模支立牢固，上口平直，拼缝严密，拼缝应用海绵绵条止浆。模板应定期维修和保养，使用前涂刷脱模剂。

混凝土垫块强度必须达到设计要求，扎丝应插入垫块中间。

现浇混凝土所用原材料须有质保书或试验、复验报告，并做好混凝土配合比设计。

挡浪板预制及现浇承台时保证其预埋件相对位置精确。

挡浪板安装选择风浪较小的天气，并选择平潮时安装。

挡浪板安装后及时进行焊接加固，焊接时保证焊接质量。

安装挡浪板时，其锚固筋与承台底部钢筋互相冲突时，及时进行调整。

挡浪板安装后，可采取在挡浪板和承台接触面之间垫钢板的方式调整挡浪板的位置。

三、质量控制标准、检验方法

现浇承台允许偏差、检验数量和方法见表 2-6-1。构件安装控制标准，检验方法见表 2-6-2。

现浇承台允许偏差、检验数量和方法　　表 2-6-1

<table>
<tr><th>序号</th><th colspan="2">项　　目</th><th>允许偏差(mm)</th><th>检查单元和数量</th><th>单元测点</th><th>检验方法</th></tr>
<tr><td>1</td><td colspan="2">轴线位置</td><td>50</td><td rowspan="7">每个构件
(逐件检查)</td><td>2</td><td>用经纬仪和钢尺测量</td></tr>
<tr><td>2</td><td rowspan="2">截面尺寸</td><td>长度</td><td>±20</td><td>2</td><td rowspan="2">用钢尺测量各边</td></tr>
<tr><td>3</td><td>宽度</td><td>±15</td><td>2</td></tr>
<tr><td>4</td><td colspan="2">顶面平整度</td><td>6</td><td>2</td><td>用 2m 靠尺和楔形塞尺</td></tr>
<tr><td>5</td><td rowspan="2">高程</td><td>顶面</td><td>±15</td><td>4</td><td rowspan="2">用水准仪检查四角或搁置面中部</td></tr>
<tr><td>6</td><td>搁置面</td><td>+5</td><td>2</td></tr>
<tr><td>7</td><td colspan="2">侧面竖向倾斜</td><td>5H/1 000</td><td>2</td><td rowspan="3">用经纬仪、吊线和钢尺量相临两侧面用钢尺测量垂直两方向，取大值</td></tr>
<tr><td>8</td><td colspan="2">预留孔位置</td><td>20</td><td rowspan="3">每个预埋件、铁件(抽查 50%)</td><td>1</td></tr>
<tr><td rowspan="2">9</td><td rowspan="2">预埋铁件</td><td>位置</td><td>20</td><td>1</td></tr>
<tr><td>与混凝土表面错牙</td><td>5</td><td>1</td><td>用钢尺测量</td></tr>
</table>

构件安装控制标准、检验方法　　表 2-6-2

<table>
<tr><th>序号</th><th>项　　目</th><th>允许偏差(mm)</th><th>检查单元和数量</th><th>单元测点</th><th>检 验 方 法</th></tr>
<tr><td>1</td><td>轴线位置</td><td>30</td><td rowspan="4">每块构件
(逐件检查)</td><td>2</td><td>用经纬仪和钢尺测量</td></tr>
<tr><td>2</td><td>迎水面和侧面竖向倾斜</td><td>H/100
且不大于 30</td><td>1</td><td>吊线用钢尺测量或用测斜仪测量，取大值</td></tr>
<tr><td>3</td><td>前沿线</td><td>20</td><td>2</td><td>用经纬仪和钢尺测量</td></tr>
<tr><td>4</td><td>顶面高程</td><td>±15</td><td>2</td><td>用水准仪检查两端</td></tr>
</table>

第七章 码头挡浪墙、排架及面层的施工

第一节　挡浪墙施工

一、工程概况

东营港扩建工程中的码头施工部分，包括30 000DWT多用途泊位两个。两个泊位呈“L”形布置，夹角为100°，1号泊位宽79.7m，2号泊位宽56m，泊位长度2×302m，码头面高程+6.0m，前沿水深为-13.0m(当地理论深度基准面)。

码头后方20m宽度为承台区域，每结构段为整体现浇的钢筋混凝土结构。其中包括挡浪板安装以及现浇上部胸墙，现浇部分混凝土用量为57 746mm^3，混凝土强度及抗冻等级为C40F300。每半幅承台的挡浪板在承台底层混凝土达到80%强度后安装，承台底层混凝土浇筑厚度为1.9m，安装完毕后浇筑此半幅的顶层混凝土。

为了减少混凝土的收缩影响，每个结构段的承台沿纵向分两次浇筑，中间预留后浇带，后浇带至少一个月后浇筑；为安装挡浪板，承台沿垂直向分三次浇筑，底层混凝土浇筑厚度为1.9m(分两次浇筑0.9m+1.0m)，顶层混凝土浇筑厚度为2.0m。承台混凝土强度达到设计强度的80%以上时，方可安放挡浪板。

码头承台外沿上方为现浇挡浪墙施工，一号泊位挡浪墙高程为+6.00～+8.90m，二号泊位挡浪墙高程为+6.00～+10.40m。现浇挡浪墙混凝土总方量为4 233m^3，混凝土强度等级为C40，标准长度62m。

1号泊位挡浪墙一次浇筑成型；2号泊位挡浪墙分两层浇筑，底层浇筑高程为+6.00～+8.0m，顶层浇筑高程为+8.00～+10.40m。模板为整体钢模板，采用承台上履带吊机与方驳吊机支拆，拌和船浇筑混凝土。

工程现状：截至2006年9月25日，承台底层混凝土全部浇筑完毕，为承台上部的施工奠定了坚实的基础；截至2006年年底承台二层全部浇筑完毕，并成功浇筑7次三层混凝土，累计浇筑混凝土方量34 000余方，圆满完成业主节点工期施工任务。2007年承台剩余工程量

24 000余方，挡浪墙 4 000 余方。

二、挡浪墙施工主要工艺流程及施工方法

（一）工艺流程

施工准备→测量控制→支立模板→绑扎钢筋→模板加固→混凝土浇筑→拆模、养护。

（二）测量控制

由测量人员施放挡浪墙前后控制线，并在承台三层混凝土面弹上墨线加以控制，确保挡浪墙前沿线顺直度。

（三）模板工程

1. 模板结构

挡浪墙模板使用整体钢模板，模板每片长度为 8m，在后方场地加工完成，方驳运输至现场，采用承台吊机或方驳吊机支立。

模板结构：模板面板为 $\delta=5$mm 钢板，横肋为[8 钢槽，间距为 400mm；采用桁架作立柱，间距 750mm，桁架采用[8 钢槽，两片模板之间采用 7cm×7cm 等边角钢作为连接肋板，两片模板之间采用 M16 螺栓连接，螺栓间距 200mm，模板拼缝之间设置 $\delta=5$mm 厚的橡胶止浆条。

胸墙模板采用钢模板，一次支立成型，如图 2-7-1 所示。

2. 模板支立

1 号泊位挡浪墙模板一次支立成型；2 号泊位挡浪墙后模分两次支立，第一次模板高程为 +6.0～+8.0m，第二次模板高程为 +8.0～+10.4m。

为便于混凝土内气泡排出，提高混凝土表面观感质量，典型施工时挡浪墙后模（斜面模板）模板板面上间隔开方形孔，孔尺寸为 150mm×400mm，振捣棒通过模板孔对混凝土进行振捣。

1）一号泊位模板支立

后模：首先支立后模，将模板焊接到浇筑承台混凝土时预埋的槽钢上固定生根，采用紧张器微调模板平面位置及顺直度，并用槽钢斜撑将模板上口与承台预埋槽钢焊接牢固，模板底脚也与承台三层混凝土预埋槽钢焊接牢固。

前模：采用钢三脚架固定在承台前沿的圆台螺母上，模板坐落在三脚架上，前后模板顶部采用顶拉杠连接，中部使用穿心螺杆，保证模板水平受力，穿心螺杆外套 PVC 管，便于回收利用拉杆。拆模后，用高强度等级砂浆堵塞圆台螺母孔洞。

模板底脚与承台接触面、模板与胸墙接触面采用 $\delta=5$mm 高弹性橡胶止浆条封堵缝隙。模板表面应平整，脱模剂应涂刷均匀，不得污染钢筋。

2）2 号泊位模板支立

前模：第一层后模支立并加固后支立前模，方法同 1 号泊位。

后模：分两次支立，第一层模板支立方法同 1 号泊位，第二层后模用槽钢焊接固定在第一层模板上，钉扣采用顶拉杠与前模连接，底脚处通过焊接在第一层模板上的顶丝固定，并采用槽钢作斜撑焊接牢固。

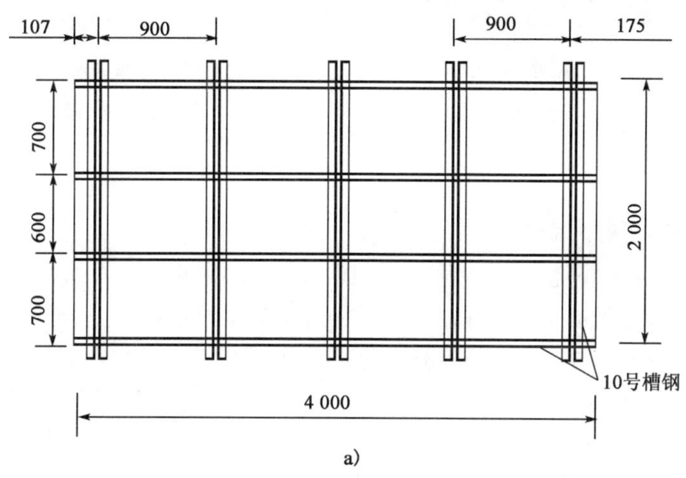

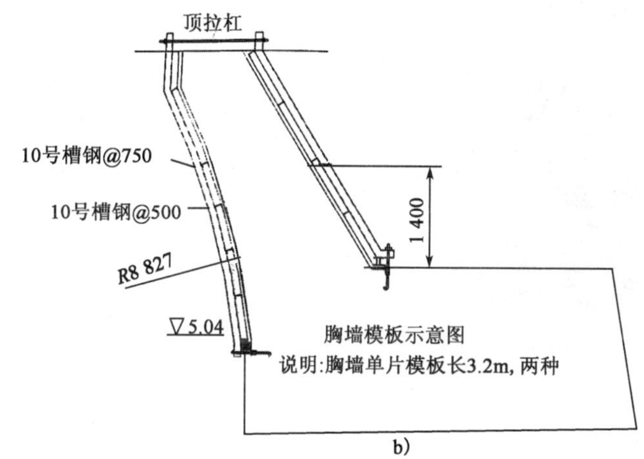

图 2-7-1　模板示意图(尺寸单位:mm)

3. 钢筋工程

(1)钢筋的加工在后方加工场地进行,方驳吊机组运送到施工现场,进行现场绑扎。

(2)钢筋形状、尺寸必须符合设计要求,加工工艺符合规范要求,钢筋表面应洁净、无损伤,油污、铁锈等杂物应在使用前清除干净。钢筋应平直、无局部曲折,否则应进行调直。

(3)钢筋绑扎必须牢固,施工过程中应焊支撑确保受力钢筋不产生移位,绑扎钢筋的铁丝扣应向里弯折,不得外伸。

(4)2 号泊位浇筑底层混凝土时,钢筋应预留足够的搭接焊长度,自检合格后,通知监理工程师验收,验收结束后方可进行下道工序施工。

(5)挡浪墙每 16m 设立一道伸缩缝,纵向钢筋遇到伸缩缝油浸木丝板时应断开。

4. 混凝土工程

(1)原材料检验

混凝土拌制前应按规范要求对沙、石等原材料进行抽样检验,合格后方能使用;水泥、外加剂要有合格证并经过抽样复验合格后方可使用。

(2)混凝土搅拌

混凝土搅拌时间根据规范要求设定控制,保证混凝土搅拌均匀,所拌制的混凝土必须具有良好的和易性和流动性,坍落度控制在120～160mm之间。试验室人员要监督并坚持现场抽样检验拌和物质量。

(3)混凝土浇筑

混凝土浇筑采用搅拌船现场浇筑,人工分灰,机械振捣的工艺。

挡浪墙混凝土每区分4块浇筑,分块长度为16m。浇筑前确定专人指挥拌和船布料杆浇筑位置及浇筑高度;混凝土搅拌时,竖向分层下料、振捣,分层厚度为30～40cm,振捣时人进入模板内部对混凝土进行振捣,振捣时,以混凝土泛出浮浆、无明显气泡冒出且不显著下沉为准;振捣间距不超过30cm。上层混凝土必须在下层混凝土振捣密实后方能浇筑,振捣棒插入下层混凝土5～10cm。振捣混凝土时一定要注意和掌握"振点""振距""振时"和振捣方法,做到"快插慢拔",振捣密实而不过振、漏振,顶面进行二次振捣。施工过程中加强对模板、钢筋的巡查,发现问题及时解决,最后挡浪墙顶面作抹面处理。

图2-7-2 胸墙混凝土浇筑

承台第三层混凝土预留一部分混凝土和挡浪墙混凝土一并浇筑。

2号泊位挡浪墙底层浇筑后混凝土表面采用冲毛处理,在新浇筑混凝土前,应先铺一层与新混凝土配合比相同的砂浆。

胸墙混凝土浇筑如图2-7-2所示。

(4)拆模、养护

由于外模板为承重结构,混凝土强度达到设计强度的80%方可拆模,模板拆除后应及时清洗修整并涂刷脱模剂。

挡浪墙拆模后覆盖土工布洒淡水养护,淡水采用交通船运输,养护时间为14d。

三、质量保证措施

(1)钢筋捆扎时,铅丝应向内摁倒,不得进入保护层内,不得出现漏绑现象;绑扎完毕后,钢筋骨架应有足够的稳定性。

(2)钢筋保护层必须符合设计要求,垫块绑扎数量及牢固程度要符合要求,垫块强度应不低于挡浪墙混凝土强度。

(3)挡浪墙每16m设一道沉降缝,钢筋遇到沉降缝模板应断开。

(4)模板支立完毕后,要反复校核,确保挡浪墙的平面尺寸及前沿线顺直。

(5)模板支撑要有足够的强度、刚度,浇筑过程中加强对模板的巡查,严禁有漏浆现象发生。

(6)混凝土每层浇筑厚度不超过30cm。

(7)混凝土振捣要密实,不得过振、漏振,挡浪墙顶面混凝土要进行二次振捣。

(8)加强施工现场管理,调动员工的积极性。

①所有施工人员进入施工现场,必须戴好安全帽,穿戴安全防护品,水上作业必须穿救生

衣,高空作业系安全带。

②进入现场的施工人员,要遵守施工现场各项管理制度,施工场地设安全警示标志。

③所有使用的电器设备均要设置防雨罩,工作结束后要及时罩上,关闭电源,并设专人负责,安全员定时检查。

④进行起吊作业时要设专人指挥,起吊索具定期检查更换。

⑤认真计算构件重量,合理配置吊机及锁具,严禁违章操作。

⑥施工机械由专人统一调配。

⑦海上夜间施工必须配备足够的照明设施,照明供电由各作业船上的供电设施提供,照明供电安全由值班电工负责。

⑧锚系设施的浮鼓一律涂刷荧光漆,夜间施工时锚泊标志清楚、醒目。

⑨施工现场配备值班拖轮,拖轮上设探照灯。

⑩夜间施工各施工作业点配备专职安全值班人员。

⑪夜间施工前要收听气象预报并监测施工现场海况,预测施工作业期间的气象变化决定施工时间。

⑫夜间施工交通,交通船的探照灯、导航设备、通信设备、救生设备必须完备齐全并符合使用要求。

⑬夜间作业的船舶,一律按规定开齐标志灯具,并严格按照当地港口施工作业船舶避碰原则执行,加强联系、瞭望、礼让,严防船舶碰撞事故的发生。

⑭大型船舶、拖轮、锚艇等在预报风力较大时,返回港池或锚地避风。

第二节　桩帽的施工

一、施工工艺流程

施工准备→夹桩铺底→灌注桩芯水下混凝土→桩芯内预埋槽钢→测量放线→吊安桩帽钢筋笼→支立侧模板→浇筑桩帽混凝土→养护→拆除侧模、底模→进行下一道工序施工。

二、施 工 步 骤

(一)概述

码头排架现浇桩芯混凝土强度及抗冻等级为C40F300,每根桩芯混凝土长度4.63cm,断面直径大管桩为0.91m。钢管桩为+1.156m,浇筑顶高程为+2.73m。

(二)夹桩铺底

首先进行夹桩铺底,在+1.50m左右设上下两层夹桩木,夹桩木采用25cm×25cm方木,长度4m,夹桩之间用ϕ25拉杆拉紧,夹桩木上铺部铺设10cm×15cm方木,间距为300mm,方木与夹桩木之间用12号铁丝绑扎牢固,底板采用2cm厚度模板,并钉于10cm×15cm方木上,底板之间缝隙用双面胶封堵,防止底板漏浆。

(三)灌注桩芯水下混凝土

1. 桩芯底模

桩芯底模板由 6mm 厚、直径小于桩内径 2cm 的圆形钢板和 6mm 厚、100mm 宽的钢板十字梁组成，制作时，圆形钢板根据桩芯钢筋笼主筋的位置，在钢板周边均匀地打 8 个孔，然后将桩芯钢筋笼主筋深入该孔，上下施以满焊，作为桩芯底模。

2. 桩芯钢筋笼加工

钢筋笼在预制场内集中加工制作，制作前应将钢筋调直、除锈，确保主筋无局部弯曲，在钢筋笼的上部桩顶位置焊上挂钩。为了确保保护层厚度，在钢筋笼上每隔 0.5m，沿笼周设定位钢筋环。

3. 灌注桩芯水下混凝土

(1)钢筋笼安装：采用方驳吊机安装，安装时由起重工统一指挥吊车驾驶员，待钢筋笼进入管桩后，调整钢筋笼，使其倾斜角度与管桩一致。下放至设计高程时，利用提前焊好的吊钩，将其悬挂固定在管桩顶部。

(2)导管安装：导管采用直径 30cm 的金属管，长度 4.4m。安放前，在导管上焊以吊鼻，待其下放至距设计混凝土底高程 0.5m 左右时，用 5 号槽钢穿过吊鼻，将导管悬挂固定在桩顶上。

(3)混凝土浇筑：混凝土由拌和船搅拌，泵送连续浇筑。首批混凝土不少于 1.0m^3，以保证首批混凝土浇筑后导管埋入混凝土内不少于 1.0m。在浇筑过程中，混凝土拌制能力、导管提升时间要协调衔接，使导管内始终充满混凝土，随浇筑面升高而提升导管。

混凝土中加入减水剂和引气剂，并适当提高砂率改善其和易性。

如因故中断，间歇时间不得超过 40min，混凝土坍落度不宜小于 150mm，并防止导管出空；若超过允许间歇时间或水已入管，则应等浇筑的混凝土强度达到 2.5MPa，并清除其表面软弱层后，方可继续灌注。

(4)表面软弱层处理：混凝土浇筑到顶部时，因顶层混凝土被海水浸泡，且顶部存有浮浆，其强度达不到设计要求，人工将其清除。

(5)混凝土二次浇筑：待混凝土表面软弱层清除完毕后，进行混凝土的二次浇筑，直至浇筑到设计顶高程，以保证和桩帽接触处混凝土的强度达到设计要求。

4. 桩芯内预埋钢槽

桩芯混凝土浇筑完毕以后，在桩芯预埋 4 根由双[12 槽钢组成的竖向钢梁。

(四)桩帽钢筋绑定

桩帽钢筋预先在预制厂加工并绑扎、焊接一部分套筋，由方驳上吊机配合安放；为保证桩帽的钢筋位置准确，侧模支立后，测量人员放桩帽中心线，钢筋工按钢筋的相对位置现场绑扎剩余钢筋，见图 2-7-3。

(五)支立桩帽侧模板

侧模板采用钢模板，用钢围囹和螺栓组装成型。板面采用 4mm 钢板，水平横肋分内外两层，内层横肋采用[5 槽钢，间距为 200mm，外层横肋为双[12 槽钢，间距为 600mm；立柱采用双[16 槽钢，间距为 600mm，模板顶面焊接两[30 横梁，间距为 490mm，横梁上部设置 4 个吊耳。模板在陆上拼装，施工时，在方驳上的吊机将组装好的组合侧模整体吊安在桩帽底模上，此时，模板上部两横梁正好搁置于桩芯预埋的竖向钢槽上，横梁与第一层夹桩木之间串吊杆(外套PVC管)连接，混凝土的重量主要依靠夹桩木的挤压力来承担，拆模时，松开两片侧模之间的连接螺栓和吊杆螺帽，用钢丝绳挂住4个吊耳，方驳吊机将侧模吊至甲板上。为了减少潮水对已浇筑混凝土的影响，组装侧模板时拼缝放置双面胶或泡沫塑料止水材料，在桩帽混凝土浇筑后用10mm橡胶板覆盖桩帽顶面防止冲刷。

双桩帽模板制作见图2-7-4。

图2-7-3　单桩帽钢筋安装图

图2-7-4　双桩帽模板制作示意图

(六)浇筑桩帽混凝土

桩帽混凝土浇筑超低潮，分层浇筑，分层厚度为40cm。顺序宜从近模板处开始，先外后内，振捣移动间距不应大于插入式振捣器有效半径1.5倍，且垂直插入，保证上、下层结合成整体，振捣时间控制在20s左右，下灰高度控制在1.5m以下。

(七)混凝土养护

混凝土养护采用浇淡水并覆盖土工布的方式，养护时间不小于14d。淡水由后方预制场经交通船运输至施工现场，人工洒水，并遮盖土工布保持水分。

(八)桩帽侧模、底模拆除

侧模采用方驳吊机拆除，注意侧模应在混凝土强度能够保证侧面及边角不因拆除模板而受损时方可拆除。侧模拆除先松开亮片侧模之间的连接螺栓，方驳吊机吊住侧模顶部横梁上的吊耳，吊模板至夹板上；底模板在混凝土强度达到设计强度的70%以后方可拆除。底模拆除时，用扳手松开夹桩木、铺底横梁之间的螺帽，使铺底主梁自由落下，方驳吊机配合拆除。

方驳吊机在拆除侧模和底模板过程中注意成品的保护，避免模板碰撞混凝土表面。

浇筑完成的部分桩帽见图2-7-5。

图2-7-5　浇筑完成的部分桩帽图

(九)施工注意事项

(1)桩帽底模板支立完成后测量复核高程,误差大于5mm的通过调整吊底主梁螺栓加以校正,确保底板高程无误后方可放设桩帽底板线并测量桩基偏位,施工人员根据墨线布设木八字条,为保证位置及高程准确,测量人员必须进行二次校核,施工人员根据已经施工完的桩帽穿线复核,确保准确后安放钢筋笼。

(2)钢筋加工帮扎时必须确保钢筋规格、钢筋间距符合设计要求。钢筋的焊接质量要符合要求,成品与半成品完成后由钢筋班自检,合格后通知主办技术员和质量员进行专职检查,经检查合格报监理工程师验收。

(3)桩帽钢筋笼安装时为防止变形采用四点吊安。安装过程中设垫块,确保桩帽钢筋保护层准确,安放中如与桩芯外伸钢筋相遇时可适当调整桩帽钢筋位置,经检查合格后支立侧模板。

(4)钢筋保护层一律按照正误差控制。

(5)钢模板周转时注意保养、除锈,发现变形立即更换,侧向模板垂直度采用锤球校核。

(6)浇筑桩帽混凝土时要选择风浪小的天气,趁低潮作业。

三、质量检验标准

现浇桩帽质量标准见表2-7-1。

现浇桩帽质量标准　　表2-7-1

<table>
<tr><th>序号</th><th colspan="2">项　目</th><th>允许偏差(mm)</th><th>检查单元和数量</th><th>单元测点</th><th>检验方法</th></tr>
<tr><td rowspan="2">1</td><td rowspan="2">横截面尺寸</td><td>边长≤1m</td><td>±10</td><td rowspan="7">每个构件(边长大于2m的桩帽逐个检查;其他抽查20%且不大于10个)</td><td rowspan="2">4</td><td rowspan="2">用钢尺量各边中部</td></tr>
<tr><td>边长>1m</td><td>+20,−10</td></tr>
<tr><td>2</td><td colspan="2">搁置面平整度</td><td>5</td><td>2</td><td>用2m靠尺和楔形塞尺量中部垂直两方向</td></tr>
<tr><td>3</td><td colspan="2">搁置面高程</td><td>+5
−10</td><td>2</td><td>用水准仪检查</td></tr>
<tr><td rowspan="2">4</td><td rowspan="2">侧面竖向斜度</td><td>高度≤1m</td><td>10</td><td rowspan="2">1</td><td rowspan="2">吊线用钢尺量,取大值</td></tr>
<tr><td>高度>1m</td><td>$H/100$</td></tr>
<tr><td>5</td><td colspan="2">外伸钢筋位置</td><td>20</td><td>2</td><td>用钢尺量,取大值</td></tr>
</table>

第三节　码头排架梁板的施工

一、概　述

(1)东营港扩建工程码头工程段共需预制各种先张预应力板908榀,其中B1共502块、B2共136块、B4共270块,单块板最大吊重16t,混凝土设计强度等级为C45高性能。预应力钢筋采用ϕ25mm HRB400冷拉三级钢,弹性模量E_p=200 000MPa。

(2)典型施工名称:先张预应力板预制典型施工。

(3)典型施工地点:中港一航局东营项目部海港预制场。

(4)典型施工时间:2006年7月16日～2006年7月30日。

二、施工工艺流程

施工准备→清理底胎→安装预应力筋→调整预应力筋初应力→绑扎钢筋→预应力筋张拉→支立模板→校准、固定→自检、监理验收→浇筑混凝土→养护→拆模→强度达到设计要求→放松预应力筋并切断→混凝土凿毛→吊运、存放。

三、施工工艺流程先张预应力板预制施工操作要点

(1)普通钢筋由加工场统一制作,钢筋加工前将钢筋表面油渍、漆皮、磷锈等清除干净。钢筋平直,无局部弯折,成盘的钢筋和弯曲的钢筋调直。钢筋的纵向焊接采用闪光对焊。对于张拉钢筋,同一断面钢筋的焊接接头的数量不大于25%。

预应力筋下料长度通过计算确定,预应力板预制在长线台座预制,预应力筋下料时考虑台座长度、焊接接头、冷拉伸长值等因素。在台座张拉端和锚固端用精轧螺纹钢代替预应力筋,减少预应力筋工作长度。预应力钢筋的对焊接头,其轴线偏差不得大于钢筋直径的1/10,且不大于2mm,轴线曲折的角度不得超过4°。冷拉采用10t卷扬机、滑轮组控制冷拉率的冷拉工艺。典型施工经试验测定ϕ25mm HRB400钢筋冷拉率为5%。冷拉槽长58m,两端各浇筑长5m、宽5m、深1m的墩台一个,一端固定卷扬机,另一端固定回拉支架。两端各埋ϕ50mm地牛一个,用于固定夹具和滑轮组。张拉时动滑轮拉向卷扬机,通过钢丝绳连接同时将支架内配重拉起,放松后配重将动滑轮拉回。在冷拉槽内设标尺对冷拉长度进行控制。冷拉卷扬机前设置防护网,操作时站在防护网后,冷拉场地不准站人和通行。冷拉钢筋先上好夹具,离开后再发开车信号,发现滑动或其他问题,要先停车,放松钢筋后,才能重新进入操作。钢筋冷拉速率不宜过快,当拉到冷拉率时需稍停,然后放松。冷拉过程中,若对焊接头拉断,可切除热影响区重新焊接再拉,但不能超过两次。

(2)模板采用钢模板,外部用型钢焊接成整体骨架,并与板面进行整体焊接。为保证模板在使用中不发生变形,加大其强度及刚度,侧模板上部连接对穿拉条,放置侧模上部内支撑,固定模板上部尺寸,在两侧混凝土压柱上方支方木支撑,固定模板上部位置,以保证侧模板的垂直度和稳定性,模板底部包住混凝土底胎模,放置止浆条后,用对顶螺杆与压柱顶固。模板底部包住混凝土底胎模,放置止浆条后,用紧固螺栓将其固定。

(3)预应力板采用C45高性能混凝土,由预制场集中拌和,混凝土运输罐车运输、门机吊罐下灰浇筑。拌制混凝土所使用的各种材料应经过检验并符合规范要求。各种计量器具应通过鉴定并合格。对集料的含水率应经常进行检测,雨后应增加测定次数,据以调整集料和水的用量。混凝土浇筑前检查各项准备工作,落实混凝土施工人员到位情况、模板是否严密,检查钢筋的排距及保护层是否正常。检查使用的机具设备是否正常。一切就绪后可下达混凝土浇筑令开盘拌制。混凝土从板的一端循序进展至另一端,在接近另一端时,改为从另一端向相反方向投料。浇筑过程中以插入式振捣器振捣,振捣棒离模板10～15cm并做到"快插慢拔",振捣时间15s左右或查看振捣棒周围混凝土面不下降时停止,振捣密实而不过振。在浇筑过程中指挥人员随时观察混凝土振捣情况及模板位置,避免振捣棒振预应力筋。

(4)养护:由于采用高强度等级高性能混凝土,对混凝土的养护提出了较高的要求。在混

凝土浇筑完成初凝后马上开始养护，采取洒水覆盖土工布养护，根据气温的不同安排洒水次数，保证土工布湿润。

(5)当板体混凝土强度达到设计强度的20%～25%时方可拆模。模板拆除后应及时清洗修整，涂刷脱模剂后立即分节组装并吊装到其他台座支模。预制先张预应力板如图2-7-6所示。

(6)预应力工程施工。

①施工准备。

张拉锚固梁的中心线与底板中心线一致，其偏差不大于3mm，张拉时使压柱呈中心受压状态。对张拉千斤顶进行调试、校核、标定。在长线台座上，预应力筋用滚轧直螺纹套筒将两端头精轧螺纹钢、钢筋骨架中预应力筋连成一体。在锚固端，用紧母机分别对称、反复拧紧端头丝杆套筒，使各预应力筋初预应力相同，见图2-7-7。做好施工人员的安全、技术交底，并在施工作业区设立警告标志牌。

图2-7-6　预制光张预应力板

图2-7-7　预应力筋张拉

②张拉程序。

预应力张拉控制应力应符合设计要求，预应力张拉程序为：0→初应力→$0.2\sigma_{con}$→$0.4\sigma_{con}$→σ_{con}(锚固)。初应力调整采用千斤顶张拉法，施加10%的张拉应力，将预应力筋拉直，并持荷2min。在预应力筋上选定适当位置刻画标记，作为测量延伸量的基点。用专用扳手拧紧丝套，使各预应力筋初预应力相同。绑扎钢筋，垫好底部保护层垫块。开动油泵，进行预应力钢筋张拉，通过控制油表读数使千斤顶同步顶进，保持横梁平行移动，预应力筋均匀受力。张拉至σ_{con}，拧紧丝套，及时支立模板。测量、记录预应力筋的延伸量，并核对实测值与理论计算值，其误差应在±6%范围内，如不符合规定，应找出原因并及时处理。张拉结束后，将张拉钢梁上精轧螺纹钢丝套逐一拧紧。进行混凝土浇筑，尽量减少预应力筋持张时间。

③张拉过程控制。

张拉平衡缓慢，严禁急给油、紧张拉，张拉到规定数值时，待油压表指针稳定后再锚固，回油时应轻轻打开回油阀，缓慢回油。注意张拉钢梁的移动情况，如不平移应通过调整油泵分油器上的进油阀，调节各千斤顶的进油量，如上下翘起应回油放松，调整千斤顶的着力中心，如移动速度异常应回油放松，检查各预应力筋有无屈服现象或压力表有无失灵情况。

④预应力放张。

采用千斤顶放张法，放松及切断必须在混凝土强度达100%并经监理工程师批准后进行。放张时，先将千斤顶伸出20cm，与活动钢梁按张拉时的位置放好，连接螺纹钢，上紧螺母，千斤顶张拉缸供油。当固定钢梁上的螺母产生松动时,停止千斤顶供油,将螺母向后移动 20cm,此时将千斤顶张拉阀门慢慢打开,使千斤顶慢慢回缩,回缩停止后回油缸供油,使千斤顶回到初始状态。放松后,采用气焊切割,自放松端依次向另一端推进。

本板 2006 年 7 月 18 日完成张拉,从实际张拉效果看,按设计张拉应力张拉后,钢筋实际伸长量值与设计伸长量之间的差值均在规范允许偏差以内。7 月 30 日放张,经试验测定同条件试块强度均达到混凝土设计强度的 100%以上。

(7)构件的标识。

先张预应力板养护完成后,在板侧面位置对产品进行标识。标识内容:生产单位、构件型号、构件编号、生产日期。

四、施工工艺流程先张预应力板预制施工安全环保技术措施

开工前对参加施工人员(含农民工)进行技术交底的同时,要进行必需的安全交底,并执行《安全措施交底通知单》。施工人员进入现场必须戴好安全帽,浇筑混凝土时要注意做好高空作业安全措施。进入现场的施工人员,要遵守施工现场各项管理制度,冷拉及张拉场地设安全警示标志,并用彩旗绳做围挡,施工时禁止进入施工区域。所有使用的电器设备均要设置防雨罩,工作结束后要及时罩上,关闭电源,并设专人负责,安全员定时检查。冷拉卷扬机前设置防护网,张拉千斤顶后设防护钢板,施工时冷拉槽、张拉台座两侧不得有人停留。操作人员要站在防护措施后,防止预应力筋突然断裂伤人。施工人员不得站在张拉后的预应力筋上施工,避免应力筋断裂伤人。电器设备要定期检修,操作时要注意做好防漏电保护。进行起吊作业要设专人指挥,起吊索具定期检查更换。施工机械专人统一调配。夜间施工必须配备足够的照明设施,照明供电有安全值班电工负责。夜间施工各施工作业点配备专职安全值班人员。要严禁疲劳作业与酒后作业。特种人员必须持有上岗证和与之相对应的各种证件。要保持环境卫生,严禁往海中及施工现场乱丢垃圾。每次浇筑完混凝土后要马上对现场的遗漏混凝土和其他垃圾进行清理,并运到指定的位置。承包队伍现场安全员要守在施工现场,提醒现场工作人员保证安全。

五、施工质量情况及发现问题

2006 年 7 月 16 日~2006 年 7 月 30 日进行了先张预应力板预制典型施工。从拆模后的构件外观来看,外观尺寸较好,长度、宽度等检测项目的偏差均在规范允许范围内,观感较好。从整个施工过程及构件外观来看,典型施工基本达到了目的,但通过典型施工发现了一些问题,现概述如下:

(1)个别外露钢筋存在轻微偏倒现象。

(2)由于钢横梁限制,放张时专用紧母板手难以利用,个别丝套出现放松困难问题。

(3)混凝土施工外观较好,立面平顺、密实、平整度较好,无漏振、蜂窝等现象,但由于顶面面积较大,且压槽部分需要二次处理,局部存在细小的干缩缝。

六、工艺改进与解决措施

先张预应力板预制典型施工整体施工工艺与施工流程满足设计及规范要求,本次典型施

工是成功的。对典型施工发现的问题，及时组织研究，进行了原因分析并制订出整改措施如下：

(1)支立模板时控制好外露钢筋的断面的垂直度，保证模板支立完成后钢筋不偏倒。

(2)放张前将所有丝套拧紧，保证放张时每个丝套受力均匀，便于放松。

(3)控制混凝土坍落度，合理控制振捣时间，以减少气泡。控制混凝土入模温度，严格控制二次处理压槽混凝土的浇捣时间，在下层混凝土初凝前完成压槽处理并振捣密实，并加强混凝土养护，解决干缩缝问题。

图 2-7-8　预应力梁制作安装

经过典型施工总结，后续施工将采取以上各项措施，不断摸索经验，进行各方面的改进，使先张预应力板预制工艺趋于成熟，产品质量稳步上升。在以后的施工中，将进一步探讨施工技术，改进施工工艺，完善施工管理，严格施工操作。争取以优良的质量完成东营港扩建工程码头工程先张预应力板的预制施工。

预应力制作安装见图 2-7-8。

第四节　码头面层的施工

一、工程概况

东营港扩建工程码头工程 1 号泊位，排架部分为 302m×5 907m。码头前沿 3.6m 和区与区之间为现浇面板结构，其他部分为现浇叠合板结构。

码头预制预应力叠合板上方为现浇叠合板混凝土，厚度 150～250mm C45 PCI 混凝土。

现浇码头叠合板上方是码头面磨耗层混凝土，厚度为 50mm 的 C45 PCI 混凝土。

二、施工流程

板缝混凝土浇筑→面层钢筋绑扎→预埋铁件安装→侧模支立→面层分块浇筑。

三、施工工艺

(一)板缝及现浇板施工

1. 板缝施工

在面层施工前，首先完成板缝的施工。

钢筋在使用前现将表面漆皮、鳞、锈等清除干净，加工运输过程中要避免锈蚀和污染。安装板过程中难免发生板预留钢筋碰撞变形，在施工前须将变形钢筋调整后再进行下步施工。梁顶板缝间钢筋须焊接，钢筋焊接前，因板安装有误差，部分钢筋不在同一断面上，先把对应钢筋调整至一条线上，并把钢筋表面铁锈、油污及其他杂质清除干净。焊接时，钢筋采用单面搭接形式焊接，焊缝长度不小于 25cm。焊缝必须饱满、平顺，焊接完成后，把焊渣清除干净。梁顶部板缝钢筋焊接完毕后用高压水将板间杂物清理干净。

板缝钢筋绑扎完成后，铺设板缝底模板，模板采用竹胶板、60mm×90mm 方木拼接，使用 ϕ20 圆钢作为拉杆，与板上方 60mm×90mm 方木紧固在一起，拉杆外套为 ϕ30PVC 管，见图2-7-9。底模拆除后铺设模板时竹胶板和板底间贴止浆条，以保证浇筑混凝土时不漏浆。

图 2-7-9　板缝施工

2. 现浇区间板施工

区间板分两次浇筑完成，第一次浇筑时预留 10cm（包括磨耗层），作为第二次浇筑时收面用。施工采用吊底工艺，主梁（40 号槽，间距 3m）搁置在码头面层上，通过 ϕ25 吊杆下吊次梁（20 号槽，背对背使用），底模采用竹胶板（18mm）和方木（15cm×15cm，间距 20cm）制作的木模。变形缝施工时注意护边角钢要顺直，高程与现浇面层一致，并与钢筋焊接牢固，防止在混凝土浇筑过程中发生位移变形。

底模铺设后绑扎面层钢筋，面层主筋需与板钢筋焊接，焊接前清除钢筋表面铁锈、油污及其他杂质。焊接采用单面塔接形式，焊接要饱满平顺，焊完后清除表面焊渣。面层主筋不允许断开，见图 2-7-10。

3. 现浇前沿板底层施工

前沿 3m 的现浇板首先施工 25cm 厚，拆除底模后，再一次性完成上面的现浇板施工，见图 2-7-11。前沿梁节点施工完毕后，在节电处布置双[40a 的槽钢作为支撑墩，利用[20 的槽钢放置在相邻支撑墩上作为扁担，下吊双[10a 的槽钢作为铺底的主梁，吊杆采用 ϕ20mm 螺栓穿塑料管。主梁上铺设木搁栅，搁栅采用 150mm×150mm 木枋，间距 30mm，要求在两侧沿纵向根据高程先各绑好一根木枋，并用水平尺调平，然后在该两根木枋上拉好建筑线，其他搁栅依线调平布设，以保证整个搁栅顶面高程一致。木搁栅铺设后上部铺设厚 18mm 的竹胶板做底板。

图 2-7-10　现浇板的钢筋绑扎

图 2-7-11　现浇前沿板底层施工

（二）轨道槽施工方案

前沿现浇板施工后进行施工前轨道槽施工。施工前测量工施放轨道槽位置及高程线，并在预埋轨道螺栓上焊接挡板，轨道槽模板安放在挡板上即时设计底高程位置。护边角钢通过螺栓固定在轨道槽上,模板开口呈上下椭圆状,可以上下调节护边角钢高程,调整好后拧紧螺丝护边角钢加固完毕。板上分缝位置堵头模板支立须顺直并加固牢固,防止模板在混凝土浇筑过程中发生位移,影响切缝顺直度。钢筋绑扎完毕后即可进行混凝土浇筑,本次浇筑至轨道槽前侧,并在此设置分缝。

后轨道槽模板支立及预埋角钢加固方式同前轨道槽施工。

(三)现浇前沿板顶层施工

浇筑前轨道槽后进行前沿现浇板顶层施工,前沿侧的模板采用整体钢模,利用预埋在边梁上的圆台螺母生根,上面采用顶拉杆固定在轨道槽模板上。护轮坎与前沿现浇板顶层一次浇筑成型,前侧模板与前沿浇筑部分制作成一体,后侧模板通过顶拉杆固定在上部拉杆上,通过调整螺栓调整后模位置及高程,调好后拧紧螺钉并将模板底角用型钢固定在上部拉杆上。电缆槽通过顶拉杆悬挂在上部拉杆上,通过调整螺钉来调整电缆槽高程及水平度。

(四)面层施工顺序

前沿面层由船舶施工,模板支立及钢筋吊运由起重船完成,混凝土浇筑由拌和船完成。承台侧由吊机及拌和站施工。前后面层同步施工,待混凝土达到强度后,吊机移至浇筑面层继续向前施工,排架的前后沿分别向两端和中间施工。最后完成中间幅的施工。1 号泊位按从 1～5区方向施工。

四、配合比的设计及混凝土的选用

(一)配合比的设计

配合比的设计原则:满足设计规范及施工实际操作性能的前提下,尽可能减少水泥及水的用量,以减少码头面层裂缝质量通病的发生。

本工程码头面层混凝土设计采用坍落度 8～10cm 的 C45 PCI 混凝土,施工时需根据运距、季节情况,考虑坍落度损失,合理配置混凝土坍落度。若采用拌和船供灰可适当调整坍落度。

(二)混凝土供应

码头面层混凝土由承台拌和站或拌和船生产,其中码头前沿根据现场情况决定是否采用拌和船供灰;其余混凝土由承台上拌和站拌和,利用拖拉机托运至施工现场。

五、施 工 工 艺

(一)面层分缝原则

(1)为了减少码头面层裂缝,面层施工采取分仓、分缝浇筑的施工工艺。

(2)根据码头面层宽度以及码头预制板的布设间距,按照面层设计散水坡度,面层进行分幅浇筑。

(3)根据码头面层泛水和振捣工艺,1 号泊位分为 10 幅。排架部分的每幅按照每两块纵向板缝的位置进行分块浇筑,每个区设置为一块,并在板缝的位置设置一切缝。

(二)钢筋工程

(1)钢筋在后方预制厂进行加工,加工成型后运至码头区绑扎。

(2)码头面层钢筋搭接采用钢筋绑扎方式,采用双股铁丝间隔绑扎。需要焊接处按照规范要求进行焊接处理。

(3)设计码头面层钢筋与码头面平行,保护层厚度为 5cm,现场采用安设钢筋马凳来严格控制钢筋网片的高度,从而保证了钢筋保护层的厚度。

(4)面层混凝土浇筑时,在浇筑带的两端设置跳板(模板厚度 5cm),跳板下焊接钢筋支撑,避免施工人员直接踩踏在钢筋网片上。

(5)混凝土强度未达到 2.5MPa 以前,施工人员不得在已浇筑的面层上行走或运送工具。

码头面层钢筋如图 2-7-12 所示。

(三)预埋件安装

(1)所有预埋件埋设安装后,按照设计对轴线、高程、管线及预留孔的走向进行复核验收。

(2)除泄水孔及护边角钢外,其他面层上铁件应略高于周边面层 2mm,防止产生积水。

(3)所有软件在安装后,进行专门的保护,螺栓类铁件涂黄油并包裹,护边类铁件在混凝土边缘处粘贴美纹纸。在混凝土浇筑后,外露铁件应立即将粘有的砂浆擦拭清除干净。

图 2-7-12　码头面层钢筋

(4)轨道螺栓的预埋采用专用的轨道槽模板进行固定。安装时,根据设计位置测量放线定位加固,核对相应位置尺寸,控制螺栓高程,顶部高程误差控制在 5mm 内。

(5)所有接地线在面层浇筑前正确引出,并按规定进行电阻值测试。

(6)电缆槽安装做到顺直、平整,拼缝必须及时打磨,打磨后及时进行冷喷锌防腐处理。

(四)模板工程

(1)模板在后方预制厂进行加工,采用木模和钢模两种模板,加工成型后运至码头区安装。安装前涂好脱模剂,拆除后由专人进行清理、保养和对方。

(2)模板安装前控制安装底高程,安装后复核轴线,做好混凝土浇筑面线。

(3)护轮坎处模板采用长条钢模,用 ϕ12 圆钢作对拉螺栓。

(4)码头面层分块侧模制作采用[6 槽钢加固。[6 槽钢固定在预制面板上引出的钢筋上,槽钢底部采用木模,确保钢筋保护层 50mm。

(5)模板安装后,在混凝土浇筑前,应及时将里面的垃圾、杂质等清理干净。

(五)浇筑方法

(1)排架前沿采用拌和船泵送或轮胎吊加吊罐的方式进行浇筑;其他部位 50t 吊车配合吊罐的方式进行。

(2)板缝梁顶混凝土应尽早浇筑,面层浇筑前,应对现浇工作面进行清理,并对预制面板等浇水湿润。

(3)相邻板块面层间隔应控制在5d左右,防止混凝土在整平过程中破坏原有板块的棱角。

(4)本工程为了保证码头前沿线的美观和减少水平施工缝,前沿护轮坎采用同面层一起浇筑的方式。

(5)根据天气情况安排面层混凝土浇筑的时间,避开午间高温时段、雨天和大风等不利的作业时间。

(6)面层混凝土浇筑时,严格控制坍落度,派驻专职试验人员在施工现场。

(六)混凝土的振捣、抹平和抹面

(1)混凝土通过料斗由50t吊车运送入模后,采用人工初平,考虑到面层钢筋较密,用50型振动棒结合平板振动器进行振捣。

(2)面层混凝土在振捣平仓后,操作人员应避免在面层内的走动。抹面时操作人员在悬空的移动式平台上进行操作。

(3)本工程采用机器压收面及压光,人工配合施工。混凝土浇筑过程中,负责收面的施工人员应随时观察混凝土凝固情况,待混凝土终凝前,及时进行收面施工。步骤如下:

①机器提浆:待混凝土凝固至能上人后,由施工人员操纵收面机,来回拖动3~4遍,如果表面仍存在砂粒,应根据现场情况适当增加拖动次数。

②表面压光:采用机器压光,根据每幅长度及宽度,从一边逐次后退着进行作业,施工中,同一区域应重复作业2~3次,保证表面光洁。

③人工检查:边角处,安排专人进行收面及压光,机器压光后仍存在缺陷处,人工进行修饰。边角处收面施工安排专人进行,保证幅与幅接茬处混凝土表面平整、无错牙。

面层混凝土离工及抹面见图2-7-13和图2-7-14。

图2-7-13　面层混凝土施工

图2-7-14　面层混凝土的抹面

(4)人工收面时需注意处理好面层混凝土和预埋件结合面的处理,特别是泄水孔中心50cm范围内人工找坡,保证泄水孔与周边面层混凝土自然顺接和流畅过渡。

(5)面层侧模拆除后,混凝土若有过多渗出的,浇筑相邻板块前予以切除,减少边缘处的裂缝。

(6)面层进行拉毛处理:用排刷进行轻微拉毛处理,要横向拉毛,以面层不起砂为准,使用尺杆标定位置,做到线直面平。

(七)混凝土养护及防护

(1)混凝土养护采用淡水养护。覆盖土工布,减少水分流失。

(2)建立面层养护制度,定人、定时、定量进行浇水养护,始终保持土工布湿润。

(3)面层养护时间不得少于14d,面层浇筑后,必须实施标识管理。

(4)面层养护期间,应避免人员在相邻钢筋网片上过多的走动,减少振动和碰撞。

(八)切缝

(1)为避免新浇筑混凝土板块出现裂缝,浇筑完的面层必须及时进行切缝。

(2)切缝时间:主要取决于施工时的温差,一般控制混凝土的强度在10～15MPa。

(3)切缝深度:20～25mm;缝宽:4mm。

(4)切缝顺序:中间缝开始,再向两侧间隔切缝的原则进行。

(5)切缝时需注意混凝土本身的强度,如有啃边现象要暂缓切缝,待混凝土强度提高后再切缝。

(6)对条块之间的混凝土拆模后,如有毛边或不顺直情况,应先将边线切割平顺,再进行相邻板块的浇筑。

(九)护轮坎施工

(1)为预防护轮坎顶面抹面的不平整,应拉通长线控制。

(2)保证码头前沿线的顺直,护轮坎在码头每隔24m通长浇筑,遇系船柱分段。

(3)确保护轮坎分缝垂直,分缝处设置20mm厚沥青木板。

施工完成的护轮坎见图2-7-15。

图2-7-15　施工完成的护轮坎

六、雨季施工措施

及时收听天气预报,尽量避免雨天作业。可采取以下措施:砂石堆场设置排水沟;增加骨料含水率测定次数,随时调整搅拌用水量;及时排除模板内的积水;为预防在面层浇筑过程中的天气变化,面层施工前,准备相应跨度和面积的防雨覆盖物。

第八章 引桥面层及附属工程

第一节　防撞护栏的施工

一、工程概述

本桥桥面铺装主要有 8cm 厚 C40 钢筋网现浇桥面混凝土及 4cm 厚磨耗层。

伸缩缝设置：每个墩台均设有伸缩缝。

引桥两侧均采用墙式组合式护栏，为 C30 现浇混凝土。

泄水管：每隔 5m 设置一个。

二、桥面系施工工艺

本工程桥面系施工先进行防撞护栏底座的施工再进行桥面铺装的施工，桥面系施工工艺流程见图 2-8-1。

三、防撞护栏施工

(一)工程概述

本桥防撞护栏有以下两种结构形式：

(1)行车道两侧墙式组合式护栏底座几何尺寸为：上宽 283mm、下宽 500mm、高 815mm。

(2)输送带一侧护栏底座几何尺寸为：上宽 200mm、下宽 250mm、高 220mm。

混凝土强度等级为 C30，方量为 43 69.85m^3。

钢筋：ϕ8，重 7.1t；ϕ10，重 2.4t；ϕ16，重 358.525t。

(二)施工测量放样

安装模板前测量放出边缘防撞护栏底座施工基线，测出对应部位高程。

基线测量：分别以护栏底座内边线向车行道方向平移 20cm 所测定的线位为施工用基线。基线标示，以每 10m 设置一个控制点，由此确定防撞墙模底口支垫高度，进而控制防撞墙顶高程。

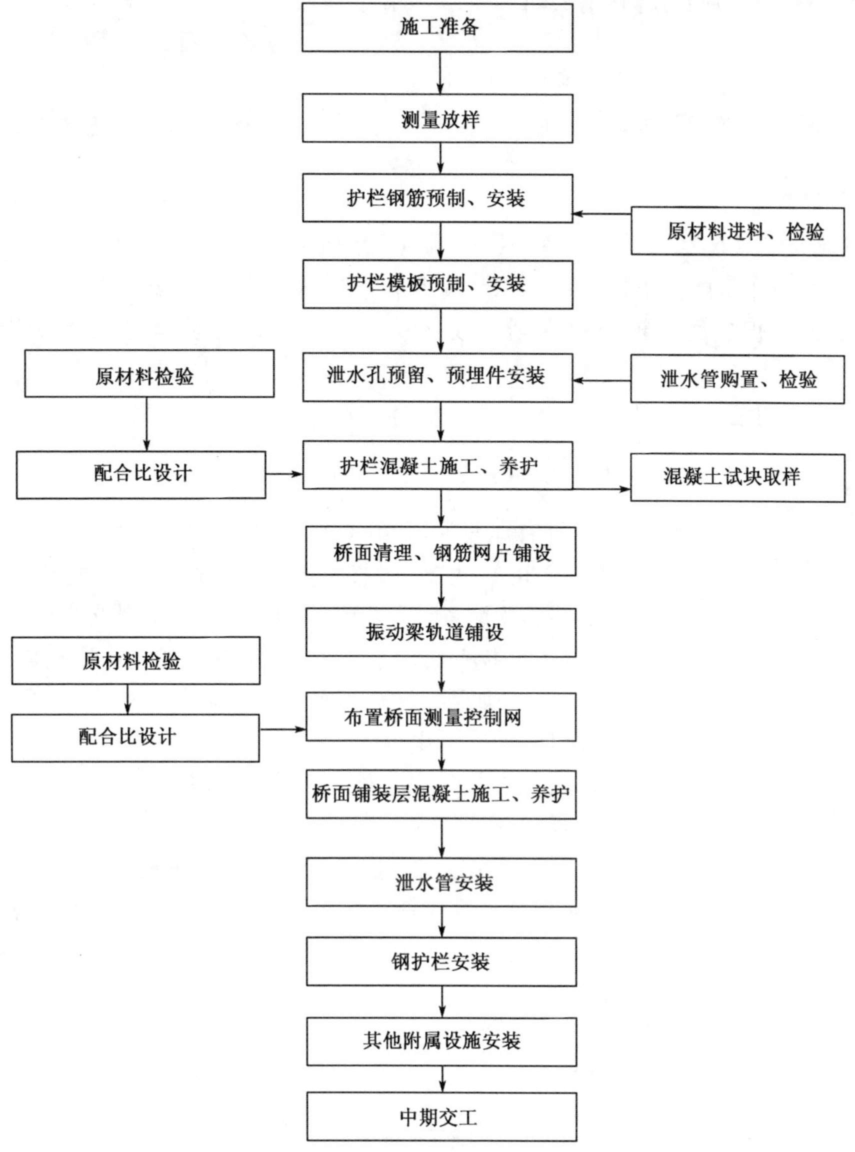

图 2-8-1 桥面系施工工艺流程图

高程测定:沿基线方向每设一水准点,每 5m 设点并标出高差调整值,以便施工及校核。

(三)钢筋工程

防撞墙钢筋在陆上钢筋加工场进行集中加工,然后由运输船运至施工现场,钢筋施工时需要带线施工,以确保钢筋的线形及高程。严格按照设计图纸并结合施工技术规范施工,施工时注意以下几个问题:

(1)钢筋外表有严重锈蚀、麻坑、裂纹夹砂和夹层等缺陷时,应予剔除不得使用。

(2)预留梁顶的护栏钢筋应逐根除浆、理顺、调直。

(3)控制好钢筋骨架的顶高程。

(4)钢筋交叉点应用铁丝绑扎结实,必要时亦可用点焊焊牢;绑扎用的铁丝要向里弯,不得伸向保护层内。

(5)按图纸要求准确埋置预埋件并固定牢固。

(6)按桥型泄水管设置要求,预埋泄水管,要求位置准确,固定牢固,不得进浆。

(四)模板加工

输送带防撞护栏底座和行车带防撞护栏底座施工用模板均采用定型钢模。

模板投入量:行车带防撞护栏底座 200m,输送带防撞护栏底座 100m。

模板组成:防撞护栏底座模板由内侧模板,外侧模板,堵头模板组成,模板分节长度为 2.0m/节。

模板设计示意图见图 2-8-2。

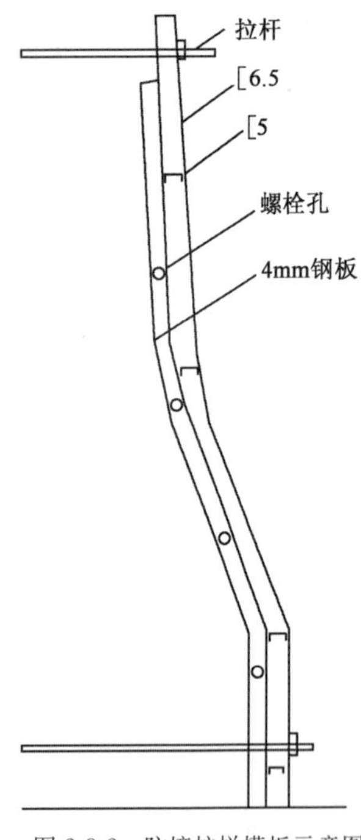

图 2-8-2　防撞护栏模板示意图

(五)模板安装

(1)所有防撞墙采用特制定型钢模板,钢模板每节长度为 2m,模板之间采用螺栓连接,设上、下拉杆。

(2)模板安装前,根据测量的模板高程控制点的高程,在模板底口先设砂浆找平层,各控制点砂浆找平层的高度根据各点实测高程和设计值确定,以控制防撞墙顶高程,内外侧模板均承重在砂浆找平层上,同时也可防止漏浆。

(3)模板安装时注意对泄水管的预留。

(4)模板安装要求:

①模板之间接缝采用双面胶,保证接缝的严密性。

②底模与砂浆找平层之间采用砂浆封堵,以防漏浆。

③模板采用机油和柴油的 1∶3 混合液作为脱模剂,涂刷均匀,保持清洁。

④保证护栏的断面尺寸。

⑤模板固定牢靠,不变形,不跑模(这是关键)。

(六)混凝土施工、养护

混凝土配合比 C40 由试验室经配合比试验后提供。水灰比不宜过大,缓凝时间小于 4h,混凝土要求和易性好,流动性强。

混凝土输送:混凝土由搅拌船拌和后经拖泵泵送到桥面,再用小型机动车运输到施工地点,人工入模。

混凝土振捣:采用阶梯式推进方式进行分层浇筑,分层厚度不超过 30cm,必须由熟练的操作工人负责振捣和收面。振捣采用插入式振捣,要求振捣密实。

混凝土养护:混凝土施工完毕,及时对混凝土进行洒水养护,拆模后继续采用覆盖式全天候洒水养生。雨天施工时,采用彩条布覆盖,防止雨水冲刷。

混凝土施工完毕,将钢护栏预埋钢板表面混凝土清理干净。

防撞护栏的混凝土施工见图 2-8-3,施工完成的防撞护栏见图 2-8-4。

图 2-8-3　防撞护栏的混凝土施工

图 2-8-4　施工完成的防撞护栏

防撞护栏混凝土质量检验标准、方法见表 2-8-1。

防撞护栏混凝土质量检验标准　　表 2-8-1

序号	检 查 项 目	规定值或允许偏差	检 查 方 法
1	混凝土强度(MPa)	在合格标准内	
2	平面位置(mm)	4	每 30m 或每 4 节段拉线检查
3	断面尺寸(mm)	+5	每 100m 用尺测量 3 个断面
4	竖直度(mm)	4	每 100m 用垂线检查 3 个断面
5	护栏接缝两侧高差	5	用尺量,每 100m 测量 3 处

桥面混凝土质量检验标准、方法见表 2-8-2。

桥面混凝土质量检验标准　　表 2-8-2

序号	检 查 项 目		规定值或允许偏差	检 查 方 法
1	混凝土强度		在合格标准内	
2	厚度(mm)		+10,-5	对比路面浇筑前后高程检查,每 100m 检查 5 次
3	平整度	IRI(m/km)	3.0	平整度仪:全桥每车道连续检测,每 100m 计算 IRI 或 σ
		σ(mm)	1.8	
4	横坡		+0.15%	每 100m 检查 3 个断面
5	抗滑构造深度		符合设计要求	砂铺法每 200m 查 3 处

四、钢护栏安装

栏杆在引桥护栏底座施工后开始制作安装。栏杆材料品种、规格、型号必须符合设计和规范要求,并有出厂合格证和质量证明书。

护栏底座施工时,按设计位置和要求埋设预埋件。栏杆安装时,在现场下料,测量控制轴线和高程,带通线焊接安装,以确保栏杆顺直度。栏杆安装后,按设计要求进行防腐防锈处理。

钢护栏安装质量检验标准见表 2-8-3。

钢护栏安装质量检验标准　　表 2-8-3

序号	检 查 项 目	规定值或允许偏差	检 查 方 法
1	栏杆平面位置	4	
2	厚度(mm)	3	对比路面浇筑前后高程检查,每 100m 检查 5 次
3	栏杆扶手平面(mm)	4	平整度仪:全桥每车道连续检测,每 100m 计算 IRI 或 σ
4	栏杆柱纵、横向竖直度	4	每 100m 检查 3 个断面
5	相邻栏杆扶手高差(mm)	5	砂铺法每 200m 查 3 处

第二节　桥面及伸缩缝施工

一、伸缩缝施工

伸缩缝的安装温度按 10～15℃设计。施工时须请厂家派人到现场指导安装,按实际安装温度调整其间隙,见图 2-8-5。

图 2-8-5　伸缝缩构件安装

当混凝土与砂浆在伸缩构件下浇筑或凝固时,应防止构件和固定支撑两者之间相对移动,当接缝的一半就位时,另一半应没有纵向约束,特别是在设置加强靠背或垫木以加固接缝的两侧位置时,两侧不能同时固定。

安装时注意控制伸缩缝平面位置及高程,严格按照设计要求进行施工。伸缩缝位置确定之后先进行固定焊接,然后浇筑混凝土,混凝土采用 C40 细石 PCI 混凝土,聚丙腈纤维添加量为 1.0kg/m^3。混凝土施工完毕用土工布覆盖全天候洒水养生。伸缩缝质量检验标准、方法见表 2-8-4。

伸缩缝质量检验标准　　表 2-8-4

序号	检 查 项 目		规定值或允许偏差	检 查 方 法
1	缝宽		符合设计要求	用尺测量
2	与桥面高差(mm)		2	用尺测量
3	纵坡(%)	大型	+0.2	用水准仪检查,小型缝测纵向混凝土端部,大型缝测纵向混凝土两端
		一般	+0.3	
4	横向平整度(mm)		3	砂铺法每 200m 查 3 处

二、引桥桥面系主要工程数量汇总表

(一)材料汇总表

材料汇总表见表2-8-5。

表2-8-5

项目名称	单位	数量	项目名称	单位	数量
橡胶支座安装	个	2 568	现浇护栏座混凝土	m^3	330.75
抗震拉杆	t	25.2	护栏支架	t	117.38
桥面铺装现浇混凝土	m^3	9 687	伸缩缝制作安装	m	2 783.5
桥面磨耗层现浇混凝土	m^3	4 843.5	钢管栏杆制作安装	t	38.1
桥面铺装钢筋	t	477.7	钢管栏杆制作安装	t	37.4
现浇护栏座混凝土	m^3	3 978.5	钢管栏杆制作安装	t	67.6

(二)资源计划

资源计划表见表2-8-6。

表2-8-6

序号	机械设备名称	规格 型号	单位	数量	用途	备注
1	混凝土搅拌船	$60m^3/h$	艘	1	桥面系施工	
2	拖泵	$60m^3/h$	艘	1	桥面系施工	
3	拖轮	1 000hp以上	艘	1	拖搅拌船	
4	材料运输船	400t	艘	1	倒运钢筋、模板等机具	
5	水泥船	200t	艘	1	水泥倒运	
6	供水船	300t	艘	1	混凝土搅拌船供水	
7	交通船	100t	艘	1	接送人	
8	空压机、风镐	$0.9m^3/min$	台	5(20)	桥面系施工	
9	电焊机		台	10	钢筋焊接	
10	角磨机		台	6	模板清理	
11	插入式振捣器	$\phi50$	台	10	护栏座混凝土施工	
12	振动梁		台	4	桥面铺装	
13	滚筒		根	4	桥面铺装	
14	抹面机		台	2	桥面铺装	
15	轨道	[10	m	320	桥面铺装	

三、面层施工及措施

1.模板工程

模板在后方预制厂进行加工,采用木模和槽钢两种模板。安装前控制安装底高程,安装后复核轴线，做好混凝土浇筑顶面线。在浇筑前，及时将里面的垃圾、杂质等清理干净。

2. 钢筋工程

钢筋在后方预制厂进行加工，加工成型后运至施工现场绑扎。搭接采用钢筋绑扎方式，采用双股铁丝间隔绑扎。需要焊接处按照规范要求进行焊接，严格控制钢筋网片的高度，保证了钢筋保护层的厚度。

3. 混凝土工程

(1)配合比的设计

配合比的设计原则：满足设计规范及施工实际操作性能的前提下，尽可能减少水泥及水的用量，以减少面层裂缝质量通病的发生。

现浇面层混凝土采用C45聚丙烯纤维混凝土，根据试验结果确定了掺加量；施工时需根据运距、季节情况，考虑坍落度损失，合理配置混凝土坍落度140mm，水灰比控制在0.333，砂率39%。每立方混凝土水泥用量360kg，砂622kg，石子(5～20mm)975kg，用水量180kg，JRY-1聚羧酸高效减水剂6.48kg，粉煤灰180kg，聚丙烯腈纤维1kg。

(2)混凝土原材料的选用：

碎石：5～20 mm的连续级配碎石，产地青州，含泥量满足规范要求。砂：细集料为细度模数大于2.6的中砂，产地为莱州。水泥：山铝，P·O4 2.5R水泥。外加剂：采用东营瑞源JRY-1聚羧酸高效减水剂。粉煤灰：采用沾化电厂Ⅱ级粉煤灰。聚丙烯腈纤维：深圳海川生产。

(3)浇筑方法

①采用25t(50t)吊车配合吊罐的方式进行。

②板缝混凝土尽早浇筑。面层浇筑前，对现浇工作面进行清理，并对预制面板等浇水湿润。

③相邻板块面层间隔控制在5d左右，防止混凝土在整平过程中破坏原有板块的棱角。

(4)混凝土的振捣、抹平和抹面

①混凝土通过料斗由25t(50)t吊运入模后，采用人工初平，用50型振动棒进行振捣。

②混凝土浇筑振捣后，先用铝合金直尺刮平，之后用滚筒人工压实。

③采用机器压收面及压光，人工配合施工。混凝土浇筑过程中，随时观察混凝土凝固情况，待混凝土终凝前，及时进行收面施工。步骤如下：

a. 机器提浆：待混凝土凝固至能上人后，由施工人员操纵收面机，来回拖动3～4遍，如果表面仍存在砂粒，应根据现场情况适当增加拖动次数。

b. 表面压光：采用机器压光，根据每幅长度及宽度，从一边逐次后退着进行作业，施工中，同一区域应重复作业2～3次，保证表面光洁。

c. 人工检查：边角处专人进行收面及压光，机器压光后仍存在缺陷处，人工进行修饰。保证幅与幅接茬处混凝土表面平整。

(5)面层进行拉毛处理

用排刷进行轻微拉毛处理，要横向拉毛，以面层不起砂为准，使用尺杆标定位置，做到线直面平。

(6)混凝土养护及防护

①混凝土养护采用覆盖土工布，减少水分流失。定人、定时、定量进行浇水养护，始终保持

土工布湿润。

②面层养护时间不得少于 14d。

(7)切缝

①切缝时间:主要取决于施工时的温差,一般控制混凝土的强度在 5～10MPa。浇筑后 2d 进行。

②切缝深度:25～30mm,缝宽:4 mm。

③切缝顺序:从中间缝开始,后向两侧间隔切缝。

桥面切缝施工图见图 2-8-6。

图 2-8-6　桥面切缝施工

第三篇

科 技 论 文

外海码头建设技术应用实践❶

刘　锐　杨宝山

（东营港经济开发区管委会）

摘　要：东营港历经几年的建设，一期扩建工程已通过竣工验收，评定质量等级为优良。建设过程中应用了预应力大直径混凝土管桩、承台一体化安装等多项新技术，达到了国内领先水平。

关键词：港口　技术　应用

东营港位于渤海湾湾底西南处，黄河入海口以北大约 50km 的渤海湾和莱州湾交界处。扩建工程包括 7 020m 引桥和 30 000DWT 多用途泊位两个。为避开泥沙回淤，完全利用自然水深，引桥自现有 2 100m 引堤的顶端向海内延伸，宽 20m，桥面系为 50m 跨预应力 T 形梁体系，基础为高桩承台桥墩。码头在距岸 9 120m 处，前沿水深－13m，布置 2 个 3 600m^3 临时堆场，两个泊位宽分别为 76.3m、51.55m。为高桩梁板结构，基桩采用 B_1 型 ϕ1 200×145 后张预应力混凝土大直径管桩，少量 ϕ1 200 钢管桩。

1　气象条件及地质状况

东营港地处北温带半湿润大陆性季风气候区，冬季寒冷，夏季炎热，历年极端最高、低、平均气温分别为 39.6℃、－18.0℃、11.7℃，年均降水量 549mm。灾害性天气主要有寒潮、台风和气旋。年均相对湿度 67%。潮汐为典型的正轨日潮类型，最大、平均潮差分别为 2.42m、0.76m，海浪主要为渤海海面的风成浪，实测最大波高 5.8m，一般年份冰厚 5～45cm，最大 60cm，固定冰堆积高度最大为 5m。该地区地震烈度为 7 度。

东营港港区地基土层为第四系黄河冲积层、滨海或海陆相沉积交互层，分布较稳定，上部土层松软，为中等高压缩土层，下部较好，可作桩基持力层。

2　大直径管桩在北方首次成功应用

2.1　基桩设计要求

引桥：按《港口工程预应力混凝土大直径管桩设计与施工规程》(JTJ 261—1997)，管桩为打入式挤土桩，桩土作用按 M 法考虑。总入土深度 30.0m 左右，桩尖进入细粉砂层，每个桥墩布置 12 根桩，均为斜桩，斜度 4.5∶1。单桩轴向承载力标准值大于 11 000kN。为防止管桩直接承受冰荷载，在高桩承台底部设置了预制钢筋混凝土结构的挡冰裙，其底表高为－0.5m，使冰的撞击荷载直接作用于梭形承台。

码头：基桩分为承受垂直荷载的直桩和承受水平荷载的叉桩，混凝土管桩斜度为 4.5∶1，

❶本文刊登于《中国水运》2014 年第 12 期，第 54-55 页。

净入土深度在 30m 左右，桩尖进入粉细沙土层，单桩承载力设计值为压桩 7 230kN，拉桩 4 540kN。为形成掩护水域和挡冰，码头后方承台采用预制钢筋混凝土挡浪板遮帘，挡浪板锚固于承台上，下端高程－8.5m，遮帘底端距海底 4.5m。

其他要求：管桩混凝土 C60，抗冻等级 F300，抗氯离子渗透性小于 1 000C。桩头设置1.0m 长钢纤维混凝土管节，不另设钢板套箍。沉桩期间对桩进行高应变承载力动测和低应变桩身质量检测，高应变检测数量不低于总桩数量的 5%，低应变检测数量不低于总桩数量的 10%，对打桩纪录有异常的桩做低应变检测。

2.2　桩身混凝土的抗冻试验

试验方法：快冻法特别适用于抗冻要求高的混凝土。大管桩桩身混凝土是低水胶比高强度混凝土，其实际水胶比小于 0.30，预期抗冻性较高，因此本次试验采用快冻法。

试验结果：用新拌管节混凝土采用振动台振动成型制作的混凝土冻融试验试件，历经近 350 个冻融循环，其动弹性模量仍达未经冻融的 92.3%，失重率仅为 1.15% ，表明大管桩桩身混凝土完全达到 F300 的要求。由此可见大管桩的离心、振动和辊压 3 种复合工艺成型是大管桩抗冻性能的保证手段。

2.3　沉桩控制标准

通过试桩并考虑桩的安全，结合试桩报告，制定了停锤标准。采用锤击沉桩，用 125 柴油锤、二档(能量 300kJ)击打。停锤按设计高程和最后一阵 10 击平均贯入度控制，以高程控制为主，且控制总锤击数在 2 000 击之内。

组合桩的大管桩桩端土层为密实粉细砂，打入深度不小于 1.5 倍桩径即 1.8m，达到设计高程时最终贯入度应小于 5mm。在设计高程以上 2.0m 以内时最终贯入度<3mm，桩端高于设计高程以上 2.0m 时如果贯入度<2mm，可改用三档施打，尽量将桩端控制在距设计高程 2.0m 以内；当不满足上述停锤条件，尤其是桩尖达到设计高程而贯入度仍偏大时，会同设计人员研究解决。

实际沉桩过程中组合桩的大管桩桩端进入密实砂层的操控，按以下原则执行：结合地质报告，二档锤击能量、贯入度<7mm，可认为进入密实砂层。尽量采用仰打。

2.4　沉桩结果

工程中多数采用了后张预应力混凝土大直径管桩与钢管桩形成的组合桩。这样，充分利用钢管桩穿透性强的特点，保证了桩的完好性，满足整桩的埋深要求，增加了桩的侧摩阻力。同时保证混凝土大直径管桩桩端进入密实粉细砂层，打入深度不小于 1.5 倍桩径即 1.8m，使桩端阻力得到充分发挥。

东营港工程使用大管桩的数量及桩型：整个工程共计使用大管桩 2 822 根。其中：引桥用 1 650根，桩型分别为：管桩 51m，10 根；组合桩(混凝土管桩＋钢管桩)(33～52)m＋(3～12)m，1 640根。码头用 1 172 根，桩型分别为：管桩 33～55m，386 根；组合桩(混凝土管桩＋钢管桩(35～ 52)m＋(2～20)m，786 根。

沉桩工程质量：码头沉桩设备为一航局的打桩 18，锤型 D125 柴油锤，承台/排架桩的平均锤击数 1 180/900 击，最终贯入度 3.5/4.5mm；打桩 19，锤型 D125 柴油锤，承台/排架桩的平均锤击数 960/802 击，最终贯入度 3.5/4.5mm。引桥沉桩设备为二航局的航工桩七，锤型

D128 柴油锤，平均锤击数 1 190 击，最终贯入度 2.4mm；桩四、桩五，锤型 D100 柴油锤，平均锤击数分别为 1 260 击、1 210 击，最终贯入度分别为 2.8 mm、2.7mm。沉桩合格率达 100%，沉桩分项工程质量等级为优良。

在制造和施工过程中经过静荷载试验、高应变检测 、氯离子渗透试验、抗冻融试验等证明大管桩完全可满足设计要求。本工程采用的大管桩是在我国北方大批量首次应用并获得成功。为大管桩用于北方海洋环境，地质条件类似东营港的水运工程探索了可行之路。

3 外海桥梁承台一体化施工

3.1 设计要求

引桥为一外海特大桥梁。桥面按双向四车道及预留区设计，桥宽 20.0m；为 50m 跨预应力简支 T 形梁体系。桥墩为现浇钢筋混凝土高桩承台结构，为避免基桩直接承受冰荷载，承台下设钢筋混凝土挡冰桩裙。

钢套箱的设计：由于施工区域海况复杂，海上施工难度大，可作业天数少，故采用了一体化钢套箱工艺进行施工，目的是将大部分水上施工变为陆上施工，尽可能避免风浪造成的破坏，从而保证施工安全，提高施工效率。钢套箱在设计时不仅考虑浇筑时混凝土侧压力、风浪及施工荷载对挡冰裙与模板的影响，并且考虑了模板拆卸方便，以加快施工进度。采用刚性好的钢套箱结构。钢套箱的设计整体高度为 4m，由面板（$\delta=8$mm 钢板）、横肋（28 槽钢）、竖肋（12 工字钢）组成，全周圈分 6 片加工。底模由底模钢板（$\delta=5$mm 钢板）、主梁（18 工字钢）、次梁主梁（10 工字钢）、吊杆（$d=45$mm）组成。模板所选材料满足使用要求。

一体化施工方案：即先在陆上将钢模板安装到已预制好的桩裙上并固定（桩裙与模板间利用桩裙上预埋的圆台螺母进行连接），同时在桩裙上铺设部分底模（桩位处的底模预留出孔洞），并绑扎部分承台钢筋，然后安装吊架（吊架通过桩裙上的预埋吊杆和花兰螺栓进行连接）形成一个组合套箱，然后用起重船进行整体吊装。吊架安放在预先经过处理的桩顶上，并予以固定，吊装到位后对组合套箱固定并补铺余下底模，再绑扎剩余钢筋，浇承台混凝土，承台混凝土分二层浇筑。

为了验证组合钢套箱在起重船吊装和安装就位后在各种水位、波高组合下的稳定性，特采用大型通用有限元商业程序 ANSYS 对钢套箱进行结构稳定性分析。结果表明：在起重船吊装组合钢套箱时，竖向最大变形值仅为 1.429mm；钢套箱安装就位后，在各种水位和施工波浪（定为 2m 波高）作用下，底模竖向变形值均不超过限值 $L/400=6$mm，同时底模的应力值均在 100MPa 以内，不超过限值 235MPa。

3.2 实施效果

组合钢套箱一体化的应用，将海上的大部分工作变为陆上施工，有效地提高了承台施工效率，为承台及下部构造按计划施工提供了技术支持，圆满完成了承台施工进度计划，为整个工程的顺利完工打下了良好的基础。组合钢套箱一体化的应用有效减少了海上作业工序及海上无掩护作业时间，并为施工安全提供了保障。根据统计资料比较在外海正常施工条件下，组合钢套箱一体化施工与分层常规施工相比，作业效率大为提高，数次创出了一天 24h 内，利用两个低潮位，一艘起重船安装 3 个组合套箱并浇筑完成底层承台混凝土的最高纪录。在应用过程中，组合钢套箱整体稳定性好，使用安全、可靠，且安装、拆卸方便。在经受几次大风浪袭击及小型船舶碰撞后模板未发生明显变形，保证了混凝土的顺利浇筑。同时水上施工安全、质量的保证程度均有很大提高，由于模板周转次数的增加，使成本也得到有效控制。

4 外海无掩护码头中挡浪板制安

东营港扩建码头工程为形成掩护水域和挡浪，后方承台采用预制钢筋混凝土挡浪板遮帘。需安装挡浪板的单块高 10.6m，重 124t.

4.1 挡浪板的预制

挡浪板在后方临时预制场预制成型，为确保挡浪板安装位置准确，在每块挡浪板顶面预埋 4 块限位钢板；为便于安装后焊接，在每挡浪板顶面预埋 8 块锚固钢板。挡浪板顶部预埋 4 个吊点，吊点设置成吊耳板的形式；下部翼板预埋 2 个吊鼻吊筋。为安装和加固挡浪板，在承台第一层混凝土内预埋 8 块锚固钢板，其中承台凹口内预埋 4 块，承台前沿面预埋 4 块；承台第二层混凝土内预埋 2 根[40c 槽钢扁担。挡浪板装运采用 350t 起重船装在 2 000t 自航驳上，运至施工区域，进行安装。

4.2 挡浪板的安装

承台一、二层混凝土(＋2.10～＋4.00m)达到 80％强度后安装挡浪板。挡浪板安装受波浪水流的影响较大，安装应控制连续 3 个好天气，且风力 5 级以下平潮时进行。安装前复核挡浪板和承台预埋件的相对位置。安装挡浪板时，起重船就位时吊机正对挡浪板安装位置。使挡浪板平稳进入预留凹口内，准确就位，通过调整起重船扒杆来微调挡浪板位置，测量人员及时测量挡浪板顶面的平整度、高程，竖向垂直度。

挡浪板凹口两侧预留钢筋，在挡浪板定位后两侧钢筋采用搭接焊。挡浪板安装后，为保证挡浪板及承台结构的安全，拌和船就位及时浇筑承台凹口及前沿 80cm 处的混凝土，并在混凝土内添加膨胀剂 UEA，掺量 43kg/m^3。

4.3 施工小结

挡浪板安装是东营港扩建工程中最难的课题，挡浪板单块重 125t，安装时采用 350t 全回转起重船进行。将长为 10.6m 的挡浪板吊挂、固定在码头工程承台底部，且在波峰浪谷里完成。这一任务共有 3 个要点必须把握：一是挡浪板需要从预制场安全吊装和运输；二是安装必须抓住连续 3 个以上好天气；三是必须加紧完成凹口混凝土浇筑。经由构件吊装、反转、安装加固程序，以及对承台预埋件、钢筋连接和安装过程的逐一细化，且安装过程受海况影响加大，钢筋连接困难，必须在风浪来之前浇筑凹口混凝土；四是由于在无掩护的外海施工，所以选择好的船机配备、完善的安全防护，选择富有经验的人员参加，以确保安装工作顺利进行。

4.4 结语

挡浪板在本工程中的应用，是国内目前在施工环境恶劣，且构件高度、体积、重量最大的情况下挡浪板安装的成功实践。为今后在外海无掩护区域建设码头提供了行之有效的设计方案。

5 码头面层混凝土表面缺陷防治措施

东营港扩建工程码头分1、2号泊位，1号泊位排架部分为302×60.1m，2号泊位排架部分为302×36.4m。码头前沿3.6m和区间悬臂为现浇面板结构，其他部分为现浇叠合板结构。码头预制预应力叠合板上方为现浇叠合板混凝土，厚度为250～310mm，掺加聚丙烯腈纤维的C45混凝土用量6 299.2方，钢筋用量1 581.5t。现浇码头叠合板上方是码头面磨耗层混凝土，厚度50mm，混凝土用量1 546方，为确保现浇层的质量，码头面层磨耗层混凝土与现浇叠合板混凝土一次浇筑，同时掺加聚丙烯腈纤维C45混凝土。

5.1 预防措施

(1)严格控制混凝土的原材料质量，加强进场复验，不合格的材料不得使用。对于粗集料宜进行现场水洗筛分。

(2)优化混凝土配合比设计：严格控制水灰比；掺入加气剂和减水剂，改善混凝土的技术性能，确保混凝土的保水性和施工的和易性；采用低坍落度，混凝土可避免现场施工出现表面分层和细集料上浮的现象发生。

(3)采取合理的混凝土振捣、抹面工艺：注意控制振捣时间，以粗集料不再下沉、表面不再冒气泡为准。混凝土振捣后先采用木抹搓平，混凝土初凝前采用机械压面抹光，机械压面抹光次数一般不少于3遍，板块边缘和四角人工铁抹压光修平。

(4)掺用合适的外加剂、聚丙烯腈纤维：掺入加气剂和减水剂可以提高面层的抗冻融、抗磨损能力。掺入聚丙烯腈纤维可以提高混凝土的抗冲击能力、坚韧性和延展性，减少混凝土的渗透性，从机理上讲可减少面层混凝土裂缝。

(5)及时覆盖，加强养护：养护是使混凝土正常硬化、强度增长的重要手段。养护条件对裂缝的出现有着关键的影响。

(6)及时切缝：根据施工经验，混凝土面层切缝的时间一般在浇筑后2～3d内，当混凝土达到设计强度的60%～70%时进行，切缝时严格控制缝宽和深度。切缝后及时做好土工布的覆盖，以便继续进行养护。

5.2 防治效果

通过上述措施实施，收到了明显的效果。经仔细检查，混凝土面层在施工期没有出现起砂、掉皮、干缩裂缝等缺陷。只存在个别极细小的轻微龟裂。

6 其他技术

(1)根据港区区域内海流与悬沙情况进行分析，找出了航道疏浚的时间及方法。

(2)总结引桥上采用的50m跨T形梁的制作、运输及安装施工方法。

(3)总结外海码头承台第一层混凝土的模板支立、混凝土浇筑方法。

(4)总结预应力混凝土大直径管桩及钢管桩的防腐技术。

(5)总结了工程建设中质量、进度、投资控制及安全管理等方面的经验。

(6)总结工程档案整理、立卷等管理办法。

参考文献

[1] 中华人民共和国行业规范.JTJ 261—1997 港口工程预应力混凝土大直径管桩设计与施工规程[S].北京:人民交通出版社,1997.

[2] 海军北海工程设计院.东营港扩建工程初步设计[R].青岛:海军北海工程设计院,2006.

[3] 天津港湾工程质量检测中心.东营港扩建工程试桩检测报告[R].天津:天津港湾工程质量检测中心,2006.

[4] 东营市人民政府.东营港自然资料汇编[R].1994.

东营港海区悬沙特征及冲淤分析❶

陈兆林[1]　刘　锐[2]

（1. 海军工程设计研究院 工程综合试验研究中心，山东　青岛　266100；
2. 东营港建设管理办公室，山东　东营　257091）

摘　要：简述了东营港扩建工程所在海区的水文泥沙特征，分析了水动力作用对海床的冲淤演变以及修建港口、航道等工程对海域地形冲淤的影响，为该地区海域水工建筑物布置方案的确定提供参考依据。

关键词：东营港　扩建工程　悬沙特征　冲淤分析

东营港位于渤海湾与莱州湾的交界处，东营市的东北部，现黄河入海口以北约 50km 处，海上距天津港 167km，距龙口港约 133km，距大连港约 226km，属山东省地方区域性港口，地理位置见图 1。

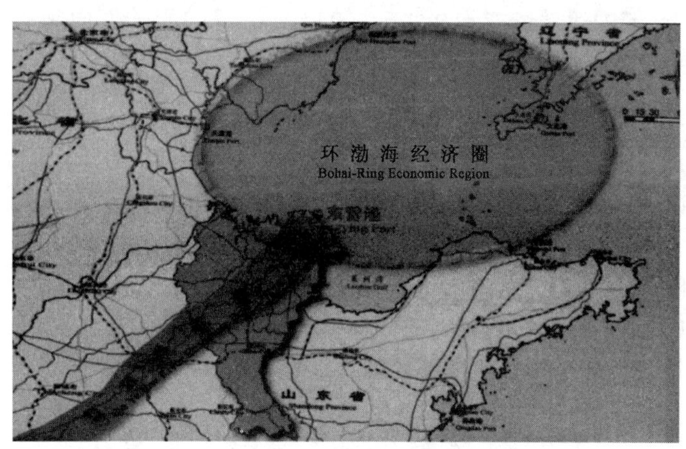

图 1　东营港地理位置

东营港最早是依托胜利油田开发建设的港口，始建于 1984 年，扩建于 1994 年，现有码头泊位 14 个，以现防潮坝为界分为内港池和外港池，由北港区和南港区两部分组成。

北港区，由胜利油田管理局管理。1986 年建成北防波挡沙堤 2.3km，堤身结构为抛石斜坡堤，从堤根向海中延伸 1.8km，堤顶宽度为 30m，再向东延伸 500m，堤顶宽度缩为 3m。北港区现有码头泊位 10 个，航道水深－4m，其中内港池千吨级以下简易泊位 6 个。大风天气时，该内港池基本成了渔船的避风港湾，影响油田船舶停靠，现国家已批准异地建中心渔港来解决。外港池设原油码头、材料码头、临时码头、滚装码头共 4 个，为油田生产性自备码头。现使用情况良好。

❶本文刊登于《海洋工程》2009 年第 02 期，第 110-114 页。

南港区,由东营市原港务管理局管理,属公用性商港。南港区建有防波挡沙堤 1.445km,堤顶宽度为 6m,堤身结构为两侧木桩中间填石的直立式结构,现损坏较严重。与北防波挡沙堤形成了 1.7km 宽的东营港外港池,但对航道的掩护效果差。南港区现有码头泊位 4 个,航道设计水深-4m,其中,3 000 吨级通用泊位 3 个,3 000 吨级滚装泊位 1 个,码头泊位货物设计通过能力为 95 万 t。1998 年完成货物吞吐量 20 万 t。由于东营港海区悬沙的特殊,港口的淤积问题一直是制约该港发展的重要因素,尤其是航道的淤积最为严重,采用疏浚措施也难以维持[1],致使港口营运处于停滞状态。

2004 年以后,东营市领导从以港兴市的战略高度决策,重新启动东营港扩建工程,从北港区原向海中延伸 1.8km 的北防波挡沙堤的拐点处再向海中修建长 7.02km、宽 20m、每跨为 50m 的透空桩基墩柱梁板式引桥至-13.0m 水深,建两个 3 万吨级泊位、有遮帘、底部透空半掩护的桩基码头。2006 年,山东省政府以东营港命名,批准成立山东省东营港经济开发区,拉开了东营市以港带区、以区促港、港区联动、协调发展的序幕。

1 水文泥沙特征

东营港海区虽存在 M2 分潮无潮点,致使该海区为正规日潮性质,但根据海流观测资料分析,东营港海区为正规半日潮流区,即每天出现两次涨、落潮流。涨潮流向 SE,落潮流向 NW,主流向与岸平行。潮流的运动形式为往复流。M2 分潮流的旋转方向为顺时针方向,表层与底层的旋转方向一致。

1.1 潮流流速

码头引桥主轴线 10~15m 等深线区为强流区,平均大潮流速为 1.0m/s,实测最大流速为 1.34m/s。从总的趋势来看,该海区落潮平均流速大于涨潮平均流速,涨、落潮流历时较为复杂。

本海区余流较强,表层余流流速大于底层余流流速,表层流速在 0.1m/s 左右,强流向为 NE,即离岸流动,底层平均流速为 0.04~0.05m/s,流向较紊乱,但在主轴线上底层余流有向岸流动趋势,至轴线 10~15m 水深处表层余流最强,流速可达 0.31m/s,主轴线 5m 水深处底层余流最强,流速可达 0.1m/s。

2004 年 6 月 16~26 日,国家海洋局第一海洋研究所实测东营港码头海域 3 个站点的潮流数据见表 1,站位点布置见图 2。

表 1 大、小潮期间各测点的平均流速(单位:m/s)

潮型	38 °06.187 ′N,118 °59.008 ′E			38 °06.661 ′N,119 °00.919 ′E			38 °07.118 ′N,119 °02.586 ′E		
	表层	0.6H	底层	表层	0.6H	底层	表层	0.6H	底层
大潮	0.455	0.488	0.333	0.459	0.392	0.316	0.421	0.371	0.278
小潮	0.499	0.452	0.336	0.463	0.352	0.280	0.433	0.323	0.264

从实测资料分析:东营港所测海区涨、落潮流的主轴线方向均为 SE-NW 向,3 个站的各层潮流流向基本一致;平均流速在平面上的分布是近岸站点流速大于远岸站点流速;本海区最大涨潮流速为 0.96m/s,流向为 149 °,出现在 C1 站的大潮期间,最大落潮流流速为 0.81m/s,

流向 318°,出现在 C1 站和 C3 站的大潮期。

1.2 波浪

东营港海区的波浪以风浪为主,涌浪较少,常浪向为 NE 向,频率 10.3%,次常浪向为 SE 向,频率 8%,强浪向为 NE 向。1984 年 11 月 17 日在 −7m 水深处测到 5.8m 大浪,周期9.0s,浪向 ENE。码头附近(−13.0m 水深)不同重现期的设计波要素用 Dolphin 模式和缓坡的折、绕射模式进行数值模拟,推算 NE 向 50 年一遇 $H_{1\%}$ 波高 7.58m,周期 9.8s[2]。

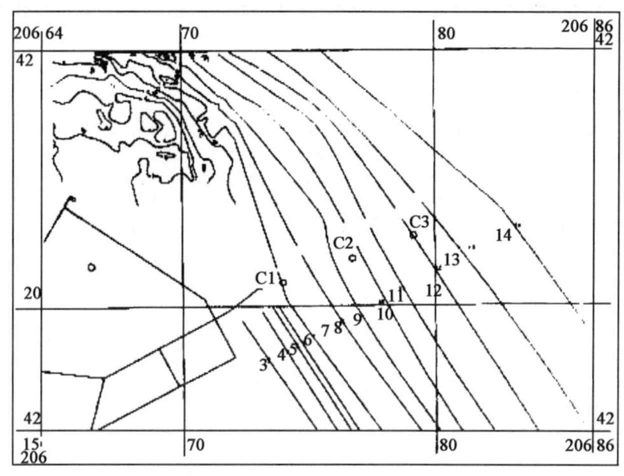

图 2 测流站位置

1.3 悬沙观测与分布

东营港海区由于受波浪掀沙和潮流输沙作用,再加之距黄河故道和现黄河口两个悬沙含量高值区较近,致使东营港处于二者之间的过渡区。

东营港海区悬沙含量随季节变化明显,夏季悬沙含量较低,日均含沙量一般小于 0.05kg/m³,春秋季节悬沙含量高,最高可达 0.08kg/m³。受黄河故道悬沙延续影响,东营港海区悬沙含量北部高于南部。另悬沙含量受波浪影响较明显,国家海洋局第一海洋研究所曾在 −5m 水深附近测得大风天气比一般天气悬沙浓度高 3~4 倍,并发现在波高小于 1m 时,海区悬沙含量变化与潮流变化一致,即与流速增大成正比;而波高大于 1m 时,海区悬沙含量则随波高增大而增加。

为了对东营港海区悬沙进行定量分析,国家海洋局第一海洋研究所于 2004 年 6 月 19 日 10 时至 20 日 11 时与 25 日 15 时至 26 日 16 时进行了大、小潮期含沙量观测,对涨急、落急、涨憩、落憩时刻样品进行粒度分析[2]。观测层次为表层、0.6H、底层和各层平均含沙量分布见表 2;大、小潮各站点含沙量变化统计见表 3。从表 3 可以看出,观测区含沙量较大,观测期间其含沙量分布区间为 0.107 4(大潮,C2 站底层)~0.017 5kg/m³(小潮,C3 站表层),大潮期各站平均含沙量均大于小潮期。平面上 3 个站点的平均含沙量接近,C1 由于水深较浅,含沙量略大。

表 2　各层平均含沙量分布(单位:kg/m^3)

层次	C1(kg/m^3)		C2(kg/m^3)		C3(kg/m^3)	
	大潮	小潮	大潮	小潮	大潮	小潮
表层	0.050 4	0.035 6	0.043 3	0.035 0	0.045 4	0.035 0
0.6H	0.050 5	0.035 3	0.048 6	0.037 0	0.092 0	0.040 1
底层	0.055 0	0.042 3	0.057 8	0.041 6	0.040 0	0.036 0
垂线平均	0.051 2	0.036 5	0.048 6	0.036 8	0.049 0	0.038 5

表 3　大、小潮各站点含沙量变化统计(单位:kg/m^3)

站点	大潮(kg/m^3)			小潮(kg/m^3)		
	最大	最小	平均	最大	最小	平均
C1	0.081 9	0.029 6	0.052 0	0.056 0	0.027 4	0.037 8
C2	0.107 4	0.019 2	0.049 9	0.063 1	0.026 4	0.037 9
C3	0.092 4	0.020 4	0.049 5	0.078 1	0.017 5	0.039 6

2　海床冲淤变化

黄河大量泥沙的堆积及海洋水动力对海岸物质的再搬运,是影响东营港海区海床冲淤变化主要因素。东营港海区地貌单元为黄河冲积与滨海相沉积交互区域,属海底平原。海底地形较为平缓,由西南向东北倾斜,局部发育海底沙脊、沙坡,水深 4～16m,海底地面平均坡度小于 0.15%。

2.1　海床泥沙中值粒径

东营港海区海床底质表层主要为由第四系全新统三角洲相和海相沉积的粉砂质砂、砂质粉砂、粉砂、黏土质粉砂和粉砂质黏土组成。－11～－13m 等深线以深(向深水延伸)区域沉积物粒径集中在 d_{50}＝0.004 5～0.005 5mm,变化较小;－10m 等深线以浅区域沉积物粒径集中在 d_{50}＝0.007 0～0.009 2mm,变化稍大;高值区位于已扩建的东营港引桥轴线－9.0m 水深处,最大 d_{50}＝0.009 2mm,以此为中心向周围逐渐减小。

2.2　冲淤演变趋势

由于东营港在现黄河入海口北侧 50km 处,黄河入海泥沙对东营港海区的海床演变影响不大[3]。显然,东营港的主要泥沙来源是港口附近的水下浅滩、潮滩、海底底质和海岸蚀退的泥沙再搬运的结果,其悬沙含量主要受控于风浪因素的季节变化,风浪掀沙,潮流输沙。比较 2004 年 6 月海军北海勘测队与 2008 年 6 月天津海事局海测大队的水深测量图,东营港 2 号码头外侧海区－13m 水域附近的底高程水深变化不大,说明东营港海区－12～－15m 水深的海床如果没有工程影响,冲淤目前处于基本平衡状态。

3　冲淤变化影响分析

东营港海区由于海床泥沙的特殊性,其粉砂质砂、砂质粉砂、粉砂与粉砂质黏土的物理性质极为相似,质地松散,在动水中非常活跃,易于起动和运移,静水中易沉降落淤,给港口工程建设和保持航道水深增添了很大困难。

3.1 水动力影响

波浪和潮流是影响东营港海区海床冲淤变化及冲淤速率的重要因素。该海区是水动力强、水体含沙量高的水域,海底底质以粉细砂土为主,在波浪与潮流共同作用下,易于扰动和搬运,特别是秋冬季节,强劲的北风形成的风浪是其港口附近滩面掀砂和水体中悬沙含量受控的主要因素,一旦水动力有所减弱,就容易产生淤积。总的来说,东营港海区水动力作用造成浅水冲刷,深水略淤,冬半年强,夏半年弱。冲淤转折点亦有逐年向深水推移的状态,冲淤强度从宏观来看也有逐年减弱的趋势。

3.2 港口航道工程影响

东营港海区的粉细砂底质在浪、流、潮等海洋动力周而复始的作用下,多年来,海底地形处于基本平衡且较为平坦的状态。由于港口、航道工程的建设,人为地改变了原来的海区海洋动力平衡,势必会在局部地区造成冲刷或淤积[4-5],尤其是航道挖泥回淤严重。如东营港内航道长 2 700m,走向北偏东 39.5 °(图 3)。1995 年 6 月开工疏浚,1997 年 12 月 28 日竣工后港口对外开放,由于没有挡沙堤掩护,疏浚后 1～2 年航道基本就淤平了。2 号港池也淤积严重,船舶无法正常进出港,致使港口被迫中止营运。分析其航道开挖后回淤的重要原因,认为:东营港海区的大片滩面水深较浅,均为活动性强的粉砂,一旦在大风天气(5 级以上风),水动力条件加强,泥沙就会大量起动,水动力条件减弱后,泥沙又马上沉降落淤。东营港海区的往复流与航道交角很大,当水流跨越航道时,过水断面的增加使水流速度减缓,泥沙很快就会落淤,时间越长,落淤越严重,直至航道完全淤平。

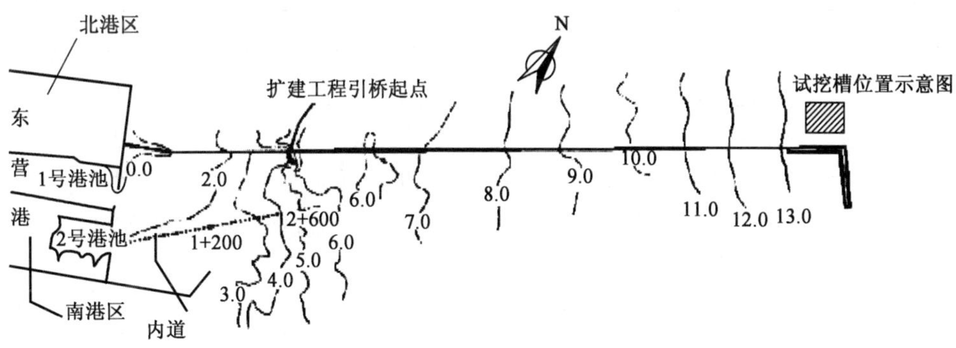

图 3 东营港原港区与扩建工程平面示意

为了进一步了解在东营港拟建油码头区域的自然水深 12.5m 左右海区,疏浚深度 1～2.5m之间的淤积情况,进行了长 200m×60m(长×宽)、边坡 1∶7 的矩形区试挖槽的观测试验,试挖槽测量范围见图 4。自 2006 年 9 月 29 日挖槽结束至 2006 年 10 月 16 日间,该试挖槽海区地形未发生太大变化,但自 2006 年 10 月 16 日至 2006 年 10 月 27 日间以及 2006 年 11 月 8 日至 11 月 29 日间,由于北风的作用,挖槽边坡塌陷严重,出现了大面积骤淤[4],到 2006 年 12 月 12 日观测中止,试挖槽淤平,基本恢复到试挖槽前的海底地貌。试挖槽内淤积测算详见表 4。

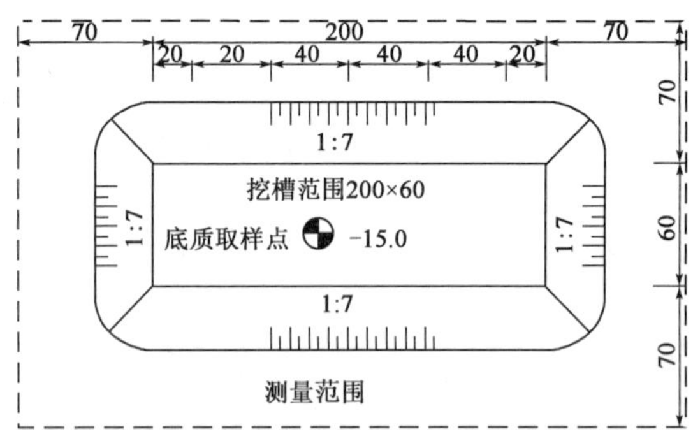

图 4　试挖槽测量范围

表 4　试挖槽内淤积测算表

观测时间	淤积体积（m^3）	淤积面积（m^2）	面积所占（%）	平均淤积厚度（m）	备　注
2006-10-06	1 423.7	8 881.0	74.0	0.16	1. 淤积体积为净值。 2. 平均淤积厚度＝淤积体积/淤积面积
2006-10-16	1 045.6	7 621.7	63.5	0.14	
2006-10-27	12 712.2	10 823.8	90.2	1.17	
2006-11-08	1 632.3	8 498.9	70.8	0.19	
2006-11-29	12 037.7	9 079.9	75.7	1.33	
2006-12-12	559.9	7 851.6	65.4	0.07	

通过现场观测分析，试挖槽在 2006 年 9 月 29 日至 10 月 16 日之前，基本未发生淤积，而在 10 月 16 日至 12 月 12 日短暂的 56d 内淤平，说明试挖槽的淤积主要受大风寒潮作用形成的强浪影响。经统计，东营港附近海区 6 级以上大风天数，10～12 月份约为 20d。一般每年 10 月份开始发生寒潮，7～15d 发生一次，波高在 3m 以上，寒潮引起的大浪一般持续 3d 左右，而该海域海床泥沙具有易悬易沉的特点，由于大风浪掀沙，潮流输沙，故试挖槽在较短的时间内就淤平了，该试挖槽观测对东营港扩建工程的后期建设具有重要的参考价值。

4　结语

(1)东营港海区为正规半日潮流区，涨潮流向 SE，落潮流向 NW，主流向与岸平行，潮流的运动形式以往复流为主，平均大潮流速为 1.0m/s，实测最大流速为 1.34m/s。

(2)东营港海区的波浪以风浪为主，涌浪较少，常浪向和强浪向均为 NE，次常浪向为 SE 向，在扩建工程深水码头附近(－13.0m 水深)，用 Dolphin 模式和缓坡的折、绕射模式进行数值模拟，推算 NE 向 50 年一遇 $H_{1\%}$ 波高为 7.58m，周期 9.8s。

(3)东营港海区底质和滩面均为粉细沙，颗粒较细，易悬易沉，悬沙含量随季节变化明显，夏季日均含沙量一般小于 0.05kg/m^3，春秋季节含沙量可达 0.08kg/m^3，且大风天气比一般天气的悬沙含量浓度要高出 3～4 倍，当波高大于 1m 时，海区悬沙含量亦随波高增大而增加。

(4)东营港海区地貌单元为黄河冲积与滨海相沉积交互区域,属海底平原。海底地形平缓,由西南向东北倾斜,水深4～16m,海底地面平均坡度小于0.15%。

(5)东营港海区海床底质表层主要为由第四系全新统三角洲相和海相沉积的粉砂质砂、砂质粉砂和粉砂质黏土等组成,在−11～−13m等深线区域,沉积物粒径集中在d_{50}=0.0045～0.0055mm。

(6)东营港海区的海底地形目前基本处于冲淤平衡状态。在该海区,如果要进行港口、航道等水工建筑物的施工,势必要打破这种平衡,造成局部冲刷或淤积。因此,在项目实施前,必须进行充分的论证和采取必要的工程措施(如人工建造挡沙堤等),才能实现事半功倍的效果,否则,将事与愿违,造成浪费。

参考文献

[1] 李文涛.东营港内航道淤积问题分析[J].海岸工程,2001,20(1):1-8.

[2] 国家海洋局第一海洋研究所.东营港扩建工程可行性研究——水文气象及泥沙冲淤调查研究[R].2004.

[3] 中交第一航务工程勘察设计院.东营港扩建工程可行性研究报告[R].2000.

[4] 中国海洋大学工程学院土木系.东营港油码头工程试挖槽及泥沙回淤观测分析报告[R].2007.

[5] 王涛,尹宝树,陈兆林.中国现代海洋科学丛书——海洋工程[M].济南:山东教育出版社,2004.

东营港拟建航道沿线滩面沉积物特性❶及航道可挖性分析

刘　锐[1]　韩志远[2]　刘　涛[2]

（1. 东营港经济开发区，山东　东营　257091；
2. 交通运输部天津水运工程科学研究院，天津　300456）

摘　要：本文通过对现场底质取样和试挖槽观测，对东营港拟建5万～15万吨级航道沿线滩面沉积物特性进行了研究，同时结合东营港海域的水动力及泥沙环境，对东营港5万～15万吨级航道骤淤的可能性及航道可挖性进行了探讨。

关键词：航道　沉积物特性　试挖槽　骤淤　东营

Beach face sediment characteristic the feasibility of deepwater channel of and the proposed Deepwater channel of Dongying port

Liu Rui[1]　Hanzhiyuan[2]　Liutao[2]

(1. Dongying Port Economic Development Zone, Dongying, 257091, china)
(2. Tianjin Research Institute for Water Transport Engineering, Tianjin 300456, china)

Abstract Based on field bed sediment sampling and trial tunnel observation in sea zone of Dongying Port, this paper analyses the beach face sediment characteristic along the proposed $5 \sim 15 \times 10^4$ T Deepwater channel of Dongying port. Combined with analysis of hydrodynamic and sediment environment of Dongying port, this pater discuss the probability of sudden siltation of deepwater channel, and then discuss the feasibility of deepwater channel.

Key words sediment characteristics, trial tunnel, deepwater channel, sudden siltation, Dongying port

东营港位于中国黄河三角洲中心城市东营市东北部，北邻京津塘经济区，南连胶东半岛，濒临渤海西南海岸，地处黄河经济带与环渤海经济圈的交汇点。东营港拟在18.0m和20.0m水深处建设10万吨级和15万吨级油码头（图1），泥沙淤积一直为东营港建设的最主要问题。本文通过在工程海域进行表层和柱状取样分析、试挖槽观测，分析东营港5万～15万吨级航道沿线滩面沉积物特性，并结合东营港海域的水动力泥沙环境，对东营港5万～15万吨级航道可挖性进行分析。

❶本文刊登于《水道港口》2013年第02期，第118-122页。

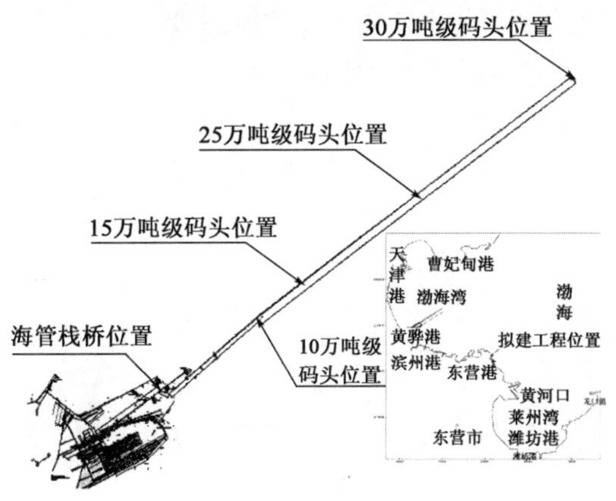

图1　拟建工程位置

1　资料依据

1.1　沉积物取样

2010年8月在东营港14m等深线以深海域开展了滩面表层沉积物取样工作，取样范围覆盖自5万吨级泊位位置至拟建15万吨级泊位海域。自5万吨级泊位至拟建15万吨级泊位，沿程布设23条取样断面，取样间隔500～1 000m，其中在拟建10万吨级和15万吨级码头附近加密至500m；每条取样断面取样8个，取样间隔500m，共取样184个(位置见图2)。表层沉积物取样采用蚌式采样器，所有样品均送试验室做粒度分析。

同时沿中心线每隔1km取柱状样一个，共取柱状样18个(位置见图2)，柱状取样长度为40cm。取样采用振动式水下采样器，所有柱状样均密封带回试验室，柱状样按表中底分层取样做粒度分析。

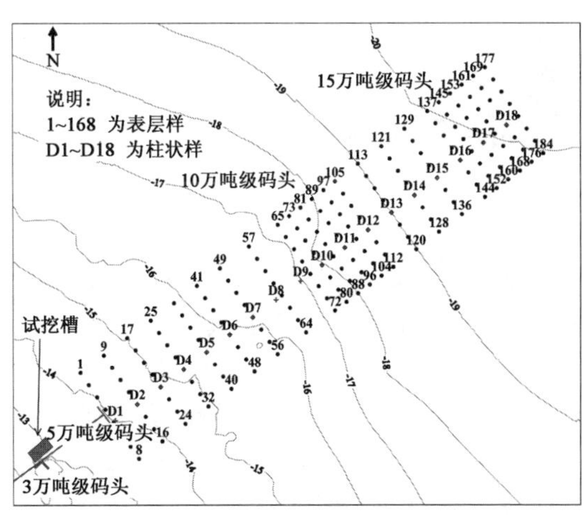

图2　沉积物取样点和试挖槽位置

1.2　试挖槽回淤观测

2006年8月，东营港3万吨级油码头工程位置附近开展了试挖槽及泥沙回淤观测工作，试挖槽位于拟建的3万吨级油码头处，水深13.0m(图1)。试挖槽长200m，宽60m，边坡

1∶7，挖槽平均深度为1～2.5m。测量范围为延挖槽长度方向340m，宽度方向200m。试挖槽开挖后，开展了为期两个多月的地形观测，观测时段为2006年9月29日～12月12日。

试挖槽观测期间，2006年10月19日～26日、11月8日～12月11日，海区分别有5～6级、6～7级、7～8级的偏北风，局部时段阵风可达9～10级。

2 研究结果

2.1 表层沉积物特征

2.1.1 沉积物类型

本区沉积物物质种类相对比较简单，在18m水深(即10万吨级码头附近)以浅，基本是以偏粗物质砂质粉砂和粉砂分布为主(图3)，仅局部区域分布着黏土质粉砂；而在18m水深以外，除南侧局部区域至19m水深附近为粉砂分布外，其余区域则全部覆盖着偏细物质黏土质粉砂；20m水深处(即15万吨级码头区域)沉积物质均为粒径较细的黏土质粉砂。

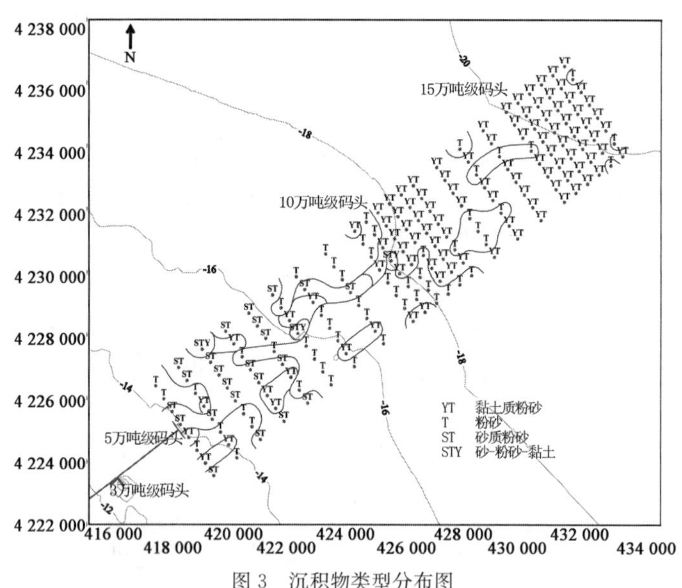

图3 沉积物类型分布图

2.1.2 中值粒径

本区沉积物中值粒径在0.006 6～0.050 3mm之间变化(图4)。大于0.03mm粒径的沉积物分布位置集中在近岸区域，即17m水深以浅区域；0.03～0.02mm粒径的区域主要分布在17～18m水深区域，在18m以外区域，仅南部局部区域大于0.02mm外，其余区域泥沙粒径均小于0.02mm。而小于0.02～0.01mm粒径的分布区域则在18m水深附近及18m水深以外区域；小于0.01mm粒径的区域在－18～－20m水深附近呈局部分布，为取样区域物质最细的区域。由此可以看出，泥沙粒径在平面上分布的总体特征是近岸粗远岸细，粒径随水深的增加不断变细。

2.1.3 黏土百分含量

黏土(d_{50}≤0.004mm)百分含量变化，对泥沙的起动、沉降及港池、航道的可挖性具有很重要的影响作用。

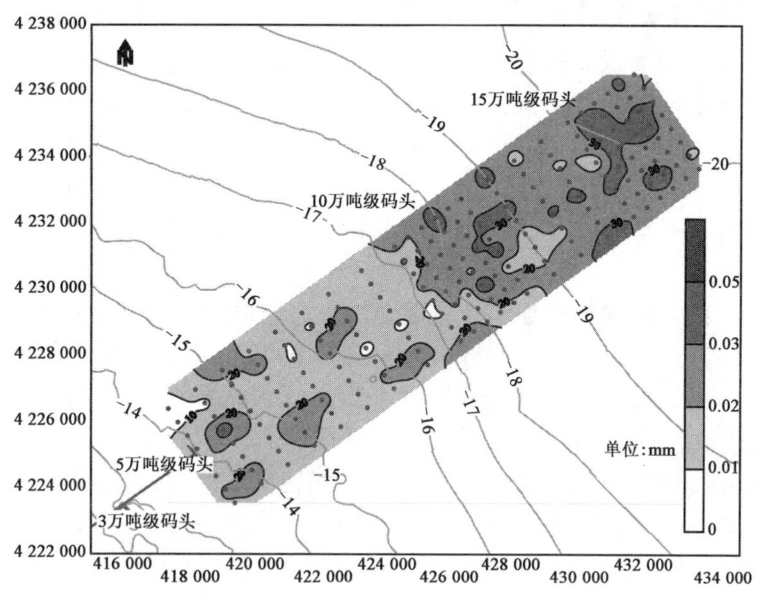

图 4　沉积物中值粒径分布图

工程海区(图 5)18m 以浅海域黏土百分含量明显低于 18m 以深海域,近岸小于 20%含量的分布面积最大,大于 20%含量的区域呈局部分布,远岸即−17～−18m 水深以外,大于 30%含量分布面积最大,而小于 20%的区域分布面积很少。

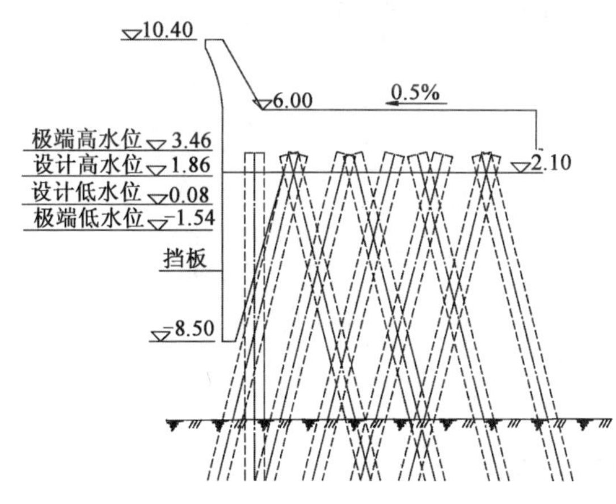

图 5　沉积物黏土百分含量分布图

2.2　沉积物垂向特征

2.2.1　沉积类型变化

柱状样沉积物中含有粉砂、砂质粉砂、粉砂质砂和黏土质粉砂。柱状样中,粉砂含量最高,达 73.21%,其次是黏土质粉砂,占 16.07%,砂质粉砂占 8.93%,粉砂质砂仅占 1.79%。18m 以浅水深,表、中、底层均为粉砂,18m 水深附近表层为黏土质粉砂,中层以下为粉砂,也就是说黏土质粉砂只在表层中覆盖,但厚度不大(10cm 左右),19m 水深以外表、中、底层均为黏土质粉砂,黏土质粉砂覆盖的厚度超过取样厚度(大于 40cm)。

2.2.2　中值粒径和黏土含量

14～18m 等深线之间表层平均中值粒径为 0.035 2mm,中层为 0.038 8mm,底层为 0.427mm,表、中、底平均为 0.038 9mm;而 18～20m 等深线之间表层平均中值粒径为 0.016 0mm,中层为 0.023 7mm,底层为 0.029 9mm,表、中、底层平均为 0.023 2mm,近岸柱状样泥沙粒径大于远岸。

14～18m 等深线之间黏土含量为 9.09%,18～20m 等深线之间黏土含量为 17.88%,远岸泥沙黏土含量明显高于近岸。

2.3 试挖槽回淤分析

通过对比各个观测时段的地形冲淤变化(表1)可以看出：

第一，正常海况下，试挖槽淤积速率相对较慢。2006年9月29日～10月16日期间海况正常，平均淤积速率介于1.4～2.0cm/d之间；9月29日～10月6日四周边坡开始出现缓慢冲刷，10月7日～10月16日挖槽四周边坡都有明显冲刷，最大冲刷深度超过0.2m。10月27日～11月8日期间，平均淤积速率为1.6cm/d，北部边坡坍塌严重，冲刷深度普遍超过0.2m，最大超过0.4m。

第二，大风天条件下，试挖槽淤积速率明显增大，出现骤淤。2006年10月16日～10月27日期间海况较差，试挖槽出现骤淤，平均淤积厚度达1.17m，淤积速率达10.6cm/d。2006年11月8日～11月29日期间平均淤积厚度达1.33m，淤积速率达6.3cm/d。大风天试挖槽边坡塌方严重，边坡塌方对挖槽内淤积产生较大影响。

第三，两次大风天过后，试挖槽基本淤平，后期淤积又恢复到自然状态。2006年11月29日～12月12日期间，平均淤积厚度0.07m，淤积速率为0.5cm/d。

由以上几点分析，可以看出在一般天气下试挖槽的淤积幅度很小，大风天下风浪掀动底沙形成高浓度含沙量水体，大风观测期间，试挖槽内有高浓度含沙水体现象，厚度为20～40cm，高浓度含沙水体落淤形成的骤淤是试挖槽淤积的主要原因。

表1　试挖槽不同时间段淤积特征

时间段	淤积特征				海况
	体积(m^3)	厚度(m)	速率(cm/d)	占挖槽面积比	
2006-09-29～2006-10-06	1 423.7	0.16	2.0	74.00%	正常
2006-10-07～2006-10-16	1 045.6	0.14	1.4	63.50%	正常
2006-10-17～2006-10-27	12 712.2	1.17	10.6	90.20%	偏东、偏北风5～7级，阵风9级
2006-10-28～2006-11-8	1 632.3	0.19	1.6	70.80%	正常
2006-11-09～2006-11-29	12 037.7	1.33	6.3	75.70%	偏北风5～7级 阵风9～10级
2006-11-30～2006-12-12	559.9	0.07	0.5	65.40%	偏北风5～7级 阵风9～10级

3　东营港5万～15万吨级航道可挖性分析

3.1 海域动力条件

东营港5～15万吨级航道沿线动力条件的几个特征[1-3]：

第一，东营港靠近半日潮无潮点，潮差很小，属于弱潮汐港口。第二，海区潮流流速较大，0～15m等深线区为强流区，大潮平均流速为0.5m/s左右，最大流速为1.34m/s；规划10万吨级码头－18m水深附近海域大潮平均流速在0.40～0.49m/s，最大流速为0.73m/s。第三，海区春、冬两季大风次数较多，春季4月份大于6级风天数为13.8d。第四，东营港处于半封闭的渤海内部，该海域波浪主要是渤海上的风产生的，海面风场有明显季节性，所以波浪也有明显季节变化。黄河口地区是一个凸嘴区域，波浪在向里传播时受辐聚作用影响，造成本海区波浪作用相对较强。

3.2 泥沙来源

东营港泥沙来源主要分为三部分：一是东营港北部老黄河口泥沙在波流共同作用下向东营港海区运移；二是现黄河口的高浓度悬沙向北输移扩散，现行黄河口泥沙向北扩散距离约15公里，东营港海域所在位置距现黄河口约50km，黄河入海泥沙对给工程区的直接影响是有限的；三是当地泥沙在风浪掀沙、潮流输沙作用下的反复搬运。

从近年来的该海域的地形冲淤变化结果看，该水域的地形正逐渐向趋于平衡稳定。因此，本工程水域的泥沙应主要来源于老黄河口三角洲的悬沙以及本地滩面的风浪、潮流掀沙。

3.3 与邻近黄骅港、滨州港底质条件比较

结合通过2006年7月滨州港底质资料和2007年6月黄骅港底质资料对比并结合其他时期大范围底质资料，与东营港海域底质资料做对比分析[4-10]。

第一，从沉积类型上看，黄骅港以砂质粉砂和黏土质粉砂为主，在滨州港附近海域则主要以砂质粉砂和粉砂为主；东营港海域－14m等深线以内(5万吨级油码头以内)主要以粉砂和砂质粉砂为主；－14m等深线以外则黏土质粉砂增多，以粉砂、砂质粉砂和黏土质粉砂为主；而工程区所在10万吨级码头以外(－18m等深线以外)主要以黏土质粉砂为主，有少量粉砂。

第二，在中值粒径分布上，黄骅港航道北侧所有样品的平均中值粒径为0.023 9mm，黏土含量为24.7%；黄骅港航道南侧(黄骅港与滨州港之间水域)泥沙的平均中值粒径为0.035 9mm，黏土含量为16.3%；滨州港外侧海域泥沙平均中值粒径为0.049 9mm，黏土含量则减小到7.8%。东营港14m等深线以内海区平均中值粒径约为0.033mm，大多数区域黏土含量为10%左右；14～20m海域平均D_{50}约为0.022 6mm，平均黏土含量为22.4%；工程区所在10万吨码头以外(18m等深线以外)平均D_{50}约为0.014 1mm，平均黏土含量在27.1%。

由以上分析可见，东营港14m等深线以内海域的底质环境在性质上与黄骅港、滨州港一致，随着由岸向海逐渐的变化，性质主要有所不同，在10吨级码头以外海域底质要明显比滨州港海域底质要细，而且与黄骅港北侧滩面底质也要细。

3.4 5万～15万吨级航道开挖骤淤的可能性分析

航道开挖骤淤是否可能发生一般看三个条件，一是水动力条件，二是沙源情况，三是底质环境。

从滩面物质性质来看，东营港区海域滩面物质为活动性极强的粉砂，在波浪与潮流共同作用下，易于扰动和搬运，特别是春、冬季节，如东营港一期工程内航道开挖完工后淤积严重，东营港3万吨级油码头试挖槽的淤积也相当严重。这就是粉砂质港口的特点，粉砂易掀动输移又易沉降落淤，在大风天期间会产生快速回淤。10万吨级油码头工程所在海域位于18m等深线附近，该等深线以浅海域主要以粉砂和砂质粉砂为主，泥沙活动性大，不宜开挖航道。18m等深线以深则主要以黏土质粉砂为主，局部有少量的粉砂。因此而言，工程所在的18m以深海域底质条件要比近岸海域(－18m以浅海域)要好，泥沙平均中值粒径都在0.02mm以下，黏土含量约为27.1%，泥沙活跃性大大降低。

从水动力条件看，本海区水流速度较大，规划10万吨级码头18m水深附近海域大潮涨落潮平均流速在0.40～0.49m/s，最大流速为0.73m/s；本海区波浪也比较强，这些都为泥沙的

活动提供了充分的动力条件。在此,采用佐藤公式对波浪作用下滩面泥沙产生表面起动和全面起动水深进行了计算,在 3.5m 波浪作用下泥沙完全起动的水深大约在 18m 等深线处。

在沙源方面,东营港南、北的新、老黄河口泥沙输移扩散对工程区影响有限,最主要的还是当地两个滩面泥沙的淤积。再一个,航道轴线走向与等深线垂直,而潮流矢量则是与等深线(或岸线)平行往复流,航道走向与水流的交角很大,当水流跨越外航道时,因过水断面增加,流速减小,泥沙将很快落淤,从而导致外航道的淤积。

从沉积物柱状样上分析,18m 水深以浅在垂向上泥沙粒径相对比较一致,粒径为 0.03~0.05mm,为粉砂、砂质粉砂或粉砂质砂;18~19m 等深线之间则是过渡段,表层有一层相对较细颗粒黏土质粉砂,中下层则又为粉砂;19m 等深线以外基本都是相对较细颗粒黏土质粉砂。

综上几个方面的分析可以看出,东营港 10 万~20 万吨级油码头航道工程所在海域泥沙来源有限,主要以滩面泥沙为主,底质环境相对较好,如果开挖航道,在规划 10 万吨级码头(−18m等深线)以外的区域大风浪作用下的泥沙骤淤的可能性要比近岸港区小;−18m 等深线以内水域泥沙活动性大,发生骤淤的可能性大,不宜开挖航道。

4 结语

(1)东营港 5 万~15 万吨级航道沿线沉积物质,18m 等深线以外以黏土质粉砂为主,20m 水深处(即 15 万吨级码头区域)均为粒径较细的黏土质粉砂;18m 水深(即 10 级码头前沿)以浅平均黏土含量为 18.1%,18m 水深以深平均黏土含量为 27.1%,18m 水深线基本为 20%含量的分界点。

(2)东营港 5 万~15 万吨级航道所在海域泥沙来源有限,主要以滩面泥沙为主,底质环境相对较好,如果开挖航道,在规划 10 万吨级码头(18m 等深线)以外的区域大风浪作用下的泥沙骤淤的可能性要比近岸港区小;18m 等深线以内水域泥沙活动性大,发生骤淤的可能性大,不宜开挖航道。

参考文献

[1] 交通运输部天津水运工程科学研究所. 东营港总体规划潮流、波浪、泥沙数学模型试验研究报告[R]. 2009.

[2] 中国海洋大学. 东营港油码头工程试挖槽及泥沙回淤观测阶段性报告(最终稿)[R]. 2007.

[3] 交通运输部天津水运工程科学研究所. 东营港油码头工程潮流数学模型及泥沙淤积分析研究[R]. 2006.

[4] 交通运输部天津水运工程科学研究所. 沧州黄骅港 12 万~20 万吨级航道两侧滩面沉积物及航道淤积物可挖性分析报告[R]. 2008.

[5] 交通运输部天津水运工程科学研究所. 滨州港海域自然条件及泥沙环境分析[R]. 2008.

[6] 周永东,陈沈良,谷国传. 东营港海域表层沉积物分布及其运移趋势[J]. 海洋地质与第四纪地质,2009,29(3).

[7] 陈兆林,李卫国,刘锐,饶永红. 东营港海区悬沙特征及冲淤分析[J]. 海洋工程,2009,27(2).

[8] 李平,朱大奎.波浪在黄河三角洲形成中的作用[J].海洋地质与第四纪地质,1997,17(2).
[9] 国家海洋局第一研究所,东营港扩建工程可行性研究水文气象及泥沙冲淤调查研究报告[R].2004.
[10] 中国海岸带水文编写组.中国海岸带水文[M].北京:海洋出版社,1995.

预应力混凝土大直径管桩在北方[1]港口工程的应用实践

刘　锐

（东营港建管理办公室，山东　东营　257091）

摘　要：预应力大直径混凝土桩自20世纪80年代研制成功后；在我国南方各大港口得到了推广应用，但在我国北方港口中还没有大批量使用的先例。东营港扩建工程在北方港口首次大批量使用，通过进行大管桩抗冻、试桩等试验，沉桩获得成功。

关键词：大管桩　北方港口　应用

东营港扩建工程包括7.02km引桥和半开敞式30 000DWT多用途泊位两个，海军北海工程设计院设计。为避开泥沙回淤，完全利用自然水深，引桥自现有2 100m引堤的顶端向海内延伸，全长7 020m，宽20m，桥面系为50m跨预应力T形梁体系，基础为高桩承台桥墩，基桩全部采用B_{1-2}型ϕ1 200×145后张预应力混凝土大直径管桩，中交二航局东营港项目部承担施工。码头在距岸9 120m处，前沿水深－13m，布置2个3 600m^{2}临时堆场，两个泊位宽分别为76.3m、51.55m。为高桩梁板结构，基桩采用B_1型ϕ1 200×145后张预应力混凝土大直径管桩，少量ϕ1 200钢管桩，中交一航局东营港项目部承担施工。监理由山东港通管理咨询有限公司承担。引桥和码头设计共用大管（组合）桩2 771根，总长度为124 200m。

1　东营港地理位置

东营港位于渤海湾湾底西南处，黄河入海口以北大约50km的渤海湾和莱州湾交界处，地理坐标38°05′39.9″N，118°57′27.6″E。北距天津港80n mile，东距龙口港约72n mile，隔渤海与大连港相距122n mile，出渤海海峡可与国内外各港相通，水上交通运输十分方便，优越的地理位置使东营港具有对内、对外双向辐射的区位优势。

2　气象条件

东营港地处北温带半湿润大陆性季风气候区，冬季寒冷，夏季炎热，历年极端最高、低、平均气温分别为39.6℃、－18.0℃、11.7℃，年均降水量549mm。灾害性天气主要有寒潮、台风和气旋。年均相对湿度67％。潮汐为典型的正轨日潮类型，最大、平均潮差2.42m、0.76m，海浪主要为渤海海面的风成浪，实测最大波高5.8m，一般年份冰厚5～45cm，最大60cm，固定冰堆积高度最大为5m。该地区地震烈度为7度。

3　地质状况

东营港港区地基土层为第四系黄河冲积层、滨海或海陆相沉积交互层，分布较稳定，上部

[1]本文刊登于《中国港湾建设》2007年第02期，第58-61页。

土层松软，为中等高压缩土层，下部较好，可作桩基持力层。地质情况以试桩位置引桥 QD39 号墩钻孔和码头 MT-04 桩孔为例。

(1)QD39 墩地质情况：孔口高程－8.35m，土层自上而下可分为：

①泥质粉质黏土：层底高程－9.95m，层厚 1.6m，$N=1$ 击；

②泥质粉质黏土：层底高程－17.35m，层厚 7.4m，$N=1\sim6$ 击；

③粉质黏土：层底高程－20.25m，层厚 2.9m，$N=4\sim7$ 击；

④粉土：层底高程－22.55m，层厚 2.3m，$N=14\sim25$ 击；

⑤粉质黏土：层底高程－24.85m，层厚 2.3m，$N=13\sim17$ 击；

⑥黏土：层底高程－32.25m，层厚 7.4m，$N=16\sim30$ 击；

⑦粉细砂：层底高程－37.55m，层厚 5.3m，＞42 击；

⑧粉质黏土：层底高程－48.35m，层厚 10.8m，$N=29\sim50$ 击。

(2)码头区地质钻孔 MT-4，孔口高程－12.83m，土层自上而下可分为：

①粉土：层底高程－13.33m，层厚 0.5m，$N=3$ 击；

②淤泥质粉质黏土：层底高程－20.83m，层厚 7.5m，$N=3\sim5$ 击；

③粉质黏土：层底高程－22.83m，层厚 2.0m，$N=8$ 击；

④粉细砂：层底高程－25.13m，层厚 2.3m，$N=12\sim46$ 击；

⑤粉质黏土：层底高程－27.33m，层厚 2.2m，$N=12$ 击；

⑥粉细砂：层底高程－40.83m，层厚 7.4m，$N=16\sim30$ 击；

⑦细砂：层底高程－52.83m，层厚 12.0m，$N>50$ 击。

4 基桩设计要求

4.1 引桥

按《港口工程预应力混凝土大直径管桩设计与施工规程》(JTJ 261—1997)，管桩为打入式挤土桩，桩土作用按 M 法考虑。总入土深度 30.0m 左右，桩尖进入细粉砂层，每个桥墩布置 12 根桩，均为斜桩，斜度 4.5∶1。单桩轴向承载力标准值大于 11 000kN。为防止管桩直接承受冰荷载，在高桩承台底部设置了预制钢筋混凝土结构的挡冰裙，其底高程为－0.5m，使冰的撞击荷载直接作用于梭形承台。

4.2 码头

基桩分承受垂直荷载的直桩和承受水平荷载的叉桩，混凝土管桩斜度 4.5∶1，净入土深度在 30m 左右，桩尖进入粉细砂土层。单桩承载力设计值压桩 7 230kN，拉桩 4 540kN。为形成掩护水域和挡冰，码头后方承台(图 1)采用预制钢筋混凝土挡浪板遮帘，挡浪板锚固于承台上，下端高程－8.5m，遮帘底端距海底4.5m。

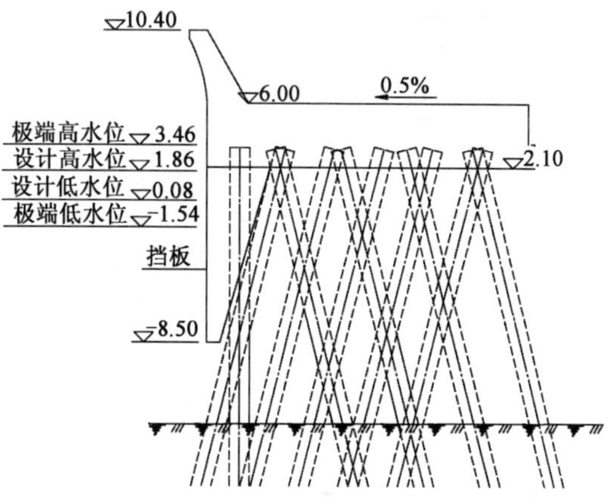

图 1 码头后方承台断面图

4.3 其他要求

管桩混凝土强度等级为C60，抗冻等级为F300，抗氯离子渗透性小于1 000C。桩头设置1.0m长钢纤维混凝土管节，不另设钢板套箍。沉桩期间对桩进行高应变承载力动测和低应变桩身质量检测，高应变检测数量不低于总桩数量的5%，低应变检测数量不低于总桩数量的10%，对打桩记录有异常的桩做低应变检测。

5 桩身混凝土的抗冻试验

5.1 试验方法

快冻法特别适用于抗冻要求高的混凝土。大管桩桩身混凝土是低水胶比高强度混凝土，其实际水胶比小于0.30，预期抗冻性较高。因此，本次试验采用快冻法。

5.2 试件的准备

抗冻试验的试件每组6块，尺寸为80mm×100mm×400mm，共进行了4组试验。振动成型的试块1组(不掺引气剂)，由管节本体切割的试块3组，其中不掺引气剂的1组，掺引气剂的2组。

5.3 试验及试验结果

抗冻试验委托上海建筑科学研究院进行。

根据近年来北方地区大型工程对耐久性的要求，初定抗冻性试验为350次冻融循环。为进一步了解大管桩桩身混凝土抗冻性能，将正常生产工艺成型的管节混凝土进行1 000次循环冻融试验。

根据抗冻性试验的标准，抗冻试验结果包括相对动弹模和重量损失率，一般地，当相对动弹模低于75%时认为试件破坏，当重量损失率低于5%时认为试件破坏。试验结果表明大管桩桩身混凝土完全达到F300的要求。

试验结果如表1～表4所示。

第一组：管节本体切割试块，不掺引气剂　　表1

时间	循环数	相对动弹模	重量损失率
2005.06.07	开始试验	100.00%	
06.14	54循环	97.60%	
06.21	110循环	96.85%	
06.28	166循环	96.79%	
07.05	222循环	96.17%	
07.26	400循环	96.00%	1.30%
10.11	1000循环	82.8%	2.3%

第二组：管节本体切割试块，掺引气剂　　表2

时间	循环数	相对动弹模	重量损失率
2005.06.14	开始试验	100.00%	
06.21	56循环	98.55%	

续上表

时间	循环数	相对动弹模	重量损失率
06.28	112 循环	98.43%	
07.05	168 循环	97.78%	
07.19	280 循环	97.12%	0.45%
07.26	350 循环	96.20%	1.00%

第三组:管节本体切割试块,掺引气剂 表 3

时间	循环数	相对动弹模	重量损失率
2005.06.14	开始试验	100.00%	
07.26	350 循环	96.40%	1.00%

第四组:新拌混凝土振动试块,不掺引气剂 表 4

时间	循环数	相对动弹模	重量损失率
2005.06.21	开始试验	100.00%	
06.28	56 循环	98.14%	
07.05	112 循环	97.26%	
07.19	224 循环	95.77%	0.75%
07.26	280 循环	94.90%	0.88%
08.09	350 循环	92.30%	1.15%

5.4 大管桩桩身抗冻性的评价

试验结果证明按目前生产工艺生产的大管桩桩身混凝土抗冻性完全满足本工程所要求的 F300 的指标。

按现行工艺生产的大管桩管节经切割制取桩身混凝土冻融试验试件,历经近 400 个冻融循环,其动弹性模量仍达未经冻融的 96.00%,失重率仅为 1.3%,经历 1 000 个冻融循环,其动弹性模量达未经冻融的 82.8%,失重率为 2.3%,现行工艺生产的大管桩桩身混凝土完全满足 F300 的要求(报告编号:QH05-031)。

采用掺引气剂混凝土按正常生产工艺成型不含钢筋的引气混凝土管节混凝土,进行了近 350 个循环后,动弹性模量仍达未经冻融的 96.20%,失重率仅为 1.0%,其抗冻指标略好于不掺引起剂的管节(报告编号:QH05-032)。

用新拌管节混凝土采用振动台振动成型制作的混凝土冻融试验试件,历经近 350 个冻融循环,其动弹性模量仍达未经冻融的 92.3%,失重率仅为 1.15%(报告编号:QH05-034),与现行生产工艺生产的大管桩管节经切割制取桩身混凝土相比,抗冻性较差,由此可见大管桩的离心、振动和辊压 3 种复合工艺成型是大管桩抗冻性能的保证手段。

6 试桩

(1)由于东营港地区尚无静载试桩资料,为确定桩的可打性和桩长必须进行试桩。设计单位选定了 3 处有代表性的桩位,引桥两处:QD39、QD103,码头一处 MT-4 位置。QD39、MA01 打桩船为中交一航局打桩 18 号:桩架高 93.5m,锤型 D125 柴油锤,桩垫为棕绳和竹胶板共

16cm 厚。试桩桩长 52m。Q103 打桩船为中交二航局海力 801 号，锤型 S0280 液压锤，后因故在施工中没有使用，故不再提及。根据《港口工程桩基规范》(JTJ 254—1998)规定，进行静载试验，并对试桩进行高、低应变动力检测。

(2)大管桩沉桩及动、静载试验结果。

QD39 墩试桩，锚桩 4 根，试桩 1 根，观测桩 2 根。锚桩中心距 2.8m。试桩桩长 52m，钢管桩靴长度 1m，压锤后桩尖自沉至泥面下 21m，二档开锤，二档击打，入粉细砂层最小贯入度 1.5mm/击，穿过粉细砂层后贯入度逐渐变大，虽然桩尖到达了设计高程，但穿过了粉细砂层进入了粉质黏土层，最终贯入度达 11.8mm。入土深度达 36.22m，锤击数为 3616 锤。由于过度锤击，桩头破损，内侧出现了长达 1m 的纵向裂缝。动测结果显示：桩锤最大传递能量为 155.5kN·m，桩头 1m 以下桩身完整性 100%；复打单桩轴向抗压极限承载力大于 11 345kN。静载承载力大于 11 250kN，满足设计值 7 000kN 的 1.5 倍的要求。

码头 MT-4 试桩桩长为 52m，原设计桩尖高程为 −45.45m。实际仅达到 −33.3m，桩的入土深度为 20.47m，锤击数 1 639 击，贯入度 1.5mm 动测结果显示：桩锤最大传递能量为 137.3kN·m，桩身完整性 100%，复打承载力达 12 164kN，静载承载力为 11 549kN，满足设计值 7 500kN 的 1.5 倍的要求。

对比动测初打、复打结果得到本试桩区 ϕ1 200mm 大管桩土体恢复系数平均为 1.52。低应变检测结果：桩身结构完整，1 类桩。

7 桩的调整及沉桩控制标准

7.1 对两组试桩结果地分析

两根静载试桩的极限承载力都达到了设计要求。引桥试桩使大管桩穿过 5.3m 厚 $N \gg 50$ 的粉细砂层导至过度锤击，而桩尖穿过硬层进入粉质黏土层后又使贯入度增大，动测反映桩端承载力仅占总承载力的 21%；码头试桩打入粉细砂层 6m，贯入度达 1.5mm，而入土深度仅达 20.47m，动测反映桩端承载力占总承载力的 52%，存在过度锤击又存在桩的入土深度不足两方面的问题需要改进。

7.2 桩的调整

通过对以上大管桩试验分析，对地质报告进行复查，为解决顺利穿越砂层和桩的入土深度不足以及过度锤击等问题，设计按大管桩下端采用短段钢管组合桩进行了桩长的调整，其关键是使组合桩接头处即大管桩下端打入硬土层(密实的粉细砂层)1.5～2.0 倍桩径，充分发挥大管桩端面的端承力，同时其承载力和埋深的不足部分用钢管桩的侧摩阻和长度来满足。

7.3 沉桩控制标准

通过试桩并考虑桩的安全，结合试桩报告，制定了停锤标准。

①采用锤击沉桩，用 125 柴油锤、二档(能量 300kJ)击打。停锤按设计高程和最后一阵 10 击平均贯入度控制，以高程控制为主，且控制总锤击数在 2 000 击之内。

②组合桩的大管桩桩端土层为密实粉细砂，打入深度不小于 1.5 倍桩径即 1.8m，达到设计高程时最终贯入度应<5mm。在设计高程以上 2.0m 以内时最终贯入度<3mm，桩端高于设计高程以上 2.0m 时如果贯入度<2mm，可改用三挡施打，尽量将桩端控制在距设计高程

2.0m以内；当不满足上述停锤条件，尤其是桩尖达到设计高程而贯入度仍偏大时，会同设计人员研究解决。

③实际沉桩过程中组合桩的大管桩桩端进入密实砂层的操控，按以下原则执行：结合地质报告，二挡锤击能量、贯入度<7mm，可认为进入密实砂层。尽量采用仰打。

8 大管桩(组合桩)应用情况汇总

(1)组合桩：通过试桩结合地质情况，为了满足基桩设计要求，达到沉桩控制标准，工程中多数采用了后张预应力混凝土大直径管桩与钢管桩形成的组合桩。这样，充分利用钢管桩穿透性强的特点，保证了桩的完好性，满足整桩的埋深要求，增加了桩的侧摩阻力。同时保证混凝土大直径管桩桩端进入密实粉细砂层，打入深度不小于1.5倍桩径即1.8m，使桩端阻力得到充分发挥。

(2)沉桩过程：沉桩自2006年5月1日开始，在海况条件允许的情况下，5条打桩船同时打桩，创造了单船日沉桩13根的记录，利用125个可工作日，于2006年11月26日2 822根桩全部沉设完成。

(3)东营港工程使用大管桩的数量及桩型：整个工程共计使用大管桩2 822根。其中：引桥用1 650根，桩型分别为：管桩51m，10根；组合桩(混凝土管桩＋钢管桩)33～52m＋3～12m，1 640根。码头用1 172根，桩型分别为：管桩33～55m，386根；组合桩(混凝土管桩＋钢管桩)35～52m＋2～20m，786根。

(4)沉桩情况分析：按设计桩长制作满足沉桩控制标准的桩2 777根，占总量的98.37%；按设计桩长制作不满足沉桩控制标准的桩39根，占总量的1.38%；沉桩过程中桩顶破碎或管桩内壁裂缝的桩5根，占总量的0.18%；其他原因碰撞损坏2根，占总量的0.07%。

(5)原因分析及措施：按设计桩长制作不满足沉桩控制标准的桩主要是由于土层的变化较大在地质报告中反映不够详细而造成的，受施工条件等因素的限制，采取了就近补桩措施，以满足设计要求。沉桩初期出现桩顶破碎或管桩内壁裂缝的现象，通过改用组合桩减少了过度锤击，及时调整打桩船的锤击挡位、能量，改换桩垫材料并增加厚度，坚持一桩一垫。在以后的沉桩过程中，类似情况未再发生过。

(6)沉桩工程质量：码头沉桩设备为一航局的打桩18，锤型D125柴油锤，承台/排架桩的平均锤击数1 180/900击，最终贯入度3.5/4.5mm；打桩19，锤型D125柴油锤，承台/排架桩的平均锤击数960/802击，最终贯入度3.5/4.5mm。引桥沉桩设备为二航局的航工桩七，锤型D128柴油锤，平均锤击数1 190击，最终贯入度2.4mm；桩四、桩五，锤型D100柴油锤，平均锤击数分别为1 260击、1 210击，最终贯入度分别为2.8mm、2.7mm。沉桩合格率达100%，沉桩分项工程质量等级为优良。

9 大管桩、钢桩及普通方桩对比

(1)制作工艺：预应力混凝土大直径管桩采用离心、振动、辊压相结合的复合法工艺生产，分段成型混凝土管节，管节间涂刷黏结剂，张拉预应力钢绞线，预留孔道内压力灌注水泥浆体，使钢绞线自锚拼接成管桩，制作工艺成熟。钢管桩采用直缝或螺旋缝焊接而成。对操作人员和设备要求较高。

(2)防腐保护措施:在海水环境建造高桩码头,钢筋混凝土构件锈蚀是影响码头使用寿命的主要原因。大管桩的保护根据腐蚀区域的划分,只在浪溅区和潮差区由于氯离子渗透而引发和加剧锈蚀,采用环氧沥青涂层加玻璃丝布缠裹,水位变动区及以上部分整体防护;水下区和海底区混凝土保护层能够较好地保护钢筋,管节接缝处局部防护。涂料的选用根据保护时间、效果及费用等综合确定。工艺简单易行。

钢管桩必须采用包覆或阴极保护等防腐,建设和维护成本较高。

(3)耐久性:由于预应力混凝土大直径管桩采用高速离心方法成型,混凝土密实性远远高于普通预应力混凝土方桩,经抗冻试验和氯离子渗透实验证明其抗冻性和耐腐蚀性能良好,完全可以在有抗冻要求的地区使用。推算使用寿命可达 50 年以上。

(4)经济性:预应力混凝土大直径管桩的桩端阻力较大,抗锤击性能远远高于普通预应力方桩。造价低,在本工程中每延米价格仅为钢管桩的 46%。

另外,实验证明:B_1型 ϕ1 200×145 后张预应力混凝土大直径管桩抗裂弯矩为 1 480kN·m,破坏弯矩为 2 620kN·m。大管桩的惯性矩大,抵抗水平力的能力远远超过普通预应力混凝土方桩。

10 结语

东营港扩建工程所用的大管(组合)桩全部在三航局预制厂(连云港、宁波)预制、张拉拼接成桩,由大型驳船运至东营港施工现场。其中最长的 55m,最短的 33m。在制造和施工过程中经过静荷载试验、高应变检测、氯离子渗透试验、抗冻融试验等证明大管桩完全可满足设计要求。本工程采用的大管桩是在我国北方大批量首次应用并获得成功。为大管桩用于北方海洋环境、地质条件类似东营港的水运工程探索了可行之路。

参 考 文 献

[1] 中华人民共和国行业规范. JTJ 261—1997 港口工程预应力混凝土大直径管桩设计与施工规程[S]. 北京:人民交通出版社,1997.
[2] 徐圣杰. 东营港扩建工程初步设计[R]. 济南:海军北海工程设计院,2005.
[3] 黄沛. 东营港扩建工程试桩检测报告[R]. 天津:天津港湾工程质量检测中心,2005.
[4] 汪冬冬. 大管桩的耐久性试验研究报告[R]. 南京:三航局科研所,2006.

码头承台桩基修复补强措施应用[1]

刘　锐

（东营港建设投资有限责任公司，山东　东营　257091）

摘　要：工程建设期间，受突风影响，施工船与已建成的码头承台发生碰撞，造成承台下方钢管桩受损，根据现场检测及水下探摸情况，通过专家多次商讨方案，制定了补强措施，实施后效果良好。

关键词：承台　钢管桩　措施

1　工程概况

受损情况：根据潜水探摸情况，搁浅船只“起重06”对码头工程承台9、10区共计11根钢管桩造成了损伤（具体受损情况见下表）。并根据多方会商的指导思想，采用以灌注桩接桩或桩内浇筑素混凝土的方式进行补强处理，以保证整个工程的结构安全。

序号	桩位	受损情况说明
1	9-2-KK5	泥面以上30cm开始凹进，高5m左右，裂口宽10cm，长40cm，最大凹进25～30cm
2	9-2c-LL5	直桩，泥面以上1.5m处开始断裂2/3，向北方向凹进，高3.5～4m
3	9-3-KK5	泥面以上2m处断开，向北倾斜
4	9-4-KK5	泥面以上1.8m处凹进，裂口宽10cm，上下长40cm
5	9-5-KK5	泥面以上0.8m处断开
6	9-5c-LL5	水面下7.2m处凹进，高1m
7	9-6-KK5	（1）泥面以上0.8m处有一裂口，宽4cm，长40cm； （2）泥面以上1.5m处开始凹进，最大凹进1/3，高3m
8	9-7-KK5	泥面以上0.8m处凹进裂口，宽20cm，长100cm
9	9-8-KK5	泥面以上3m处开始向里凹进，最大凹进20cm，从水面以下6.5m处开始向里凹进，高度1.5m左右，最大凹进20cm
10	10-1-KK5	（1）泥面以上1m处开始凹进，最大凹进20cm，高1.5m； （2）泥面以上1.5m处有裂口，宽2cm，长50cm； （3）水面以下10处开始凹进，最大凹进10cm，长80cm
11	10-2-KK5	从泥面起开始凹进，凹进5cm，无裂口，高1.5m

[1]本文刊登于《港工技术》2014年第05期，第45-48页。

2 修补主体思路

2.1 已断裂或基本断裂桩(9-2c-LL5、9-3-KK5、9-5-KK5)处理

根据钢管桩的受损部位,首先对受损桩周的承台混凝土进行拆除,而后对受损的钢管桩进行切割,切掉的钢管桩管节不再使用。另需加工ϕ1 192mm(底部 2m 为 ϕ1 328mm)的钢管,利用此钢管套入尚预留的钢管桩,使其倾斜度统一;并利用护筒底部较宽的 2m 进行搭接(搭接长度根据实际调整),从而与原钢管桩形成闭合体。然后对钢管桩内进行抽泥或回旋钻成孔,成孔底高程至泥面以下 7m,抽泥完毕下钢筋笼,并浇筑混凝土。通过这个连接段的钢筋混凝土桩以替代受损部位的钢管桩,见图 1。

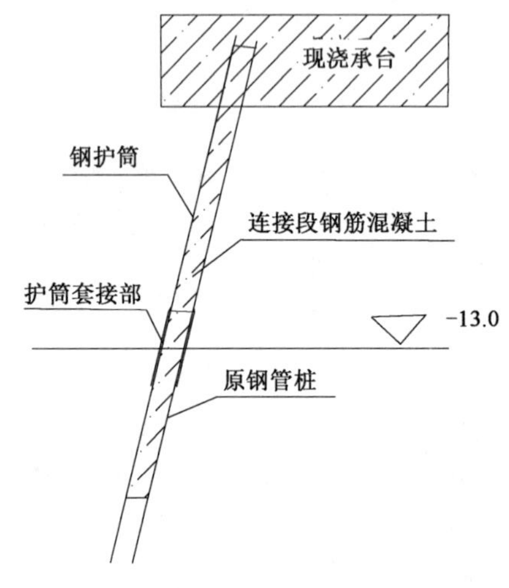

图 1 钢管桩补强施工示意

2.2 产生裂缝桩(9-2-KK5、9-4-KK5、9-6-KK5、9-7-KK5、10-1-KK5)处理

对于产生了裂缝的 5 根桩,将充分利用原桩,只对桩内进行浇筑素混凝土,以达到补强防腐的效果。

2.3 仅局部凹陷无裂缝桩(9-5c-LL5、9-8-KK5、10-2-KK5)处理

对此部分桩,不再修复。

3 承台拆除

3.1 拆除原则

仅拆除混凝土发生破坏和产生损坏性裂缝的混凝土以及断桩位置混凝土。对前期已拆除位置保留现状并恢复,对已打孔位置,在孔内植筋作加强锚固用。

3.2 具体操作

(1)三根断桩位置凿除到桩位全部露出,并将原桩上部混凝土清除,以便采取接桩工作。

(2)因船体碰撞致使承台混凝土发生破损和裂缝的位置,拆除到无破损位置。

(3)对仅有外露钢筋损坏的钢筋,凿除到满足钢筋搭接焊要求。

(4)承台拆除时,需隔段拆除修复,以便利用原有的承台进行待修复部位的模板支立和钢桩的固定工作。

4 灌注桩补强施工方案

根据上述修补主体思想,本次补强共需补连接灌注桩 3 棵,其中,直桩 1 棵,斜桩 2 棵。具体桩位为 9-2c-LL5、9-3-KK5、9-5-KK5。

由设计依据受力情况,提供锚固长度与配筋图。设计在考虑本工艺的同时,提供利用灌注

桩替代原桩的方案，以备接桩工艺无法实施时使用。

具体施工流程为：承台拆除→护筒套接→承台修复→连接段混凝土施工→安装挡浪板→浇筑三层混凝土。

4.1　护筒套接

护筒的套接是本工程施工的第一大难点和重点，是后续施工得以顺利进行的保证。

4.2　水下清理

承台拆除时，坠落的混凝土块受水流影响可能散落在桩身周围，为保证护筒与钢桩顺利对接，承台拆除后即安排潜水人员对桩周进行清理，并对预留桩上的附着海生物进行清理。清理完成后需利用靠尺等检查剩余钢桩是否存在变形等受损情况。桩周清理时利用钢钎检查泥面下有无障碍物。

4.3　截桩

清理完毕后，潜水人员下水截桩。切割部位在桩身最低受损部位以下，桩身完整部位距泥面较高，在距泥面以上 1.0m 处进行切割。为保证切割后切口断面整齐并便于以后护筒与钢桩的套接，用钢板按照钢桩的外径加工 2 个半圆形抱箍，抱箍内粘贴绝缘板，由潜水人员将抱箍卡在桩身上，切割时沿抱箍切割，以保证切割面与桩的轴线垂直，及切口的平顺性。

切掉的钢桩利用两点吊的方式由起重船或陆上吊机吊走。在切割时，钢丝绳必须捆好并适当带劲，以保证潜水员的安全。

当钢桩吊到陆上时，立即安排人员对钢桩的长度及切口状况进行检查，以便确定护筒的最终尺寸。

4.4　套护筒

护筒加工和运输：护筒采用 14mm 厚的 Q235 钢板卷制而成，钢管全长为 18.5m（根据实际切割情况，适当增减上部钢管的长度），上部外径为 1 192mm，底部（2m）内径为 1 300mm；上部钢管的长度根据钢管桩切割的情况而定，以保证底部较宽的钢管可以顺利套入原钢管桩并入泥一定深度，见图 2。钢管外壁涂刷 2 遍防锈漆，并焊接阳极块。

护筒的运输采用路上运输的方式。根据运输条件限制，考虑在现场进行管节的拼接。

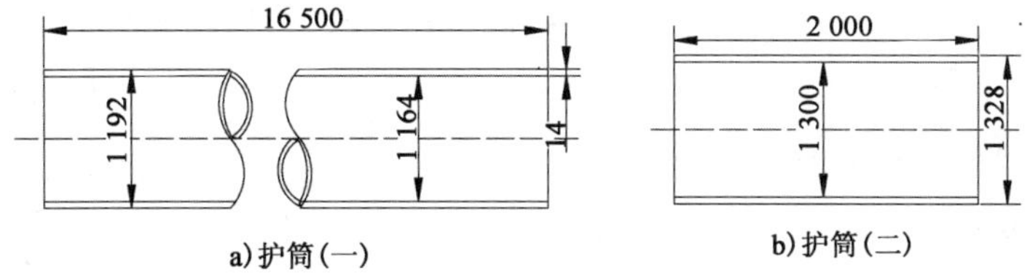

图 2　护筒结构（尺寸单位：mm）

导向：为方便护筒打设，在护筒底部内壁焊接 6 道导向肋板，肋板为楔形，下部与原钢桩每侧间隙 20mm，顶部与原钢桩间预留 10mm 的间隙。

为保证钢管套接桩顶位置的准确性，需加工一导向架，导向架采用 ϕ150mm 的钢管制作，导向架起到提供护筒顶平面位置及护筒斜率的参照作用。导向架的具体形式见图 3。

套护筒：套护筒前，利用拆除后承台上面的预留钢筋固定导向架，导向架固定好后，由测量人员根据原沉桩记录放出护筒的理论位置。然后进行钢管的套接施工。

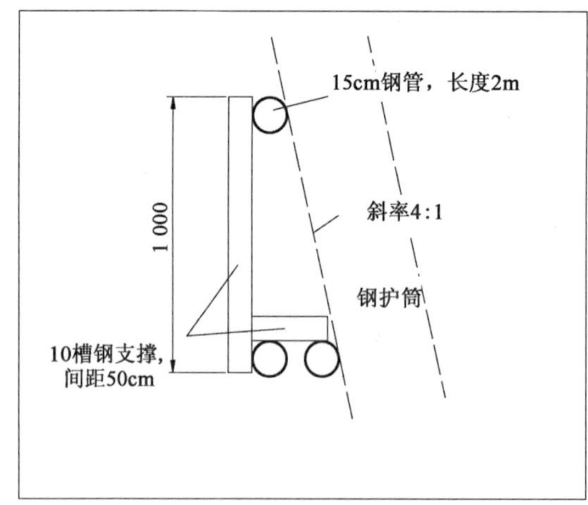

图3　导向架示意(尺寸单位:mm)

护筒采用两点吊,利用起重船或陆上吊机起吊,且为一个大钩两个不同长度的钢丝绳进行操作,并在其中一根钢丝绳上增设倒链,以便可以实时调整护筒的斜率。潜水员在水下配合。首先由起重机把护筒以接近钢桩斜率的方式放入水中,一名潜水员在水底指挥护筒缓慢移动到位,并指挥起重机调整钢管的位置;此时岸上起重人员结合钢桩的斜率情况,参照导向架进行护筒的精确移位。当钢管的斜率和端部高度与原钢管桩基本相符时,潜水员上前帮扶钢管,协助护筒套入,此时需保证护筒的上口与导向架上的放样点基本吻合。

在自重作用下,护筒沿钢桩下降,待护筒无沉降时,陆上吊机将替打安置在护筒顶部,由陆上冲击炮通过替打对护筒施打,护筒插入深度应大于1m。替打用5cm钢板加工,底部焊接十字肋板。

护筒套接完毕后,在承台部位通过焊接固定槽钢进行护筒的固定。固定槽钢与承台预留钢筋可靠焊接。

4.5　承台修复

护筒套接并加固完毕后,为防止受到风浪破坏,及时进行承台底层修复,施工时注意安装挡浪板预埋件埋设位置、数量准确。承台修复隔段进行,利用相邻的承台作为支撑来架设钢梁,钢梁采用40号槽钢。底层混凝土由于易受到风浪的影响,挑选无大风浪的天气一次性施工完毕,从而保证底层混凝土的施工质量。

5　钢管内成孔

钢管内成孔,目前考虑两种施工方案。根据典型施工情况确定采取何种成孔方式。其一是采用回旋钻成孔工艺,其二为抽泥处理的方式。

5.1　回旋钻成孔

(1)钻机的安放:为保证钻机的钻杆与钢桩的斜率基本一致,在钻机的安放时,利用槽钢根据现场的施工条件焊接一倾斜的底座,用来固定钻机。钻机安放时,需测量人员放出中心点,钻头对准中心点,钻杆与钢管轴线基本一致。

(2)钻孔:因本次施工为全封闭钢护筒,考虑到钻杆的挠度,钻头受护筒的约束作用,不会偏离钻进的方向,可以保证钻进的顺利进行。钻进过程中,需保证循环系统的正常运转。

5.2 抽泥成孔

承台修复完毕后,通过高压空气把桩内的泥浆通过管道(图4)送出桩外。抽泥时需通过高压水枪对周围泥沙进行扰动处理,从而保证抽泥的正常进行。在抽泥过程中,通过潜水泵实时补充护筒内水量,保持水头高度。并及时测量泥面高程,抽泥至泥面以下7m(请设计确定),抽泥完毕。

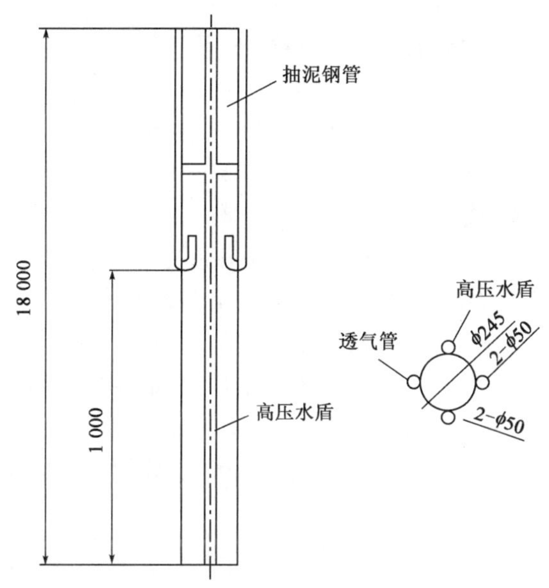

图4 抽泥成孔钢管示意(尺寸单位:mm)

5.3 下钢筋笼

(1)钢筋笼制作

钢筋笼制作要依照设计图纸要求,钢筋型号、规格、长度一定要符合标准。主筋与加劲筋应焊接牢固,主筋间距、箍筋间距要均匀。按所需长度切割后采用支架成型法。钢筋笼制作严格按设计要求和规范要求进行加工。

为避免下放钢筋笼时底端插入孔壁,将钢筋笼底做“收口”处理,并用环形筋连接起来,从而保证钢筋笼的顺利下放。

(2)钢筋笼分段加工、安放

钢筋笼采用现场加工的方式进行加工分段加工,段与段搭接时,应严格按规范要求进行搭接焊;搭接长度不小于$10d$(d为钢筋直径),要求钢筋接头错开,使同一截面内的接头不超过50%。水下浇筑混凝土桩钢筋笼保护层厚度控制在±20mm内。

5.4 钢筋笼与导管安装

钢筋笼分段制作时,导管分段固定于钢筋笼内;将导管放入钢筋笼内与钢筋笼一起安装。

钢筋笼垫块制作成圆形,串于钢筋笼箍筋上面,并位于钢筋笼的底半圆。安装钢筋笼时,采用50t吊机或起重船将其吊至孔边并吊放入孔，搬运起吊时采取加固措施，防止扭曲，折弯变形。钢筋笼吊装时对准孔位，遇障碍物可慢起慢落和正反旋转使之下落，无效时，立即停止下落，查明原因后再安装。钢筋笼缓慢地放至孔底后，随即将其固定在承台上，用两根钢管吊住吊筋，预留筋上插上两根钢管固定在承台上，防止上浮、下沉和偏笼。

导管采用内径为25cm的钢导管，内壁光滑、圆顺，内径一致，接口严密。导管按自下而上顺序编号和标示尺度。在使用前和使用一个时期后，除应对其规格、质量和拼装构造进行认真检查外，还需做拼装试验。导管壁可能承受的最大内压力 P_{max}。P_{max} 可按下式计算：

$$P_{max}=1.3(\gamma_c \cdot h_{cmax}-\gamma_w \cdot H_w)$$

式中：P_{max}——导管壁可能承受的最大内压力，kPa；

γ_c——混凝土重度(kN/m^3)，取24kN/m^3；

h_{cmax}——导管内混凝土柱最大高度，m，采用导管全长；

γ_w——孔内泥浆的重度，kN/m^3，取11kN/m^3；

H_w——孔内泥浆的深度，m。

导管长度根据孔深和工作平台高度决定。漏斗底距钻孔上口，大于一节中间导管长度。导管接头采用螺旋丝扣连接，并设防松装置。在浇筑混凝土前，进行升降试验。导管吊装升降设备能力，与全部导管充满混凝土后的总重量和摩阻力相适应，并有一定的安全储备。

导管采用两点吊形式起吊，在导管顶部焊接吊鼻，在距导管底部以上5m处用细钢丝绳捆住，灌注混凝土起吊时缓缓起吊下部钢丝绳，以活动导管，从而给上行提供一定的空间；然后再起吊上部吊鼻，通过不断地调整两个吊点的受力情况，使导管缓缓提起。

5.5 灌注混凝土

混凝土采用吊罐施工的工艺。首批混凝土灌完以后立即探测混凝土高度，计算出导管埋深，若符合要求继续灌注。灌注首批混凝土时，导管埋入混凝土内深度不小于1m。

灌注过程中，应随时测量混凝土面高度，观察孔口返浆情况；埋管深度控制在2～6m范围内，并与对应的实际灌注量比较，发现异常时，及时采取措施；一根桩的混凝土必须连续浇筑，不得中断。并严格控制导管提升速度，防止断桩事故发生，并应及时计算导管埋深，正确指挥导管的提升和拆除。导管拆除应迅速有序。混凝土浇筑应高出设计桩顶0.5m以上。

灌注混凝土选择无大风浪的情况下进行，避免在混凝土未凝固前，受到较大的扰动，从而影响混凝土的施工质量。并且在施工中考虑添加膨胀剂，避免混凝土收缩效应。

5.6 承台施工

整个桩的接长完毕后，按照正常的施工工艺和施工工序，进行后续项目的施工。

6 素混凝土补强施工方案

对于本次修补中存在的裂口的钢桩，采取桩内填筑素混凝土的补强方式，阻止桩内壁锈蚀，建议采用本工程中采用的C40混凝土，混凝土浇筑长度通过设计确定。需采用此种方式处理的桩共计5根。

具体施工顺序为：承台拆除→底层混凝土施工→钻孔→混凝土浇筑→二层混凝土施工→后续其他项目的施工。

钻孔:利用工程钻机钻孔,钻机采用金刚砂钻头,孔径为22cm。斜桩钻孔时应特别注意控制钻杆的斜率,以免钻头出现斜位等状况。

混凝土浇筑:浇筑前,需安放导管,导管采用直径为18cm的钢导管,内壁光滑、圆顺,内径一致。导管按自下而上顺序编号和标示尺度。导管与钻孔间留有的缝隙应通畅,以保证桩内存水的排出。事先加工一个具有一定强度、透空率,直径略大于钢桩内壁的编织袋,下放导管时,导管与编织袋同时下放,并将编织袋固定于桩顶,然后浇筑小石混凝土,导管混凝土浇筑要求一次成型,以免形成断桩。

7 结语

按照上述修复补强措施,进行施工后,码头经过五年多的运行,结合对码头的沉降、位移观测,水下修复桩的探摸检查认定工程达到设计要求。

参 考 文 献

[1] 中华人民共和国行业标准. JTJ 254—1998 港口工程桩基规范[S]. 北京:人民交通出版社,1998.

[2] 中华人民共和国行业标准. JTJ 248—2001 港口工程灌注桩设计与施工规程[S]. 北京:人民交通出版社,2001.

外海无掩护码头中挡浪板的计算与应用❶

刘 锐[1] 韩永成[2]

(1. 东营港建设管理办公室,山东 东营 257091;
2. 中交一航局,天津 300222)

摘 要:东营港扩建码头工程为形成掩护水域和挡浪,后方承台采用预制钢筋混凝土挡浪板遮帘。需安装挡浪板的单块高 10.6m,重 124t. 本文就挡浪板在设计高水位波浪作用下的设计计算与施工安装作简要介绍,为类似工程的建设提供参考。

关键词:挡浪板 计算应用

东营港位于渤海湾湾底西南处,黄河入海口以北大约 50km 的渤海湾和莱州湾交界处。扩建工程包括 7 020m 引桥和 3 万吨级多用途泊位两个。码头为高桩梁板式结构,长度 2×300m,呈 L 形布置。为避开泥沙回淤,完全利用自然水深,码头设在距岸 9 120m 处,前沿水深 −13m。为形成掩护水域和挡浪,后方承台采用预制钢筋混凝土挡浪板遮帘。

1 水文气象条件

1.1 潮汐

工程靠近 M2 分潮无潮点(38°09′41″N,119°01′00″E),风增减水影响明显,所以潮汐情况较为特殊,潮差变化大、规律性差。潮位特征值:以当地理论最低潮面(1985 年国家高程基准下 0.78m,在当地平均海平面下 0.933m)为基准,平均海平面 0.933m,最高、低潮位分别为 2.75m、−1.10m,平均高、低潮位分别为 1.50m、0.76m;平均潮差 0.76m,最大、小潮差分别为 2.42m、0.48m。涨、落潮历时:12h40min,11h09min。

1.2 设计水位

设计高、低水位:1.86m(累积频率 10%)、0.08m(累积频率 90%)。极端高、低水位:3.46m(50 年一遇)、−1.54m(50 年一遇)。

1.3 波浪

主要为渤海海面的风成浪,受风变化规律控制,具有明显的季节性变化,大浪主要由寒潮、台风和气旋产生。常浪向为 NE 向,其频率为 10.3%,次常浪向为 SE 向,频率为 8%。强浪向为 NE 向,实测最大波高 5.2m。

1.4 海流

本海区属正规半日潮流,运动形式为往复流,涨潮流方向为 SE 向,落潮流向为 NW 向,主流向与岸平行。码头处以及引桥 −10～−15m 等深线范围为强流区,平均大潮流速为 100cm/s,

❶本文刊登于《水运工程》2008 年第 06 期,第 72-75 页。

实测最大流速为 134cm/s。50 年一遇不同水深处波要素(NE)见表 1。

表 1　50 年一遇不同水深处波要素(NE)(单位:m)

海图水深	波高 $H_{1\%}$	
	设计高水位 1.86m	极端高水位 3.46m
−4	3.52	4.48
−6	4.72	5.68
−8	5.92	6.24
−10	6.39	6.53
−13	6.92	6.98

1.5　海冰

港附近海区初冰日在 12 月上旬,终冰日在 3 月上旬,冰期 3 个月左右,其中,1 月上旬至 2 月中旬为盛冰期。固定冰宽度距岸 2~5km,流冰范围一般距岸 10~15km,最大 20km。冰型多为莲叶冰、尼罗冰和灰冰,间有少量灰白冰。流冰运动方向主要在 NNW 与 SSE 之间,基本与海岸平行。冰温:−2.5℃。抗压强度:R_y=2 085kPa。50 年一遇设计平整冰厚见表 2。

表 2　不同水深的平整冰设计厚度

水深(m)	≤2.0	2.0~5.0	5.0~10.0	10.0~15.0	>15.0	重现期
冰厚(cm)	64	44	32	26	22	50 年

2　挡浪承台

挡浪承台位于码头强浪侧,即 1 号泊位的西北方,2 号泊位的东北方。1、2 号泊位挡浪承台分别长 328m、373m,宽 20m,高桩墩台结构,墩台面高程为 6.00~6.09m,底高程为 2.10m,泥面高程为−13.00m。承台设挡浪结构,下部为 T 形预制挡浪板结构,墩台上部设现浇挡浪墙,墙顶高程分别为 8.90m、10.40m,如图 1 所示。

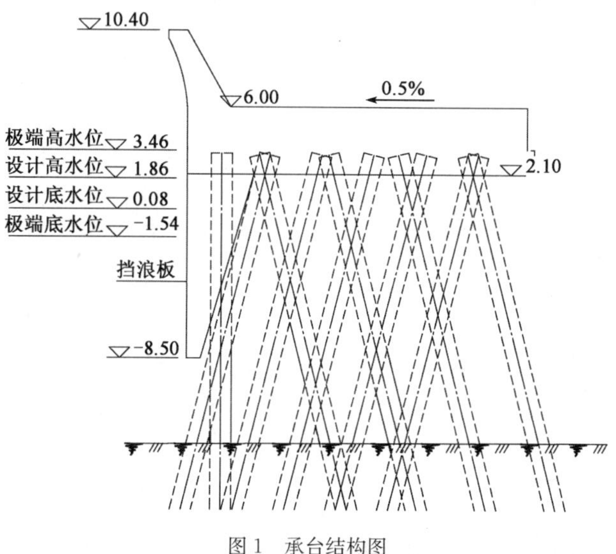

图 1　承台结构图

3 挡浪板的设计计算

码头基桩分直桩和叉桩，4∶1斜桩，净入土深度大于33m，桩尖进入粉细沙土层。为防止管桩直接承受冰、风浪荷载，挡浪结构下部采用预制钢筋混凝土遮帘，上端高程2.0m，遮帘锚固于承台上，下端高程－8.5m，遮帘底端距海底4.5m，属透空结构。码头水深处海冰设计厚度0.26m，冰荷载较小，浮冰荷载按遮帘直接和管桩直接承受考虑。码头工程挡浪板安装共184件，挡浪板较重的共162块，每块重124.4t，体积为49.76m^3；其余22块，每块重103.1t，体积为41.24m^3。

3.1 预制挡浪板计算[1]

1号泊位承台和2号泊位承台预制挡浪板尺寸相同，波浪荷载相差20%～30%，配筋按2号泊位承台计算，1号泊位承台预制挡浪板配筋参考2号泊位挡浪承台。

3.2 肋墙

1)计算原则

挡浪板按悬臂板计算不同标高处内力(按波浪试验压强曲线计算)，配筋计算按T形结构计算；挡浪板主要荷载为自重、波浪荷载、冰荷载(1号泊位考虑)。

2)计算荷载

根据波浪试验资料，2号承台预制挡浪板在设计高水位时波浪压力最大，设计中以该工况下波压力作为预制挡浪板肋墙外侧抗弯计算的波浪荷载图(图2)。

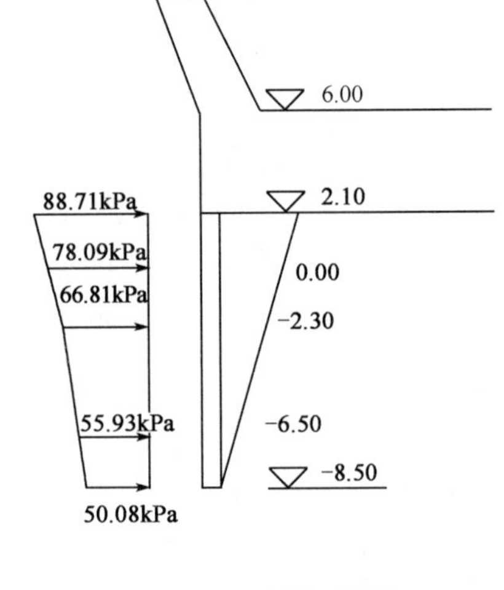

图2 2号承台挡浪板设计高水位波浪压强图(按试验波浪力)

预制挡浪板肋墙内侧抗弯计算时，波浪荷载分别按设计高水位和极端高水位计算波谷吸力(图3和图4)。

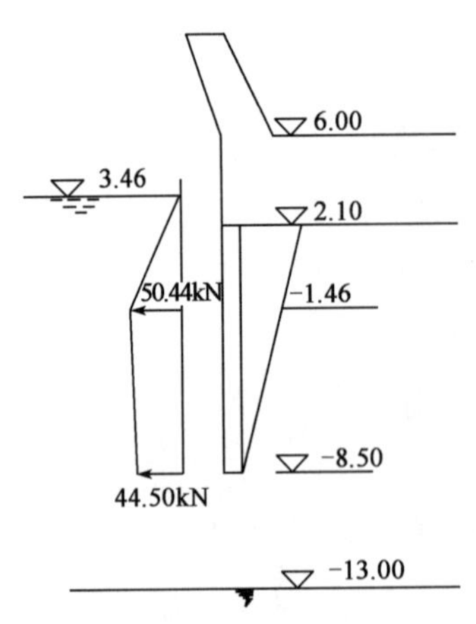

图3 2号承台挡板极端高水位波吸力压强图(按立波计算波浪力)

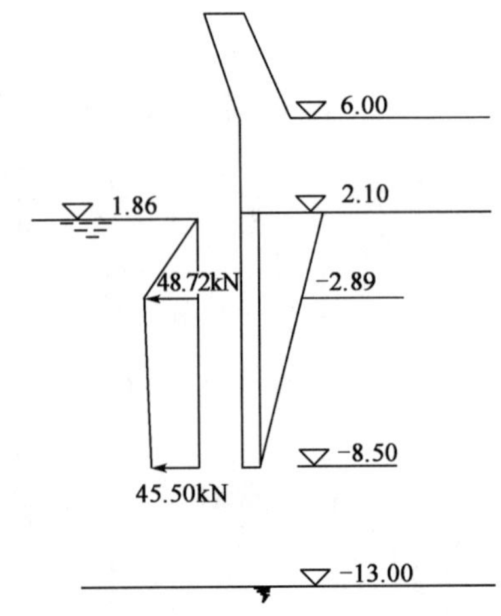

图4 2号承台挡浪设计高水位波吸力压强图(按立波计算波浪力)

3)主要计算结果

(1)预制挡浪板外侧抗弯配筋

①按强度配筋,见表3。

表3　按强度配筋计算表

高程(m)	M_{max}(kN·m)	肋高(in)	弯矩计算配筋(根)	施工图配筋(根)
2.1	20 289.85	3.8	37Φ25	38Φ25
0	12 544.07	3.19	28Φ25	38Φ25
−2.3	6 421.478	2.53	18Φ25	38Φ25
−6.35	721.544 5	1.36	4Φ25	22Φ25

注:表中"Φ"表示Ⅱ级钢(下同)。

强度配筋满足要求。

②抗剪计算:不同标高处剪力和抗剪承载力计算见表4,箍筋取施工图中4Φ14计算抗剪承载力。

表4　抗剪承载力计算表

高程(m)	设计剪力(kN)	肋高(m)	V_c(kN)	V_{SV}(kN)	V_u(kN)
2.10	2 815.94	3.8	4 532.5	8 826.20	12 144.27
0.00	2 116.58	3.19	3 785.25	8 826.20	11 464.95
−2.30	1 450.05	2.53	2 976.75	8 826.20	10 729.95
−6.35	455.85	1.36	1 543.5	8 826.20	9 427.00

可见构件抗剪承载力大于设计剪力,满足要求。

③裂缝开展宽度验算:裂缝开展宽度 f_{max}=0.18mm<0.20mm,满足要求。

(2)预制挡浪板岸侧抗弯配筋

①按强度配筋,见表5。

表5　按强度配筋计算表

高程(m)	M_{max}(kN·m)	肋高(m)	弯矩计算配筋(根)	施工图配筋(根)
2.10	15 504.36	3.8	30Φ25	24Φ25
−1.46	6 910.87	2.77	19Φ25	24Φ25
−4.00	2 780.262	2.04	11Φ25	12Φ25

在上部4m范围内主筋增加6Φ25,则抗弯能力满足强度要求。

②裂缝开展宽度验算:裂缝开展宽度 f_{max}=0.19mm<0.2mm,满足要求。

3.3　翼板

(1)计算原则:挡浪板翼板按悬壁板计算,主要荷载为自重、波浪荷载和冰荷载。

采用设计高水位时试验波压力作为预制挡浪板翼板计算的波浪荷载

(2)计算荷载:波浪压强曲线如图5所示。

(3)主要计算结果(表6)。

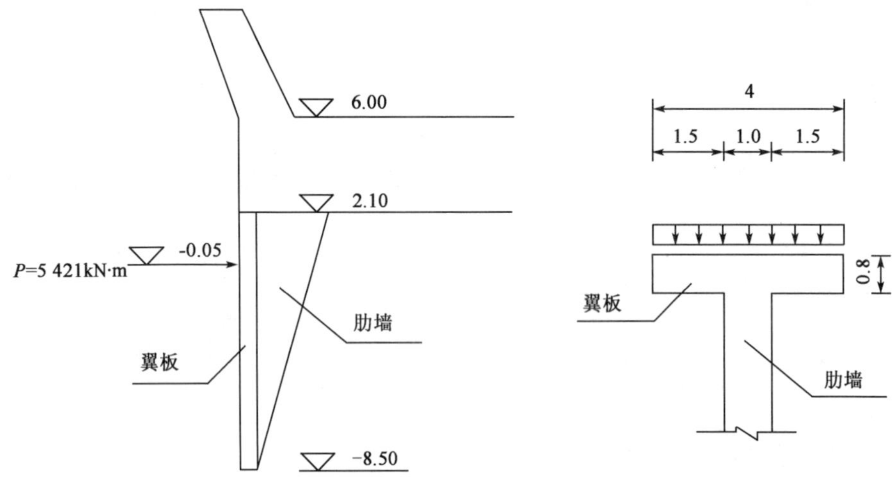

图 5　冰荷载作用示意图(1 号承台)

表 6　波浪作用时弯矩

高程(m)	压强(kPa)	M(kN·m)
2.1	88.714 5	149.71
1.86	87.21	147.17
−2.3	66.81	112.74
−6.35	55.93	94.38
−8.5	50.082	84.51

1 号承台冰荷载作用按 Q=542.1kN/m 的线荷载计算,采用有限元计算两边固结两边自由板,得板边最大弯矩 M_{max4}=402kN·m,大于波浪荷载作用。因此,1 号承台预制挡浪墙翼墙配筋按冰荷载作用计算,实际配筋 A_g=0.001 5m^2,即每米配 10ф14,f_{max}=0.21mm,裂缝开展宽度稍大;上部 6m 范围改配每米 10ф16,A_g=0.002 1m^2,f_{max}=0.19mm,满足要求。2 号承台预制挡浪墙翼墙配筋不变,为每米配 10ф14。

4　挡浪板的预制及安装[2]

4.1　预制

挡浪板在后方临时预制场预制成型,为确保挡浪板安装位置准确,在每块挡浪板顶面预埋 4 块限位钢板;为便于安装后焊接,在每挡浪板顶面预埋 8 块锚固钢板。挡浪板顶部预埋 4 个吊点,吊点设置成吊耳板的形式;下部翼板预埋 2 个吊鼻吊筋。为安装和加固挡浪板,在承台第一层混凝土内预埋 8 块锚固钢板,其中承台凹口内预埋 4 块,承台前沿面预埋 4 块;承台第二层混凝土内预埋 2 根[40c 槽钢扁担。挡浪板装运采用 350t 起重船装在 2 000t 自航驳上,运至施工区域,进行安装。在安装前进行测量控制,测放出挡浪板顶面的标高、平整度、迎水面和侧面的竖向倾斜度,作为安装过程的控制线并反复核查。

4.2　安装

承台一、二层混凝土(+2.10～+4.00m)达到 80%强度后安装挡浪板,安装完毕后进行顶层混凝土施工。挡浪板安装采用350t全回转起重船。

挡浪板安装受波浪水流的影响较大,安装应控制在连续3个好天气,且风力5级以下平潮时进行。安装前复核挡浪板和承台预埋件的相对位置。安装挡浪板时,起重船就位时吊机正对挡浪板安装位置。使挡浪板平稳进入预留凹口内,准确就位,通过调整起重船扒杆来微调挡浪板位置,测量人员及时测量挡浪板顶面的平整度、高程,竖向垂直度,相邻两块挡浪板前沿线的错牙,使其控制在误差允许范围内。挡浪板的垂直度及顶面高程高差的调整通过在牛腿顶面垫钢板完成。

挡浪板凹口两侧预留钢筋,在挡浪板定位后两侧钢筋采用搭接焊。挡浪板安装后,为保证挡浪板及承台结构的安全,拌和船就位及时浇筑承台凹口及前沿80cm处的混凝土,并在混凝土内添加膨胀剂UEA,掺量$43kg/m^3$。

4.3 施工小结

挡浪板安装是东营港扩建工程中最难的课题,挡浪板单块重125t,安装时采用350t全回转起重船进行。将长为10.6m的挡浪板吊挂、固定在码头工程承台底部,且在波峰浪谷里完成。这一任务共有四个要点必须把握:一是挡浪板需要从预制场安全吊装和运输;二是安装时必须连续3个以上好天气;三是必须加紧完成凹口混凝土浇筑,经由构件吊装、反转、安装加固程序,以及对承台预埋件、钢筋连接和安装过程的逐一细化,且安装过程受海况影响加大,钢筋连接困难,必须在风浪来之前浇筑凹口混凝土;四是由于在无掩护的外海施工,所以选择最好的船机配备、完善安全防护、选择富有经验的人员参加,以确保安装工作顺利进行。

5 结语

挡浪板在本工程中的应用,是国内目前在施工环境恶劣的条件下,且构件高度、体积、重量最大的挡浪板安装的成功实践。其满足设计要求,使码头内侧形成掩护水域,形成良好的靠船条件,达到了预期目的。并且为今后在外海无掩护区域建设码头提供了行之有效的设计方案。

参考文献

[1] 中交三航院.东营港扩建工程施工图审查报告[R].上海:中交三航院,2005,9.

[2] 中交一航局.挡浪板施工组织设计[R].天津:中交一航局,2006,8.

东营港码头工程钢管桩防腐措施及应用❶

刘　锐[1]　戴维艾[2]

（1. 东营港建设管理办公室，山东　东营　257091；
2. 中交三航局第五工程有限公司，连云港　222042）

摘　要：东营港扩建工程二号泊位承台部分桩基共有钢桩 458 根，为了保证工程设计使用年限，对钢管桩采取涂层和牺牲阳极联合防腐措施。经检测，保护电位满足设计要求，防腐措施科学、合理。

关键词：涂层　阴极保护　防腐

1　概述

东营港地处鲁西北黄河三角洲五号桩附近，码头主体结构为高桩承台与高桩梁板结构形式。码头 2 号泊位承台基桩为 ϕ1 200 钢管桩。材质为 Q345，共 458 根，单根长度为 64m。2 号泊位承台的有效使用年限主要取决于桩体的腐蚀性能、防腐蚀技术措施及其防护效果，所以对钢管桩采取有效防腐措施具有十分重要的意义。

2　海洋环境钢管桩的腐蚀及防腐措施

海洋中固定式的钢质结构，具有典型的海洋腐蚀特征，可分为五大腐蚀区：海上大气区、浪溅区、水位变动区（潮差区）、水下区（全浸区）、泥下区。其腐蚀有三个峰值：第一个峰值发生在平均高潮线以上，由于海水飞溅、干湿交替、盐分高、温度高、日照而造成腐蚀最为强烈，年平均腐蚀率为 0.2～0.5mm/年；第二个峰值是在水下区（全浸区），通常发生在平均低潮线以下 0.5～1.0m 处，由于此位置与水位变动区供氧充足区域构成氧浓差电池，该部位是阳极区而遭受严重的腐蚀，年平均腐蚀率为 0.1～0.3mm/年；第三个峰值是在与海水交界处的泥下区界面以下几十厘米处，由于此处泥浆中氧含量低，与水下区形成氧浓差电池，再加上硫酸还原菌的作用，腐蚀也比较严重，年平均腐蚀率为 0.03～0.07mm/年。目前，国内外根据海洋环境钢管桩的腐蚀机制，减缓其腐蚀的主要措施是涂层和阴极保护。具体说来，对海洋环境钢管桩的大气区、飞溅区、潮差区进行涂层和包覆层保护，对全浸区和泥下区进行涂层和阴极保护技术联合保护，或者单独采用阴极保护技术进行防腐。

3　东营港区水质

东营港区海域海水中的 Cl^- 离子含量及 pH 值变化不大，Cl^- 离子含量为 16 000mg/L 左右，pH 值为 7.2 左右，相应的海水电阻率为 30Ω · cm，对钢结构具有中等腐蚀性。

❶本文刊登于《中国港湾建设》2008 年第 03 期，第 21-23 页。

4 东营港码头钢管桩防腐蚀方案

4.1 技术指标

根据相关技术规范和东营港码头设计技术要求、海域条件，确定码头钢管桩防腐蚀方案的技术指标如下：

(1)码头钢管桩有效保护年限 $t \geqslant 30$ 年。

(2)在有效保护时间内，被保护钢管桩的保护电位为－0.85～－1.10V(相对于铜/饱和硫酸铜参比电极，下同)。

(3)在有效保护期内，钢管桩的保护度≥90％，平均年腐蚀率≤0.03mm/年。

(4)在有效防腐蚀期限内，潮差段涂层耐盐雾、耐老化、耐湿热，抗震和附着力强。

4.2 防腐方案

东营港码头的钢管桩属于海中固定式钢质结构，工作在水位变动区、水下区和泥下区三大腐蚀区，针对三大腐蚀区的腐蚀特点，采取的防腐措施如下：

(1)水位变动区：采用牺牲阳极阴极保护与涂层联合保护，充分发挥两种保护方法各自的优势，即在落潮期间，可借助于涂层的隔离作用和阴极保护期间所形成的阴极沉积膜的作用予以防腐蚀；而在涨满潮期间，由于该区段有涂层的存在，不仅具有隔离防护作用，又可大幅度降低保护电流密度进而使钢管桩电位快速极化到最佳保护电位，得到充分的有效保护，保护度满足技术要求。

(2)水下区：采用牺牲阳极阴极保护与涂层联合保护，涂层可以减少所需保护电流，延长阳极块寿命，保护度满足技术要求。

(3)泥下区：单独采用牺牲阳极阴极保护，保护度满足技术要求。

4.3 设计计算

(1)环氧重防腐涂料保护

①涂装面积：考虑到风浪的影响和施工期间的保护，以及加快水位变动区的极化速度、缩短达到最佳保护电位的诱导期，每根钢管桩涂装范围是：浪溅区和水位变动区为高程＋2.20～－1.00m，长3.20m；水下区为高程－1.00～－18.00m，长17m。根据钢管桩几何尺寸和涂覆范围，求得单根钢管桩涂装面积如下：浪溅区和水位变动区(＋2.20～－1.00m)$A_1=3.14\times1.2\times3.2=12.1\text{m}^2$；水下区(－1.00m～－18.00m)$A_2=3.14\times1.2\times17=64.1\text{m}^2$。

②涂料的选择：由于钢管桩所处的环境恶劣，水深流急，受风浪影响较大，并且防腐蚀年限高达30年，要求选用的防腐涂层应具有优异的附着力、良好的耐水性和耐干湿交替性、致密坚硬、耐磨性好。

725-H45-ZFl01环氧重防腐涂料采用改性环氧树脂及特种活性固化剂、加入耐磨及抗渗透颜料及各种助剂，使产品具有极优异的附着力、表面硬度高、耐磨性好，耐海水、耐化学腐蚀、和阴极保护有良好的兼容性；不含有机溶剂，符合环保要求；采用手工刮涂，工艺简单，维修、补涂方便，并可以在多个现场同时进行施工；施工性能好，涂装一道干膜厚度可达500μm，节约施工时间及费用；涂层干燥迅速并可在水下继续固化。ZF-101环氧重防腐涂料已先后应用于我国各海区20多座码头的钢管桩防腐工程、东海大桥及其他工程，钢管桩防腐总数达到了

19 500根。

选用 ZF-101 环氧重防蚀涂料作为钢管桩外表面防腐涂装材料，结合牺牲阳极阴极保护联合防腐，可确保钢管桩的保护年限达到 30 年。

③涂料用量：浪溅区和水位变动区涂层干膜厚度 $\delta_1=1\ 100\mu m$；水下区涂层干膜厚度 $\delta_2=600\mu m$。根据涂敷面积、涂层厚度要求、涂料理论用量及施工过程中的涂料损耗，确定涂层一道用量为 1.30kg/m^2。单根钢管桩外表面涂装防腐所需的涂料用量为 121.5kg，其中浪溅区和水位变动区 $m_1=12.1\times(1.3+1.3)=31.5$kg，水下区 $m_2=64.1\times1.4=90$kg。

④施工工艺：涂装前对钢管桩进行喷砂除锈，粗糙度达到 GB/T 8923—88 中 Sa2.5 级，喷砂后的钢材表面无可见的油脂、污垢、氧化皮、铁锈等附着物，检查合格后立即将涂料甲、乙、丙三组分按重量比例混合搅拌均匀，进行第一道涂料的涂装，待第一道涂层干透(约 2h)后，刮涂第二道涂料。涂装完成后对外观、涂层面积、厚度进行检验，涂层厚度均匀，涂膜不应有露底、流挂、气泡、粗粒、起皱、返锈等现象。若检验结果不合格，按要求进行补涂。

(2)牺牲阳极阴极保护

①保护面积：东营港码头钢管桩工作条件可分为浪溅区和水位变动区、水下区、泥下区。本工程承台底面高程为+1.3m，浪溅区和水位变动区与水下区的分界线为－1.00m，水下区与泥下区的分界线为－18.00m。钢管桩长度 64m。以单根钢管桩为单元进行牺牲阳极阴极保护设计计算。钢管桩各区段的保护面积如下：

浪溅区和水位变动区(－1.00～＋1.3m) $S_1=12.1$m^2；水下区(－18.0～－1.0m) $S_2=64.1$m^2；泥下区 $S_3=3.14\times1.2\times42.8=161.3$m^2。

②保护电流密度：根据被保护钢管桩的表面状况(有无覆盖层及类型或覆盖层质量)、环境条件(如温度、介质的流速、pH、含盐量、通气程度、微生物的活动)等有关因素，选取的保护电流密度分别为：浪溅区和水位变动区，由于在水位变动区段采用了高性能的环氧重防蚀涂层，具有极低的孔隙度和较厚的膜层，需要的保护电流密度同样较低，考虑到涂层在有效保护期内的破损率，该区段保护电流密度取 $i_1=25$mA/m^2；水下区，只是膜厚与浪溅区和水位变动区不同，也具有较低的孔隙度，该区保护电流密度取 $i_2=25$mA/m^2；泥下区，参照相关规范，充分考虑到钢管桩泥中长度对保护电流密度的影响，泥下区段钢管桩保护电流密度取 $i_3=15$mA/m^2。

③保护电流：根据保护电流密度和钢管桩各区段的保护面积，求得钢管桩的保护电流 $I=i_1s_1+i_2s_2+i_3s_3=4\ 324.5\text{mA}\approx4.325\text{A}$。

④牺牲阳极材料与规格型号：本工程采用高效铝合金阳极，该阳极具有重量轻、电容量大、工作电位稳定、消耗率低、电流效率高、表面溶解均匀等优异性能，见表 1。

表 1　铝合金阳极电化学性能

阳极种类	工作电位 (－V,SCE)	实际电容量 (A·h/kg)	电流效率 (%)	消耗率 (kg/ A·h)	溶解情况
高效铝阳极	1.09～1.12	≥2 550	≥90	≤3.44	表面溶解均匀， 产物自动脱落

阳极的形状和安装方式与阳极发生电流密切相关，为了增大阳极的电流输出，设计采用长条状阳极结构，阳极规格型号见表 2。

表 2　高效铝合金阳极规格

阳极材料	型号	规格(mm)	净重(kg/块)	毛重(kg/块)
高效铝阳极	AI－20	800×(260＋300)×275	165	175

根据阳极驱动电位、阳极接水电阻、欧姆定律求得单支阳极发生电流为 I_a＝2.212A；根据单支阳极净重，发生电流和阳极的消耗率求得本方案选用的牺牲阳极有效保护年限 t＝33.5 年，满足了使用寿命 30 年的技术要求。

⑤阳极数量：根据被保护的钢管桩所需要的保护电流和单支阳极发生电流，求得东营港钢管桩防腐蚀工程单根钢管桩阳极用量为 N＝2 支。

⑥阳极的配置：按照保护电流均匀分布的原则，每根钢管桩所需阳极焊装在设计低潮位以下 1.5m 到自然泥面高程之间的区段内，见图 1。

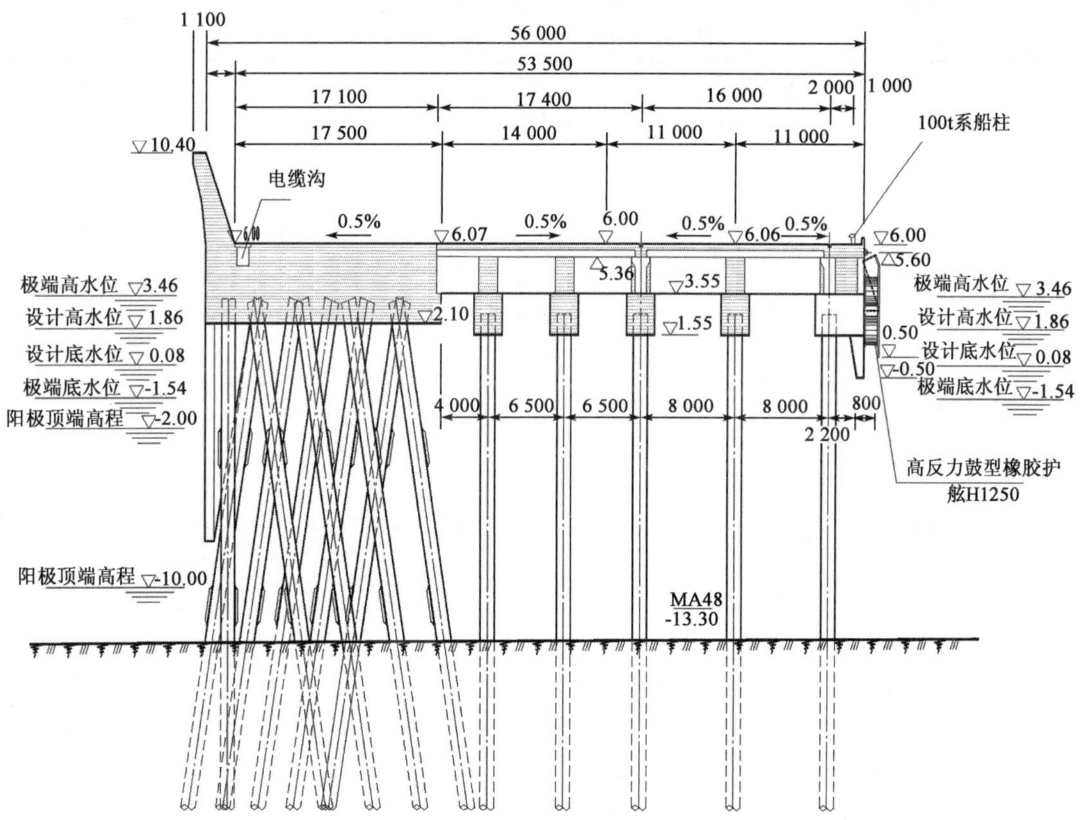

说明：1. 图中尺寸以毫米计，高程以米计。

2. 阳极安装位置：本图位钢管桩牺牲阳极安装位置图，每根桩安装阳极两块。

图 1　钢管桩阳极焊接部位

⑦阳极安装：安装方法采用 SR TS208 水下湿法焊条水下焊接安装。该法的优点是安装牢固，电性连接良好，可以确保阳极在水下长期安全使用，是国内外应用较普遍的一种安装方法。

阳极水下焊接安装的质量控制措施：精心组织、统筹规划，实行项目经理负责制，对施工作业实施全过程监控，做好现场技术质量记录，对施工过程中实施阶段性检查验收，经过工程监督自检后请监理或业主检查，通过后方可进行下一个项目作业。如若发现安装出现质量问题，立即返工，直至达到质量标准要求。

⑧电性连接，为了保证每个承台钢管桩阴极保护电位分布的均匀性，在承台建造过程中，需要采用钢筋将每座承台中的所有钢管桩焊接成为一体，确保绝缘电阻<1Ω。

5 保护效果检测

2006年10月27日，借助于数字万用表和便携式铜—饱和硫酸铜参比电极(CSE)，对东营港码头二号泊位7～9区和11区承台中的钢管桩保护电位进行了测量，测量结果见表3。从表中可以看出，所测承台钢管桩最正保护电位为−0.99V(CSE，下同)，最负电位高达−1.08V，均达到了设计要求，并处于良好的保护状态。

表3 阴极保护电位测量记录表

序号	钢桩编号	保护电位(CSE，−V)
1	8-3C-LL4	1.03
2	8-5-KK1	1.04
3	8-6C-LL2	1.06
4	8-8-KK4	1.08
5	8-2-KK3	1.04
6	8-1C-LL2	1.03
7	7-7C-LL4	1.03
8	7-6-KK5	1.01
9	7-5C-LL4	0.99
10	7-3C-LL3	0.99

6 结语

东营港扩建码头钢管桩防腐蚀工程选用的涂料性能良好，附着力强，无任何返锈和剥离现象；工程选用的铝合金阳极是高效的，表面溶解均匀，电化学性能稳定；已经完成牺牲阳极水下安装的钢管桩保护电位达−0.99～−1.08V，全部处于良好的保护状态；选用的钢管桩防腐措施是科学的、合理的。

参考文献

[1] 青岛双瑞防腐公司. 东营港扩建码头钢管桩防腐蚀工程方案[R]. 青岛：青岛双瑞防腐公司，2005.

[2] 李贵年. 海洋钢桩结构的腐蚀与保护[R]. 北京：中船重工集团725所，2003.

[3] 中华人民共和国行业标准. JTS 153-3—2007 海港工程钢结构防腐蚀技术规定[S]. 北京：人民交通出版社，2007.

带有挡冰桩裙的外海承台的施工❶

刘　锐

（东营港建设管理办公室，山东　东营　257091）

摘　要：在东营港扩建工程中，为确保引桥墩台施工的安全高效，利用预制挡冰桩裙和承台钢模板（侧模和部分底模）组拼成组合套箱，起重船整体安装，搅拌船现场浇筑混凝土，实现了外海桥梁承台一体化施工。

关键词：挡冰桩裙　组合套箱　施工水位　承台一体化施工

1　工程概况

东营港位于渤海湾湾底西南处，黄河入海口以北大约50km的渤海湾和莱州湾交界处。扩建工程包括7 020m引桥和3万吨级多用途泊位两个。引桥为一外海特大桥梁。桥宽按双向四车道及管廊区设计，桥宽20.0m；桥面为50m跨预应力简支T形梁体系。136个桥墩为高桩承台结构，基桩为ϕ1 200×145后张法预应力大直径管桩（B1型）和组合桩，桥墩为现浇钢筋混凝土承台结构，为避免基桩直接承受冰荷载，承台下设钢筋混凝土挡冰桩裙。

1.1　水文气象条件

1.1.1　潮汐

工程靠近M2分潮无潮点（38°09′41″N，119°01′00″E），风增减水影响明显，所以潮汐情况较为特殊，潮差变化大、规律性差。潮位特征值：以当地理论最低潮面（1985年国家高程基准下0.78m，在当地平均海平面下0.933m）为基准，平均海平面0.933m，最高、低潮位分别为2.75m、－1.10m，平均高、低潮位分别为1.50m、0.76m，平均潮差0.76m，最大、小潮差分别为2.42m、0.48m。涨、落潮历时：12h40m、11h09m。

1.1.2　设计水位

设计高、低水位分别为1.86m（累积频率10%）、0.08m（累积频率90%）；极端高、低水位分别为3.46m（50年一遇）、－1.54m（50年一遇）。

1.1.3　波浪

主要为渤海海面的风成浪，受风变化规律控制，具有明显的季节性变化，大浪主要由寒潮、台风和气旋产生。常浪向为NE向，其频率为10.3%，次常浪向为SE向，频率为8%。强浪向为NE向，实测最大波高5.2m（表1）。

1.1.4　海流

本海区属正规半日潮流，运动形式为往复流，涨潮流方向为SE向，落潮流向为NW向，主

❶本文刊登于《水运工程》2008年第04期，第112-116页。

流向与岸平行。码头处以及引桥－10～－15m 等深线范围为强流区，平均大潮流速为 100cm/s，实测最大流速为 134cm/s。

表 1　50 年一遇不同水深处波要素(NE)

海图水深	波高 $H_{1\%}$(m)	
	设计高水位 1.86m	极端高水位 3.46m
－4	3.52	4.48
－6	4.72	5.68
－8	5.92	6.24
－10	6.39	6.53
－13	6.92	6.98

1.1.5　海冰

港附近海区初冰日在 12 月上旬，终冰日在 3 月上旬，冰期 3 个月左右，其中 1 月上旬至 2 月中旬为盛冰期。固定冰宽度距岸 2～5km，流冰范围一般距岸 10～15km，最大 20km。冰型多为莲叶冰、尼罗冰和灰冰，间有少量灰白冰。流冰运动方向主要在 NNW～SSE 之间，基本与海岸平行。冰温：－2.5℃。抗压强度：R_y＝2 085kPa。50 年一遇设计平整冰厚见表 2。

表 2　不同水深的平整冰设计厚度(重现期:50 年)

水深(m)	≤2.0	2.0～5.0	5.0～10.0	10.0～15.0	＞15.0	重现期
冰厚(cm)	64	44	32	26	22	50 年

1.2　承台构造

引桥共 136 个桥墩，分标准墩和加宽墩，其中加宽墩 6 个，130 个标准墩，每个桥墩有三部分组成：预制安装的挡冰桩裙、现浇底层承台、现浇墩身及盖梁(图 1)。标准墩承台平面外形呈梭形，尺寸为 18.5×6m；加宽墩承台外形尺寸为 34.55×6m；高程为＋1.2～＋6.4m。

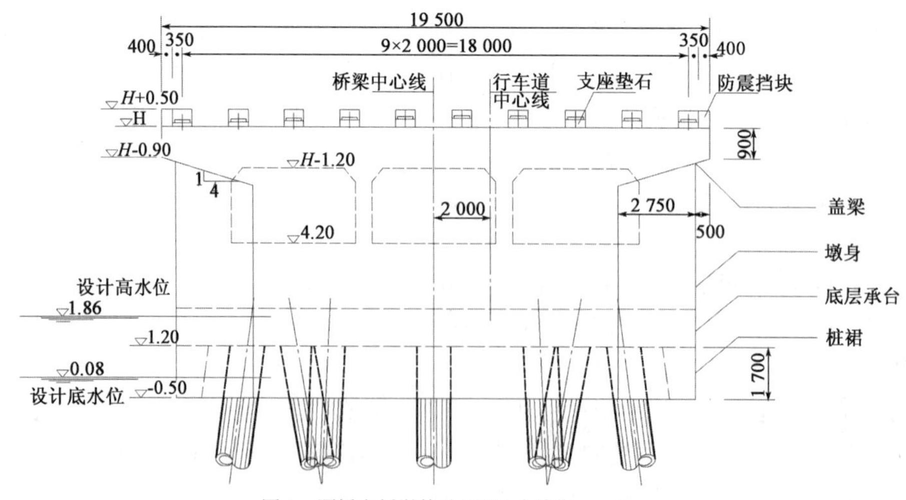

图 1　顺桥向桥墩构造图(尺寸单位:mm)

1.3　挡冰裙预制

挡冰裙按照设计要求在预制厂预制成型，圆台螺母、吊杆等预埋件精确就位，强度达到要求后，待安装，挡冰裙的重量为 100t(图 2 和图 3)。

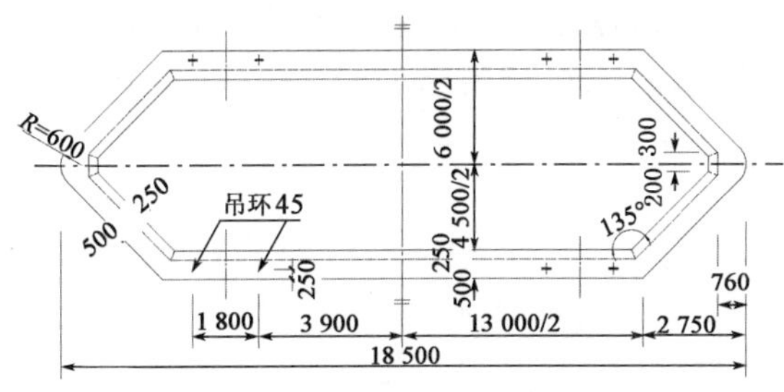

图 2　挡冰裙平面图(尺寸单位:mm)

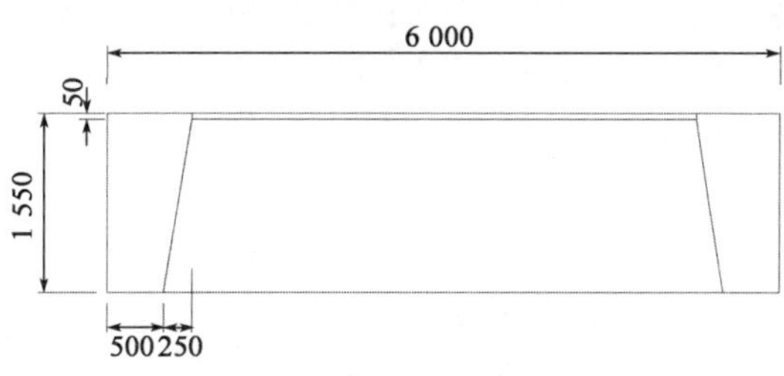

图 3　挡冰裙剖面图(尺寸单位:mm)

2　承台施工方案

2.1　分层常规施工

即安装挡冰裙→拼装地模→立侧模(高度 1.2m)→第 1 层钢筋绑扎→第 1 层混凝土浇筑→桩芯混凝土—第二层侧模→第二层钢筋绑扎—第二层混凝土浇筑→顶层钢筋绑扎→顶层混凝土浇筑。该工艺要求波高小于 0.8m 的连续施工作业天数在 7d 以上,事实上在大多数月份都不具备这种条件。

2.2　一体化施工

即先在陆上将钢模板安装到已预制好的桩裙上并固定(桩裙与模板间利用桩裙上预埋的圆台螺母进行连接),同时在桩裙上铺设部分底模(桩位处的底模预留出孔洞),并绑扎部分承台钢筋,安装吊架(吊架通过桩裙上的预埋吊杆和花兰螺栓进行连接)形成一个组合套箱,然后用起重船进行整体吊装。吊架安放在预先经过处理的桩顶上,并予以固定,吊装到位后对组合套箱固定并补铺余下底模,再绑扎剩余钢筋,浇承台混凝土,承台混凝土分二层浇筑。

2.3　两种方案比较

墩台施工开始采用分层施工的常规工艺,经过多次试验,受潮位和风浪影响工效很低,且模板支立、钢筋绑扎完成后多次被风浪打坏,损失很大。组合钢套箱一体化,整体稳定性好,在经受几次大风浪袭击及小型船舶碰撞后模板未发生明显变形,保证了混凝土的顺利浇筑。

3　一体化组合套箱施工

3.1　钢套箱的设计

由于施工区域海况复杂,海上施工难度大,可作业天数少,故采用了一体化钢套箱工艺进行施工,目的是将大部分水上施工变为陆上施工,尽可能避免风浪造成的破坏,从而保证施工安全,提高施工效率。钢套箱在设计时不仅考虑浇筑时混凝土侧压力、风浪及施工荷载对挡冰裙与模板的影响,并且考虑了模板拆卸方便,以加快施工进度。采用刚性好的钢套箱结构(图 4)。钢套箱的设计整体高度为 4m,由面板(δ=8mm 钢板)、横肋(28 槽钢)、竖肋(12 工字钢)组成,全周圈分 6 片加工。底模由底模钢板(δ=5mm 钢板)、主梁(18 工字钢)、次梁主梁(10 工字钢)、吊杆(d=45mm)组成。模板所选材料满足使用要求。

为了验证组合钢套箱在起重船吊装和安装就位后在各种水位、波高组合下的稳定性,特采用大型通用有限元商业程序 ANSYS 对钢套箱进行结构稳定性分析。结果表明:在起重船吊装组合钢套箱时，竖向最大变形值仅为 1.429mm；钢套箱安装就位后，在各种水位和施工波浪（定为 2m 波高）作用下，底模竖向变形值均不超过限值 $L/400=6\text{mm}$，同时底模的应力值均在 100MPa 以内，不超过限值 235MPa。

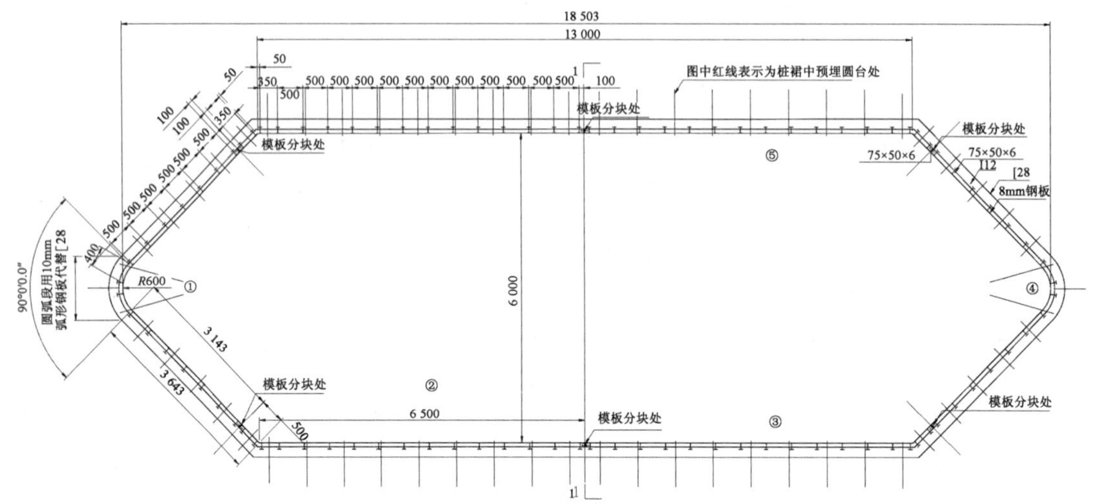

说明：1. 图中单位为毫米。

2. 为便于钢套箱的安装合拆卸，制作时把缸套箱分为 6 块，分块如图示，分别编号为①②③④⑤⑥号模板。

3. 为便于制作圆弧段，圆弧段[25 由 10mm 钢板割成圆弧代替[。

图 4　钢套箱平面图

3.2　组合套箱的陆上拼装和加固

（1）套箱拼装：当桩裙养护到龄期后，在预制场用门机将加工好的侧模板（六片）分片按照顺序安装并固定在桩裙上，然后吊入预先加工好的部分底模与桩裙预留的牛腿焊接固定，同时绑扎部分承台钢筋，然后用门机安装吊架，吊架利用花兰螺钉与桩裙上预留的 20b 型工字钢吊杆连接，并利用花兰螺丝进行调平，保证 10 个吊点的均匀受力。吊架调平后焊接吊架斜撑，钢套箱顶部与吊架通过螺栓连接固定，这样就形成了一个相对意义上的组合套箱，重量为 125t。加宽墩的套箱拼装分为两次，分别由两个桩裙各自拼装成组合套箱后各自安装。

（2）侧模板与桩裙之间的固定措施：利用预埋在桩裙上的圆台螺母来固定及支撑模板，圆台螺母预留两层：上层间距为 75cm，用来对钢套箱进行固定；下层间距为 150cm，用来增强挡冰桩裙与钢套箱的刚性连接，增加钢套箱抗风浪能力。分片的模板之间用 M12 的螺栓来连接，模板上口利用吊架来固定。

3.3　组合套箱的安装

组合套箱安装精度的控制：利用桩裙吊架上的纵横梁和钢桩帽上焊接的导向块，采取纵横双轴线控制来对桩裙进行准确定位。具体方法为：在钢桩帽安装及夹桩完成以后，用 GPS 在 4、5 和 8、9 号桩帽上放出桩裙纵桥向安装轴线（设计图纸中桩裙安装轴线），并在桩帽上焊接控制桥轴线方向偏位的导向块，利用导向块来引导桩裙吊架准确的安装在桥轴线上，以控制在该方向的准确定位。同时在 3、10 号钢桩帽上用 GPS 测放出横桥向安装轴线，并同样焊接用来控制该方向偏位的导向块，用于桩裙安装时横桥向的定位。将两个方向都定位好以后，就能确保桩裙安装的准确定位(图 5)。完成后，进入下一道工序施工。

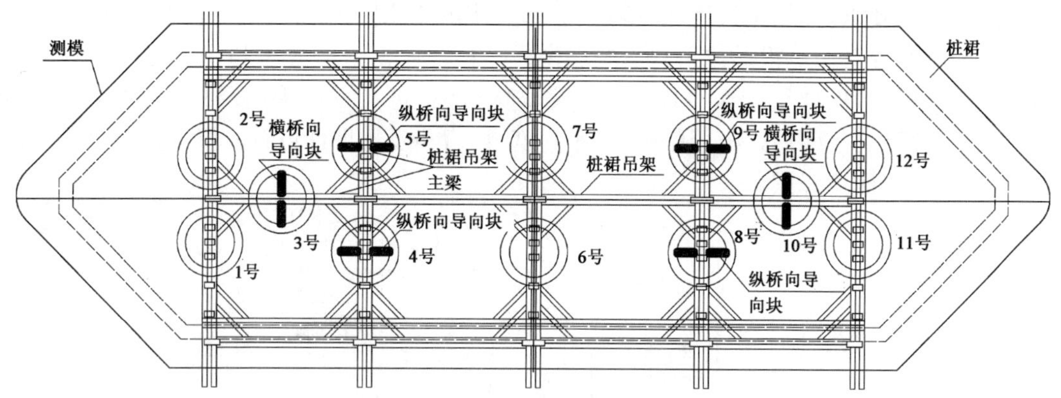

图 5　导向块焊接与吊装平面位置示意图

3.4　组合套箱的水上加固和底模补铺

组合套箱安装加固：组合套箱安装到位，经测量复核平面位置无误后，将吊架与钢桩帽之间采用焊接钢板限位卡进行固定，并立即进行安装钢抱箍和补铺钢底模，以便使组合套箱与大管桩连成整体(图 6)。

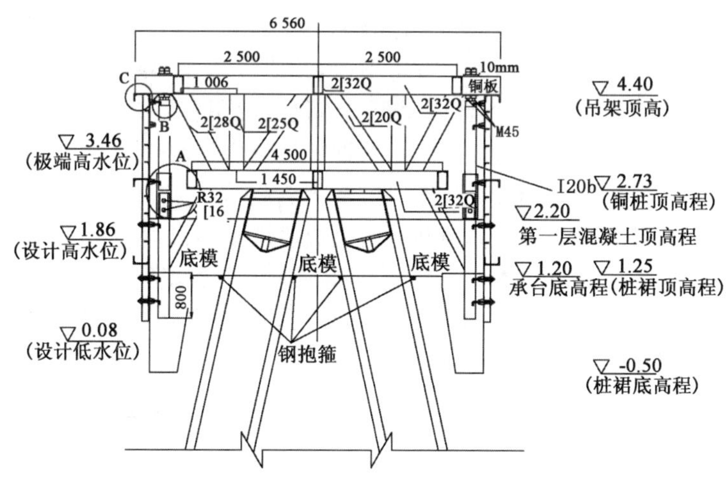

说明：1. 图中所示尺寸单位为毫米。
2. 具体尺寸见大样图。

图 6　吊装、钢套箱立面图

3.5　承台墩身施工工艺流程

由于承台结构大，属大体积混凝土，考虑到水化热对结构的影响，以及施工结构安全、施工进度的要求，为保证承台混凝土施工后不受海浪淘刷，承台钢套箱安装到＋4.4m 处；钢筋分两次绑扎；混凝土分两层施工：第一层从＋1.2m 高程到＋2.2m 高程；第二层从＋2.2m 高程到＋4.4m 高程。在第一层承台混凝土达设计要求的 90%后，拆除吊架和钢桩帽，做桩芯混凝土施工。桩芯混凝土浇筑完成后，绑扎承台第二层钢筋，预埋墩身钢筋，并预埋墩身结构施工所需要的埋件，如加固模板的圆台螺母及搭设操作平台的埋件等。浇筑承台第二层混凝土。混凝土强度达到要求，套箱模板拆除，运至下一桥墩周转使用。墩身三层与盖梁混凝土同时施工，顶层为封闭式结构，侧模结构形式与二层模板相仿。内模采用方木和木板制作成一木箱。混凝土浇筑完成后，内模留于墩身内。内模支立完成后，进行三层钢筋绑扎。分层浇筑混凝土，完成整个桥墩。其间做好模板的轴线、垂直度、预留孔及预埋件位置的检测校正，混凝土接茬面凿毛等工作(图 7 和图 8)。

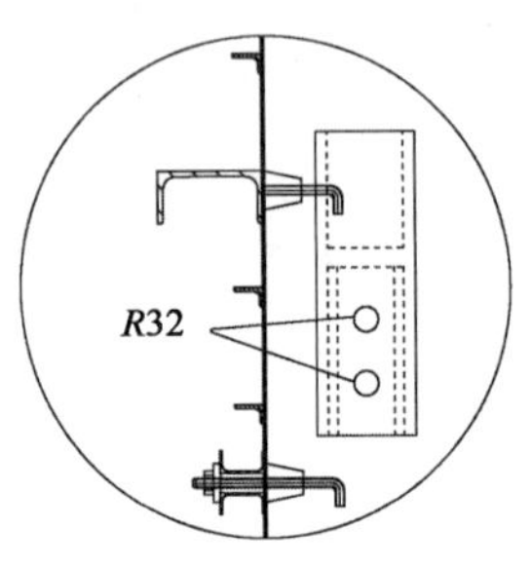

图 7　侧模与吊架连接大样图

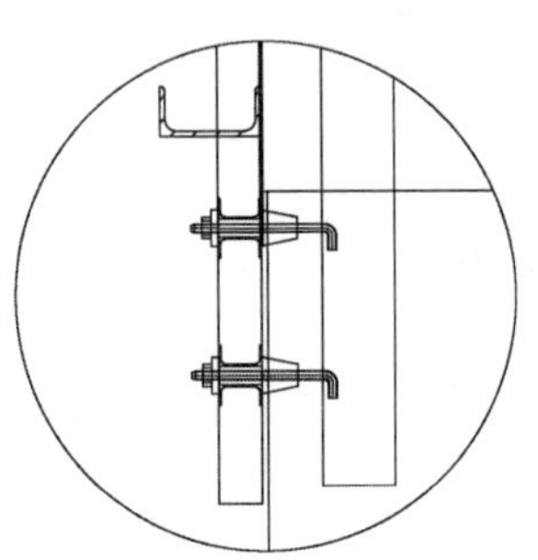

图 8　桩裙和侧模连接大样图

4　实施效果

组合钢套箱一体化的应用，将海上的大部分工作变为陆上施工，有效地提高了承台施工效率，为承台及下部构造按计划施工提供了技术支持，圆满完成了承台施工进度计划，为整个工程的顺利完工打下了良好的基础。组合钢套箱一体化的应用有效减少了海上作业工序及海上无掩护作业时间，并为施工安全提供了保障。根据统计资料比较在外海正常施工条件下，组合钢套箱一体化施工与分层常规施工相比，作业效率大为提高，数次创出了一天 24h 内，利用两个低潮位，一艘起重船安装 3 个组合套箱并浇筑完成底层承台混凝土的最高纪录。

在应用过程中，组合钢套箱整体稳定性好，使用安全、可靠，且安装、拆卸方便。在经受几次大风浪袭击及小型船舶碰撞后模板未发生明显变形，保证了混凝土的顺利浇筑。同时水上施工安全、质量的保证程度均有很大提高，由于模板周转次数的增加，使成本也得到有效控制。

参 考 文 献

[1] 东营市人民政府，胜利石油管理局，山东省重点工程办公室. 东营港自然资料汇编[R]. 东营：胜利石油管理局，1994.

[2] 中华人民共和国行业标准. JTS 152—2012　水运工程钢结构设计规范[S]. 北京：人民交通出版社，2012.

[3] 江正荣. 简明施工设计手册[M]. 2 版. 北京：中国建筑工业出版社，1989.

东营港区发展集装箱运输正当时[1]

刘 锐 杨 阳

（东营港建设投资有限责任公司 东营市港航管理局 山东 东营 257091）

摘 要：东营港的建设在规模和速度上都有了大的飞跃，港口功能逐步完善，现已具备集装箱运输条件。通过调查分析，借鉴其他港口经验，提供优惠条件，制定相应措施，加快推进集装箱运输发展，提升港口的市场竞争力，促进社会经济发展。

关键词：东营港 集装箱运输 措施

集装箱是现代商品流通和物流现代化的产物。港口作为连接集装箱水陆运输的重要节点，在整个集装箱运输体系中有着非常重要的地位。把握东营港区发展机遇，完善港口功能，加快推进集装箱运输发展，对促进东营市经济社会发展有着重要意义。

1 集装箱运输的特点

集装箱运输能够简化包装，大量节约包装费用；减少货损货差，提高货运质量；提高装卸效率，便于理货，满足多式联运，降低运输成本。它以其安全、高效、快捷、经济和周到服务受到世界各国的欢迎并得以迅速发展，被誉为20世纪的运输革命。在过去的20多年内，世界集装箱港口吞吐量以每年10.6%的速度增长，远远超过了液体货物的负增长及散货年2.6%的增长速度，集装箱运输已成为世界运输发展的趋势。而在集装箱运输的发展过程中，集装箱运输又对港口的发展产生了深远的影响，成为推动港口快速发展的坚实力量。

发展东营港区集装箱运输的现实作用和意义如下：

1.1 完善港口功能，提升港口市场竞争能力的需要

近几年来，东营港区建设取得了长足发展，一批有影响的深水码头和大型仓储罐区相继建成投产，为临港石化产业发展提供了重要交通支撑。但是由于东营港区目前经营多以液体化工品货物为主，港口服务功能单一，市场竞争力差，物流水平低，生产附加值不高，对区域经济社会发展的拉动作用还不突出。而发展东营港区集装箱运输，可以增加港口服务功能，拓展服务腹地，提高市场竞争力，增强自身对区域经济社会发展的辐射带动作用。

1.2 促进经济转型升级的需要

发展东营港区集装箱运输，能够为东营市构建更低成本、更加高效、更为便捷的物流通道，为经济转型升级提供强有力支撑。从东营市经济社会发展的需求看，经济的转型升级将在更大范围内优化产业布局，调整产品结构，引导资源合理配置；产业也将由低端的生产加工，向高端制造、新能源、新材料方向发展。经济转型升级，对东营港区发展提出了新的需求，高效、便捷、

[1]本文刊登于《中国港口》2014年第08期，第49-51页。

安全、环保的集装箱运输将为东营市经济转型升级提供可靠的物流保障。

1.3　满足企业发展的需要

多年来,东营市对外贸易发展迅速,每年平均以10%以上幅度增长,有力地带动了集装箱运输的发展。据统计,2013年全市外贸突破130亿美元,其中广饶县占58亿美元、东营经济技术开发区占48亿美元、东营区占13亿美元,整个外贸集装箱生成量约为32万TEU。目前,东营市95%的集装箱通过公路东运青岛港。据测算,广饶县至青岛港公路里程约260km,至东营港公路里程约为150km,按集装箱一般公路运输价格每箱每公里9元人民币计算,那么每个集装箱从广饶县至东营港比至青岛港可节约资金990元人民币;东营城区至青岛港公路里程约310km,至东营港公路里程约为100km,按集装箱一般公路运输价格每箱每公里9元人民币计算,那么每个集装箱从东营城区至东营港比至青岛港可节约资金1890元人民币;假设2013年全市有1/2的外贸集装箱运输量通过东营港区,那么仅公路运输成本就可节约2.5亿元人民币。随着东营市今后对外开放的深度和广度进一步扩大,企业不断壮大和发展,外贸和内贸集装箱的生成量必将大幅度增加,企业对货物运输组织、运输时间要求将更高。提升东营市港口的品质和内涵,大力发展东营港区集装箱运输,降低综合物流成本,增强产品市场竞争力,对推动东营市企业快速健康发展的有着重要作用。

2　东营港区现已具备发展集装箱运输的基本条件

当前,东营港区建设进展迅速,基础设施不断完善,服务功能不断提高,港口年吞吐能力现已达3 000万t。其中,由万通集团投资开发的南港池集装箱运输项目建设顺利:全长400m的顺岸式码头已通过省交通运输厅的质量验收,全长4 000m、宽230m、深−8.5m的航道已具备通航条件,面积达40 000m^{2}的堆场已全部硬化完成,1台起重为45t的门机已定购、2台起重为25t的门机已安装调试完毕,这标志着东营港区已具备了接靠1万吨级集装箱运输船的能力。

3　相邻港口集装箱运输开展情况

潍坊港:自2012年集装箱业务运营以来,集装箱运营量始终保持上升势头,特别是2013年10月14日潍坊市《支持潍坊港集装箱运输业发展的若干政策》的出台以来,集装箱吞吐量快速攀升,去年集装箱业务量达到6万多标箱,完成年度目标任务的200%。2014年实现首月开门红,完成1万多标箱。集装箱业务已成为潍坊港实现转型升级、跨越发展的重要支撑。

莱州港区:2013年8月16日莱州经济开发区"港口集装箱码头转水业务"开通运营。该港区集装箱业务是与烟台港集团成功合作的一项集装箱转水业务,目前,集装箱码头每天可满足400个标箱的转运,年集装箱吞吐量可达10万个标箱。多年来,大量机电、石材、盐及盐化工产品都是通过陆路运输到烟台港、青岛港出口。而现在,随着莱州港区集装箱转水业务的开通运营,至少为本地企业减少50%的运输成本,这对拉动莱州区域发展,带动莱州周边腾飞,大幅度提高莱州港口吞吐量、壮大港口规模、增加地方税收都具有积极的促动作用。同时,莱州港区集装箱转水业务的开通,也为莱州产品更加便捷、更加顺畅地销往全国,走向世界搭建起了一个现代化物流桥梁。

黄骅港:2012年,是黄骅港综合港区多用途码头集装箱经营启动的第一年,吞吐量达到10.2万标箱,完成年初计划的200%,创造了国内港口开航第一年即突破10万标箱新纪录。

集装箱在黄骅港优质煤炭运输中具有较大比较优势，如在煤炭运输中，通过散船运输，每装卸一次，就会产生 30%的面损。而受损遗留下的煤渣价格，每吨要比块煤低 150～200 元，间接又提高了企业的成本损耗。而通过集装箱运输，基本可以消除面损。同时，集装箱产业对于拉动区域经济增长、农民增产增收具有重要的现实意义。由于走黄骅港比走天津港运距短，综合运输成本降低，导致玉米的收购价格平均每斤长了 2 分钱左右。按照 1 亩地 1000 斤的产量、人均 2 亩地计算，仅玉米农作物一年为农民人均收入增长 40 元。据估算，目前集装箱产业为渤海新区贡献为 3 亿元人民币。未来将成为港口发展的重要增长极。

4 相关建议

发展集装箱运输，对东营港区是一个全新的课题，需要较长时间的市场培育期。特别是由于处于起步阶段，港口及其配套设施不很完善，服务功能和水平还较低，将影响集装箱运输业务的开展。同时，由于缺乏集装箱船队的支撑，集装箱航线少、运行密度小，只能作为周边大港的喂给港，制约了对腹地箱源的吸引力。

制定优惠扶持政策，促进集装箱运输发展，是各地普遍做法。我国上海、江苏、广西、河北、四川等省市从全局和战略高度制订了加快发展意见；浙江宁波、温州、舟山，辽宁大连，山东省烟台、潍坊等市从提升自身竞争力要求出台了扶持政策，东营市应学习他们的好经验、好做法，有关建议如下：

一是对经营航线的航运企业给予奖励。自 2014 年起连续 3 年对经营东营港区集装箱运输的航运企业给予奖励，资金由市财政和东营港经济开发区财政各负担 50%。以上年度的集装箱吞吐量为基数，内贸运输按年度增量每标准重箱给予 100 元奖励，外贸运输给予 150 元奖励，上不封顶。

二是对经营集装箱运输企业给予补助。对东营市经营集装箱运输的企业，自运营之日起，按实际上缴税收的地方留成部分，前 3 年每年给予等额补助，后 2 年每年给予 50%的补助；对集装箱堆场土地使用费，自运营之日起，按实际上缴的地方留成部分，连续 5 年每年给予等额补助。

三是开辟东营港区集装箱运输绿色通道。印制、发放东营港区集装箱运输绿色通道标志牌，对申请从事集装箱运输的车辆，公安、交通部门办理准入手续时提供方便，绿色通道参运车辆优先通行，确保高效畅通。

四是引航服务给予优惠。对集装箱船舶的引航费优惠计收，不征收节假日及夜班附加费。

五是港口企业经营给予优惠。经营集装箱码头的企业要健全和完善价格优惠制度，对重点货类、重点航线、大船东、大客户给予更多优惠，形成并保持在环渤海港口中的价格比较优势。

六是减免有关行政事业收费。有关集装箱运输的行政事业性收费，属于市、县收入的部分，有上下限标准的，一律按下限标准收取或酌情减免。

七是建立“大通关”机制。健全“大通关”建设组织保障协调机制，推行“一站式、一条龙、全天候”通关模式，简化流程，压缩环节，缩短时限，提高服务效率和质量。

八是推行便利化检验检疫做法。创新优化集装箱检验检疫监管模式，实行“信息、诚信、分类”管理，实现集装箱通关便利化。

九是实行集装箱船舶优先原则。集装箱船舶签证、船舶进出港查验优先、提速办理。

5 对东营港集装箱运输业务的展望

一是东营市集装箱运输量的预测。2010 年东营市外贸集装箱生成量约为 20 万 TEU，为 2005 年的两倍多，年均增长约 36.3%。结合相关规划，综合考虑东营港建港条件、与相关港口的竞争因素以及对腹地箱源的吸引力等，预测 2015 年、2020 年和 2030 年东营港外贸集装箱吞吐量为 23 万 TEU、35 万 TEU 和 75 万 TEU。

根据本地区目前内贸集装箱运输情况，采用弹性系数法、趋势外延法和灰色预测等多种方法综合分析，同时考虑未来东营港对腹地箱源的吸引力等因素，预测 2015 年、2020 年和 2030 年东营港内贸集装箱吞吐量分别为 12 万 TEU、40 万 TEU 和 75 万 TEU。

综上预测，到 2015 年、2020 年和 2030 年东营港集装箱吞吐量将分别达到 35 万 TEU、75 万 TEU 和 150 万 TEU。

二是集装箱运输发展初期的合作方的选择。目前，万通集团与大连港集团就集装箱运输合作事宜进行了多次洽谈，形成初步意向。另外还与青岛港集团进行了商讨，正在积极地寻找合作伙伴。据港口的相对位置、航线等考虑与天津港合作也是比较好的选择，可形成类似大连—东营—重庆的空运航线。这样能实现合作方的双赢，加快东营港集装箱运输发展。当然，万事开头难，首先找到一家合作伙伴，启动集装箱运输是至关重要的。

总之，东营港发展集装箱运输时完善港口功能的重要举措，现在既有集装箱业务需求，又具备运营条件，相信在各级领导的关怀和相关部门的大力支持下，集装箱运输会迅速在东营港蓬勃发展。

东营市水环境质量现状原因分析及对策[1]

刘　锐

（东营市水利局，山东　东营　257091）

摘　要：本文通过对东营市客水资源及境内河流的水体环境质量进行调查，分析水污染的原因，提出预防污染的建议和对策，建议加强黄河流域统一管理，尽快把黄河列入国家水污染防治和水资源保护的重点，加大污染防治力度，针对东营市水环境现状和问题，采取有效措施，坚持开源节流并重，调整产业结构，控制污染源，实行达标制度，加强水资源统一管理、调配，促进水资源节约化，促进污水管理及其资源化。

关键词：水环状况　污水治理　建议

随着科学技术和生产力水平的不断进步和发展，人类影响、改造自然的能力大大增强，进入了大量生产、消费的文明时代。与此同时，人类原有的朴素的自然观念也随之动摇，特别是商品经济的发展造成的利益驱动，促使人类向大自然展开掠夺并不断排放各种废物，对环境的污损远高于环境的自净和更新能力。水环境污染的预防及治理问题已成为环境治理工作中的一项重要内容。

1　国内水污染状况及危害

我国主要的江河湖泊和近海海域普遍受到不同程度的污染，且呈上升趋势：七大水系和太湖、巢湖、滇池中不适合作饮用水源的河段已超过60%，地下水污染面积已达50%。近海水域遭到大范围的污染，江河入海口和城市附近海域3类和劣3类水占59.7%，东海和渤海都是污染严重的区域。水体污染加剧了水资源短缺的矛盾，破坏人类赖以生存的生态环境，最直接和最明显的后果是对人民群众生命健康的损害。世界卫生组织估计每年有500万人由于饮水不卫生而死亡。专家们预言，水可能成为制约今后经济发展的首要因素，进一步会影响到经济的可持续发展。

2　当地水环境质量调查、污染原因分析及其评价

2.1　客水资源

东营市水资源主要是客水资源，包括黄河、小清河、支脉河、淄河等，东营市工农业生产和人民生活用水90%以上来源于黄河。

(1)黄河为多泥沙河流，径流量随季节性变化大，这是黄河水污染的自然因素。由于河水中悬浮的泥沙使河水浑浊，降低了河水的透明度及富氧能力，对重金属等有毒物质存在显著的吸附作用。径流量的变化，枯水期黄河水流量小、流速慢，水体稀释与自净能力较差，使纳污能

[1]本文收录于《山东水利学会第九届优秀学术论文集》。

力降低，加大了水体的污染。

(2)人为因素是黄河水体污染的主要原因。随着黄河流域经济社会的快速发展，大量未经处理的工业废污水和生活污水直接或间接地排入河道。据1994年黄河流域入河排污口调查，有入河排污口1 708个，以明渠漫流排放，主要是工业废水。全流域废污水入河量为41.7亿m^3，主要污染物年入河量约为117万t，其中COD93.7万t、氨氮12.4万t、挥发酚0.133万t。

(3)黄河上游兴建水利工程。工程建设对水量调节、拦蓄泥沙起了重要作用。就只对水质的影响而言，工程建设期间，产生的各种固体废物，竣工时未处理或处理未达标的部分就留了下来，这也是水体污染的来源之一。水库蓄水后，原库区内的杂草、有机物、腐殖质等腐化分解，水温结构的变化利于浮游动植物及底栖生物的繁殖和发展，消耗了水中溶解氧、降低了水体的自净能力。再者，水库集中排沙时，使水库下游河水含沙量骤增，泥沙本身就是一种污染物，致使水质在一定时期内变劣。

黄河多年的监测资料表明，黄河东营段采用《地表水环境质量标准》(GB 3838—2002)中Ⅲ类标准进行评价，多项指数超标，有时较严重。1999年的小浪底污水事件中，潼关断面COD_{cr}浓度达122mg/L，超Ⅴ类水标准值(25mg/L)3.9倍，超Ⅲ类标准值7.1倍，且已影响到黄河下游河段。

(4)其他客水资源：小清河、支脉河、淄河等。小清河由济南过淄博、滨州进入东营境内34km。小清河东营段处于下游，上游三市的工业及生活污废水排入其中，同时又接纳广饶县工业及生活废水。从水质监测结果看，COD、NH3-N和挥发酚的含量100%超标[《地表水环境质量标准》(GB 3838—2002)]，超标在5～25倍之间，COD年极值46.0mg/L，超标6.7倍；NH3-N年极值13.1mg/L，超标7.7倍；挥发酚年均值0.132mg/L，超标25.4倍，综合污染指数16.91，小清河东营段水质为劣于Ⅴ类水质。支脉河、淄河在进入东营市境内已受到严重污染，综合污染指数分别为7.4、22.65，主要指标超标率为100%，呈有机型污染。其他织女河、阳河、预备河也都受到不同程度的污染。

2.2 东营市境内河流

境内河流主要有广利河、广蒲沟、东营河、溢洪河、永丰河、六干排、太平河、褚官河、草桥沟、挑河、神仙沟等。

(1)广利河

广利河是城区内河流，同时还作为城市定量考核河流。发源于垦利县、流经整个东营市区经广利港汇入渤海、全长51km。沿途支流，特别是东西城污水(包括污水厂处理后废水)经排污口直接排入广利河，现有大小排污口35个，日排污水量6万m^3(污水处理厂占多数)。主要来自胜利采油厂、东辛采油厂、涂料厂、人造板厂、市化工厂等单位的工业废水，再是有的跨河、顺河输油管线出现冒漏油现象发生，部分原油直接流入河内，致使水质污染严重。广利河的主要污染物为化学需氧量和石油类。2002年广利港测站的COD为109mg/L，单因子污染指数为3.63，水质超《地表水环境质量标准》(GB 3838—2002)中Ⅴ类标准。

近年来加大投资，通过工程治理，适时地调引黄河水大流量冲刷河道，水质有明显改善，但是随着经济的发展和人口增加，污水排量也在与时俱增，水体污染愈加恶化，直接影响城区居民的生活质量。

(2)其他主要河流

东营河、溢洪河、挑河、神仙沟分别汇入了胜利采油厂、垦利炼油厂、河口、孤岛、孤东采油厂的工业废水和生活污水，主要污染物COD单因子指数都大于4.6，超V类标准，呈有机物污染。草桥沟未超V类标准。

2.3 水库

市自来水和耿井水源是东营市城区主要饮用水源地，在水库进、出口都设了监测断面。监测项目包括：水温、pH值、总硬度、悬浮物、化学需氧量、氨氮、硝酸盐氮、亚硝酸盐氮、挥发酚、总氰化物、砷、汞、六价络、铅、镉、石油类、总磷、氯化物、氟化物、硫化物、粪大肠菌群、阴离子洗涤剂、总锌、硫酸盐等27项。

从表1中看出：饮用水源采用《地表水环境质量标准》(GB 3838—2002)中Ⅲ类标准评价，各项参数全部达标，水质良好. 符合水域功能区划要求。

表1 水库水质监测结果及评价表

参数		pH	COD	COD_{mn}	NH_3-N	NO_2-N	NO_3-N	氟化物	氮化物	总磷	粪大肠菌群
市自来水	进口	8.4	18.17	3.82	0.2	0.018	1.11	0.84	143	0.02	66
	出口	8.42	15.80	3.56	0.17	0.018	1.05	0.828	136	0.01	24
耿井	进口	8.42	18.37	3.79	0.22	0.014	2.02	0.815	130	0.02	56
	出口	8.41	16.62	3.64	0.19	0.016	2.02	0.793	122	0.01	52
评价标准		6.9	≤20	≤6	≤1.0		≤10	≤1.0	≤250	≤0.2	≤10 000

辛安水库水质较好。广南、广北水库COD、总磷、总氮均超标，均是由于受到营业盐类的污染，且十分严重，应采取措施并加强保护。

2.4 地下水

监测点位设在广利河下游及海堤坝址段。水质NH_3-N、氯化物、总大肠菌群均超《地下水质量标准》(GB/T 14848—1993)中Ⅲ类标准，其中以氯化物超标最严重(超27.84倍)。主要是地下水径流缓滞，经大量蒸发排泄、长期浓缩等原因所致。水质为不适于饮用、高矿化度、高硬度的苦咸水。

2.5 近岸海域水环境质量

在近岸海域按港航区、混合区和盐业养殖区等区位进行监测，按《海水水质标准》(GB 3097—1997)中Ⅳ、Ⅱ类标准进行评价。海水主要污染物是COD_{cr}、铅、活动磷酸盐和石油类，但各点所有监测项目年均值不超标，达到相应功能区划的要求。

2.6 综合评价

《2003年3月环境质量报告书》全市的地表水中，黄河未超过《地表水环境质量标准》(GB 3838—2002)中Ⅲ类水质标准，符合功能区划的要求；东营河、草桥沟等3条河流未超地表水V类水质标准；广利河、淄河、支脉河、溢洪河、挑河、神仙沟等河均超地表水V类水质标准；小清河超V类水质标准、主要污染物均为化学需氧量、氨氮、石油类，呈有机型污染，已丧失水体使用功能，与区划要求相差甚远。自来水、耿井水源两水库的水质良好。近岸海域水质较好。

3 建议及对策

(1)黄河是我国西北和华北地区的重要水源,水污染的加剧必将影响到沿黄地区社会经济可持续发展和人民群众生活饮用水的安全。东营市地处黄河最下游,黄河水质的好坏会直接影响到黄河三角洲高效生态经济的发展。

①建议加强流域统一管理,建立黄河流域水资源保护领导小组,加强现有流域机构水资源保护和水污染防治的监督管理权。

②建议沿黄地区各级地方政府共同呼吁国家尽快把黄河流域列入全国水污染防治和水资源保护工作的重点,加强黄河水资源保护法规的建设,以遏制水污染的发展。

③加大水污染防治力度。建议国家有关部门督促黄河流域各省政府加大水污染防治力度。立即关停一切仍在非法生产的"五小"企业;增加资金投入、建设城市污水处理厂,实施污染物排放总量控制;对排污大户实施限期治理,做到达标排放,以提高水体质量。

④征收水资源污染补偿费。依据水环境容量有偿使用和污染水资源的经济补偿原则,尽快建立水资源污染经济损失评估和补偿机制,真正做到"谁污染,谁承担"。通过经济手段减少污染。

(2)针对东营市的水环境现状和问题,应采取有效措施,坚持开源节流并重,调整产业结构,控制污染源,实行达标排放,提高水环境质量。

①制订水资源总体规划并加强管理,确保《东营市水资源保护规划》的顺利实施。加强水资源统一管理、调配,利用市场机制和经济杠杆作用,促进水资源节约化,促进污水管理及其资源化。

②严格执行《污水综合排放标准》,控制排污总量,健全水环境监测网络,完善环境保护许可证制度,充分利用现有污水处理设施,提高污水处理率和回用率。

③加强节水措施。农业用水推行节水灌溉方式和节水技术提高用水效率;工业方面采用先进技术工艺和设备,增加循环水用水次数;生活方面推广节水型生活用水器具,开发和推行清洁生产工艺,降低城市供水管网漏失率。加强城市污水集中处理,鼓励使用中水,实现用水闭路循环或提高废水的处理效果和重复利用率。

④充分利用海水资源,解决淡水资源紧缺的矛盾。

⑤新的建设项目必须通过环境评价,并且环境保护措施必须与主体工程同时设计、同时施工、同时投产,改原来的末端治理逐步为源头治理。

⑥推行 ISO-14000 系列标准 ISO-14000 系列标准的主导思想是预防为主,灵魂是持续改进,总的目的是支持环境保护和污染预防,协调它们与社会需求和经济发展的关系。对企业特别是导致污染较严重的单位,推行 ISO-14000 标准,意义重大。可有利于提高企业职工的环境意识和守法的主动性、自觉性;有利于推动企业技术改造,改进工艺技术,适应绿色消费潮流;有利于把治理环境污染同减少资源、能源的消耗同时并重,实现其合理利用,对保护地球上的不可再生和稀缺资源起到重要作用。

东营港码头面层混凝土表面缺陷防治措施

刘 锐

（东营港建设管理办公室，山东 东营 257091）

摘 要：针对码头混凝土面层施工常见质量通病，分析其特征、对工程危害、成因，提出了防止措施。在东营港码头面层施工中应用，收到了理想的效果。

关键词：码头面层 质量通病 防治措施

1 引言

龟裂、起砂、剥皮、露石等缺陷是面层混凝土普遍存在的质量通病，不仅有碍于码头面层的观感质量，而且对码头使用性能也有不利的影响。所以，这些缺陷不容忽视，应作为质量通病进行治理。

2 工程概况

东营港扩建工程码头工程分1、2号泊位，1号泊位排架部分为302m×60.10m，2号泊位排架部分为302m×36.4m。码头前沿3.6m和区间悬臂为现浇面板结构，其他部分为现浇叠合板结构。

码头预制预应力叠合板上方为现浇叠合板混凝土，厚250～310mm，掺加聚丙烯腈纤维C45混凝土用量为6 299.2m^3，钢筋用量1 581.5t。

现浇码头叠合板上方是码头面磨耗层混凝土，厚50mm，混凝土用量为1 546m^3，为确保现浇层的质量，码头面层磨耗层混凝土与现浇叠合板混凝土一次浇筑，同时掺加聚丙烯腈纤维C45混凝土。

3 缺陷特征及对工程危害

（1）龟裂：又称缩性收缩裂缝，是在混凝土浇筑后仍处于塑性状态时，由于表面水分蒸发过快而产生的裂缝。这类裂缝多出现在表面，形成网状、浅而细的发丝裂缝，长短宽窄不一，呈龟纹状分布，肉眼可见，深度较浅，一般不超过5mm。当与其他不良因素叠加时裂纹可能进一步发展，但深度不超过10mm。

（2）起砂、剥皮：混凝土表层不密实，面层松散粗糙颜色发白，稍经磨损面层表面有松散的水泥灰泛出，用手摸时类似干水泥粉。随着车辆行走磨损的增加，砂粒逐渐松动或有成片水泥硬壳剥落，使用一定时间后集料外露。

（3）露石：是指混凝土面层在车辆的作用下水泥砂浆磨损或剥落产生的石子裸露现象。

混凝土面层缺陷将会程度不同的给工程带来危害，轻微的缺陷影响工程的观感质量，严重的缺陷不仅影响工程的耐久性，而且将造成混凝土面层的局部或大面积结构损坏，严重地影响工程的使用功能。

4 缺陷成因

上述混凝土面层缺陷的形成，涉及环境、材料、施工操作等多方面原因，主要有以下几点：

4.1 混凝土原材料不符合要求

(1)水泥强度等级偏低或使用过期受潮水泥，将降低混凝土的强度特别是表层的胶结强度。

(2)粗集料中针片状石子含量过高，细集料级配不良，含泥量过高。针片状含量过高、级配不良将影响混凝土的弯拉强度；含泥量过高，混凝土振捣时泥浆上浮造成表面强度降低。

4.2 混凝土配合比选择不当

(1)水灰比过大。据调查，当面层混凝土水灰比大于0.45时，或水泥用量偏低时容易产生各种缺陷。过大的水灰比不仅降低混凝土的强度，而且增大了混凝土集料初期表面水膜厚度，随着混凝土凝结增大了泌水，而且混凝土在运输过程中出现离析，均匀度难以保证。

(2)砂的细度模数偏小，砂率选择不合适。砂细度数偏小、砂率偏大时容易产生起砂现象。砂率过大，合料黏聚性不够；砂率过小，不易振捣密实。

(3)未掺用合适的外加剂、聚丙烯腈纤维。在北方地区码头面层混凝土掺入加气剂和减水剂可以提高面层的抗冻融、抗磨损能力。

4.3 混凝土施工坍落度过大或不均匀

施工时混凝土坍落度过大，易造成混凝土表面水泥浆上浮，形成少骨架的表层薄弱面，降低了表面强度。坍落度过小时，混凝土的和易性差，浇筑振捣不易密实，强度无法保证。

4.4 混凝土振捣工艺不当，振捣不密实、不均匀

面层混凝土浇筑施工一般采用振动梁或平板振捣器振捣的方法，当混凝土分灰厚度和振捣方法不当时，容易产生局部振捣不密实、不均匀情况。如面层的周边和角落不采用适当的加强振捣措施，容易出现蜂窝、气孔或表层松散等缺陷。

4.5 混凝土压面时间不当，压面遍数偏少

面层诸多缺陷的成因都与混凝土压面有关，压面是一个时间性很强的工作，过早达不到压面目的，过晚难于进行压面，无法保证密实。特别是压面的遍数直接关系到面层的外观和表面收缩裂缝的消除。

4.6 覆盖、养护不当、养护时间不够

混凝土浇筑完毕后表面不及时覆盖，混凝土表面水分蒸发速度过快，特别是在炎热或大风天气，表面过早失水造成急剧收缩产生各种裂缝。养护达不到规定时间，或混凝土潮湿养护不充分，将会不同程度地影响混凝土的水化，降低混凝土的强度。

4.7 切缝不及时

面层的缩缝一般采用锯切的方法。锯切过早容易损坏缩缝的棱角；切缝太晚，混凝土内部应力过大，将导致混凝土板的开裂；切缝深度过浅，混凝土在切缝处截面的强度仍然较大，板块

应力没有得到释放，在临近切缝处也易产生新的收缩裂缝。

5 预防措施

(1)严格控制混凝土的原材料质量，加强进场复验，不合格的材料不得使用。对于粗集料，宜进行现场水洗筛分。

(2)优化混凝土配合比设计。

①严格控制水灰比。

②掺入加气剂和减水剂，改善混凝土的技术性能，确保混凝土的保水性和施工的和易性。

③采用低坍落度，混凝土可避免现场施工出现表面分层和细骨料上浮的现象发生。

(3)采取合理的混凝土振捣、抹面工艺。振捣注意控制振捣时间，以粗集料不再下沉、表面不再冒气泡为准。混凝土振捣后先采用木抹搓平，混凝土初凝前采用机械压面抹光，机械压面抹光次数一般不少于3遍，板块边缘和四角人工铁抹压光修平。

(4)掺用合适的外加剂、聚丙烯腈纤维。

掺入加气剂和减水剂可以提高面层的抗冻融、抗磨损能力。掺入聚丙烯腈纤维可以提高混凝土的抗冲击能力、坚韧性和延展性，减少混凝土的渗透性。从机理上讲可减少面层混凝土裂缝。

(5)及时覆盖，加强养护。

养护是使混凝土正常硬化、强度增长的重要手段。养护条件对裂缝的出现有着关键的影响。

(6)及时切缝。

根据施工经验，混凝土面层切缝的时间一般在浇筑后2～3d内，当混凝土达到设计强度的60%～70%时进行，切缝时严格控制缝宽和深度。切缝后及时做好土工布的覆盖，以便继续进行养护。

6 主要施工方法及措施

6.1 模板工程

模板在后方预制厂进行加工，采用木模和槽钢两种模板。安装前控制安装底高程，安装后复核轴线，做好混凝土浇筑顶面线。在浇筑前，及时将里面的垃圾、杂质等清理干净。

6.2 钢筋工程

钢筋在后方预制厂进行加工，加工成型后运至码头区绑扎。搭接采用钢筋绑扎方式，采用双股铁丝间隔绑扎。需要焊接处按照规范要求进行焊接，严格控制钢筋网片的高度，保证了钢筋保护层的厚度。

6.3 混凝土工程

(1)配合比的设计

配合比的设计原则：满足设计规范及施工实际操作性能的前提下，尽可能减少水泥及水的用量，以减少码头面层裂缝质量通病的发生。

码头现浇面层混凝土采用C45聚丙烯纤维混凝土，根据试验结果确定了掺加量。施工时需根据运距、季节情况，考虑坍落度损失，合理配置混凝土坍落度 140mm，水灰比控制在 0.333，砂率 39%。每立方混凝土水泥用量 360kg，砂 622kg，石子(5～20mm)975kg，用水量为 180kg，JRY-1 聚羧酸高效减水剂 6.48kg，粉煤灰 180kg，聚丙烯腈纤维 1kg。

(2)混凝土原材料的选用

碎石：5～20mm 的连续级配碎石，产地青州，含泥量满足规范要求。砂：细集料为细度模数大于 2.6 的中砂，产地为莱州。水泥：山铝，P·O42.5R 水泥。外加剂：采用东营瑞源 JRY-1 聚羧酸高效减水剂。粉煤灰：采用沾化电厂Ⅱ级粉煤灰。聚丙烯腈纤维：深圳海川生产。

码头面层混凝土由承台拌和站生产，利用拖拉机拖运吊罐至施工现场。

6.4 浇筑方法

(1)采用 25t(50t)吊车配合吊罐的方式进行。

(2)板缝混凝土尽早浇筑。面层浇筑前，对现浇工作面进行清理，并对预制面板等浇水湿润。

(3)相邻板块面层间隔控制在 5d 左右，防止混凝土在整平过程中破坏原有板块的棱角。

6.5 混凝土的振捣、抹平和抹面

(1)混凝土通过料斗由 25(50)t 吊运入模后，采用人工初平，用 50 型振动棒进行振捣。

(2)混凝土浇筑振捣后，先用铝合金直尺刮平，之后用滚筒人工压实。

(3)采用机器压收面及压光，人工配合施工。混凝土浇筑过程中，随时观察混凝土凝固情况，待混凝土终凝前，及时进行收面施工。步骤如下：

①机器提浆：待混凝土凝固至能上人后，由施工人员操纵收面机，来回拖动 3～4 遍，如果表面仍存在砂粒，应根据现场情况适当增加拖动次数。

②表面压光：采用机器压光，根据每幅长度及宽度，从一边逐次后退着进行作业，施工中，同一区域应重复作业 2～3 次，保证表面光洁。

③人工检查：边角处专人进行收面及压光，机器压光后仍存在缺陷处，人工进行修饰。保证幅与幅接茬处混凝土表面平整。

(4)面层进行拉毛处理：用排刷进行轻微拉毛处理，要横向拉毛，以面层不起砂为准，使用尺杆标定位置，做到线直面平。

6.6 混凝土养护及防护

(1)混凝土养护采用覆盖土工布，减少水分流失。定人、定时、定量进行浇水养护，始终保持土工布湿润。

(2)面层养护时间不得少于 14d。

6.7 切缝

(1)切缝时间：主要取决于施工时的温差，一般控制混凝土的强度在 5～10MPa。浇筑后 2d 进行。

(3)切缝深度为 25～30mm，缝宽 4mm。

(4)切缝顺序：从中间缝开始，后向两侧间隔切缝。

7 防治效果

通过上述措施实施，收到了明显的效果。经仔细检查，混凝土面层在施工期没有出现起砂、掉皮、干缩裂缝等缺陷。只存在个别极细小的轻微龟裂。

8 结语

(1)混凝土面层的缺陷是可以防治的，只要认真采取防治措施，即可收到较满意的效果。

(2)对于码头面层微细龟裂，我们虽然做了很多努力，也取得了一定的效果，但是仍然没有彻底根除，需要继续探索研究。

(3)我国现行规范对码头面层混凝土的表面粗糙度没有明确规定。过于光滑时不利于使用的安全，尤其是北方港口，冬天码头面层上结冰时更不利于防滑，望有关标准能补充相关规定。

后　记

2015年,东营港的建设初具规模,无论是码头的等级、个数,还是港口的功能都有了质的飞跃,全年港口货物吞吐量突破3000万t,旅客运量达到26.5万人次。港口在经济发展中的支撑拉动作用凸现出来。东营港现已成为环渤海地区以油气运输为主,兼顾滚装客运运输、集装箱运输、盐化工运输等综合性港口。

这是给予建港者的艰辛付出、辛勤劳动的最好回报,激励我们信心百倍投入到建设黄河三角洲大港的热潮中。

我于2005年7月加入东营港建设队伍,参加了东营港总体规划的修编,参加了东营港7km引桥和3万吨级码头工程建设的全过程。东营港扩建工程的设计,有较大创新,如工程采用大管桩,大型挡浪板的应用,50m T形梁、挡冰桩裙等设计,特别是大管桩在北方港口首次应用,这些工程施工给建设者带来了巨大的挑战,通过建港专家指导,工程技术人员刻苦钻研攻关,高标准、高质量地完成了工程建设任务。工程质量被评定为优良。

本人自工程建设开始,就积极搜集与整理各种资料。拍摄了大量的有关工程建设的珍贵照片,通过这些照片可以把工程建设的每个环节和历程展现出来。同时,对解决施工技术难题、典型施工方案进行了类似工法的认真总结,可为后期港口建设提供借鉴。并且撰写了几篇科技论文和报告,一并汇总供大家参考。受个人知识、能力所限,书中错误在所难免,不足之处请大家指正。

本书在2009年就形成了基本框架,通过补充整理,直到今天才完成初稿。在写作的过程中,东营港的徐振坤、李碌碌、杨阳、陈世钊、天科院侯志强等同志在资料搜集整理、校对文稿、图片布置等方面做了大量工作;设计徐圣杰同志提供资料并帮助修改;著名港口建设专家李积平先生、建港顾问韩永成同志帮助审稿提出了修改意见;中国海洋大学史宏达教授为书作序;中国工程院谢世楞院士为书题词。在此,对所有为本书的编写和出版提供支持和帮助的领导、专家、老师、同仁表示诚挚的谢意!

作者

2015年7月29日于东营港